# Cine, revolución y resistencia
## La política cultural del Instituto Cubano del Arte e Industria Cinematográficos hacia América Latina

Salvador Salazar Navarro

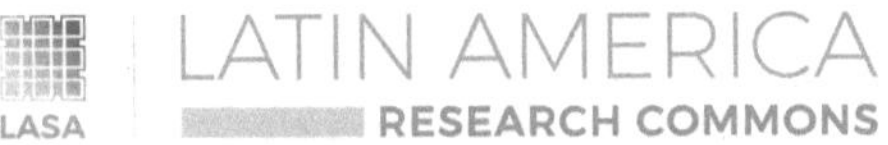

Publicado por
Latin America Research Commons
http://www.larcommons.net
larc@lasaweb.org


Primera edición: 2020
Diseño de tapa: Milagros Bouroncle
Foto de portada: Kaloian Santos Cabrera
Diagramación de versión impresa: Lara Melamet
Diagramación de versión digital: Siliconchips Services Ltd.
Corrección: Martín Vittón

ISBN (Físico): 978-1-951634-08-7
ISBN (PDF): 978-1-951634-09-4
ISBN (EPUB): 978-1-951634-10-0
ISBN (Mobi): 978-1-951634-11-7
DOI: https://10.25154/book5



El texto completo de este libro ha recibido evaluación por pares de doble ciego para asegurar altos estándares académicos. Para ver nuestra política de evaluación, ingrese a www.larcommons.net/site/alt-research-integrity

Cita sugerida:
Salazar Navarro, S. 2020. *Cine, revolución y resistencia. La política cultural del Instituto Cubano del Arte e Industria Cinematográficos hacia América Latina*. Pittsburgh, Estados Unidos: Latin America Research Commons. DOI: https://10.25154/book5. Licencia: CC BY-NC 4.0

Para leer la versión libre en acceso abierto de este libro digital, visite https://10.25154/book5 o escanee el código QR con su dispositivo móvil.

# Contenido

# Agradecimientos

La Habana. Ciudad de México. New York. Una hija. Raúl Castro y Miguel Díaz-Canel. La prisa y la pausa. La pausa. Fidel Castro y la piedra. Peña Nieto y López Obrador. La esperanza. Barack Obama y Hillary Clinton. Donald Trump en el borde de todo. *Amazing Grace*. Los sueños que no dejan de soñarse. El chile poblano. El mar de Cuba. Y todos los lugares comunes. México en blanco y negro, como en la película *Roma*. Frida. Teotihuacán. Los muertos de Ayotzinapa. Unos niños indígenas pidiendo limosna en Pantitlán. Tan bello todo y tan triste. Amanece ahora en mi ventana. Viva la vida.

Agradezco infinitamente al Bronx Community College de la City University of New York, en especial a mis alumnos y colegas del departamento de World Languages and Cultures, y muy en particular a su *chairman*, el doctor Alexander Lamazares.

Gracias a la Universidad Nacional Autónoma de México. Fue un privilegio estudiar en sus aulas. Agradezco muy especialmente a la doctora Aleksandra Jablonska, a quien me unió desde el primer día un pasado común en tierras del socialismo real. Aleksandra, gracias, ¡gracias de verdad!, por tu dedicación, por estar siempre presente, por facilitarme tus libros, por responder a mis correos, por firmar cada documento, por tus certeras observaciones que permitieron que este trabajo llegara a puerto y, sobre todo, por el amor que desbordas. Te debo este libro.

Agradezco también a los doctores Francisco Peredo y David Wood, ambos maravillosos, lúcidos e incisivos en sus comentarios, siempre apoyando, siempre presentes, aportando a lo que se volvió un trabajo en equipo.

Este libro también se debe a la lectura y consejos de la doctora Fabiola Escárzaga y el doctor Nayar López. Su lectura y posteriores observaciones enriquecieron notablemente el trabajo final, y nos permitieron visualizar líneas futuras de investigación.

Agradezco infinitamente al doctor Joel del Río. Hace ya casi veinte años, alguien le pronosticó que algunos muchachos de mi generación, todos estudiantes de Periodismo en la Universidad de La Habana, le "serrucharíamos el piso". Nunca nos dio la oportunidad. Joel sigue siendo nuestro referente, lo seguimos admirando con la misma fascinación que hace ya tanto durante sus clases de cine en la Universidad de La Habana. Joel, en medio de tanto trabajo, encontró tiempo para revisar meticulosamente estas páginas y ayudarme a tomar decisiones que resultaron definitorias.

Agradezco al investigador Luciano Castillo, director de la Cinemateca de Cuba, quien muy amablemente me facilitó el acceso a los filmes analizados.

Doy las gracias. Y el cariño. Y toda mi admiración y mi reconocimiento a la profesora Aline Rodríguez. Sin ella nada de esto hubiera sido posible. Aline es de esas personas excepcionales con las que te topas en la vida. No tengo modo de agradecerte.

Este libro también se debe a la ayuda incondicional de Maylin Guerrero. Mi Maylin, nunca podré reciprocarte tanta entrega. Te debo el mundo.

Gracias también a mis colegas y amigos de la Facultad de Comunicación de la Universidad de La Habana, la institución que me formó y me permitió formar. Agradezco muy especialmente, estén donde estén, a Rayza Portal, a Raúl Garcés, a Enma Fernández, a Hilda Saladrigas, a Julio García Luis, a Abel Somohano, a Ayrén Velazco, a Milena Recio, a Julieta Mariño, a Margarita Alonso, a Janny Amaya, a Yanet Toirac, a Emilio Barreto, a Yadir González, a Margarita Alonso, a Elena Nápoles, a Miguel Ernesto Gómez, a Yailuma Leyva, a Tania del Pino, a Zenaida Costales, a Ana Teresa Badía, a Liset Vidal, a Eloy Dubrosky, a Yamilé Ferrán, a Anidelys Rodríguez, a Daniel Salas, a Jennifer Veliz, a Dasniel Olivera, a Roger Ricardo, a Iraida Calzadilla, a Maribel Acosta, a Liliam Marrero, a Ivet González, a Elaine Díaz, a Jesús Arencibia, a Randy Saborit, a Orlando Gutiérrez, a Magda Rivero, a Rosa Muñoz, a Rainer Rubira, a Alain de la Noval y a tantos otros con quienes conviví a lo largo de una década. Sus enseñanzas, las horas de conversación, sus ejemplos de vida, están presentes de un modo u otro en estas páginas.

Agradezco también a la Casa del Festival del Nuevo Cine Latinoamericano, la institución para la cual colaboré durante casi una década. Al Festival debo el tema y la pasión por el cine. Gracias muy especialmente a Alfredo Guevara, a Julio César Guanche, a Aylee Ibañez, a Noemí Fonseca, a Iván Giroud, a Pedro Ortega, a Alberto Ramos, a Elvira Rosell, a Alina Pérez y a Xenia Reloba.

Gracias al Consejo Nacional de Ciencia y Tecnología de México (CONACyT), por financiar mis estudios de doctorado durante el período 2014-2018. Gracias además a la Universidad de Salamanca, y en especial a la doctora Marta Fuertes, a quien debo una estancia de investigación sumamente productiva, y que además impulsó este trabajo desde los primeros momentos.

Agradecimientos muy especiales a la profesora Mylai Burgos, autora intelectual de esta historia, quien hizo que nos enamoráramos de México. A Mylai, al ciclón que es Mylai, se debe también este libro. Gracias también a Paco y Laura, nuestra familia mexicana. Gracias por enseñarnos a amar este país.

Mil gracias al Posgrado en Estudios Latinoamericanos, profesores y alumnos, y muy especialmente a mis amigos y compañeros del doctorado: Carla Ulloa, Eloísa Rivera, Víctor Gutiérrez, Jesús "Frino" Rodríguez, Amandine Fulchiron, Jorge Meneses, Edith López y Stalin Herrera. Mi eterno agradecimiento a la Coordinación del Posgrado en Latinoamericanos, en especial a Martha Guzmán, por el cariño, la disposición y la entrega con la que asume cada día su trabajo.

Gracias a los amigos de toda la vida, mi familia, a Anay y Rey, Laura y Harold, Mayté y Eryam; y también a Jaisy, Yinet, Maylin y Sandra. Veinte años más tarde, aquí seguimos. Agradezco infinitamente a mi familia. A mis padres, que me acompañan incondicionalmente en cada aventura, y en quienes me inspiro para ejercer la paternidad. A mis suegros, que cada día siguen moviendo el mundo. A mi esposa, siempre felicidad, amor y equilibrio: te amo. Y a mi Sophia, dos años y un mes después, te sigo mirando fascinado como el primer día, y me sigo preguntando qué de bueno habré hecho para merecer tu sonrisa.

# Prólogo

Cuando en 2013 ocupé la presidencia del Festival de Cine de La Habana, fundado por Alfredo Guevara en 1979 bajo el título de "Festival Internacional del Nuevo Cine Latinoamericano", entendí la utilidad de convocar a una reflexión colectiva poniendo en interrogación las tres palabras que conforman nuestra denominación: ¿Nuevo?, ¿Cine?, ¿Latinoamericano? Era una necesidad para replantearnos nuestro trabajo de cara al futuro inmediato, a la vez que suponía una cierta herejía, porque en su concepto primigenio esas tres palabras conforman una unidad indivisible. Y de esta unidad y del papel cardinal que juega el ICAIC en esa historia trata el libro de Salvador Salazar Navarro.

Para algunos estudiosos de la historia del Nuevo Cine Latinoamericano y para no pocos jóvenes cineastas, que el Festival continúe siendo convocado bajo este nombre es, cuando menos, un absurdo. El cine que hoy se produce en América Latina, heredero o no de aquel movimiento —lo cual será un perenne tema de discusión—, está bien lejos de sus manifiestos fundadores. Al mismo tiempo, puedo asegurar que, para otros, el solo intento de modificar el nombre fue interpretado como una propuesta de borrar la historia de un plumazo.

En ese choque de posiciones encontradas y esperando por un mejor escenario, el Festival continúa su rumbo: respetando sus orígenes y abriendo paso a las nuevas generaciones de cineastas y a sus obras y proyectos.

La historia del movimiento del Nuevo Cine Latinoamericano ha sido estudiada desde diferentes perspectivas, la mayor de las veces evaluada desde el presente y partiendo de metodologías establecidas. Se ha llegado hasta negar su existencia, al límite de considerarlo una inventiva magnificada. Otras tendencias han hecho intentos de reescritura de su historia, tratando de ganar protagonismo fundacional. Unas y otras lo único que han aportado al debate teórico es mayor incertidumbre.

El autor de este ensayo, muy cerca de sus conclusiones, afirma: "El Nuevo Cine Latinoamericano, como concepto, resulta históricamente debatible". Y es en esa frase donde encuentro la médula de este profuso y riguroso estudio, que va insertando en su desarrollo aconteceres de la historia de América Latina, de Cuba y, específicamente, del papel del ICAIC y de Alfredo Guevara, a quien dedica el libro, dentro del movimiento. La vocación latinoamericana, vista también como estrategia de distanciamiento del modelo soviético y que se hace manifiesta en fecha tan temprana como junio de 1960 cuando se funda el Noticiero ICAIC Latinoamericano, tal como observa el autor, un perfil latinoamericano del noticiero curiosamente poco estudiado. A la vez, en un afán no discriminatorio, el autor les ofrece voz y protagonismo a todas las interpretaciones de esta historia, las calibra y "utiliza" para construir un relato inédito y distanciado, sin ladear sus conflictos y contradicciones. Un estudio de esta envergadura nos faltaba.

La historia del movimiento del Nuevo Cine Latinoamericano, abocada a repetirse hasta el infinito por las tesis y valoraciones que se han establecido como paradigmas, estaba agotada. Y este es uno de los grandes valores que encuentro en este texto de Salvador Salazar Navarro, las puertas que nos abre, las sombras que ilumina. Esperemos por sus resonancias (consecuencias).

Iván Giroud

*Presidente del Festival Internacional del Nuevo Cine Latinoamericano de La Habana*
La Habana, abril de 2020

# Introducción

Los días fundacionales del ICAIC, coincidentes con los albores de la Revolución Cubana, han sido recogidos de un modo u otro en diversos espacios y soportes documentales, que coinciden en resaltar la trascendencia de una institución que marcó pautas en la historia cultural cubana y de América Latina. El ICAIC no fue solo un centro encargado de diseñar y orientar la política cinematográfica de la Cuba revolucionaria, sino que desde sus orígenes se concibió como una experiencia cultural renacentista, es decir, que incluyese los más variados aspectos de la creación artística, en sintonía con el despertar que protagonizó la cultura cubana de vanguardia en los primeros años de la Revolución. De este modo, el ICAIC centralizó las actividades de cine en el país, incluyendo distribución y comercialización, al tiempo que articuló un sistema de publicaciones integrado por boletines, libros y la revista *Cine Cubano*, un Grupo de Experimentación Sonora, una Cinemateca, y un pujante movimiento de producción de carteles, entre otras manifestaciones, elementos todos que conforman el engranaje del Instituto, y son por tanto expresiones de su política cultural. Logró asimismo insertarse en el campo cultural cubano de la década del sesenta, y protagonizar gran parte de los debates y las polémicas que marcaron los primeros años de la Revolución. Su estructura organizacional, peculiar en el entorno regional,

> otorgó a la cinematografía cubana un carácter muy diferente al que era común en el resto de América Latina, confiriéndole además, desde sus inicios un papel específico a favor de la política cultural de la Revolución. En este aspecto, el arte cubano fue de "intervención política" explícita a nivel integral, desde el momento mismo de la sanción de la ley referida (Getino & Velleggia 2002, 76).

---

**Cómo citar la introducción:**
Salazar Navarro, S. 2020. *Cine, revolución y resistencia. La política cultural del Instituto Cubano del Arte e Industria Cinematográficos hacia América Latina*. Pp. 1-21. Pittsburgh, Estados Unidos: Latin America Research Commons. DOI: https://10.25154/book5. 

El Instituto Cubano de Cine nació como un poderoso brazo de propaganda política del nuevo gobierno revolucionario (Villaça 2010), aunque siempre "a partir de búsquedas expresivas, en una atmósfera de trabajo creador, tratando de alcanzar validez artística como máxima aspiración para una auténtica eficacia comunicativa y política" (Pérez 2010, 46). Desde su fundación se fue demarcando una determinada autonomía, lo cual se aprecia no solo en el tratamiento de las problemáticas que presentan sus documentales y obras de ficción, muchas veces polémicos, sino, como se verá más adelante, en diversos aspectos de su política cultural, en especial la referente hacia América Latina, al punto de poder afirmar que el Instituto Cubano de Cine fue uno de los espacios desde los cuales se pensó la región. Tal y como señala la investigadora argentina Silvana Flores, el ICAIC "no solo representó a la nueva cara del cine cubano posterior a la Revolución, sino que también fue uno de los instrumentos de integración que tuvo la cinematografía de América Latina en este periodo [...] fue concebido como un organismo impulsor de la producción del continente, por medio de la cooperación entre países" (Flores 2013, 71).

El primer "por cuanto" de la ley fundadora del ICAIC establecía claramente que el cine era, ante todo, "un arte", lo cual solo puede entenderse como una forma de creación en libertad. Alfredo Guevara, fundador y presidente del Instituto (1959-1982; 1991-2000),[1] así lo aclaraba:

> Reconocer este carácter, claro está, no supone ninguna novedad o forma de heroísmo, pero fijar esa premisa como línea de trabajo y respetarla y profundizarla, permite, y permitió, abrir puertas, cerrar falsos caminos, y buscar antecedentes no en la historia cinematográfica como relación cronológica de la producción fílmica, sino en la de las tradiciones, experiencias inmediatas, espíritu de búsqueda, y experimentación de la cultura cubana y de sus manifestaciones artísticas (Guevara 2007b, 52).

---

[1] La figura de Alfredo Guevara (1925-2013) resulta clave a la hora de entender las peculiaridades de la política cultural del ICAIC durante la mayor parte de su historia. El crítico de cine Rufo Caballero, lo definía de este modo: "Al interior del ICAIC, Alfredo resultaba polémico, cuando discutía con los cineastas, cuando aplazaba el estreno de una película valiosa, cuando no recibía a los realizadores con la urgencia que estos demandaban; pero hay que estudiar con cuidado las páginas de *Polémicas culturales...* para entender la reciedumbre con que amparaba, fuera del ICAIC, en el asfalto caliente de las mayores discusiones de la época, esas mismas máximas de libertad de creación y de anchura de miras exigidas por los cineastas. Alfredo fue el muro de contención, culto, avalado, frente a no pocos intentos de reduccionismo ideológico, de maniqueísmo interpretativo y de comprensión de la necesidad de que los cubanos confrontaran el mejor cine del mundo, so pretexto de que ciertos abordajes burgueses podían 'desviar' la rectitud ideológica de nuestros jóvenes" [Caballero, Rufo. 2009. "Un hombre es su pasado". Pp. 7-30. Prólogo al texto de Julio García-Espinosa, *Algo de mí*. Habana: Ed. ICAIC].

Con la cita anterior no se pretenden obviar los mecanismos de censura, ni la existencia de regulaciones, tanto internas como externas, que han mediado la producción artística del ICAIC a lo largo de su más de medio siglo de existencia, con fases de mayor o menor autonomía, lo cual se traduce en un arte más libre y en otros casos, más dirigido. Sin embargo, de acuerdo con la investigadora Sandra del Valle, con esta ley de principios, el Instituto Cubano de Cine "patentó su virtud como 'instrumento de opinión y formación de la conciencia individual y colectiva' y su contribución 'a liquidar la ignorancia, a dilucidar problemas, a formular soluciones y a plantear, dramática y contemporáneamente, los grandes conflictos del hombre y la humanidad'" (2010, 8). El cineasta Manuel Pérez Paredes opina algo similar: "Tal vez para algunos fue una frase más, un lugar común, pero se equivocaban. El espíritu que concibió y subrayó ese concepto pensaba en profundidad, no era dogmático, estaba abierto a la realidad y, al mismo tiempo, fijaba un principio" (Pérez 2010, 46).

El ICAIC, desde sus primeros años de existencia, fue nucleando un verdadero movimiento cinematográfico, y no una simple sumatoria de intelectuales que gravitaban en torno a un Instituto de cine. A ello contribuyó sin dudas el liderazgo de Alfredo Guevara, la existencia de la revista *Cine Cubano* como espacio de reflexión teórica, y el propio trabajo colectivo, desde el cual intentó articularse la institución (Paranaguá 2003). Isaac León (2013) destaca como un potencial el hecho de que el ICAIC estuvo formado y dirigido desde sus inicios por intelectuales (cineastas o aspirantes a serlo) y no por simples burócratas de la cultura:

> Eso es importante porque, desde los primeros tiempos, hubo fricciones entre el ICAIC y otros órganos de la revolución, como la televisión o las Fuerzas Armadas, que tenían departamentos de cine y una línea de producción propia. Los criterios que rigieron en esas dependencias estaban mucho más condicionados por requerimientos educativos y propagandísticos, mientras que el ICAIC intentó preservar los fueros estéticos (León Frías 2013, 116).

Tensiones y deserciones también estuvieron presentes desde los años fundacionales, muchas de las cuales rebasaron los muros del ICAIC y tuvieron resonancia en el campo intelectual cubano e internacional. Ejemplo de ello fue la polémica que trajo acompañada la presentación del filme *PM* (1960), de los realizadores Sabá Cabrera Infante y Orlando Jiménez Leal, la cual desembocó en las famosas "Palabras a los intelectuales", pronunciadas por Fidel Castro en 1961, cuestión que abordaremos posteriormente con mayor detenimiento. En la propia década del sesenta abandonaron el país los cineastas Néstor Almendros, Fausto Canel, Alberto Roldán y Eduardo Manet, todos desencantados con el rumbo de la Revolución, y de la creación artística al interior de ella, a los que se sumarían años más tarde Sergio Giral y Jesús Díaz, por solo mencionar a algunos de ellos. Al interior de la industria, tampoco faltaron prohibiciones más o menos largas a filmes de Nicolás Guillén Landrián, Sara Gómez o Humberto Solás, entre otros.

A juicio del investigador Paulo Antonio Paranaguá, las excesivas regulaciones limitaron el desarrollo de una verdadera industria cultural:

> En los momentos de tensión, frecuentes, el abanico expresivo se cierra, sin que la escala mínima de la cinematografía isleña permita reemplazar los sucesivos prototipos por una producción en serie digna de ese nombre, debidamente estandarizada, ni en la ficción ni siquiera en la animación, salvo en el campo del noticiero y en cierta medida en el documental (Paranaguá 2003, 219).

Los episodios de censura en la historia del ICAIC se explican no solo teniendo en cuenta el contexto de "plaza sitiada" en el que se ha desenvuelto la Revolución Cubana a lo largo de su historia, sino que también resultan expresión de las luchas humanas por el poder, ya que "lo humano", lo personalista, es una dimensión sumamente relevante desde la cual entender la historia cultural cubana. Asimismo, hay que tomar en cuenta el modo mediante el cual el gobierno cubano ha entendido sus relaciones con el campo cultural y político: incondicionalidad absoluta a un modelo sociopolítico que se asume como el único representante legítimo de la nación y por ende de la cultura cubana. A esas mediaciones habría que sumar los avatares de una industria ubicada en un país tercermundista, y además bloqueado por los Estados Unidos, para quien el acceso a los recursos necesarios a la hora de hacer cine se convirtió durante periodos prolongados en una verdadera quimera.

La Revolución Cubana, del mismo modo que otros grandes procesos políticos transformadores de la modernidad, se vio a sí misma como un movimiento ecuménico, de alcance continental, dinamizador de revoluciones similares en el "Tercer Mundo", el amplio espacio geográfico del sur, que desde la segunda posguerra comenzaba a dar los primeros pasos en su descolonización. Al igual que los franceses en 1789 y los rusos en 1917, los líderes cubanos de inicios de la década del sesenta estaban convencidos de que la supervivencia de una revolución *contranatura*, a escasos ciento cincuenta kilómetros de las costas de Estados Unidos, dependía de una ofensiva de la izquierda en el continente, posible desde el punto de vista de las condiciones objetivas, teniendo en cuenta los grandes problemas de desigualdad y subdesarrollo en el que vivían las naciones latinoamericanas, verdadero medio de cultivo de un estallido revolucionario.

El apoyo del gobierno de la isla a la práctica totalidad de las guerrillas —con la excepción de México—[2] y a otros movimientos que surgieron en América

---

[2] La insurrección comandada por Fidel Castro contra la dictadura de Fulgencio Batista se preparó desde suelo azteca, una actividad de las que estaba al tanto el gobierno mexicano, quien optó por no intervenir. Posteriormente, México fue el único país de

Latina a lo largo de las décadas del sesenta y el setenta, tuvo su complemento en la actividad cultural. En especial, dos instituciones tributaron al efecto: el ICAIC y la Casa de las Américas. Esta última

> se enfocó en la atracción hacia Cuba y su proyecto socialista de la intelectualidad latinoamericana. Este proceso de aproximación ideológica del campo intelectual latinoamericano a la isla corrió en paralelo al diseño, entrenamiento y respaldo de las izquierdas guerrilleras en la región, durante los años sesenta y setenta, a la articulación de redes mediáticas continentales, que respondieran a los objetivos de la expansión de las ideas e instituciones revolucionaras de América Latina, como la agencia Prensa Latina dirigida por el argentino Jorge Ricardo Masseti, creador, a su vez, de un foco guerrillero en Salta, Argentina, entre 1963 y 1964 (Rojas 2015, 169-170).

Por su parte, el ICAIC surge como parte del sistema de instituciones culturales de la Revolución Cubana, con una proyección explícitamente internacionalista. El Instituto de cine se propuso contribuir a la conformación de una identidad latinoamericana en la sociedad cubana de entonces, lo cual no existía en una isla históricamente orientada primero a Europa y más tarde a los Estados Unidos[3]. Uno de los méritos indiscutibles del ICAIC a lo largo de su historia fue aproximar a Cuba con América Latina:

---

América Latina que se opuso a la expulsión de la isla de la Organización de Estados Americanos (OEA), en 1962, lo cual constituyó un espaldarazo al gobierno cubano. Como explica la investigadora Olga Pellicer, se "buscó preservar las posiciones de México en el ámbito interamericano: mantener un margen de independencia frente a los Estados Unidos en cuestiones pertenecientes al ámbito multilateral, y llegar a un acuerdo tácito con ellos según el cual la política exterior de México no afectaba la relación bilateral en su conjunto. Internamente, se buscó un buen entendimiento con el régimen de Fidel Castro, a partir del cual México quedaba al margen de los esfuerzos castristas por extender la revolución en América Latina, y obtenía un reconocimiento a las bondades de los regímenes encabezados por el PRI" (Pellicer, 2004, p. 43). Documentos desclasificados por el gobierno de Estados Unidos a finales de 2017, muestran que Washington apoyó en secreto la posición mexicana, ya que permitía dejar un canal de comunicación abierto con La Habana. La mediación de los gobiernos del PRI, según el Departamento de Estado, podría "moderar" a Fidel Castro. Más allá de las causas que expliquen la posición mexicana, en reciprocidad, el gobierno cubano no apoyó en México una ruptura del orden social mediante la "violencia revolucionaria". La actividad exterior del ICAIC hacia el país azteca difirió también de la seguida con la mayor parte de las naciones latinoamericanas, donde el cine constituyó el brazo cultural de los llamados "movimientos de liberación".

[3] En lo que respecta al consumo cinematográfico, además del cine hollywoodense y de algunas cintas del Viejo Continente, los productos latinoamericanos que llegaban a

> El Instituto comenzó a producir simultáneamente cortometrajes, mediometrajes y largometrajes documentales de ficción y de animación sobre temas sociales, políticos, educativos y culturales del país y de otras latitudes (principalmente de los países latinoamericanos y del Tercer Mundo), como no lo había hecho, ni lo haría desde entonces, ninguna otra cinematografía de la región[4] (Getino & Velleggia 2002, 76-77).

Por su parte, la búsqueda de una identidad latinoamericana había sido una preocupación de los intelectuales cubanos desde inicios del siglo XIX, la cual se corresponde con la necesidad de una nación joven por fijar referentes simbólicos que la denoten. Tanto en la literatura como en el pensamiento social, son frecuentes las indagaciones en torno a qué elementos amalgamaban lo cubano con el resto de las naciones al sur del río Bravo. José Martí, en la segunda mitad del XIX, es sin duda una de las voces más preclaras en este ejercicio de autorreconocimiento, el cual fue asumido posteriormente por las vanguardias artísticas cubanas de finales de los años veinte e inicios de los treinta del pasado siglo.

Del mismo modo que la noción de "un nuevo cine latinoamericano" no es hoy la misma que hace treinta años, cuestión que abordaremos con mayor detenimiento en las páginas que siguen, lo mismo podría decirse de la visión de América Latina, de lo latinoamericano.

> Tal y como sugieren las nuevas tendencias de la antropología cultural, cualquier reflexión sobre las identidades (locales, nacionales, regionales, continentales o de cualquier signo) no puede seguir cimentándose en actitudes esencialistas. Desde la publicación y diseminación internacional de la obra de Benedict Anderson, ha quedado suficientemente claro que las naciones son "comunidades imaginadas" y sus identidades, por tanto, construcciones históricas fluctuantes (Juan-Navarro 2014, 315).

---

Cuba provenían de las industrias fílmicas mexicana y argentina, un cine "clásico" al que el ICAIC acusará de ser vehículo del colonialismo cultural.

[4] México había intentado desde los tempranos años cuarenta un "latinoamericanismo" fílmico-literario, marcado por la actividad de propaganda aliada en el contexto de la Segunda Guerra Mundial, y con el apoyo del gobierno de Estados Unidos. "Casi desde el inicio del sexenio avilacamachista [1940-1946] se había iniciado una fuerte campaña a través en los medios en pro de la unión de América en su nueva expresión defensiva, favorable a Estados Unidos y los Aliados, y contraria al Eje" (Peredo Castro, 2011, p. 179). En aquel contexto, el cine mexicano de su era dorada, hizo llamados al panamericanismo, la hispanofilia y un latinoamericanismo, expresado sobre todo en la adaptación de grandes obras de autores de la región, como es el caso de Rómulo Gallegos (1888-1964). Fernando de Fuentes dirigió *Doña Bárbara* (1942), Gilberto Martínez Solares *La trepadora* (1944), Juan Bustillo *Oro Canaima* (1945) y Julio Bracho *Cantaclaro* (1945).

Ya en la década del sesenta, lo latinoamericano se relaciona con la perspectiva del subdesarrollo, y en el caso del arte cinematográfico, se comienza a hablar cada vez más de un cine del "Tercer Mundo"[5]. A los referentes internos para pensar lo latinoamericano, y en especial su deformada (y deformante) relación con las potencias coloniales, se suman otras voces, entre las que destaca el martiniqués Franz Fanon, inspirador de las teorías del llamado Tercer Cine,[6] el cual se concibe como una expresión cultural del Tercer Mundo:

> Establecer un término como Tercer Cine supone una reivindicación frente a la nomenclatura utilizada anteriormente, la de colonialismo, que establece su discurso en términos de culturas desarrolladas y subdesarrolladas. Hablar de Tercer Cine supone plantear las relaciones cinematográficas en términos de alteridad, recogiendo en su seno una cantidad de experiencias cinematográficas muy diversas (Fernández Labayen 2011).

Una generación de cineastas se inspira en Fanon, quien "creía en la posibilidad de que los intelectuales y artistas de naciones colonizadas tuvieran en consideración que como productores de obras culturales no debían adquirir elementos del lenguaje que fueran propios del ocupante, a menos que quisieran constituirse en extranjeros dentro de su propio territorio" (Flores 2014, 27). Para Fanon, "el colonizador no sólo hace la historia, sino que además la narra como una odisea [...] los espectadores del Tercer Mundo son unos espectadores colonizados [...] Su propuesta es la de un cine alternativo, independiente y

---

[5] Los "cines del Tercer Mundo" se dan a conocer mediante los festivales, sobre todo europeos, en los años cincuenta y sesenta. "Se desarrollan como teorías a partir de los ímpetus nacionalistas de los países colonizados [...] y en paralelo a los postulados realistas y el cine de autor, participando de los mismos debates estéticos" (Fernández Labayen, 2011).

[6] En América Latina, los realizadores Octavio Getino y Fernando Solanas, con su manifiesto "Hacia un tercer cine" (1968), pondrán de moda este término, el cual será posteriormente retomado por los estudios fílmicos en lengua inglesa, para referirse a la producción del "mundo en desarrollo". Sin embargo, al interior del NCL existieron discrepancias con respecto a este término, explicables desde lo político, como lo demuestra la aclaración que hace Alfredo Guevara, en carta dirigida al mexicano Pablo Echeverría, el 10 de marzo de 1974: "Preferimos llamar Nuevo Cine a lo que otros compañeros llaman Tercer Cine (principalmente Solanas y Getino, cineastas argentinos adscritos muy militante y apasionadamente al peronismo). Evitamos, con esa preferencia, sumarnos a la tendencia marginalista de tantos jóvenes cineastas que luchan honestamente contra el compromiso y las concesiones, pero que se aíslan tanto y dedican tanto esfuerzo a la búsqueda de un nuevo lenguaje, que acaban por solo interesar a capas de intelectuales de izquierda, de formación o no pequeño-burguesa" (Guevara 2010, 296).

antiimperialista, más preocupado por la militancia que por la satisfacción del espectador" (Fernández Labayen 2011).

La simple presencia de importantes personalidades internacionales en el ICAIC durante las décadas del sesenta y el setenta, contribuyó a dotar a la institución de un aire de cosmopolitismo y apertura, cada vez menos frecuente en una sociedad que, abocada en un contexto de "guerra fría" económica y cultural contra Washington,[7] abrazó la retórica del "marxismo-leninismo" soviético. De acuerdo con la investigadora brasileña, Mariana Villaça, "las cuestiones políticas que movilizaban a los cubanos también eran preocupaciones de varios cineastas latinoamericanos, de esa época, y fue justamente con ellos que los cubanos realizaron una interlocución más intensa, principalmente después de la eclosión, en 1967, del Movimiento del Nuevo Cine Latinoamericano" (Villaça 2010, 92).

Estos diálogos han quedado recogidos en las memorias de algunas de las principales figuras del ICAIC, como Alfredo Guevara (Guevara 1998a, 2003, 2010; Guevara & Rocha 2002; Guevara & Zavattini 2002), y pueden seguirse también en la revista *Cine Cubano*, que publicó la mayor parte de las reflexiones teóricas más representativas de los cineastas latinoamericanos, así como entrevistas, reportajes y resúmenes de coloquios, festivales y otros eventos dedicados al cine de la región. Como explica Villaça (2010), desde los tempranos años sesenta, cubanos y latinoamericanos encontraron causa común en la resistencia al cine comercial hollywoodense, la ponderación del cinema de autor, la denuncia al monopolio de las grandes *majors*, sobre todo norteamericanas, la búsqueda de temas nacionales y regionales, auténticos y políticamente comprometidos con la realidad.

El rechazo a la meca cinematográfica estadounidense y, por extensión, a las industrias cinematográficas latinoamericanas que, a juicio del grupo fundador del ICAIC y de la mayor parte de los cineastas que conformarán el Movimiento del NCL, reproducían a escala local la dramaturgia de Hollywood[8] se ilustra, por ejemplo, en el distanciamiento que se produce desde sus años fundacionales entre el ICAIC y el cine mexicano de entonces[9]. Alfredo Guevara se exilió

---

[7] El ICAIC contó desde su fundación con personal latinoamericano. Por ejemplo, el realizador dominicano Oscar Torres, quien produjo el documental *Realengo 18* (1960). En 1964, el brasileño Iberê Cavalcanti estuvo en Cuba y realizó dos filmes, *Pueblo por pueblo*, sobre la solidaridad cubana con Vietnam y *Discriminación racial*, crónica sobre la lucha por los derechos civiles en Estados Unidos.

[8] Tema polémico, hoy día se reivindica la existencia de un cine latinoamericano que en su "edad de oro" no se limitó a reproducir acríticamente las estructuras del cine de Hollywood, sino que realizó aportes propios en géneros como el musical, el melodrama y la comedia.

[9] Haciendo balance de aquellos años, Alfredo Guevara confesaría que "la fuente viva de la formación del cine cubano no podría ser ni la experiencia cinematográfica menor que Cuba había vivido antes del triunfo de la revolución ni las cinematografías

en la nación azteca durante la última etapa de la dictadura de Fulgencio Batista, y allí trabajó como asistente de dirección de Luis Buñuel en el filme *Nazarín* (1959). El futuro presidente del ICAIC se encontraba entre los principales detractores del melodrama característico de la industria cultural cinematográfica mexicana. En carta fechada el 27 de diciembre de 1959, Luis Buñuel le recomendaba a Guevara:

> Aprovechen bien el momento ya que tienen las riendas en sus manos porque del futuro nadie puede responder. Ganen todo el camino que puedan antes de que comience a levantar el vuelo el "siniestro buitre" comercial. Contémplense en el espejo de México y vean a lo que esa "siniestrísima ave" ha reducido su cine. Lo que hagan hoy podrá servir de guía para el mañana (Guevara 2010, 66).

Alfredo evidentemente tomó nota del consejo. En artículo publicado en la revista *Cine Cubano* (noviembre de 1960) ubica a la cinematografía mexicana "bajo la influencia de Hollywood", y califica a la mayoría de las películas como "venenosas". En este texto "se celebra la nacionalización de los grandes circuitos cinematográficos y su conversión en instrumento del pueblo al servicio de la cultura y de la revolución" (Costa 1988, 57).

Según avanzan los años sesenta, el cine cubano se irá acercando, mediante un proceso de reconocimiento mutuo, a otras cinematografías del continente con inquietudes similares. Ello será el germen NCL, un Movimiento que busca una estética propia que lo diferencie de Europa y de Hollywood, de los cines "clásicos" latinoamericanos, y también de la URSS y del cine del bloque europeo comunista[10]. Se trata de una producción eminentemente política "que instalaba

---

latinoamericanas existentes y predominantes, es decir, la cinematografía mexicana y la argentina o aun otras cinematografías. Que la fuente viva, la fuente más rica, el humus, el territorio nutricio por excelencia, eran las formas de expresiones artísticas y literarias de la cultura cubana que ya habían cuajado, es decir, que habían ya hecho su contribución madura a la formación de la cultura cubana" (Guevara, 1998a, p. 539). El fundador del ICAIC señala como paradigmática en este sentido la obra de dos grandes novelistas cubanos, Alejo Carpentier y Lezama Lima, los cuales son también la puerta de entrada a un pensamiento latinoamericanista, ya que en su opinión ambos fueron "ejemplo de americanidad, de americanidad latinoamericana, es decir, la obra de ambos es una… y al mismo tiempo hunde sus raíces en las islas primero, y en el continente después" (Guevara, 1998a, pp. 539-540).

[10] Los vínculos entre intelectuales latinoamericanos relacionados con el mundo del cine y los realizadores cubanos fueron incluso anteriores a la creación del ICAIC. Tomás Gutiérrez Alea, Julio García-Espinosa y el fotógrafo Néstor Almendros estudiaron durante la década del cincuenta en el Centro Experimental de Cinematografía de Roma, donde establecieron contacto con otros jóvenes latinoamericanos, en ese momento aspirantes a cineastas, como Fernando Birri o Gabriel García Márquez. La estancia en

la propuesta de 'intervención' política del medio cinematográfico en la realidad histórica" (Getino & Velleggia 2002, 13). El investigador Emilio Bernini habla también de un cine "latinoamericano" en tanto trasciende los marcos de las industrias culturales del Estado-nación:

> En efecto, en los años 60 y 70 las cinematografías de América Latina dejan de considerarse nacionales, dejan de estar ligadas económicamente a las industrias (en los casos particulares sobre todo de Argentina, México y Brasil) y vinculadas en lo político, de variados modos, a los Estados, para concebirse a sí mismas como independientes, alternativas, en conflictos de distinta intensidad con los Estados y por fuera de los marcos industriales (Bernini 2012, 95).

Es a lo largo de la década del sesenta, en un proceso caracterizado por fuertes tensiones, tanto al interior como fuera del Instituto, que se va configurando la política cultural del ICAIC. Al terminar la década fundacional, el país se abocaba a un creciente proceso de sovietización, al cual lograron resistir, en cierto modo, los realizadores del Instituto, que en años anteriores habían presentado batalla al realismo socialista. Como explica Luciano Castillo:

> Marcado por la improvisación y la formación sobre la marcha de sus creadores, inmersos en una febril actividad y un clima espiritual evocado aún hoy con nostalgia por muchos, el ICAIC fue un muro contra el que se estrelló el llamado "realismo socialista", causante de estragos en otras manifestaciones artísticas como el teatro y las artes plásticas. La mano solidaria tendida por el cine del país que encarnaba las aspiraciones continentales de liberación, tornó posible en no escasa medida la utopía del cine latinoamericano (Castillo 2012, 226).

Una dimensión de dicha resistencia, hasta el momento poco abordada, es el compromiso del ICAIC con los "movimientos de liberación" de América Latina, actividad que no era vista con buenos ojos por Moscú, interesado en mantener estables las fronteras que la Guerra Fría estableció tras la Segunda Guerra Mundial. Podría decirse que el respaldo por parte del ICAIC al latinoamericanismo de Ernesto "Che" Guevara marca la voluntad de la institución por distanciarse del bloque soviético, y por quienes desde Cuba ponderaban los nexos entre La Habana y Moscú. De este modo, el ICAIC hará suya la consigna guevarista de "abrir muchos Vietnam", y ya desde los sesenta comenzará a

---

Italia les permitió también asistir a uno de los escenarios más convulsos de la Guerra Fría entre Washington y Moscú. En las elecciones de 1948, apenas unos años antes de la llegada de estos jóvenes a Roma, la CIA había intervenido directamente para evitar que Italia fuese llevada al área de influencia soviética, teniendo en cuenta el alto respaldo en intención de votos que tenía por entonces el Partido Comunista.

formar parte del proyecto internacionalista del gobierno cubano. El ICAIC será por tanto el rostro cultural de las guerrillas[11].

Es a partir de 1967 que la identificación de los cubanos con estos temas se hizo mucho más intensa, ya que entra en sintonía con la propia política exterior de la isla. La muerte del Che, si bien repercutió desfavorablemente en la estrategia internacionalista del gobierno cubano, tendiente a favorecer la guerra de guerrillas en el continente, por otro acrecentó el sentido mítico de la Revolución. En el plano cultural, estimuló el discurso combativo del NCL, al punto de que el Che es declarado "presidente de honor" del Festival de Viña del Mar 67, considerado el espacio fundacional del movimiento del Nuevo Cine.

Posteriormente, determinados acontecimientos políticos como el triunfo del gobierno de la Unidad Popular en Chile (1970-1973) y la Revolución Popular Sandinista en Nicaragua (1979-1990) reforzaron la adopción, por el ICAIC, del papel de fomentador y difusor de esa cinematografía latinoamericana.

Un ejemplo de esta política es la propia creación del *Noticiero ICAIC Latinoamericano*, fundado por Santiago Álvarez en 1960, con el objetivo explícito de mostrar al mundo "la verdad de Cuba y América Latina". El cineasta Manuel Pérez rememora la experiencia:

> En aquellos años convocaba emociones y convertía a muchos espectadores en participantes activos desde la oscuridad de las salas de cine del país. Aplausos, también algunos silbidos y silencios expresivos ante cualquier noticia de la vida nacional, daban la temperatura política de un cine, un barrio o una zona de la ciudad (Pérez 2010, 49-50).

La muerte del Che en Bolivia marca simbólicamente el cierre del ciclo revolucionario sesentino en América Latina, el cual sin dudas se había visto influenciado por el triunfo de la Revolución Cubana. Como explica la investigadora Martagloria Morales Garza,

> La muerte de Che Guevara en 1967 anuncia la derrota de los movimientos sociales alternativos en América Latina; la efervescencia de 1968

[11] Determinados fenómenos que son esenciales para entender la complejidad de la política cultural desarrollada por el ICAIC, no son determinantes en el caso del estudio de las relaciones del Instituto Cubano de Cine con América Latina. Nos referimos, sobre todo, a las contradicciones internas entre la dirección y los cineastas, a las cuales haremos referencia posteriormente. El epistolario de Tomás Gutiérrez Alea recoge varios episodios álgidos ocurridos entre el cineasta y el presidente del ICAIC, Alfredo Guevara; del mismo modo que ratifica que el Instituto funcionaba a lo externo como un monolito, al tiempo que al interior se ventilaban constantes tensiones. Sin embargo, para el caso específico de las relaciones entre el ICAIC y América Latina, ni en esta ni en otras fuentes consultadas se reflejan discrepancias dignas de mención. Al parecer en este tema existió un aparente consenso entre la dirección del ICAIC y sus trabajadores.

> expira en junio con la derrota del mayo francés; la posibilidad de un socialismo más humano que el soviético llegó a su fin en agosto de ese año con la invasión soviética a Checoslovaquia [...] En el contexto internacional, parecían terminadas las condiciones para un ejercicio de poder autónomo y para realizar experiencias innovadoras en la construcción del socialismo, para inicios de la década de los 70 esto era ya una realidad (2008, 97).

El investigador Isaac León Frías, por su parte, asegura que, en la primera mitad de los setenta, comenzó a cerrarse el ciclo creativo que había caracterizado a la década anterior:

> Las condiciones que permitieron el surgimiento de las tendencias renovadoras de la década anterior se fueron modificando de a pocos. Si en Chile, y luego en Argentina, se vislumbraba un cambio político favorecedor de un nuevo cine, más tarde esa esperanza se quebró con los cruentos golpes militares. En Bolivia y Uruguay ocurrió algo similar. Sin embargo, en el Perú hubo un gobierno militar de signo izquierdista que promulgó una ley de cine en 1972, cuyos frutos empezaron a manifestarse a mediados de la década. En Brasil, y luego del acta institucional no. 2 del gobierno militar de Joao Baptista de Oliveira Figuereido, las condiciones políticas se endurecieron y la dinámica del *cinema novo* cedió inevitablemente. En Cuba no se repitió el buen periodo creativo de fines de los 60 (León Frías 2012, 11).

En Brasil arreció la dictadura militar a inicios de los setenta, lo que obligó a Glauber Rocha a partir al exilio. Poco después surgió el llamado cine *udigrudi* (fonetización de *underground*) en el gigante suramericano, que de modo general toma distancia de la tradición combativa del *cinema novo*. En Bolivia ocurre el golpe de Estado de Hugo Bánzer (21 de agosto de 1971), y Jorge Sanjinés, la figura líder del grupo cinematográfico Ukamau, abandona el país. Por su parte, la Cinemateca uruguaya del Tercer Mundo (C3M), en la que intervienen cineastas como Mario Handler, Walter Achugar, Mario Jacob y Eduardo Terra, cae junto con la democracia a comienzos de 1973, el mismo año en que Augusto Pinochet bombardea el Palacio de la Moneda. En Argentina los militares se harán con el poder en 1976.

Tanto en el caso de la dictadura chilena (1973-1990) como de la argentina (1976-1983), los intelectuales vinculados a la creación audiovisual estuvieron entre los que soportaron una mayor represión, precisamente porque el cine había logrado nuclear en los años precedentes a lo más avanzado del pensamiento intelectual latinoamericano. Las dictaduras militares fragmentaron a una generación de cineastas que marchó al exilio, como es el caso de los chilenos Miguel Littin y Patricio Guzmán, y los argentinos Eliseo Subiela, Octavio Getino, Fernando Solanas y Fernando Birri. Otros formaron parte de las largas listas de desaparecidos, entre los que destacan Raymundo Gleyzer y Jorge Cedrón de Argentina, y Carmen Bueno, Jorge Müller y Hugo Araya de Chile.

Muchos de los cineastas de la región encontraron en el ICAIC apoyo logístico para continuar una labor que se había visto interrumpida por la represión y el exilio. El Instituto puso a disposición de sus colegas de América Latina no solo recursos materiales sino también todo su capital simbólico en función de institucionalizar un movimiento cinematográfico con fronteras imprecisas entre el arte y la política. El cineasta cubano Julio García Espinosa, fundador del Instituto y presidente entre 1983 y 1991, calificaba al ICAIC de las décadas del sesenta y el setenta como "la retaguardia del cine de América Latina y del Caribe":

> Justo es decir que grandes filmes latinoamericanos no se hubieran realizado sin la ayuda del cine cubano. La creación, en 1979, del Festival de Cine de La Habana, favoreció el reencuentro anual de los cineastas. Anteriormente solo habíamos tenido encuentros esporádicos, aunque muy importantes, en Viña del Mar, Chile; Mérida, Venezuela; Montreal, Canadá; e igualmente significativo en el Festival de Pesaro, en Italia. Pero, ahora, bajo el influjo de una cita anual en el Festival de La Habana, surgía el Comité de Cineastas de América Latina que consolidaba definitivamente al cine latinoamericano como un movimiento de amplia identificación cultural en toda la región (2009, 72-73)[12].

El Festival de La Habana, en opinión del investigador Joel del Río, contribuyó al repuntar de la intención ecuménica que había caracterizado al NCL. La cita anual se proponía "fortalecer el movimiento desde el respeto a las especificidades sociales, económicas y culturales de cada país" (Del Río 2013b, 10). Si bien el escenario que converge en el Festival es sumamente variopinto, no solo desde el punto de vista político, sino también en lo concerniente a las tendencias artísticas, en su primera década de existencia es clara la intención del evento en erigirse como una alternativa a la estética y a la producción hollywoodense, al mismo tiempo que fomenta un audiovisual que testimonie los avatares de la lucha de clases en América Latina. Como afirma Joel del Río, "se respetaba la validez de películas de género que festejaran lo cultural idiosincrático [...], se celebraban las influencias documentales o los experimentos que rompían el convencionalismo de la representación [...], y predominaban los grandes

---

[12] Alfredo Guevara decía lo siguiente en la ceremonia de apertura del I Festival de La Habana: "¿Qué hacer frente a la tenebrosa noche que se cierne, temporalmente sabemos, para no pocos cineastas de Nuestra América? El Cine no sustituye a las organizaciones revolucionarias y políticas o a sus destacamentos de combate. Pero el Nuevo Cine Latinoamericano tiene la obligación moral, revolucionaria y política de cuidar de los cineastas de estos países, y de sus obras. Y la solidaridad tendrá que manifestarse asegurando la continuidad cultural, artística, de toda corriente significativa".

recuentos de las duras realidades vividas en fecha reciente" (Del Río 2013b, 10). En opinión de Isaac León Frías,

> Estas iniciativas —y de manera más ostensible, el Festival— propendían a crear puentes entre cinematografías y cineastas que, en contra de las aspiraciones de la década anterior, se encontraban aislados entre sí. La denominación de "nuevo cine" latinoamericano debe entenderse no en referencia a la corriente que va de los años 60 a la primera mitad de los años 70, sino al carácter novedoso y vinculado a preocupaciones temáticas y estilísticas —no siempre, en realidad— de las películas seleccionadas (León Frías 2012, 15).

Para el boliviano Jorge Sanjinés, asistir a un Festival de La Habana significaba, de muchas maneras, militar en una causa social y política:

> No consistía solamente en ir a ver las nuevas películas, en mostrar la propia película, sino en encontrarse con los compañeros cineastas latinoamericanos, hermanos de una misma ideología. Con ellos se firmaban valientes declaraciones, denuncias, manifiestos y se participaba de verdaderos actos políticos. Ese carácter verdaderamente militante, nos diferenciaba de todos los movimientos y corrientes cinematográficas en el mundo entero. Tal vez lo que nos unía muchísimo era la conciencia clara de estar enfrentados en nuestros respectivos países a la abusiva y criminal política del imperialismo norteamericano (Sanjinés 2002, 6).

En la década del setenta, la represión ejercida por los regímenes militares de América del Sur unió a las cinematografías en torno a proyectos compartidos. Hacer un cine político en América Latina se tornaba cada vez más complejo, por no decir imposible. En ese contexto aumentó la presencia de cineastas latinoamericanos en el ICAIC. Al interior de la isla, la acogida de estos realizadores coincide con una época de auge de un arte *dirigista*, abocado explícitamente a la movilización política, con pocos resquicios para la subjetividad.

El Primer Congreso Nacional de Educación y Cultura, celebrado en La Habana en 1971, da un espaldarazo a la estalinización de la cultura cubana. Iniciaba así el llamado "quinquenio gris" (1971-1976), una etapa en la que se intentó imponer —con consecuencias desastrosas— en el campo de la creación cultural el modelo soviético del llamado realismo socialista. Algunas áreas de la cultura escaparon, hasta cierto punto, de esta visión *dirigista* y esquemática de la creación artística, entre ellas la Casa de las Américas, el Ballet Nacional, y el ICAIC,[13] instituciones que habían funcionado con una mayor autonomía,

[13] Afirma Paranaguá que durante esos años "el ICAIC prefiere retraerse, practicar la autocensura, exaltar la historia patria e inhibir cualquier atisbo de contemporaneidad.

y donde la penetración de decisores culturales vinculados al antiguo Partido Socialista Popular (de tendencia estalinista) no había sido tan marcada.

En tal sentido, intelectuales como Alfredo Guevara, amigo personal de Fidel y Raúl Castro, logran imponer al interior del ICAIC una política menos estrecha, que, por otro lado, no entraba en contradicciones con el apoyo gubernamental a los perseguidos por las dictaduras en el continente: se trataba entonces de diferencias de forma, pero no de fondo. Las vanguardias cinematográficas latinoamericanas que recalan en Cuba buscando refugio se topan con un campo cultural cada vez más monocromático. Algunos, como es el caso de Glauber Rocha, contribuirán a oxigenarlo; otros "racionalizarán la grisura", la cual atribuirán a las condicionantes de un contexto internacional cada vez más adverso para la subsistencia de la Revolución Cubana.

Para el ICAIC, erigirse en plaza fuerte del Nuevo Cine implicaba asumir las múltiples "visualidades" a partir de las cuales podía expresarse la resistencia a las dictaduras militares, a la explotación, a las grandes inequidades de América Latina. Ello implicaba trascender de algún modo el realismo socialista, aunque en general prevaleció un estilo panfletario, caro por aquel entonces a la actividad del cine político.

A lo largo de esos años se produce una confluencia entre la política exterior de la Revolución Cubana, basada en los principios del llamado "internacionalismo proletario" y los valores del NCL, esgrimidos por gran parte de los cineastas de la región[14]. El ICAIC actuará como un puente cultural entre el gobierno de La Habana y la intelectualidad de izquierda en la región. En calidad de "sede" del Nuevo Cine, el Instituto canalizará gran parte de los esfuerzos en materia de resistencia a las dictaduras que se abatieron sobre el Cono Sur a lo largo de la década.

Varios cineastas de la región, ávidos por encontrar el espacio que la represión les negaba en sus países, llegaron por ese entonces a La Habana. A inicios de los setenta, el boliviano Jorge Sanjinés arriba a Cuba, país donde divulga su cinta *El coraje de un pueblo* (1971), la cual terminó dos días antes de instrumentarse el golpe de Estado en su país. Ese mismo año, el brasileño Glauber

---

Refugio de intelectuales amenazados, el ICAIC adopta durante el 'quinquenio gris' un programa mínimo: preservar la estructura, evitar a sus miembros los rigores de las Unidades Militares de Ayuda a la Producción (UMAP)..." (Paranaguá 2003, 218).

[14] La política exterior del ICAIC hacia América Latina no estuvo exenta de tensiones, incluso con las políticas trazadas en ese entonces por el gobierno cubano. En 1970, luego del fracaso de la Zafra de los Diez Millones, La Habana optaba por un mayor acercamiento con el bloque soviético, lo que implicaba atemperar la política mantenida, de manera abierta hasta el momento, tendiente a extender la Revolución a la América Latina. Por otra parte, después del asesinato del Che, los intereses de La Habana por la insurrección tercermundista se concentraron cada vez más en África, en detrimento del apoyo brindado a los movimientos de liberación de Latinoamérica. Pese a todo ello, los vínculos entre el ICAIC y los cines de la región se mantuvieron, e incluso fortalecieron.

Rocha llega también a La Habana, donde permanecerá hasta diciembre de 1972. Según cuenta la investigadora Mariana Villaça (2010, 260), Rocha fue atendido por el gobierno cubano al más alto nivel; durante ese tiempo se hospedó en el hotel Habana Libre (antiguo Hilton), con automóvil oficial y todo el aparato del Instituto Cubano de Cine a su disposición. Glauber negoció durante años con el ICAIC el apoyo para la filmación de la cinta *América Nuestra*, proyecto que finalmente no se materializó. Se lo invitó entonces a La Habana para colaborar con un proyecto del cineasta brasileño Marcos Medeiros, ex líder estudiantil comunista. Este proyecto, del cual Glauber terminó como coguionista y codirector, resultó el filme *Historia de Brasil*, iniciado en Cuba en 1971 y precariamente finalizado en Roma en 1974. Glauber aprovechó también su estancia en el ICAIC para montar el filme *Cáncer*, iniciado en 1968, en Brasil. La revista *Cine Cubano*, por su parte, publicaba regularmente todos sus escritos de aquel entonces.

Varios cineastas chilenos exiliados a causa del golpe militar de Augusto Pinochet, pasaron por el ICAIC a lo largo de los setenta[15]. Ese fue el caso de Sergio Castilla, Pedro Chaskel, Nelson Villagra, Alberto Durant, Federico García, Miguel Littin y Patricio Guzmán. Varios de ellos produjeron de forma significativa en Cuba, como por ejemplo Patricio Guzmán, quien en colaboración con Pedro Chaskel concluyó en Cuba su famosa trilogía documental *La batalla de Chile: la lucha de los pueblos sin armas*[16]. Miguel Littin, quien llegó al ICAIC en 1978, produjo en el ICAIC dos películas dedicadas a abordar el autoritarismo en América Latina: *El recurso del método* (1978), adaptación de la obra del

---

[15] En el caso de Chile, podría hablarse de un verdadero "cine en el exilio" con la colaboración de diferentes gobiernos y organizaciones políticas. De acuerdo con Getino y Vellegia (2002), "el cine chileno en el exilio realizó un número de producciones mayor al que había registrado en toda su existencia dentro del país. Según datos de la Cinemateca Chilena (en el exilio), los cineastas de ese país produjeron en 17 países, un total de 56 largometrajes y argumentales, 34 mediometrajes y 86 cortometrajes, una cifra que duplica todo lo que se produjo en Chile entre los años 50 y 60" (Getino & Velleggia, 2002, p. 72). Sin embargo, el tema de un cine latinoamericano en el exilio no es compartido Isaac León Frías: "Aun cuando es nutrido el volumen de cineastas uruguayos, argentinos, en pequeña medida, bolivianos y brasileños, y en gran medida, chilenos, es muy discutible hablar de un cine latinoamericano en el exilio. Más bien, los cineastas de una u otra manera, se integran especialmente en cinematografías europeas para hacer sus películas, no siempre sobre sus países de origen, aunque en el rubro documental es donde más se aporte al registro histórico o contemporáneo de la tierra de origen" (León Frías, 2012, p. 16).

[16] El realizador cubano Julio García-Espinosa formó parte del equipo de producción de la misma, colaborando en el guión de la tercera parte, junto con el francés Chris Marker. Como explica el crítico Jorge Ruffinelli, esta cinta "comenzó a gestarse, ya no en las calles de Chile o en un estudio de Paris, sino en el cuarto de edición del ICAIC y dentro del contexto de la Revolución Cubana. Lo que hoy conocemos como *La batalla de Chile* habría sido diferente de haber sido montada en otro país" (Ruffinelli cit. por León Frías, 2013, p. 126).

novelista cubano Alejo Carpentier, y *La viuda de Montiel* (1979). Por su parte, Sergio Castilla produce en La Habana la cinta *Prisioneros desaparecidos* (1979).

La relación entre el gobierno cubano y el chileno se había profundizado notablemente a raíz de la victoria del socialista Salvador Allende en 1970,[17] de ahí el impacto que tuvo en la intelectualidad cubana el golpe de Estado chileno. Algunos cubanos también filmaron la tragedia chilena. Ejemplo de ello es la cinta *Cantata de Chile* (1975), del realizador Humberto Solás, el cual toma como pretexto una huelga obrera ocurrida a inicios del siglo XX para realizar un recorrido por la historia del país suramericano desde las voces de las "clases subalternas".

En ese contexto, comienzan a tenderse puentes entre cineastas cubanos y latinoamericanos en función de buscar un proyecto de cine regional, sintonizado con los problemas de América Latina. Tal aproximación, con el aval del gobierno cubano concedido por medio de la política internacionalista, redundarán en un proceso que se extendió por varias décadas, a través del cual el ICAIC asumió gradualmente el papel de "sede" del llamado Nuevo Cine Latinoamericano (Villaça 2010). A lo largo de su historia, el Instituto se fue convirtiendo en un polo del pensamiento continental, como lo demuestra su apoyo al movimiento del NCL, al punto de considerarse uno de sus mayores impulsores, cuestión que abordaremos detalladamente a lo largo de estas páginas. Como explica la investigadora argentina Gabriela Bustos (citada por González Breijo 2013), el rol organizador del Instituto de cine cubano, bajo la dirección de Alfredo Guevara, se asentó en la disponibilidad total de recursos materiales y simbólicos brindados por el ICAIC en función del desarrollo del movimiento, y respondió a la política cultural cubana de vocación latinoamericanista, que se observa en: *a)* la política de la Cinemateca del ICAIC de protección y duplicación de copias de filmes prohibidos en sus países de origen; *b)* el apoyo a la cinematografía revolucionaria a partir de una asistencia profesional y técnica; *c)* el estímulo y fomento de festivales, encuentros y muestras cinematográficas regionales; *d)* la circulación de manifiestos, documentos y producciones teóricas desde las páginas de la revista *Cine Cubano* distribuida también en el circuito internacional; y *e)* la creación en el momento de mayor repliegue del movimiento del Festival Internacional del Nuevo Cine Latinoamericano de la Habana y la Fundación del Nuevo Cine Latinoamericano.

---

[17] El Instituto, que ya mantenía contactos previos con cineastas de la nación austral, sobre todo en los festivales de Viña, contribuyó a esta aproximación. El ICAIC y Chile Films establecieron colaboraciones en el campo técnico y la producción documental. Santiago Álvarez filmó la larga visita que Fidel Castro realizó a Chile entre noviembre y diciembre de 1971. El resultado es el documental *De América soy hijo y a ella me debo.* Ese mismo año produjo también *Cómo, por qué y para qué se asesina a un general*, documental que narra los desafíos a los cuales se enfrentó Allende. En 1972, el realizador cubano Miguel Torres presentó *Introducción a Chile.*

En efecto, destaca la creación del Festival Internacional del Nuevo Cine Latinoamericano de La Habana (1979),[18] el establecimiento en territorio cubano, de la Fundación del Nuevo Cine Latinoamericano (1985) y de la Escuela Internacional de Cine y Televisión de San Antonio de los Baños (1986). Todos estos proyectos reflejan la maduración de una política latinoamericanista que se venía forjando desde los tempranos años sesenta. Podría hablarse incluso de una relación de interdependencia entre el ICAIC y el NCL: el cine cubano asimiló aspectos del movimiento continental, en el cual siempre tuvo participación, y a su vez ese Nuevo Cine también se fue remodelando en Cuba, a medida en que el ICAIC se convirtió en sede del movimiento (Villaça 2010). A juicio de esta autora, el Nuevo Cine se retroalimenta, en los años ochenta, a partir de una estructura logística radicada en La Habana.

El Festival de La Habana dio oxígeno al Movimiento del Nuevo Cine, ya mucho más debilitado en los años ochenta. Varios organismos se articularon en torno al Festival, en los cuales los cubanos mantenían una fuerte presencia, lo que propició un auge de las coproducciones y una mayor apertura del ICAIC a colaborar con realizadores extranjeros, además de reforzar el prestigio del Instituto y del gobierno cubano en la región. Entre ellos destacan el Mercado Común de Cine Latinoamericano (MECLA), creado en 1980, el cual no logró finalmente cristalizar como una vía eficaz de financiamiento para la realización de coproducciones. Destaca también el Comité de Cineastas Latinoamericanos, creado el 11 de septiembre de 1974 en Caracas, en el primer aniversario del golpe de Estado contra Salvador Allende[19]. Este comité generó la Fundación del Nuevo Cine Latinoamericano, con sede en La Habana[20]. "La combinación

[18] Fundado el 3 de diciembre de 1979, por Alfredo Guevara, el Festival Internacional del Nuevo Cine Latinoamericano de La Habana fue concebido desde sus inicios como "un espacio de resistencia en el campo cultural" a la ofensiva representada por las dictaduras militares que, desde inicios de la década del setenta, azotaron la región. Durante estos años, el ICAIC acogió a varios realizadores latinoamericanos que se vieron imposibilitados de filmar en sus países, por razones políticas o económicas. Ello contribuyó a fortalecer las relaciones entre el Instituto y el Nuevo Cine Latinoamericano, al punto de convertirse La Habana en sede de sus principales instituciones y eventos.

[19] El Comité se creó para confirmar el compromiso del cine con la creación de países "más justos e igualitarios", así como para denunciar torturas y desapariciones que estaban ocurriendo en las naciones gobernadas por militares. Integraban el comité Edgardo Pallero (Argentina), Miguel Littin (Chile), Pastor Vega y Manuel Pérez Paredes (Cuba) y Carlos Rebolledo (Venezuela). En 1977, durante I Festival de Cine de Mérida (Venezuela), se incorporan al Comité Pedro Rivera (Panamá), José M. Umpierre (Puerto Rico), Walter Achugar (Uruguay) y Edmundo Aray (Venezuela).

[20] En 1984, reunidos en Cuba, los representantes del Comité (Fernando Birri y Edgardo Pallero, por Argentina; Manuel Pérez y Julio García Espinosa, por Cuba; Miguel Littin, por Chile; y Jorge Sánchez y Paul Leduc, por México), apoyaron la idea de crear la Fundación del Nuevo Cine Latinoamericano y su principal proyecto pedagógico: la Escuela Internacional de Cine y Televisión (EICTV), en San Antonio de los Baños. El

Festival-ICAIC-Fundación fue, por tanto, una buena salida política y comercial para el cine cubano y para la revitalización de una adormecida política de 'buena vecindad' en moldes cubanos" (Villaça 2010, 332)[21].

Nicaragua, una nación emergente dentro del escenario del cine regional, alcanza protagonismo a raíz de la victoria de los sandinistas, en 1979. El ICAIC se implicó de lleno en la creación del Instituto Sandinista de Cine Nicaragüense (ISCN), el cual fue heredero de la Brigada de Propaganda Leonel Rugama, considerada la primera productora con la que contó el movimiento. Cuba aportó material, asesoría y apoyo técnico para la realización de documentales, y el propio ICAIC se abocó a la producción de varias cintas como *Patria Libre o Morir* (1978), *Douglas y Jorge* (1979) y *La infancia de Marisol* (1979), todas estas de Bernabé Hernández. Por su parte, Jesús Díaz filmó en 1980 el documental *En tierra de Sandino*. Dos directores chilenos, radicados en aquellos años en Cuba, abordaron también la realidad nicaragüense: Miguel Littin, con *Alsino y el cóndor* (1982), e Ivan Argüello, con *Mujeres de la frontera* (1986).

Otro caso interesante es el de El Salvador, donde si bien la colaboración del ICAIC no fue tan directa como en Nicaragua, realizadores y obras de este país participaron asiduamente en el Festival de La Habana, en especial durante la etapa más cruenta de la guerra civil (1980-1992).

De manera general, las instancias ligadas al Nuevo Cine servirán de apoyo al ICAIC, puerto seguro para diversos cineastas latinoamericanos y espacio alternativo para los realizadores cubanos de los años noventa, principalmente durante el llamado Período Especial (1991-¿?). Ejemplo de ello fue la llegada de Julio García-Espinosa a la EICTV, después de renunciar a la dirección del ICAIC. En el año 2000, Alfredo Guevara entregó la presidencia del Instituto pero se mantuvo al frente del Festival hasta su fallecimiento, en 2013.

A lo largo de la década del noventa, el Festival de La Habana contribuyó a atraer cineastas, productores y capital extranjero, un tema fundamental para el país en un momento en el que se perdía abruptamente el apoyo externo de la URSS. La consolidación de La Habana como sede del Nuevo Cine y del ICAIC como la principal institución impulsora del movimiento, contribuyó a situarlo con una determinada identidad del cine cubano y del latinoamericano en general.

---

voto unánime para presidente de la Fundación recayó en el colombiano Gabriel García Márquez. La Fundación se instituía en la constancia de los principios estipulados por los encuentros de Viña del Mar, el Comité de Cineastas y los festivales de La Habana. "Nuestro objetivo final es nada menos que lograr la integración del cine latinoamericano. Así de simple, así de desmesurado", aseguró García Márquez en el discurso inaugural de la Fundación. En 1985, el Comité acordó nombrar tres miembros de honor por lo que representaban para el cine de la región: el brasileño Nelson Pereira dos Santos, el argentino Fernando Birri y el cubano Alfredo Guevara (Del Río, 2012).

[21] En portugués en el original. La traducción es mía.

> Identidad que indiferenciaba presente y pasado: el Nuevo Cine Latinoamericano parecía haber sido siempre el mismo a lo largo de la historia. En ese momento, el crítico de cine Michael Chanan reconoció que La Habana se había convertido en el epicentro del cine latinoamericano, y afirmaba que tal vez este tipo de lenguaje de los años sesenta ya no satisfacía más de los cineastas, pero aun así resultaba efectivo en ese universo. Como un lugar casi "congelado en el tiempo", La Habana se mostraba perfecta para un movimiento que albergaba la nostalgia por el romanticismo revolucionario, la vieja jerga política, y un crisol estético compuesto por incursiones de la ya desgastada "estética del hambre", por el realismo mágico y los guiones con narraciones parabólicas. La presencia constante del escritor Gabriel García Márquez en los Festivales y durante todo el proceso de la fundación de la Escuela Internacional de Cine y TV de San Antonio de los Baños, dio vínculo más simbólico entre el actual cine latinoamericano y la literatura identificada con lo real maravilloso (Villaça 2010, 332-333)[22].

Tomando en cuenta los elementos anteriormente mencionados, a lo largo de estas páginas se hace un recorrido histórico por las principales expresiones de la política cultural desarrollada por el ICAIC hacia América Latina, desde inicios de la década del sesenta hasta las postrimerías de la década del noventa[23]. Interesa particularmente abordar el modo mediante al cual el ICAIC apoyó a los "procesos y movimientos revolucionarios" latinoamericanos de la segunda mitad del siglo XX, así como las acciones desarrolladas por el Instituto en oposición a las dictaduras militares del Cono Sur.

A partir del análisis de los filmes de ficción *Cumbite* (1964, Tomás Gutiérrez Alea), *Cantata de Chile* (1975, Humberto Solás), *Amor en campo minado* (1987, Pastor Vega) y *Mascaró, el cazador americano* (1991, Constante *Rapi* Diego), se ejemplifican los principales hitos de esta política, así como los proyectos ideológicos que les dieron sustento. A ello se suma el análisis de un conjunto de obras de Santiago Álvarez, considerado el exponente más significativo de la

---

[22] En portugués en el original. La traducción es mía.

[23] El estudio abarca la última mitad del siglo XX latinoamericano, específicamente desde la creación del ICAIC, en 1959, hasta la década del noventa. La mayor parte de la bibliografía consultada apuesta por la periodización por décadas cronológicas. Así, la compilación realizada en 2002 por la EICTV habla de unos años sesenta marcados por la "ira" (Castillo, 2012), la feliz expresión utilizada por el chileno Miguel Littin para caracterizar a la década fundacional del Nuevo Cine. Los setenta son los "tiempos duros", signados por el reflujo y el acomodo (León Frías, 2012), mientras que los ochenta se caracterizan por "el repliegue" (Bernini, 2012). Sin embargo, resultaría sumamente esquemático ceñirse a un rango temporal preciso, ya que determinadas prácticas asociadas a la política exterior del ICAIC hacia América Latina, las cuales se ilustran a largo de este libro, han seguido presentes incluso hasta la actualidad.

documentalística política cubana. En la selección se incluyeron los siguientes títulos: *Hasta la victoria siempre* (1967), *El sueño del Pongo* (1970), *Cómo, por qué y para qué se asesina a un general* (1971), *De América soy hijo... y a ella me debo* (1971), *El tigre saltó y mató... pero morirá ¡morirá!* (1973). Como puede apreciarse, todas estas obras de Álvarez se corresponden a la etapa de mayor activismo político del ICAIC hacia la región.

Historiar las relaciones entre el Instituto Cubano de Cine y América Latina permite profundizar en una lectura compleja de la política exterior de la Revolución Cubana, en específico lo concerniente a las interrelaciones entre actores e instituciones políticas y culturales. El objetivo último de este libro es aportar en la construcción de un relato crítico de la cultura cubana posterior a 1959, en relación con América Latina. Se trata, en síntesis, como afirma el historiador Carlos Antonio Aguirre Rojas, de intentar la construcción de una historia,

> que siendo forzosamente opuesta a las historias oficiales y tradicionales hasta hoy dominantes, se desplaza sistemáticamente de las explicaciones consagradas y de los lugares comunes repetidos, para intentar construir nuevas y muy diferentes interpretaciones de los hechos y de los problemas históricos, para rescatar e incorporar nuevos territorios, dimensiones o elementos, hasta ahora ignorados o poco estudiados por los historiadores anteriores, y para restituir siempre el carácter dinámico, contradictorio y múltiple de toda situación o fenómeno histórico posible (Aguirre 2014, 17).

## CAPÍTULO I

# Cine político y resistencia: la producción fílmica como parte de una historia de la comunicación y la cultura

> El cine no es cine ni vale la pena hablar de él si no está realmente insertado en la cultura y en la historia, en la sucesión generacional de todos los creadores de un país, de los creadores artísticos, de los creadores de la producción científica, de los creadores en el campo del pensamiento filosófico, en fin, todo lo que es creación.
>
> Alfredo Guevara (2013, 101)

El cine merece ser abordado desde una perspectiva transdisciplinaria, que incluya categorías provenientes de diversos campos, tales como la historia, la sociología, la antropología, las ciencias de la comunicación, la psicología, la filosofía, la semiótica, entre otras. Cada una de estas miradas aporta metodologías propias de análisis, que tributan a la comprensión de un fenómeno complejo y multidimensional[24]. Octavio Getino y Susana Velleggia (2002) hablan de tres vertientes en torno a los cuales han transitado los estudios sobre cine.

---

[24] Francisco Gomezjara y Delia Selene de Dios (1973) se refieren al cine como un medio de control y al mismo tiempo de liberación: "La creación de una conciencia universal en el hombre moderno, la exploración crítica de la realidad contemporánea, la creación y divulgación de expectativas no sólo de consumo inmediato sino de formas de relación social más avanzada que el cine puede hacer (y en cierto sentido así lo hace), lo colocan en el terreno preciso de la lucha de clases de la sociedad industrial. Es decir, se le empieza a escapar de las manos a la clase dirigente" (Gomezjara & Dios 1973, 9-10).

---

**Cómo citar este capítulo:**
Salazar Navarro, S. 2020. *Cine, revolución y resistencia. La política cultural del Instituto Cubano del Arte e Industria Cinematográficos hacia América Latina*. Pp. 23-55. Pittsburgh, Estados Unidos: Latin America Research Commons. DOI: https://10.25154/book5. 

En primer lugar, el análisis estético, el cual dio lugar a la teoría del cine propiamente dicha. En esta corriente se incluyen autores del campo de la semiótica, en especial a partir del auge del estructuralismo en la segunda mitad del siglo XX. Otra línea de análisis relevante son los estudios referidos a la historia del cine. La perspectiva historiográfica se remonta prácticamente a la invención de los hermanos Lumière. Destaca en este campo la obra de numerosos críticos e historiadores, quienes han sistematizado los recorridos de diversas cinematografías, desde Hollywood a los "nuevos cines" de América Latina. El análisis de las páginas que siguen tributa a este campo.

Muy relacionado con esta vertiente, se encuentra el llamado método histórico, el cual busca "interrogarse e interrogar a la realidad social, acerca del *cursus* sufrido por aquello que estudia, sobre cómo ha llegado a ser como es, e incluso por qué ha llegado a serlo" (Rubio & Varas 1999, 246). El método histórico privilegia la exploración e interrelación de distintos factores (económicos, sociales, culturales, políticos, etc.) que pueden haber influido en determinado problema o situación social. "No sólo se buscan los acontecimientos, sino la génesis y las causas de los fenómenos, los factores que inciden y condicionan la realidad presente" (Rubio & Varas 1999, 246). La investigación, en tanto histórica, apuesta por una perspectiva holística, es decir, parte de la premisa "de que no puede explicarse un aspecto del proceso histórico sin tener en cuenta la serie de articulaciones de ese aspecto en la estructura compleja de la cual forma parte" (Pereyra 1984).

La investigadora Ana López realiza un recorrido por las diversas perspectivas a partir de las cuales se ha historiado el cine en América Latina, arribando así a las investigaciones más recientes, las cuales abandonaron "el dualismo 'texto-contexto' para pasar a la contextualización productiva del filme que utiliza una amplia variedad de fuentes como evidencia y atiende a los contextos históricos, sociales y culturales sin abandonar la interpretación textual" (López 2012, 8).

Los llamados estudios históricos de la comunicación y la cultura han transitado por diversas perspectivas, vinculadas a diferentes paradigmas historiográficos, desde el positivismo hasta el marxismo, pasando por la Escuela francesa de los Annales. Nuestra historia "latinoamericana" del ICAIC se adscribe a lo que Michael Schudson (1993) denomina la historia "propiamente dicha" de la comunicación y la cultura, es decir, aquella perspectiva de análisis que "considera la relación de los medios de comunicación con la historia cultural, política o económica" (Schudson 1993, 214). Nuestra intención es explicar la producción cinematográfica del ICAIC en términos de los cambios en la política, la economía, la sociedad y la cultura cubana y latinoamericana de la segunda mitad del siglo XX. Además, este libro apuesta por complejizar el relato en torno a la historia del cine cubano y latinoamericano, ya que como afirma el crítico e investigador de cine Juan Antonio García Borrero en la presentación del epistolario de Tomás Gutiérrez Alea (Gutiérrez-Alea & Ibarra 2008), no existe exactamente "una historia" del cine cubano, sino miles de relatos que se entrecruzan.

Esta perspectiva, "se pregunta por el modo en que los medios de comunicación constituyen y se constituyen por el yo, por la experiencia del tiempo y el espacio, por la noción de lo público, por el concepto y la experiencia de la política y la sociedad y por los lenguajes a través de los cuales las personas comprenden y experimentan cualquier parte del mundo" (Schudson 1993, 218-219). En tal sentido, desde una perspectiva sociológica, los medios de comunicación, y entre ellos el cine, se han de comprender como prácticas sociales y formas culturales, no como meras tecnologías aisladas de un determinado contexto. Como afirma Marcel Martin, más allá de inventariar todos los procedimientos de escritura fílmica, lo que buscamos es un "análisis histórico de las determinaciones [mediaciones] técnicas, económicas e ideológicas de la evolución del lenguaje" (Martin 2002, 15).

De acuerdo con Getino y Velleggia (2002), existe una tercera vertiente en torno a la cual ha transitado la investigación sobre cine: los estudios culturales. El cine, un medio de comunicación masiva, es práctica cultural y en su interpretación se negocian temas relativos al poder, la identidad y la estructura social. A través de la perspectiva teórica de los estudios culturales, los cuales asumen una definición amplia del concepto de cultura,[25] es posible articular las relaciones entre categorías tales como dominación, poder, ideología, resistencia, subordinación y hegemonía, a partir de las cuales asumir el fenómeno del cine desde una perspectiva compleja. Como afirma el filósofo colombiano Santiago Gómez-Castro, los estudios culturales expresan "una voluntad de intervención activa en la lucha contra las prácticas sociales de dominación y subordinación, haciendo énfasis en el modo particular en que estas prácticas se manifiestan en el terreno de las representaciones simbólicas" (Castro-Gómez s. f., 12). Se trata entonces de "acentuar la atención sobre las estructuras sociales y el contexto histórico en cuanto factores esenciales para comprender la acción de los media" (Wolf 2005, 61).

Un breve recorrido por autores y comunidades epistémicas del campo de los estudios culturales partiría de la llamada Escuela de Frankfurt, con nombres como Walter Benjamin, Teodoro Adorno y Mark Horkheimer, quienes desarrollan su obra básicamente en el período de entreguerras. Otro hito importante

[25] Para el filósofo Bolívar Echeverría, la cultura "es el momento autocrítico de la reproducción de un grupo humano determinado, que en una circunstancia histórica determinada, hace de su singularidad concreta; es el momento dialéctico del cultivo de su identidad. Es por ello coextensiva a la vida humana, una dimensión de la misma; una dimensión que sólo se hace especialmente visible como tal cuando, en esa reproducción, se destaca la relación conflictiva (de sujeción y resistencia que mantiene —como "uso" que es de una versión particular o subcodificada del código general del comportamiento humano— precisamente con esa subcodificación que la identifica" (Echeverría 2010, 163-164). Por su parte, para Glen Jordan y Chris Weedon (1995, 8), la cultura no es sólo una esfera, sino una dimensión de todas las instituciones (económicas, sociales y políticas). Se trata de un juego de prácticas materiales que constituyen sentidos, valores y subjetividades (citado por S. E. Álvarez, Dagnino, & Escobar 1998, 3) [en inglés en el original. La traducción es mía].

en el desarrollo de este campo son los estudios culturales ingleses, en especial durante la segunda posguerra, con autores como Raymond Williams y Richard Hoggart, nucleados en torno al Centre for Contemporary Cultural Studies de la Universidad de Birmingham. Paralelo en el tiempo, habría que situar la obra del francés Edgar Morin, fuertemente inspirada en el estructuralismo. Finalmente, destaca en la América Latina de los años setenta y ochenta el llamado paradigma cultural latinoamericano, con autores como Jesús Martín Barbero y Néstor García Canclini, entre otros tantos.

En América Latina, la reflexión teórica en torno al séptimo arte surge precisamente en el contexto fundacional del NCL, entre mediados de los años sesenta y principios de los setenta. De ahí que una perspectiva crítica, asociada a las movilizaciones sociales y al cine político, sea eje fundamental a la hora de aproximarse a este medio. Instancias tales como el poder, la dominación, la dependencia dentro de un contexto neocolonial, constituyen preocupaciones medulares de estos estudios, a diferencia de la investigación producida en Europa, tradicionalmente más centrada en cuestiones propiamente artísticas.

Refiriéndose al caso específico de la realidad latinoamericana, la investigadora Irene Vasilachis señala que determinadas teorías provenientes de otras regiones geográficas, incluso de las llamadas teorías críticas, "no alcanzan para comprender, describir, explicar las acciones, percepciones, sentidos -subjetivos y grupales- enlazados a las identidades autóctonas y a la construcción de nuevas identidades individuales y colectivas, a originales formas de resistencia, a incipientes estrategias de liberación respecto de las inéditas y restablecidas formas de ser de la violencia" (Vasilachis de Gialdino 2007, 33).

Es precisamente en la inclusión de mediaciones[26] políticas y sociológicas, para entender la producción y el consumo de cine, que radica la originalidad de los aportes teóricos latinoamericanos a la comprensión de un cine que intenta pensarse y hacerse "a contracorriente", es decir, alternativo al modelo narrativo y/o productivo hollywoodense. Como explican Getino y Velleggia, "la intersección cine-sociedad y el carácter de mediación cultural del cine [...] fue el núcleo desde el cual se extendieron los enfoques de las teorías del cine latinoamericano, para abarcar desde la estética hasta relaciones estructurales y de mercado" (2002, 116).

Muy vinculado al paradigma marxista de una filosofía de la praxis o del cambio social, los estudios sobre cine asociados al paradigma cultural latinoamericano abogan por la construcción de una nueva estética congruente con las

---

[26] Se entienden las mediaciones como "todas aquellas circunstancias y características tanto de los sujetos, los contextos y los medios que se interponen entre emisores y receptores. Aun así, el concepto se ha ido alejando de su interpretación primitiva para pasar de ser 'aquello que está entre', a ser el centro de atención que vincula las distintas y complejas relaciones de afectación que se suceden en el proceso comunicativo" (Orozco & González 2011, 182-183).

posiciones ideológicas asumidas. "Se trata de un cine concebido como unidad teoría-práctica; contenido-forma; arte-vida, cuyas proposiciones están más emparentadas a las de las vanguardias artísticas de principios de siglo, que a las categorías de análisis del estructuralismo, en boga en la época" (Getino & Velleggia 2002, 120).

Desde las oposiciones liberación/dependencia y revolución/dominación, se trata de buscar la estética de los sectores populares, de los destinatarios de las obras y por tanto actores del cambio político. En general, se suman a la búsqueda, ya histórica, de toda práctica de comunicación alternativa: dar voz a quienes no la tienen. En la América Latina de los años sesenta y setenta, los propios realizadores teorizan en torno al séptimo arte. No se trata de una producción académica, al menos en términos formales, sino más bien de ensayos breves, textos periodísticos, incluso declaraciones recogidas en entrevistas, que perfilan lo que será el corpus teórico el NCL[27]. Muy vinculados a la llamada teoría de la dependencia, en boga por aquellos años de crítica al imperialismo cultural y al subdesarrollo, el cine se interroga en torno a su propio sentido en el contexto de América Latina. Para ello se apoyan en enciclopedias culturales provenientes de los más diversos campos, no solo artísticos, sino también políticos y sociológicos. Autores como Sartre, Camus y Fanon se suman al Che Guevara, José Carlos Mariátegui y Marx, la Escuela de Frankfurt, Edgar Morin, Armand Mattelart, Pascuali y Freire. Se trata de cuestiones hasta el momento no abordadas por los análisis cinematográficos, de ahí que estos estudios contribuyeran a ampliar los límites disciplinares y geográficos hasta el momento existentes.

Esta visión del cine y de la cultura de los sectores populares, que teorizan en su momento autores como Fernando Birri, Glauber Rocha, Julio García Espinosa, Fernando Solanas, Octavio Getino, entre otros, tiende a la idealización de las clases subalternas, lo cual es comprensible por parte de cineastas que provienen en su mayoría de las clases medias, y medias-alta intelectualizadas.

> [Ello] otorga a las reflexiones teóricas el doble carácter de utopía y de hipótesis experimentales de trabajo. En algunos casos, prácticas y reflexiones incurren en el defecto de idealización de los pobres, que ya había cometido el neorrealismo italiano, al esbozar un panorama sin fisuras, tanto de la inocente solidaridad de los oprimidos como de la maldad intrínseca de los opresores (Getino & Velleggia 2002, 122-123).

No solo el neorrealismo italiano, sino el cine latinoamericano de los años cuarenta incurre en esta idealización, como puede apreciarse por ejemplo en la trilogía del cineasta mexicano Ismael Rodríguez, *Nosotros los pobres* (1948),

[27] Getino y Velleggia (2002) realizan un recorrido por las aportaciones teóricas efectuadas en América Latina a una teoría del cine. Se recomienda la consulta del capítulo, "Los conceptos del cine en juego", pp. 125-168.

*Ustedes los ricos* (1948) y *Pepe El Toro* (1952). Detrás de esta visión un tanto idílica de lo popular, que hereda el Nuevo Cine de los años sesenta, subyace una particular distinción entre alta y baja cultura, que fue muy recurrente en el campo intelectual latinoamericano de la época. Según explica Bolívar Echeverría (2010), las ciencias sociales latinoamericanas habían enfocado tradicionalmente a la baja cultura o cultura popular como un hecho tosco, no elaborado, en estado primitivo. Por su parte, la alta cultura o cultura de élite o educada, se relacionaba con lo refinado, tecnificado, como aquello que conoce y respeta una tradición. El pensamiento crítico latinoamericano, en oposición a esta perspectiva elitista, reivindica los valores de la baja cultura, en tanto "cultura que hace el pueblo". La "recuperación" de la llamada cultura popular por parte de las vanguardias artísticas del continente fue parte del proceso de "deseuropeización" que protagonizan las vanguardias culturales latinoamericanas desde inicios del siglo XX. El muralismo, y en general la exaltación del indigenismo en el contexto de la Revolución Mexicana, son una respuesta crítica al afrancesamiento impuesto por el Porfiriato[28]. Del mismo modo, las vanguardias artísticas cubanas recuperarán lo campesino, y en especial el componente africano, en la formación de la cultura nacional[29]. Desde esta perspectiva,

> Lo "bajo" comienza a ser sinónimo de "genuino", "vital", "creativo" (frente a lo "postizo", "mustio" o "aburrido" de la cultura alta o elitista, mandada a hacer por las clases dominantes). Cuando, a su vez, el pueblo es identificado con la clase trabajadora revolucionaria, a su "cultura proletaria" le es reconocido un carácter crítico espontáneo, históricamente constructivo (contrapuesto a la complacencia y limitación de la cultura "hecha por la burguesía" (Echeverría 2010, 169).

Otro punto débil de las teorías que sustentaron al NCL fue su desconocimiento de los posibles aportes de la producción cinematográfica realizada antes de la eclosión del Nuevo Cine. Así lo afirma la investigadora Ana López:

> Los artículos y manifiestos que denunciaban el imperialismo cinematográfico de Hollywood rechazaban también los cines "clásicos" producidos en América Latina entre los años treinta y cincuenta por imitar a Hollywood y ser irrealistas, alienadores e ideológicamente cómplices de los intereses de las clases dominantes y serviles a estas. El pecado

---

[28] Estados Unidos también influirá en este proceso. Concretamente, entre 1941 y 1945, una época en la que se están negociando las áreas de influencia de las llamadas potencias centrales, Washington intenta en América Latina una estrategia de "deseuropeización" económico-comercial y también en el terreno de la cultura.

[29] Véase el texto de Fernando Ortiz, "Del fenómeno social de la 'transculturación' y de su importancia en Cuba". En *Contrapunteo cubano del tabaco y el azúcar*, Editorial de Ciencias Sociales, La Habana, 1983, pp. 86-90.

> cardinal del viejo cine era su proclividad melodramática. Haciendo del melodrama sinónimo del cine de Hollywood, estas películas latinoamericanas eran poco menos que una imitación pobre que "abrían las compuertas a un proceso de colonización uniforme" en América Latina. Sin embargo, no se tomó en cuenta que este era el primer cine autóctono que hizo mella en la presencia dominante de la industria hollywoodense en América Latina, el primero que hizo circular de modo sistemático las imágenes, voces, canciones e historia latinoamericanas en todo el continente durante varias décadas (López 2012, 158-159).

El melodrama, visto desde una posición elitista, se enfocaba como un mecanismo de alienación de la cultura dominante. Sin tener en cuenta la complejidad de los procesos de recepción, este género fue rechazado como una forma de comunicación falsa. Pero como afirma López, resultaba irónico "que los intentos del nuevo cine por establecer una supuesta comunicación 'real' —con todo lo importantes que han sido— pocas veces han alcanzado los niveles de aceptación popular de los viejos cines[30]. Y cuando, por ejemplo, ese logro popular se alcanzó en *La historia oficial*, de Luis Carlos Puenzo (1986), fue precisamente recurriendo a lo melodramático" (López 2012, 159).

Dentro del amplio campo de los estudios culturales, el análisis de las políticas ocupa un lugar privilegiado, ya que permite visualizar las múltiples

---

[30] El cine mexicano de su edad de oro, por ejemplo, con su acercamiento y recuperación del color local latinoamericano, que insinuaba los principios de lo que con el tiempo sería el realismo social, tuvo un fuerte impacto en el público regional de la época, sobre todo si se tienen en cuenta los elevados índices de analfabetismo existentes. Cintas como *El jagüey de las ruinas* (Gilberto Martínez Solares, 1944), *Rayando el sol* (Roberto Gavaldón, 1945) y *La virgen morena* (Gabriel Soria, 1942), todas inscritas dentro del melodrama, llevaban implícito "el fondo del mensaje panamericanista, que buscaba la afirmación de México, lo mexicano y en última instancia lo latinoamericano" (Peredo Castro 2011, 207). Aunque en general la izquierda intelectual latinoamericana de los sesenta renegará de este cine, por considerarlo "calco y copia" de la producción hollywoodense, en los tempranos cuarenta se reconocía como algo positivo que las obras literarias latinoamericanas fueran adaptadas por el cine mexicano y no por Hollywood. Así lo señalaba la intelectual cubana Mirta Aguirre, en una crítica sobre el filme *La trepadora* (Gilberto Martínez Solares, 1944), adaptación de la obra homónima del venezolano Rómulo Gallegos: "Pero *La trepadora* aparte [de] no apresar la médula de la novela, está bastante bien realizada. Por lo menos no hay en ella ñoñería ni tragedia barata. Si el tema no alcanza toda la fuerza dramática que pudo poseer, al menos es un tema americano desenvuelto en su propio ambiente, sin anclajes yanquis o europeos. Lo que constituye un mérito fundamental en gracia al que pueden disculparse muchas cosas". Nota publicaba en el periódico *Hoy*, el 2 de febrero de 1945, citada por Peredo Castro 2011, 187. Títulos mexicanos de la época como *Doña Bárbara* (Fernando de Fuentes, 1942), *Simón Bolívar* (Miguel Contreras Torres, 1942) y *Canaima* (Juan Bustillo de Oro, 1945) tuvieron un impacto de público que no conoció el Nuevo Cine de las décadas siguientes.

intersecciones entre el arte, la cultura y el poder. La investigadora cubana Yanet Toirac (2009) define la política cultural como la "instancia social involucrada en la movilización y confrontación de valores y significados a través de la agencia de diversos actores e instituciones que operan en un contexto social estructurado". Estos agentes e instituciones intervienen en la elaboración, recepción y en su cumplimiento.

La política cultural es una instancia a partir de la cual aproximarse a los complejos vínculos que se establecen entre la producción artística y el contexto social al interior de la modernidad. Existen dos grandes interpretaciones para comprender las relaciones entre arte y sociedad: "una que haría hincapié en la autonomía del arte sobre la vida, y otra, en la autonomía de la vida sobre el arte" (Graziano 2005). Sin embargo, como señala este autor, si ambos enfoques son llevados al extremo pueden desvanecerse en la entropía. De un lado, el arte se considera una producción autónoma, escindida de un determinado contexto histórico, social y político, el llamado "arte por el arte", visión frecuente en muchos de los estudios estéticos, centrados en la obra y no en su contexto de producción. En el otro extremo, una historia del arte supeditada a lo social, reduce el objeto artístico a un mero apéndice de las contingencias históricas y sociales.

El marxismo clásico establece una relación directa entre base material y superestructura ideológica, relación que el propio Marx aclara que no es totalmente unívoca, sino que existen diálogos entre una y otra instancia. Es decir, que la transformación social no proviene únicamente de un cambio de las relaciones de producción, sino que existe un componente ideológico, subjetivo, a tener en cuenta.

El propio avance de los "movimientos sociales" del siglo XX demostró que la economía en sí no condiciona la transformación sistémica. El paulatino empoderamiento del proletariado, sobre todo en las llamadas "sociedades industriales", que lograron acceder a la jornada de ocho horas y a otros derechos laborales, no desencadenó la revolución contra la modernidad capitalista profetizada en *El manifiesto comunista* sino todo lo contrario, un afianzamiento del poder de la burguesía. Ello obligó al pensamiento crítico a reformular su economicismo, otorgándole un papel mucho más importante a lo que Louis Althusser denominó los "Aparatos Ideológicos del Estado" (AIE), y Antonio Gramsci "instancias articuladoras del consenso". Escuelas y medios de comunicación desempeñan por tanto un rol esencial en la legitimación del orden social existente, de ahí que toda transformación radical del mismo no solo ha de tener en cuenta los criterios de reproducción económica sino también cultural. Como afirma el sociólogo Pierre Bourdieu,

> La legitimación del orden social no es el producto, como algunos creen, de una acción deliberadamente orientado de propaganda o de imposición simbólica; resulta del hecho de que los agentes aplican a las estructuras objetivas del mundo social estructuras de percepción y de apreciación que salen de esas estructuras objetivas y tienden por eso mismo a percibir el mundo como evidente (Bourdieu 1993, 138).

Precisamente, para los estudios culturales, "el centro de la investigación está situado fuera de los textos y de los medios de masas, de lo que se dice que están incrustados, junto con las audiencias, en prácticas culturales y sociales amplias" (Jensen 1993, 39). Esta perspectiva lo que agrega "es el contexto en el que se desarrolla el proceso comunicativo" (Orozco & González 2011, 178). Atribuye al ámbito superestructural una especificidad y una valencia constitutiva que van más allá de la oposición entre estructura y superestructura. Dentro de esta perspectiva el rol de la cultura no es meramente reflexivo ni residual respecto a las determinaciones de la esfera económica.

En el caso concreto de Cuba, a la hora de abordar las políticas culturales hay que tener en cuenta el impacto de una racionalidad sociopolítica, a diferencia de los regímenes liberales modernos, donde priman enfoques mercantiles, o cuanto menos, estos deben ser más valorados. En el caso cubano, podría hablarse no solo de una política gubernamental, sino de políticas culturales trazadas por organismos con determinado margen de autonomía, como por ejemplo el ICAIC. Entre las políticas culturales del Instituto Cubano de Cine y las políticas centrales existe una relación dialógica, aunque como es obvio el nivel gubernamental es quien condiciona en última instancia el accionar del ICAIC. A lo largo de su historia, el Instituto ha mantenido con el gobierno un juego de aceptación y resistencia (Villaça 2010). En tal sentido, el ICAIC logró articular una política cultural propia, en la cual se destacan en determinados momentos históricos concepciones diferentes a la del resto del campo cultural cubano en temas como la función del arte, el compromiso político, y las relaciones con América Latina.

Mauro Wolf señala que desde la perspectiva de los estudios culturales es posible analizar "las estructuras y los procesos a través de los que las instituciones de las comunicaciones de masas sostienen y reproducen la estabilidad social y cultural". Y aclara que "ello no se produce de forma estática, sino adaptándose continuamente a las presiones, a las contradicciones que emergen de la sociedad, englobándolas e integrándolas en el propio sistema cultural" (Wolf 2005, 62). En el caso de nuestro estudio, una dimensión a destacar es que lo largo de su historia han intervenido, al interior del propio ICAIC, visiones contrapuestas en torno a la política cultural. Es decir, si algo ha caracterizado al Instituto Cubano de Cine es el consenso a lo exterior, al tiempo que se producen grandes contradicciones internas, lo cual se manifiesta por ejemplo en los contrapunteos entre la dirección de Alfredo Guevara y el núcleo duro de los realizadores, entre los que destaca Tomás Gutiérrez Alea[31]. En algunos casos, las tensiones salieron de los marcos del Instituto, marcando la ruptura de realizadores como por ejemplo

[31] Muchas de estas contradicciones afloran en el epistolario de Tomás Gutiérrez Alea, publicado por su viuda, la actriz Mirtha Ibarra (Gutiérrez-Alea & Ibarra 2008). El crítico cubano José Antonio García Borrero ha documentado algunas de estas tensiones en su blog *La pupila insomne* (https://cinecubanolapupilainsomne.wordpress.com/).

Nicolás Guillén Landrían (1938-2003) y Jesús Díaz (1941-2002), no solo con el ICAIC sino con el campo cultural cubano revolucionario en su conjunto.

Teniendo en cuenta todo lo anterior, la producción cultural del ICAIC en general, y en específico lo que es objeto de estas páginas, los filmes que abordan de un modo u otro la política cultural del Instituto hacia América Latina, deben analizarse "como expresión de una subjetividad y estética particulares, y como la representación de un contexto concreto" (Jensen 1993, 29), lo cual se evidencia en el discurso, la subjetividad y el contexto.

Una preocupación esencial de los estudios culturales de las últimas décadas ha sido la cuestión del poder, y por extensión, las relaciones entre el poder y la resistencia, en tanto contraparte del mismo. Se trata este último de uno los conceptos más recurrentes en la teoría política, pero uno de los menos elaborados. El investigador colombiano Eduardo Restrepo alerta en torno a tres riesgos en los que se puede caer al emplear este concepto, sin duda válido para entender muchos de los procesos culturales de las sociedades modernas. En primer lugar, reducir el concepto "a englobar todas las acciones de quienes son objeto de dominación, ya que supone son respuestas a ésta, lo que significa que estarían de cualquier forma interpelados por el poder al cual se pliegan o reaccionan" (Restrepo 2008, 41). En segundo lugar, "si de manera acertada se considera que no hay poder sin resistencia [...] pareciera que algunos autores pensaran esta relación como si la resistencia fuera puro y monolítico anti-poder, absoluta negatividad del poder. Por tanto, se imaginan la resistencia en un afuera absoluto del poder (al que reacciona); pero la resistencia en cuanto tal es una especie de 'más allá del poder', una ausencia de relaciones de poder" (Restrepo 2008, 42). Por último, afirma que "no son escasos los autores que tienden a moralizar el concepto, algunos incluso hasta el punto de una clara y tajante dicotomía, en la cual el eje de asociaciones ligadas a la 'resistencia' se encuentra del lado de lo 'bueno' y lo positivo frente al de asociaciones del poder, que es objeto de demonización. Esta expresión caricaturesca del riesgo de la moralización del concepto de resistencia por lo general implica los dos riesgos anteriormente anotados" (Restrepo 2008, 42).

Para evitar estos riegos el autor propone enfocar la resistencia, más que como un punto de partida, como un punto de llegada:

> Para considerar una práctica, representación o relación como resistencia, se requiere demostrar bajo qué contexto concreto de relaciones de poder opera como tal. Además de su singularidad, al recurrir a este concepto se debe examinar la densidad, los contrastes y las multiplicidades que constituyen una acción (u omisión) como resistencia. Más que resistencia y dominación como bloques monolíticos definidos de antemano, lo que merece ser explotado son resistencias y dominaciones en la pluralidad de sus entramados y la multiacentralidad de sus significados (Restrepo 2008, 42).

La cultura popular de América Latina ha existido históricamente en abierta negociación con la modernidad, un proyecto civilizatorio que no asume del todo —y al que por lo tanto se resiste—, pero con el cual dialoga permanentemente. A juicio de la investigadora María Isabel Neüman esta negociación entre la cultura moderna y la cultura popular latinoamericana se establece a través de la apropiación social:

> Se propone entonces que la apropiación social es el proceso que activan los latinoamericanos frente a las formas ajenas de cultura, bienes de consumo y estructuras organizacionales e implica un proceso subjetivo de comprensión, filtrado a través de un código propio que parte de un horizonte hermenéutico "otro" y en un contexto de resistencia (Neüman 2010, 33).

Los latinoamericanos le adjudicamos nuevos sentidos, según nuestro propio horizonte de comprensión del mundo, a los productos culturales, estilos de vida y estructuras organizacionales traídas desde los centros hegemónicos. Neüman habla de apropiación "social" y no "individual", "porque la adjudicación de nuevos sentidos es comunitaria y se sirve de la relación entre los miembros para poder concretarse. No se trata de un acto individual, se trata de un proceso relacional. La apropiación social se valida, además, por los resultados sociales que produce. Si no produce resultados sociales, no ha habido apropiación" (Neüman 2010, 34).

Muy vinculado con esta idea de la "apropiación social" como mecanismo de resistencia, Bolívar Echeverría ve en el llamado *ethos* Barroco una estrategia de supervivencia espontánea generada por la comunidad, un mecanismo de resistencia a los intentos de imponer el proyecto civilizatorio moderno, un tipo de comportamiento que se resiste a aceptar la destrucción del valor de uso por parte del valor de la mercancía, y que rescata el carácter concreto del valor de uso.

> La versión básica de la modernidad capitalista es la puritana, en la que esta sujeción de la vida concreta a la valorización de las mercancías capitalistas está perfectamente aceptada en la vida. Ese sería el *ethos* realista, que dice: así es como vivimos, la riqueza sólo puede producirse en términos capitalistas, aceptémoslo, seamos realistas y produzcamos dentro del capitalismo lo mejor que podamos. El *ethos* Barroco dice: no, yo no voy a sacrificar la riqueza cualitativa del mundo, sino que la voy a reafirmar, e incluso lo voy a hacer cuando esté destruida por el capital. Esta rebelión dentro de la subordinación al capital es lo que caracteriza al *ethos* Barroco (Echeverría 2011, 797).

El *ethos* Barroco, como forma de resistencia, se expresa en el terreno de lo imaginario, de ahí que pueda hablarse de una expresión eminentemente cultural, que se manifiesta "teatralizando la vida, porque de esa manera se puede rescatar la riqueza cualitativa". Sin embargo, aclara Echeverría, el *ethos* Barroco no puede entenderse como una solución a los problemas estructurales de América Latina, como una forma eficaz de resistencia a una modernidad profundamente antitética, ya que el *ethos* Barroco, "conduce a una resistencia al capitalismo y no a la destrucción del mismo. Es un modo de vivir dentro del sistema. No es una propuesta ni una estrategia, ni siquiera es un proyecto de transformación. Este es el gran problema. Nuestros pueblos son muy anti-capitalistas, pero también poco revolucionarios" (Echeverría 2011, 798).

De acuerdo con el antropólogo estadounidense James C. Scott (2004), la resistencia se expresa tanto en el discurso *público* como en el discurso *privado*[32]. A cada uno de estos espacios se le pueden adjudicar diversas prácticas comunicativas. La naturaleza *masiva* de nuestro objeto de estudio encamina la conceptualización al ámbito público, ya que el cine constituye una "forma de resistencia pública declarada" (Scott 2004).

Para este autor la resistencia se organiza en torno a tres grandes ejes: 1) dominación material, dentro de la cual se incluyen peticiones, manifestaciones, boicots, huelgas, invasiones de tierras y rebeliones abiertas; 2) dominación de rango, la cual contempla afirmación pública de dignidad con gestos, atuendos, palabras, y/o abierto atentado contra símbolos de estatus de los dominadores; y 3) dominación ideológica, la cual se expresa en contraideologías públicas, propaganda en favor de la igualdad, la revolución, o negación de la ideología dominante (Scott 2004, 234).

Para entender la resistencia hay que tomar en cuenta la complejidad de la dominación. Autores como Bourdieu y Gramsci reconocen la relación entre poder e ideología, entendiendo a esta última como "el aspecto de la realidad a través del cual los hombres se representan y entienden la sociedad en que viven" (Martínez-Heredia 2010, 142). De este modo, la resistencia trabaja para socavar distinciones entre la dominación simbólica y la instrumental, entre el comportamiento y la ideología. A juicio de Scott, "los grupos subordinados se

---

[32] En la obra original, publicada en inglés, Scott emplea los términos *public transcript* y *hidden transcript*. Sobre el primero, ofrece la siguiente explicación: "*Public* quiere decir aquí la acción que se realiza de manera explícita ante el otro en las relaciones de poder y *transcript* se usa casi en el sentido jurídico (procés verbal, acta judicial) de la transcripción completa de lo que se dijo en un juicio. Esta transcripción completa incluye, sin embargo, también actos que no usan el habla, como los gestos y las expresiones faciales". Según esta explicación, *transcript* debería traducirse en español como "declaración". En otros momentos del texto, la palabra *transcript* parece significar "guión preestablecido"; en otros más, simplemente "lenguaje" (lenguaje público/lenguaje oculto). Pero todos esos términos resultan a la vez ambiguos y estrechos. Por ello, en la edición en español se traduce *transcript* por "discurso", tomando en cuenta que se acomoda mejor a la "lectura discursiva" que hace el autor de todas las expresiones sociales que analizará en su libro ya que él mismo utiliza la palabra "discourse" en el texto antecedente de este libro que menciona en su prefacio (nota del traductor en Scott 2004).

enfrentan a ideologías complejas que justifican la desigualdad, la servidumbre, la monarquía, las castas, etcétera" (Scott 2004, 147). Como respuesta, la resistencia contra la dominación ideológica "requiere una contraideología —una negación— que ofrecerá realmente una forma normativa general al conjunto de prácticas de resistencia cultural inventadas por los grupos subordinados en defensa propia" (Scott 2004, 147). El Movimiento del NCL puede enfocarse precisamente como tal, ya que se construye en torno a una interpretación antagónica de lo que ellos consideraban el cine hegemónico, cuya mejor expresión universal es Hollywood, y de las clases y grupos sociales que se ven legitimadas en el discurso de las industrias culturales. De hecho, históricamente el Movimiento siempre se entendió desde una cultura de la resistencia, de la confrontación político-ideológica con el "imperialismo yanqui" y con su cine.

La resistencia necesita además de espacios físicos y simbólicos para ejercerse, es decir, los grupos subordinados precisan de "espacios sociales marginales" que "el control y la vigilancia de sus superiores no puedan penetrar" (Scott 2004, 147). Durante más de una década La Habana, con instituciones tales como el ICAIC y el Festival del Nuevo Cine, se erigieron como plazas fuertes para el desarrollo de un cine autodenominado "alternativo" o "a contracorriente".

Scott ubica la mayor parte de las prácticas y discursos de la resistencia en el ámbito de lo que él denomina la *infrapolítica.* Se trata entonces de una práctica mucho más vinculada al discurso privado, al "ámbito discreto de conflicto político", que a lo público. Con esta idea de la infrapolítica se visualiza la vida política activa de los grupos subordinados, la cual muchas veces se realiza en niveles que no se reconocen como explícitamente políticos. "Para darle la importancia que merece a todo lo que, en general, se ha dejado de lado, quiero distinguir entre las formas abiertas declaradas, de resistencia, que atraen más la atención, y la resistencia disfrazada, discreta, implícita, que comprende el ámbito de la infrapolítica" (Scott 2004, 233). En el caso del cine y la actividad institucional relacionada con este, el espacio tiende más a lo político que a lo infra, pero al ubicarse su accionar en el campo cultural, el reconocimiento de lo infrapolítico permite clarificar la dimensión simbólica de muchas de estas prácticas de resistencia.

El cine político de los sesenta y los setenta en América Latina, es básicamente un cine de la resistencia, en tanto se opone a nivel de producción y de contenidos a las grandes industrias culturales. Como afirma la investigadora Silvana Flores, puede decirse que "con el Nuevo Cine Latinoamericano surgió una cinematografía de resistencia frente al dominio cultural" (2014, 27). Específicamente, durante el contexto de las dictaduras latinoamericanas, el Instituto Cubano de Cine fomenta la realización obras "de resistencia" a los regímenes militares.

> Posiblemente el intento más sostenido de traducir la teoría de la dependencia a la práctica en la esfera de la cultura y la crítica cultural se produjera en los debates y filmes del movimiento del Nuevo Cine Latinoamericano. Un foco central de este movimiento [...] fue el rechazo

> al modo de producción, el estilo y la ideología del cine de Hollywood. Realizadores y críticos estaban influidos por las innovaciones estéticas y los nuevos modos de producción de los movimientos cinematográficos europeos, sobre todo el neorrealismo italiano y la Nueva Ola francesa, que demostraron la viabilidad de la producción no realizada en estudios. También estaban inmersos en la vorágine de revoluciones y debates políticos y sociales que atravesaba el continente, de Cuba a la Patagonia, y se mostraban ansiosos por "liberar" el cine; o sea, por cambiar su función social. Los cines "nuevos" servirían como formas de expresión nacional, pero también serían activas armas en la transformación del subdesarrollo y la opresión política que caracterizaban a América Latina (López 2012, 156-157).

La propia idea de un cine "latinoamericano" (argentino, brasileño, mexicano, cubano, etc.), esgrimida desde los tempranos sesenta, la cual hiciera frente a la univocidad hollywoodense, constituye una práctica de resistencia cultural, ya que en un escenario marcado por la globalización del audiovisual estadounidense, "el nacionalismo y lo nacional adquieren así una nueva pátina de resistencia cultural, justo cuando las naciones parecen mantener su vigor apenas en el resbaladizo terreno simbólico, imaginario, mítico, religioso o étnico" (Paranaguá 2003, 9).

## El discurso cinematográfico. Referentes para su análisis

> Sólo tiene derecho a encender en el pasado la chispa de la esperanza aquel historiador traspasado por la idea de que ni siquiera los muertos estarán a salvo del enemigo si este vence.
>
> Walter Benjamin. *Sobre el concepto de historia*, tesis VI, *circa* 1940

El cine es un acto de creación estética que emociona, conmueve y dialoga críticamente con nuestra percepción del mundo, al mismo tiempo que resulta un medio de comunicación que produce contenidos que inciden en la socialización de los sujetos en prácticas de diverso tipo, desde el consumo de bienes culturales y simbólicos, a la visión política del orden social.

Existe una amplísima variedad de teorías del cine, es decir, de herramientas epistemológicas a partir de las cuales acercarse a la comprensión del fenómeno cinematográfico, teorías signadas por la naturaleza del objeto de estudio, así como por la propia intencionalidad que guíe la investigación.

En las líneas que siguen nos proponemos sustentar los principales rasgos de un modelo teórico-metodológico para el análisis del discurso cinematográfico desde la perspectiva de los estudios históricos en comunicación y cultura. Los modelos no hacen referencia a un problema de investigación determinado y "ofrecen un acusado carácter instrumental y apriorístico y no final en la ciencia:

son instrumentos conceptuales que se construyen como ayuda en el estudio y comprensión de la realidad" (Sierra Bravo 1994, 42).

El tal sentido, el modelo que a continuación se explicita constituye apenas un "aparato de inteligibilidad del fenómeno abordado" (Toirac 2009), pero no una visión conclusiva en torno al tema, ya que categorías y conceptos tienen que ser analizados en términos de su anclaje histórico, de sus relaciones con las condiciones "materiales" existentes, lo cual implica que el modelo pueda ajustarse, e incluso incorporar nuevas dimensiones, teniendo en cuenta las particularidades de otros objetos de estudio, así como la inclusión de nuevas categorías a la luz de transformaciones en los más diversos órdenes.

Con la presentación de este modelo se explicita el interés por inscribir la investigación dentro de una matriz teórica que pondere las relaciones de interdependencia existentes entre la producción cinematográfica y el contexto económico, político, tecnológico, social y cultural en el cual esta se desarrolla, es decir, que tenga en cuenta los diálogos entre el universo histórico-sociológico y la creación cinematográfica. Los apuntes que se presentan a continuación tienen como objetivo orientar el análisis discursivo que se realizará a los filmes que se abordan a lo largo de este libro, aunque las dimensiones y categorías que se sistematizan pueden aplicarse a otras pesquisas similares.

Los estudios históricos en comunicación y cultura, en tanto campo de estudio perteneciente a las ciencias sociales, se dedican al análisis de aquellas manifestaciones que se han trasmitido mediante la oralidad y la escritura, de las prácticas a través de las cuales el ser humano ha organizado los procesos de producción y reproducción cultural a lo largo de su historia. Se definen como la ciencia que estudia las transformaciones en las fórmulas comunicativas orales, escritas e impresas del pasado. De acuerdo con la investigadora cubana Janny Amaya Trujillo (2008), estos estudios "se dedican al análisis, desde una perspectiva temporal, de la complejidad y multi-dimensionalidad del objeto de estudio de la comunicación como ciencia. Esto es, el comportamiento temporal-devenir de los procesos, prácticas, instituciones y sistemas comunicativos". Por su parte, la española María José Ruiz Acosta (1998) destaca cuatro grandes áreas de estudio de este campo:

1. Las distintas etapas comunicativas que han utilizado lo oral, lo escrito o lo impreso como fórmula principal o secundaria para transmitir ideas, conocimientos, datos, leyes y cualquier otro tipo de manifestación intelectual humana.
2. La conformación de estructuras comunicativas correspondientes a cada uno de los momentos históricos por los que ha atravesado la evolución de la humanidad[33] (instituciones, etc.).

[33] Más que *evolución* humana, un término asociado a las teorías positivistas del desarrollo, preferimos hablar de *devenir* histórico.

3. Las técnicas empleadas para difundir las mencionadas manifestaciones comunicativas.
4. La comparación, para cada momento histórico, de las fórmulas de comunicación orales, escritas e impresas con otras técnicas; y ello con objeto de analizar las razones por las que cada colectivo humano ha preferido emplear unas u otras.

Como puede verse, se trata de un objeto de estudio que exige de una perspectiva multidisciplinar, ya que integra dimensiones y categorías de campos tan diversos como la historia del arte, la economía, la psicología, la sociología, la antropología, las ciencias políticas, entre otras. Todo ello con el objetivo de mostrar la pertinencia del pasado en la comprensión del presente, mediante la introducción de la historia en el estudio de los medios de comunicación y de estos en la historia.

Ruiz Acosta (1998) sistematiza tres perspectivas genéricas desde las cuales se han pretendido establecer las demarcaciones del campo de la historia de la comunicación y la cultura. Esta clasificación "constituye un marco indicativo de las macro tendencias y referentes fundamentales según los cuales se ha estructurado este campo de estudios, a partir de la comprensión de su propio objeto" (Amaya-Trujillo 2008, 71).

En primer lugar, la perspectiva que recurre a criterios de orden tecnológico, es decir, que entiende a la comunicación como "tecnología de la comunicación", instancia capaz por sí sola de explicar el devenir histórico-social. Desde este punto de vista, cada medio de comunicación, desde la imprenta hasta el cinematógrafo, sería portador de una nueva civilización; los medios serían el motor de la historia. Una segunda perspectiva ve a la comunicación como sinónimo de instituciones o figuras profesionales especializadas, por lo que limita el campo únicamente al estudio de aquellas instituciones y actores dedicados a la producción y distribución de comunicación. Finalmente, una última perspectiva entiende a la comunicación como proceso sociocultural, el cual propone el reconocimiento de las prácticas, instituciones y procesos comunicativos desde una dimensión sociocultural, pretendiendo así restituir la complejidad de su interrelación con los procesos histórico-sociales (Amaya-Trujillo 2008). Precisamente dentro de esta última demarcación se inscribe nuestra aproximación al estudio de la producción cinematográfica, entendiendo al cine como una institución de producción comunicativa y cultural, y también como una práctica compleja. En función de lo anteriormente expuesto se presentan las siguientes dimensiones analíticas.

### *Dimensión histórico-contextual*

Las prácticas discursivas son constitutivas y constituyentes con relación a todas las prácticas socioculturales (Haidar 1998). Por tanto, el discurso se relaciona siempre con las condiciones de producción, circulación y recepción, tres elementos a tener en cuenta en el análisis del mismo.

Esta dimensión analítica se relaciona con el marco analítico de los estudios culturales, los cuales han prosperado sobre la base de la combinación de una metodología centrada en el texto con teorías sociosistémicas del discurso. "Por ello, los estudios culturales han reiterado la cuestión de cómo los niveles de estructuración social y discursivo están interrelacionados, lo cual es, quizás, el principal aspecto de un campo interdisciplinario de investigación en la comunicación de masas" (Jensen 1993, 41).

De acuerdo con Thompson (1990), las formas simbólicas —y entre ellas, el cine— son fenómenos significativos insertos en contextos sociales estructurados. De ahí que en todo filme pueda comprenderse como parte de "procesos condicionados por las tendencias y sensibilidades epocales, así como por las directrices socio-políticas que enmarcan el modelo societal" (Toirac 2009). Concretamente, esta dimensión pondera los aspectos socio-históricos que condicionan en mayor o menor grado la producción, distribución y consumo del producto cinematográfico.

### *Dimensión ideológica*

Los discursos, insertos en la formación social, constituyen el soporte de las ideologías. El investigador argentino Ricardo Gómez apunta que las ideologías pueden tener lo mismo un sentido movilizador que legitimador del *statu quo*, es decir, las ideologías pueden lo mismo reforzar un determinado orden que desempeñar un rol contrahegemónico, de resistencia a lo establecido. El término hace referencia "a todo conjunto de creencias mediante las cuales los seres humanos proponen, explican y justifican medios y fines de la acción social organizada, independientemente de si tal acción intenta preservar o cambiar un orden social determinado" (Gómez 1995, 127). Por su parte, Paul Ricoeur considera que la ideología se relaciona con la necesidad de representación que tienen los grupos y clases sociales, los cuales procuran dotarse de una imagen de sí mismos, de situarse dentro del escenario social. Las ideologías "son en primer lugar representaciones tales que refuerzan y fortalecen las mediaciones simbólicas, incorporándolas por ejemplo en relatos, crónicas, por medio de los cuales la comunidad repite en cierto modo su propio origen, lo conmemora y lo celebra" (Ricoeur 2002, 227).

De acuerdo con Ricoeur, una hermenéutica de la comunicación permitiría asumir la tarea de incorporar la crítica de las ideologías como parte del análisis del discurso, entendido este último como un texto fijado mediante la escritura, sea esta lo mismo impresa que audiovisual. Dicho ejercicio analítico tomaría en cuenta las propias enciclopedias culturales y visiones del mundo del receptor que se enfrenta ante el texto. Se evidencia así

> el carácter insuperable del fenómeno ideológico a partir de su meditación sobre el papel que desempeña la precomprensión en la captación de un

> objeto cultural en general. Le basta con elevar esta noción de precomprensión, que se aplica en primer lugar a la exégesis de textos, al rango de una teoría general de los prejuicios, que sería coextensiva a la propia conexión histórica. Del mismo modo que la comprensión equivocada es una estructura fundamental de la exégesis [...] el prejuicio es una estructura fundamental de la comunicación en sus formas sociales e institucionales. Por otra parte, la hermenéutica puede mostrar la necesidad de una crítica de las ideologías, aunque esta crítica no pueda ser nunca total precisamente debido a la estructura de la precomprensión (Ricoeur 2002, 50).

Por tanto, la hermenéutica nos permite informar "del carácter insuperable del fenómeno ideológico y, a la vez, de la posibilidad de comenzar, una crítica de las ideologías sin poder abarcarla nunca" (Ricoeur 2002, 50).

Ricoeur define cuatro rasgos característicos de las ideologías: simplificación, esquematización, estereotipo y ritualización, los cuales "proceden de la distancia que no cesa de instaurarse entre la práctica real y las interpretaciones a través de las cuales el grupo toma conciencia de su existencia y de su práctica" (Ricoeur 2002, 212). Dicha conceptualización es cercana a los modos mediante los cuales opera la ideología, según el investigador John B. Thompson (1990). Este autor habla de legitimación, simulación y unificación. La legitimación, como su nombre lo indica, permite probar o justificar ciertos hechos que de otra manera resultarían cuestionables. Como explica Ricoeur, la ideología es un "instrumento de legitimación del sistema dado de autoridad" (2002, 214), que disimula el vacío existente entre el exceso de demanda de legitimidad de los sistemas de autoridad en relación con la creencia de los miembros de la comunidad:

> Se puede advertir que, si toda pretensión a la legitimidad es correlativa de una creencia de los individuos en esa legitimidad, la relación entre la pretensión emitida por la autoridad y la creencia que le responde es esencialmente asimétrica. Siempre hay más en la pretensión que viene de la autoridad que en la creencia que va hacia la autoridad. Aquí se moviliza la ideología para cubrir la distancia entre la demanda proveniente de arriba y la creencia proveniente de abajo (Ricoeur 2002, 212-213).

La función legitimadora de las ideologías hace referencia no solo a sistemas de creencias sino también a cuestiones de poder. "Un determinado sistema de poder se puede legitimar a sí mismo promoviendo creencias y valores con los que está de acuerdo y le son instrumentales, cientifizando y universalizando tales creencias de modo de hacerlas aparecer como autoevidentes y aparentemente inevitables" (Gómez 1995, 127). Pero, del mismo modo que las ideologías contribuyen a la legitimación del poder establecido, pueden desempeñar el rol contrario: legitimar interpretaciones alternativas del mundo, empoderar subalternidades sociales.

La simulación, por su parte, describe a las instituciones o relaciones sociales de forma tal que generen una valoración positiva. Por último, la unificación contribuye al sostenimiento de las relaciones de dominación, ya que establece "en el plano simbólico, una forma de unidad que abarque a los individuos en una identidad colectiva, sin tomar en cuenta las diferencias que puedan separarlos" (Thompson 1990, 70).

Mediante el análisis del discurso es posible poner "al descubierto" la ideología de hablantes y escritores, a través de una lectura minuciosa, mediante la comprensión o un análisis sistemático, siempre y cuando los usuarios "expresen" explícita o inadvertidamente sus ideologías a través del lenguaje u otros modos de comunicación (Van Dijk 1996). Se trata de relacionar las estructuras del discurso con las estructuras sociales, de identificar los determinantes ideológicos y culturales que se encuentran en cada filme, en resumen, de desentrañar la visión del mundo que propone la película como totalidad (Zavala 2010).

El análisis del discurso cinematográfico asume las películas como *textos* es decir, "discursos fijados por la escritura" (Ricoeur 2002), pero "textos *sui generis*, a medida que los significados y sentidos que construyen no se expresan preferentemente mediante el lenguaje verbal sino audiovisual" (Jablonska 2009, 13). En el caso específico del discurso cinematográfico, hay que tener en cuenta que este

> se construye principalmente a través de las imágenes visuales y sonoras, articuladas con el lenguaje verbal. El plano, el encuadre y su composición interna, su relación con las imágenes que lo preceden y suceden, tanto como la puesta en escena, cobran una importancia fundamental junto con el lenguaje sonoro de la cinta. Estas imágenes, la materia prima del lenguaje cinematográfico, tienen que ser entonces interpretadas en su articulación con el discurso hablado y/o escrito (Jablonska 2009, 27).

La ideología se evidencia a través de la figura del narrador, quien de forma explícita o implícita, es quien conduce el relato (Jablonska 2005, 122)[34]. A los efectos del presente modelo analítico, entendemos al narrador como una figura

[34] Autores como Bordwell (Bordwell 1996; Bordwell & Thompson 2003) niegan la existencia de un narrador implícito y solo reconocen su presencia en los casos en los que el relato lo introduce de manera evidente. Sin embargo, otros autores consideran al narrador como un componente esencial del relato fílmico. Para Neira, es la "instancia narradora —no necesariamente vinculada con un narrador 'personalizado'— de quien se hace depender la estructuración de la historia, con todo lo que ello significa: selección de unos elementos y supresión de otros, instauración de un punto de vista, ordenación de los acontecimientos —alterando o manteniendo el orden cronológico de los mismos, reducción o dilatación temporal, etc. Todos los aspectos que se pueden analizar dentro de la narración dependen, en última instancia, del narrador y de la posición que éste adopte ante la historia" (2003, 56-57).

abstracta que representa los principios generales que rigen el texto. Se trata, como afirma María del Rosario Neira (2003),

> de una instancia que conduce la narración, la cual no tiene que ser un narrador personalizado, sino simplemente una fuente de emisión del relato, una instancia abstracta que selecciona las imágenes, les otorga un punto de vista, las ordena, las combina con los elementos sonoros, y en suma, organiza toda la narración de una forma precisa y bajo una óptica determinada.

Jablonska (2005) distingue entre narrador explícito e implícito. El primero "designaría la figura o voz que aparecen explícitamente en la película, mientras el segundo al ente abstracto, responsable de la organización y articulación de los diversos elementos de expresión cinematográfica" (2005, 123). En síntesis,

> estamos hablando de un ente impersonal, responsable de la totalidad del film, y no de los narradores verbales (textos escritos en la pantalla, voces *over*) que se pueden introducir en algún momento de la película [...] el narrador fílmico es la instancia que, manejando simultáneamente todas las materias expresivas del cine (imágenes, lenguaje verbal, música, etc.) y sirviéndose de los mecanismos de montaje —entendidos en el sentido más amplio del término—, articula con ellas el relato fílmico en su totalidad (Neira Piñeiro 2003, 60).

Finalmente, un estudio del texto cinematográfico como el que proponemos ha de tener en cuenta el conjunto de estructuras a partir de las cuales se articula el relato[35]. Como explica René Zavaleta, "una determinación estructural está siempre revelada por su forma ideológica y la combinación de ambas, estructura e ideología, debe producir siempre una política" (1982, 57), lo que nos permitiría enmarcar el texto en su complejidad histórico-sociológica. Bordwell y Thompson consideran que "cualquier película combina elementos formales y estilísticos para crear una visión ideológica, ya sea tácita o implícita" (2003, 386).

Si bien existen múltiples clasificaciones, nuestro análisis tiene en cuenta cinco subdimensiones a través de las cuales abordar la dimensión estética del discurso fílmico, y de este modo ilustrar las relaciones existentes entre el texto y el contexto:

1) la *imagen*, dentro de la cual se toman en consideración elementos tales como el color, la iluminación, la composición, el uso de lentes y la profundidad

---

[35] "El discurso fílmico, entendido como texto o como conjunto de enunciados, puede estructurarse en forma de relato, siendo equiparable en este sentido a otro tipo de narraciones construidas con medios diferentes" (Neira Piñeiro 2003, 11).

de campo, así como el emplazamiento, participación y movimiento de la cámara, entre otros;

2) el *sonido*, donde se tiene en cuenta la música, las voces, los silencios, las relaciones entre el sonido y la imagen, etcétera;

3) el *montaje/edición*, entendido como como el "procedimiento de articulación y configuración del relato" (Neira Piñeiro 2003, 25), en el que se analiza la relación secuencial entre imágenes, es decir, la duración y ritmo de las tomas, la sucesión de imágenes entre secuencias, los tipos de montajes, entre otros;

4) *la puesta en escena*, vinculada al espacio donde transcurre la historia y las relaciones simbólicas del mismo con la trama, así como las dimensiones simbólicas de los objetos y su distribución en el espacio. Tiene en cuenta también los elementos que permiten identificar los personajes; y

5) la *narración*, entendida como la "cadena de eventos en una relación causa y efecto que sucede en el tiempo y el espacio" (Bordwell & Thompson 2003, 60). Dentro esta subdimensión nos centraremos en las características del narrador fílmico, específicamente en el análisis de las marcas de enunciación presentes en el relato, el espacio, el tiempo y el punto de vista[36].

El Nuevo Cine Latinoamericano, por lo general, recurre a un discurso fílmico que dinamita la visualidad propia del cine clásico hollywoodense, principal punto de referencia de las cinematografías latinoamericanas que antecedieron el *boom* audiovisual de los años sesenta y setenta. Ello se expresa a través de una combinación de los registros de la ficción y el documental, lo que implicaba en muchos casos la cesión de la instancia de enunciación a personajes del mundo real y el uso de la llamada contrainformación[37] (Flores 2014). A ello se suma el desplazamiento de personajes marginales, de la periferia al centro del relato, con el objetivo de elaborar una propuesta contrahegemónica acerca de la realidad sociopolítica (Flores 2014).

A través del uso de la cámara en mano, de encuadres poco convencionales, de un montaje fragmentado y de una narrativa alegórica, que diluye la linealidad narrativa y discursiva, entre otros elementos a tener en cuenta, los realizadores de la época construyeron un cine eminentemente político.

---

[36] "El punto de vista, denominado también aspecto, focalización y/o perspectiva, remite a la posición del narrador ante la historia, es decir, el ángulo de visión desde el que se contempla la misma" (Neira Piñeiro 2003, 243). El concepto de "punto de vista" no se puede limitar a lo estrictamente perceptivo. Una mirada implica valores, juicios, perspectivas psicológicas, ideológicas, espacio, temporales, etc.

[37] La investigadora argentina Silvana Flores define la contrainformación como "un recurso retórico utilizado especialmente por el cine militante, que consistió en la filmación de material de archivo audiovisual adquirido de fuentes oficiales, el cual era emplazado, a través del montaje o del uso de la voz *over*, en un nuevo contexto ideológico, con el fin de enunciar un mensaje contrahegemónico que desenmascarara una información falsa difundida por los medios de comunicación" (2014, 20).

## El cine político

> En la tarea de contrainformación que realizan los cineastas revolucionarios hay que destacar de manera singular la obra de los latinoamericanos que, dentro y fuera de sus países, luchan por afirmar la cultura nacional. Realizada en las difíciles circunstancias de países dominados, ocupados o dependientes, estas obras serán vistas hoy y mañana como una muestra de cultura militante, que, unas veces aprovechando toda la tecnología contemporánea, y otras, de forma casi rudimentaria, han salvado para la posteridad la imagen del presente.
>
> SANTIAGO ÁLVAREZ, 1978

Cine crítico, militante, rebelde, marginal, independiente, de agresión, imperfecto, desalienante, alternativo, tercermundista, descolonizador, de emboscada, del subdesarrollo y, por supuesto, político y revolucionario (*Un lugar en la Memoria: Fundación del Nuevo Cine Latinoamericano 1985-2005*, 2005), han sido algunos de los epítetos desde los cuales caracterizar las obras del Nuevo Cine Latinoamericano. Entre todas estas definiciones, y pese a lo impreciso que puede resultar el término, es posiblemente el de "cine político" aquel que más se ha empleado a la hora de caracterizar al movimiento fundado en Viña del Mar.

El Nuevo Cine, desde sus orígenes, fue concebido como un arte de impugnación y denuncia en el contexto de la sociedad neocolonial, al tiempo que un cine de afirmación nacional en un escenario de lucha antiimperialista (*Un lugar en la Memoria: Fundación del Nuevo Cine Latinoamericano 1985-2005*, 2005). Silvana Flores habla de dos variantes por las cuales han transitado las producciones del Movimiento a partir de la década del sesenta. Por un lado, la de un cine testimonial y de denuncia social, y por otro, la de un cine de corte militante y de intervención.

> Ambas tendencias pueden diferenciarse en la perspectiva a través de la cual se elaboraron los films. La denuncia implica mostrar una situación alarmante para darla a conocer a los espectadores y producir, de ese modo, una especie de revelación o desenmascaramiento [...] La segunda variante, en cambio, apunta no solo a "mostrar" sino también a analizar críticamente las causas que llevaron a aquella situación. La reflexión sobre las mismas derivaría en una denuncia frontal de los culpables y en eventuales soluciones o métodos de lucha (Flores 2013, 69).

En ambos casos, se trataría de un cine político en el sentido más estricto de la palabra, es decir, "un cine interesado en el destino de seres reales que habitan un mundo dramáticamente real, donde se vive y se muere sin escenografías ni decorados" (*Un lugar en la Memoria: Fundación del Nuevo Cine Latinoamericano 1985-2005*, 2005). Velleggia (2007) considera que ni el tema abordado ni el género definen *per se* la categoría de cine político. En opinión de esta autora,

> cuando en el campo de la cinematografía se hace uso del adjetivo "político", se está ante una clase particular de cine de autor, dado que la obra es, en todos los casos y cualquiera sea el género adoptado, portadora explícita del discurso de quienes la realizan, sean grupos o realizadores individuales. Por tanto, lejos se está de la voluntad de representar "la realidad tal cual es" bajo la premisa, ingenua o interesada, de que el ojo de la cámara deba omitir la subjetividad del realizador. Esta subjetividad es intrínseca al "tratamiento creativo de la realidad" que, en palabras de Grierson, define al género documental, sin ser, por supuesto, exclusiva del mismo. Ella está presente en el tema seleccionado, en la forma de tratarlo creativamente, en lo que se dice y en lo que se omite acerca de la realidad abordada (Velleggia 2007, 130).

El investigador mexicano Israel Rodríguez prefiere hablar de un "cine militante", entendido como una práctica discursiva y política, como una estrategia de comunicación de la subalternidad, como el elemento unificador de una militancia revolucionaria (Rodríguez Rodríguez 2015). Este cine, ajeno a la producción industrial, tiene como fin último la emancipación-concientización de un público enajenado. Rodríguez recuerda que

> los mismos fundadores del Nuevo Cine Latinoamericano, Solanas y Getino, trataron de delimitar tal concepto. Al observar que dentro del movimiento regional convivía una amplia gama de prácticas fílmicas, los autores explicaron que el cine militante era sólo una de las versiones del gran fantasma fílmico que recorría América Latina, y que su principal característica era estar vinculado directamente con las luchas populares, funcionar como elemento de contrainformación de movimientos obreros, campesinos o populares y circular por circuitos de exhibición desarrollados para esos fines (Rodríguez Rodríguez 2015, 8-9).

Getino y Velleggia (2002) relacionan el "cine político" con lo alternativo al cinema hegemónico, con lo contestatario al orden establecido, con la expresión de subalternidades en el plano cultural. Con esta definición no niegan el carácter político de toda manifestación cinematográfica, ya sea de manera connotada o denotada,[38] sino que focalizan en *un* determinado modo de hacer política a través de los medios de comunicación. "Esta propuesta es inclusiva,

[38] "Desde una visión general podemos convenir, entonces, que toda obra cinematográfica es 'política'. Para confirmarlo basta un análisis científico del discurso sobre el mundo que un filme porte, tanto de lo que dice como de aquello que omite, la forma en que lo dice, en qué momento lo hace, a quién se dirige y qué objetivos procura alcanzar. Se trata de un documental o de una obra de ficción, de una comedia musical o de un ensayo histórico, sea destinado a públicos masivos o a públicos selectivos, con fines comerciales o con fines declaradamente sociales o políticos, todo discurso fílmico es portador de

según el tiempo y el espacio, de posiciones ideológicas y políticas diferenciadas pero convergentes en su vocación crítica y en una voluntad de cambio social y cultural" (Getino & Velleggia 2002, 16). Opinión con la que coincide Silvana Flores, quien define al cine político como aquel "que se opone a la visión sobre la realidad del arte hegemónico y que pretende influir sobre los acontecimientos históricos, ya sea para crear conciencia en el espectador, como también para llevarle a una instancia de acción con el fin de hacerle partícipe del cambio" (Flores 2013, 69). Se trata, finalmente de una convención, de un modo de demarcar fronteras entre el "cine espectáculo" y una cinematografía *otra*, interesada en cumplir objetivos explícitamente políticos, por lo general antagónicos a los comerciales (Velleggia 2007).

En el acápite dedicado a conceptualizar la noción de resistencia se hizo mención al cine político latinoamericano de los años sesenta y setenta como un cine de la resistencia, en tanto intentó convertirse en alternativa a las grandes industrias culturales, tanto en lo que se refiere a los contenidos, como desde el punto de vista de la creación estética. Sin embargo, resulta preciso establecer la distinción entre cine político y cine de resistencia. El primero intenta explícitamente hacer política a través de la creación cinematográfica, ataca al orden establecido y/o pondera alternativas revolucionarias. Mientras tanto, la noción de un cine de la resistencia se vincula a un concepto mucho más extendido de política, no solo asociada al ejercicio de la cosa pública, sino al devenir de los sujetos en los más disímiles espacios de la sociedad, lo cual incluiría también la noción de *infrapolítica*. En resumen, podría decirse que todo cine político es cine de la resistencia, pero que esta última noción es mucho más abarcadora que la primera, ya que incluye otras prácticas culturales, simbólicas, asociativas, etc. que históricamente se han situado fuera del ejercicio de la política.

El NCL se identifica esencialmente con el cine político, sobre todo en su etapa fundacional, en la que se desdibujó la frontera entre la creación artística y la militancia directa. Las expresiones de este cine en el entorno latinoamericano son diversas, aunque pueden señalarse algunos rasgos comunes.

Primeramente, el rechazo al cine-espectáculo construido por las industrias culturales tradicionales, el cual se asocia a la alienación de los sujetos[39]. El cine

---

una concepción del mundo que aporta a la construcción de sentidos sobre la realidad" (Getino & Velleggia 2002, 14).

[39] El cine político latinoamericano se diferencia del cine-espectáculo en los siguientes aspectos: 1) *objetivos:* suelen ser explícitamente políticos y, por lo general, antagónicos a los comerciales; 2) *el modo de producción:* fundamentalmente realizado fuera de la estructura industrial, por equipos de trabajo reducidos y con bajos presupuestos; 3) *los destinatarios:* suelen ser un sujeto colectivo acotado por los marcos de una organización social o política, o determinados sectores sociales. En ningún caso la obra es concebida para "el público en general" o segmentándolo según criterios tradicionales de la industria; 4) *los emisores:* la institución emisora del discurso es la política, antes que la cinematográfica; 5) *el modo de difusión y apropiación:* con frecuencia los filmes

político latinoamericano apuesta por un descentramiento de los criterios artísticos y pondera mediaciones históricas, sociológicas y culturales de diverso tipo en el contexto de las grandes luchas populares de las décadas del sesenta y el setenta. Se trata de un cine que se ve a sí mismo como un mecanismo de concientización social, de esclarecimiento de los sujetos de una existencia profundamente injusta. De ahí su apego al realismo[40] y su distanciamiento crítico de los géneros tradicionales, en especial el melodrama. Nuevo Cine político que desprecia como una subcultura enajenante al cine comercial que le había antecedido en la región. En tal sentido, el realizador argentino Fernando Birri, durante la cita fundacional de Viña del Mar 67, demandará para su país y América Latina

> un cine que los desarrolle. Un cine que les dé conciencia, toma de conciencia, que los esclarezca; que fortalezca la conciencia revolucionaria de aquellos que ya la tienen; que los fervorice; que inquiete, preocupe, asuste, debilite, a los que tienen "mala conciencia", conciencia reaccionaria; que defina perfiles nacionales, latinoamericanos; que sea auténtico; que sea antioligárquico y antiburgués en el orden nacional y anticolonial y antiimperialista en el orden internacional; que sea propueblo y contra antipueblo; que ayude a emerger del subdesarrollo al desarrollo, del subestómago al estómago, de la subcultura a la cultura, de la subfelicidad a la felicidad, de la subvida a la vida (Birri citado por Guevara & Garcés 2007, 150).

Visto en retrospectiva, los realizadores del cine político latinoamericano de entonces se ven a sí mismos como una vanguardia intelectual, cuya misión es "iluminar" a un pueblo enajenado, hacerlo consciente de su opresión y subdesarrollo. La idea de ver al filme como un instrumento hábil para la intervención sobre la realidad histórica "tiene como basamento teórico las reflexiones de los filósofos marxistas Jean-Paul Sartre (1972) y Antonio Gramsci (1975) acerca

---

se difunden en circuitos alternativos a las salas comerciales; 6) *el discurso fílmico:* los aspectos anteriormente mencionados condicionan como es lógico el discurso fílmico; y *7) la relación obra-espectador:* parte de un proceso cuyo fin último es que el espectador se transforme en actor político de su realidad y, si ya lo es, incorpore nuevos elementos al conocimiento de aquella, que sirvan para mejorar su práctica política (Getino & Velleggia 2002).

[40] El realismo al que apela el NCL es mucho más cercano al neorrealismo italiano que al llamado realismo socialista soviético, muy en boga por ese entonces. Bordwell y Thompson explican que "el neorrealismo creó un enfoque algo distintivo en su estilo de filmar. Para 1945 la guerra había destruido la mayoría de los estudios cinematográficos Cinecittà, así que tanto los escenarios de estudio como el equipo de sonido era escaso. Como resultado, la puesta en escena neorrealista se apoyó en locaciones reales y su trabajo fotográfico tendía hacia la cruda aspereza de los documentales (2003, 417). A ello se suma el empleo de actores "no estrellas" (y en muchos casos de actores no profesionales), lo cual acrecentaba un cierto realismo-naturalismo en la puesta en escena.

del lugar ocupado por los intelectuales y artistas en la sociedad" (Flores 2014, 27). Esta concepción del arte, como instrumento de concientización del pueblo, se inspira también en el pensamiento leninista, para quien los medios son organizadores colectivos de las masas. Finalmente, se reproduce el discurso iluminista de la modernidad, en el cual el intelectual revolucionario se autoasigna la misión de llevar al vulgo una "verdad revelada", derrotando así en el plano subjetivo las tinieblas de la opresión burguesa capitalista, o del más diverso tipo[41]. Desde el punto de vista formal, al cine político se le critica su carácter panfletario, a lo cual se supeditaba lo artístico:

> Esto es cierto en muchos casos, donde la idea de efectividad política con respecto al espacio destinatario, la urgencia por responder a situaciones de coyuntura y/o la pobreza extrema de recursos materiales, técnicos y creativos, desplazaron a los procesos de indagación profunda en la realidad y una mayor búsqueda artística y estética. Proliferó, también, en la época, un tipo de filme 'de denuncia' plagado de estereotipos, por demás simplista en su discurso y de severas falencias realizativas, que, obviamente no llegaba a cumplir los propósitos políticos que se proponía con respecto a sus hipotéticos destinatarios. La invocación a la categoría de cine político pretendió en estos casos, justificar la necesidad de "hacer cine" de realizadores improvisados o que presumían de "cineastas políticos" (Getino & Velleggia 2002, 24).

A diferencia del cine comercial, en el cual la industria se encarga de borrar las marcas autorales mediante un mecanismo de producción estandarizado, en el cine político se transparenta la visión del realizador. En el plano institucional, se apostó por construir industrias cinematográficas fuera del radio de acción hollywoodense, o de sus imitaciones en la región. En el caso de Cuba esto se tradujo en la fundación del ICAIC, aunque en la mayor parte de los países del continente los realizadores del cine político actuaron al margen del Estado y sus instituciones. "Dentro de los últimos se encuentran las experiencias de producción y difusión que se realizan en la clandestinidad, al amparo de organizaciones políticas y sociales populares, en los países donde imperan dictaduras militares (Argentina y Bolivia) y el cine político en el exilio (Chile)" (Getino & Velleggia 2002, 20).

---

[41] "Todo el sentido del movimiento del Nuevo Cine tal vez esté resumido en las palabras que en 1962, poco antes de morir prematuramente, el actor-escritor Miguel Torres dictó a David Neves: 'El arte es tan difícil como el amor, y lo que hay de bueno en la gente nueva es que casi nadie tiene grandes certezas. Ninguno hasta ahora descubrió una verdad absoluta, felizmente [...] Si la verdad absoluta es imposible, por lo menos podemos llegar mucho más cerca de ella [...] Tenemos el deber de registrar el momento histórico, político y social de nuestra era, y vamos a intentar hacerlo sin mezclar tintas para agradar la visión de quienquiera que sea" (Viany 2007, 51).

México resulta un caso atípico, ya que en este país los procesos de renovación son encauzados por fuerzas lo mismo provenientes de sectores institucionales, que por la propia crítica y en general por importantes sectores de la intelectualidad. A diferencia de países como Brasil y Argentina, el cambio en la nación azteca incluye a sectores de la propia industria fílmica "tradicional", aunque también se dan experiencias fuera de esta como el caso del Cine Militante en 8 mm, el Taller Cine de Octubre, o el propio Grupo Nuevo Cine[42]. Al interior de la industria, la transformación se encausó mediante "las convocatorias sindicales de los Concursos de cine experimental (1965 y 1967), por la Dirección de Cinematografía (en la administración de Rodolfo Echeverría, 1970-1976) e Imcine (Instituto Mexicano de Cinematografía, en la gestión de Ignacio Durán, 1989-1994) o por la participación de las escuelas de cine en la producción" (Paranaguá 2003, 215).

El 1.º de diciembre, Luis Echeverría asume la presidencia de la República para el sexenio 1970-1976, ratificando a su hermano, Rodolfo Echeverría, al frente del Banco Cinematográfico, cargo que ocupa desde el 25 de septiembre de ese mismo año. Rodolfo contaba con una trayectoria en el mundo del espectáculo y era crítico del cine clásico mexicano[43]. La crisis estructural del Estado, evidenciada en los sucesos de Tlatelolco en 1968, ameritaba un cambio

---

[42] Entre 1970 y 1981, en una etapa "tardía" si se le compara con el Nuevo Cine Latinoamericano de los sesenta, surgieron en México diversas experiencias cinematográficas de signo alternativo. A las ya mencionadas se suma la Cooperativa de Cine Marginal, el Colectivo Cine Mujer, el grupo Cine Testimonio, el Colectivo de la Universidad de Puebla, y el Grupo Canario Rojo. Todos estos colectivos realizaron más de cincuenta películas. En su investigación de maestría, el investigador Israel Rodríguez (2015) aborda la producción del Taller Cine Octubre, llamado así tanto en honor a la Revolución bolchevique como a la famosa película de Serguei Eisenstein, y considerado el movimiento cinematográfico alternativo más importante de estos años. Conformado en 1974, publicó entre ese año y 1980, un total de siete números de una revista denominada *Octubre*, en la cual pueden rastrearse los nexos entre el Taller y el Movimiento del Nuevo Cine. Figuras cercanas a este Movimiento mantuvieron frecuentes contactos con el Taller, como es el caso de los realizadores Gerardo Vallejo, Carlos Álvarez, Miguel Littin, Ruy Guerra, y el cubano Julio García Espinosa, quien en varias oportunidades impartió docencia en el Centro Universitario de Estudios Cinematográfico (CUEC) de la UNAM, la institución de la cual surge el Taller de Octubre.

[43] A Rodolfo Echeverría el cine nacional le parecía "hueco, escapista, totalmente alejado de la entraña nacional; no tenía nada que ver con nuestra historia, aunque se hicieran películas históricas, no tenían anda que ver con nuestra tierra, aunque se hicieran películas dizque del campo, no tenía que ver nada con nuestra emergente clase media, aun cuando se hicieran películas con esa gente. Creo yo que desde el punto de vista social, no se hacía el cine con que yo soñaba. Yo no soñaba en el cine político, yo no soñaba en el cine panfletario; yo nunca pensé que el cine tenía que ser un cine didáctico exclusivamente, ni histórico, en el más alto sentido del término. Yo quería otro cine, un cine a la medida de México, que estaba o que está todavía en realización.

de imagen, a lo cual el cine podría contribuir decisivamente. Como explica la investigadora Paola Costa,

> El desprestigio y la debilidad del apoyo social después de 1968, obligaron al Estado a modificar sus formas de control; para ello se creó la estrategia de la "apertura democrática" en el interior, y el "tercermundismo" en política exterior, lo cual le dio una imagen progresista. En realidad, las apariencias eran bastante engañosas; ni la dependencia económica ni la política disminuyeron frente a los Estados Unidos, como lo haría suponer una política antiimperialista y nacionalista, sino que aumentaron; ni la represión interna disminuyó. Para los grupos dispuestos a negociar y subordinarse a la nueva retórica, hubo "apertura"; para los intentos de organización sindical democrática, para los que rechazaron los mecanismos de mediatización hubo represión (Costa 1988, 156).

Durante el sexenio de Echeverría, "el Estado mexicano amplió su participación directa en la industria cinematográfica; su intervención y su concentración de poder fueron mayores que en toda la historia del cine mexicano (Costa 1988, 26). Para 1976, un segmento considerable de la producción cinematográfica estará en manos estatales, al tiempo que la filmografía de entonces toma distancia del cine clásico comercial mexicano. Sin embargo, los gobiernos posteriores siguieron una orientación radicalmente diferente, y devolvieron el control de la producción, exhibición y distribución al sector privado. En México, las películas auspiciadas por el Estado, que representaban el 26,5% del cine producido en el país en el sexenio 1971-1976, bajaron al 7% entre 1985 y 1988 (Juan-Navarro 2014, 301).

En el plano de la política exterior fue donde más evidente se hizo el aperturismo de Echeverría. México respaldó a grupos opositores del franquismo, votó contra el sionismo al lado de los países árabes y permitió el establecimiento de la representación de la Organización de Liberación de Palestina en México. Otorgó asilo a refugiados políticos que escapaban de las dictaduras continentales, al tiempo que estrechó lazos con la Unión Soviética, China y Cuba. En el verano de 1974, el presidente mexicano viajó a La Habana, con el objetivo de fomentar una política tercermundista que convergía con la labor de Cuba en el Movimiento de Países No Alineados, organismo que la isla presidió a fines de la década (Rojas 2015, 176). Echeverría rompió además relaciones con los golpistas en Chile y acogió en su territorio a multitud de refugiados, entre los cuales se encontraba el cineasta Miguel Littin, quien con apoyo del Estado mexicano filma *Actas de Marusia* (1975), nominada ese mismo año al Oscar en la categoría de mejor película extranjera, y participante en la competición oficial del

---

Un México que ha iniciado —sobre todo en los últimos años— una etapa de desarrollo, de industrialización" (en Costa 1988, 69).

Festival de Cannes de 1976. Como señala Israel Rodríguez, México desempeñó un papel trascendental en la coyuntura política latinoamericana de esos años:

> El discurso tercermundista y antiimperialista del gobierno de Luis Echeverría generó un importante contacto de la cultura nacional con intelectuales, políticos y artistas de toda la región; de manera destacada, con aquellos personajes provenientes de contextos de persecución política. Entre éstos, cineastas como Raymundo Gleyzer (Argentina), Miguel Littin (Chile), Carlos Álvarez (Colombia), Ruy Guerra (Brasil) o Julio García Espinosa (Cuba), cada uno desde posiciones distintas, encontraron en nuestro país un espacio privilegiado para intercambiar sus ideas y experiencias en el intento de desarrollar en México un "cine para la liberación" (Rodríguez Rodríguez 2015, 6).

Pese a existir correspondencias entre el Movimiento del Nuevo Cine respaldado por La Habana y el cine alternativo mexicano de los setenta, en el caso de la nación azteca, y a diferencia del resto del continente, el ICAIC puso en primer plano los vínculos institucionales; y más allá de algunas experiencias puntuales, como las visitas de Julio García Espinosa al CUEC de la UNAM, los cubanos dialogaron con el Frente Nacional de Cinematografía. Un ejemplo de esta política se apreció durante la Muestra Internacional del Nuevo Cine de Pesaro (1976), en la que México fue el país invitado de honor. Israel Rodríguez trae a colación una anécdota que se desarrolla durante este evento, la cual trasparenta el pragmatismo del ICAIC en sus relaciones con México:

> [...] durante la conferencia de prensa de los representantes del cine nacional, un joven se levantó [...] y preguntó a los presentes en qué parte de esas películas mexicanas se mostraba la realidad del país. Fue un escándalo. Las principales figuras del encuentro, sobre todo los representantes cubanos, increparon al muchacho y recriminaron públicamente su intento por desprestigiar el trabajo de sus compatriotas [...] En privado, los representantes cubanos explicaron a los jóvenes una verdad que cayó como un balde de agua fría: el cine del Tercer Mundo no podía, por ningún motivo, entrar en un conflicto con la administración de Echeverría. No es ningún secreto que, en la crisis política que sufrió América Latina en la primera mitad de los setenta, el gobierno de Echeverría había sabido granjearse excelentes relaciones con los integrantes del Tercer Mundo. El mismo chasco se habían llevado los presos políticos del 68 exiliados en Chile cuando el presidente Allende se negó rotundamente a pronunciarse contra el presidente Echeverría (Rodríguez Rodríguez 2015, 30-31).

Por mediación de Julio García Espinosa, logró llegar a Pesaro una producción del Taller de Cine Octubre. Se trataba de una cinta de 16 mm llamada

*Chihuahua, un pueblo en lucha*. Sus realizadores, aun a sabiendas de que ocuparía un lugar marginal dentro del programa, "habían decidido exhibirla, pues pensaban que el máximo foro del Tercer Cine debía conocer aquellas obras que verdaderamente participaban del objetivo y del programa de un cine de liberación, evidenciando abiertamente las incongruencias del cine estatal" (Rodríguez Rodríguez 2015, 31).

Uno de los grandes retos históricos del cine político latinoamericano, y en muchos casos no superado, fue trascender no solo a nivel de contenidos, sino también en el modo mediante el cual se narraban las historias, todo ello sin perder de vista a un público condicionado por los códigos del cine hollywoodense, en especial la hegemonía del clásico relato aristotélico, público con el que había que intentar conectar. Ignacio Ramonet se refiere en estos términos al cine militante europeo, aunque la crítica resulta válida para gran parte del cine político que se hizo en la América Latina de los años sesenta y setenta:

> Al presentarse autoritariamente como un discurso de contraideología, de contrapropaganda, el cine militante ha pasado mucho tiempo sin darse cuenta de que él mismo se imponía como discurso de poder y que, por consiguiente, a largo plazo, la crisis que aqueja a todas las expresiones de poder acabaría fatalmente por alcanzarle (Ramonet 2002, 166).

*Propaganda* y por extensión *contrapropaganda* son términos cercanos a la praxis del cine político. Se trata de una categoría desde la cual se ha hecho referencia al accionar del propio ICAIC, una institución que explicitaba entre sus objetivos "hacer propaganda", en otras palabras, difundir —propagar— "la verdad" del gobierno revolucionario. El término encausa además el análisis de algunas de las obras que componen la muestra del presente estudio, en especial la producción documental de Santiago Álvarez, quien se definía a sí mismo como un propagandista.

En el texto clásico de Smith, Lasswell y Casey,[44] se define la propaganda como el lenguaje destinado a la masa, el cual emplea palabras u otros símbolos para trasmitir su mensaje. La propaganda se sirve como vehículo de la radio, la prensa y la cinematografía. La finalidad del propagandista es ejercer influencia en la actitud de las masas en puntos que son objeto de opinión. Jowett y O'Donnell, definen la propaganda como una forma de comunicación que intenta lograr una respuesta en el receptor, la cual se corresponda con la intención deseada por el propagandista. "La propaganda es el intento deliberado y sistemático de modelar las percepciones, manipular las cogniciones y dirigir la conducta para lograr una respuesta que favorezca la intención deseada por

---

[44] Smith, Bruce Lannes, Harold D. Lasswell y Ralph D. Casey. 1946. *Propaganda, Communication, and Public Opinion: A Comprehensive Reference Guide*. Princeton: Princeton University Press.

el propagandista" (Jowett & O'Donnell 2012, 7). Esta práctica no pretende ser objetiva, es decir, ofrecer las múltiples caras de un mismo hecho o fenómeno, sino movilizar a la opinión pública de acuerdo con los objetivos del ente emisor. Para estos autores,

> Una aproximación al estudio de la propaganda como forma de comunicación nos permite aislar sus variables comunicativas, determinar la relación del mensaje con el contexto, examinar la intencionalidad, las respuestas y las responsabilidades de la audiencia, así como trazar el desarrollo de la comunicación propagandística como un proceso (Jowett & O'Donnell 2012, 2)[45].

Un acercamiento a la propaganda como forma de comunicación permite enfatizar en los diferentes componentes del proceso comunicativo, tales como el contexto, la institución emisora, el propósito u objetivo, el mensaje, el canal, la audiencia y la respuesta. En el caso de un acercamiento histórico a los mensajes propagandísticos del ICAIC hacia Latinoamérica, el elemento más complejo de analizar es el concerniente a la respuesta, ya que, ante la imposibilidad de hacer un estudio de recepción, solo es posible acercarnos al fenómeno desde consideraciones indirectas. Por ejemplo, el hecho de que en más de cuarenta años no se produjeran rupturas públicas entre los cineastas latinoamericanos y el ICAIC demostraría la efectividad de los mensajes del Instituto tendientes a defender la unidad y el discurso en defensa a la Revolución Cubana. Sin embargo, establecer una correlación directa entre ambos elementos resulta en extremo simplista, ya que la comunicación es un proceso complejo, y los efectos de la misma no son mecanicistas.

Jowell y O'Donnell (2012) hablan de dos formas principales de propaganda, una de tipo *integradora*, cuyo objetivo es hacer a la audiencia pasiva, aceptante y no desafiante. La otra es de tipo *agitadora*, e intenta despertar en el público el deseo de un cambio. Como demostraremos a lo largo de esta investigación, la totalidad de los mensajes del ICAIC dirigidos hacia América Latina, corresponden a esta segunda forma. Cercano a esta última definición, Michael Chanan refiriéndose al cine cubano, habla del empleo de propaganda revolucionaria como "el uso creativo de la demostración y del ejemplo para enseñar los principios revolucionarios y del argumento dialéctico para movilizar la inteligencia hacia la auto-liberación (y si no lo es, no será eficaz para propósitos revolucionarios). Busca, y cuando alcanza su objetivo obtiene, una respuesta activa y no pasiva del espectador" (Chanan 1985, 166)[46].

En su texto clásico acerca de la propaganda, Jean-Marie Domenach hace referencia a cómo las grandes revoluciones atlánticas, y más tarde las

---

[45] En inglés en el original. La traducción es mía.

[46] En inglés en el original. La traducción es mía.

principales ideologías del siglo XX, tomaron este término de las guerras europeas de religión y lo secularizaron a la praxis política. Sin embargo, aclara este autor,

> Aún hoy se trata de una fe que debe propagarse —*de fide propaganda*—, de una fe totalmente terrestre, es cierto, pero cuya expresión y difusión tienen mucho de la psicología y la técnica de las religiones. La primera propaganda del cristianismo debió mucho al mito escatológico. Las nuevas propagandas políticas también se nutren de una mitología de liberación y salvación; pero están ligadas al instinto de poder y al combate, a una mitología guerrera y revolucionaria al mismo tiempo. Empleamos aquí el vocablo *mito* en el sentido que Sorel le dio: "Los hombres que participan de los grandes movimientos sociales representan su acción en forma de imágenes de batallas, en las que siempre triunfa su causa. Propongo denominar *mitos* a estas construcciones". Estos mitos que llegan a lo más profundo de lo inconsciente humano, son representaciones ideales e irracionales vinculadas al combate; ejercen en la masa una potente acción dinamogénica y cohesiva (Domenach 1968).

El cine cubano, quizás como ninguna otra manifestación artística de la Revolución, desempeñó un rol importante en la construcción de la "imagen épica" de la Cuba de Fidel Castro, del *mito* de la Revolución. El ICAIC, del mismo modo que otras instituciones mediáticas y culturales de la Cuba revolucionaria, tuvieron entre sus fuentes de inspiración la llamada "propaganda leninista", orientada en la tradición *agitadora* a la que se refieren Jowell y O'Donnell. Domenach explica la "propaganda leninista" en los siguientes términos:

> La conciencia de clase es para Marx la base de la conciencia política. Pero, y este es el aporte fundamental de Lenin, la conciencia de clase, librada a sí misma, se confina en "la lucha económica", es decir, se limita a una conciencia "tradeunionista", a una actividad puramente sindical y no llega a convertirse en conciencia política. Antes es necesario despertarla, educarla y llevarla a la lucha en una esfera más amplia que la constituida por las relaciones entre obreros y patronos. Esta tarea recae en una élite de revolucionarios profesionales, vanguardia consciente del proletariado. El partido comunista debe ser, precisamente, el instrumento de esa relación de la élite y la masa, de la vanguardia y la clase. Lenin sustituye la concepción socialdemócrata del partido obrero, tal como se la conoció sobre todo en Alemania e Inglaterra, por la concepción dialéctica de una cohorte de agitadores que sensibilizan y conducen la masa. En esta perspectiva, la propaganda, entendida en un sentido muy amplio —que va de la agitación a la educación política— se convierte en correa de trasmisión, el vínculo esencial de expresión, rígido y muy elástico al mismo tiempo, que conecta continuamente la

> masa con el partido y la lleva, poco a poco, a reunirse con la vanguardia en la comprensión y en la acción" (Domenach 1968).

Dentro de esta perspectiva es el cine un instrumento de propaganda sumamente eficaz, ya sea el género documental o la ficción. El primero "reproduce la realidad con su movimiento y de ahí que le confiera una autenticidad indiscutible", mientras que a través de la ficción se pueden "propalar ciertas tesis a través de una vieja leyenda, un tema histórico o un libreto moderno" (Domenach 1968).

En varios de las obras que componen la muestra de análisis audiovisual de este libro se transparenta la invitación de Lenin a "organizar revelaciones políticas en todos los campos", al tiempo que se muestra "la opresión real más dura aún de lo que es agregándole la conciencia de la opresión, y a la vergüenza más denigrante aún haciéndola pública" (Domenach 1968).

Domenach define también a la contrapropaganda, como una actividad en la cual se reconocen los temas del adversario y se les descompone en sus elemento constitutivos. Santiago Álvarez hará uso extendido de esta práctica, desmontando por ejemplo los mecanismos de la publicidad comercial, o la retórica de los presidentes norteamericanos.

> [...] Aislados y clasificados por orden de importancia, los temas del adversario pueden ser fácilmente combatidos; en efecto, despojados del aparato verbal y simbólico que los hace impresionantes, quedan reducidos a su contenido lógico que es, por lo general, pobre y, a veces, hasta contradictorio. Podrá entonces atacárselos uno por uno y quizás oponerlos entre sí (Domenach 1968).

CAPÍTULO 2

# "Los años de la ira": un acercamiento al contexto socio-cultural latinoamericano y cubano de la segunda mitad del siglo xx[47]

La Revolución Cubana había estremecido el continente; nacía con ella una nueva realidad signada por la presencia protagónica de las grandes masas populares en la vida pública, quienes encontraban su eco natural en una generación de artistas que descubrían en las tradiciones populares la levadura con la que se amasaría la obra del futuro.
Desde el Mar Caribe al Pacífico y el Atlántico, desde la selva tropical a la Cordillera de los Andes, una voz subterránea y mineral recorría el continente removiendo sus entrañas, reconociendo a sus diversas resonancias la identidad común, cuestionando los valores establecidos por el régimen neocolonial, buscando incesantemente proyectar los principios de una nueva filosofía que surgía dando una respuesta entusiasta a una civilización desgastada por el escepticismo [...]
El sentimiento acumulado en siglos de sometimiento y colonialismo, en culturas destruidas y templos enterrados, en voces acalladas, en manos truncadas, explotaba como un nuevo volcán cambiando de raíz la visión del hombre y las cosas.

[47] Una versión resumida de este acápite se publicó en: Salazar Navarro, Salvador. 2015. "'Los años de la ira'. Un acercamiento crítico al contexto socio-cultural de la década del sesenta en Cuba y América Latina. *De Raíz Diversa*, Posgrado en Estudios Latinoamericanos, Universidad Nacional Autónoma de México (UNAM), vol. 2, núm. 4, julio-diciembre, pp. 101-128.

**Cómo citar este capítulo:**
Salazar Navarro, S. 2020. *Cine, revolución y resistencia. La política cultural del Instituto Cubano del Arte e Industria Cinematográficos hacia América Latina*. Pp. 57-99. Pittsburgh, Estados Unidos: Latin America Research Commons. DOI: https://10.25154/book5. 

> Y este nuevo verbo se expresaba en una fulgurante literatura, en una música que rescataba en la memoria popular los acordes de la canción liberada; en un nuevo cine que encontraba en la confrontación social, las imágenes y el sonido que lo liberaban de antiguas ataduras estéticas y subordinaciones tecnológicas; empujado a nacer por la fuerza creciente de una historia que exigía ser narrada con urgencia.
> Los sesenta fueron los años de la ira.
>
> Miguel Littin, cineasta chileno

## De regreso a los sesenta

Los días 17 y 18 de septiembre de 2013, se realizó en la Biblioteca Nacional de Cuba, un coloquio científico titulado "50 aniversario del Departamento de Filosofía". Para alguien no familiarizado con la historia de la Revolución Cubana, se trataría de una actividad académica más, de las tantas que organiza cada año la Universidad de La Habana. Sin embargo, el encuentro tuvo una alta carga simbólica, no solo porque se efectuó en el mismo teatro donde Fidel Castro pronunciara en 1961 sus famosas "Palabras a los intelectuales", que definieron los rumbos de la política cultural del nuevo gobierno revolucionario,[48] sino porque permitió revisitar críticamente las luces y las sombras de aquellos años fundacionales.

El Departamento de Filosofía de la Universidad de La Habana, fundado en 1961, apostó por la construcción de un socialismo endógeno, con raíces latinoamericanistas, que rebasara las limitaciones del estalinismo soviético, en especial su incapacidad para explicar las peculiaridades de la lucha social en el "Tercer Mundo". El investigador cubano Pedro Pablo Rodríguez describe así la atmósfera creativa que prevaleció en el Departamento, expresada en su revista *Pensamiento Crítico*,[49] una publicación dirigida por el filósofo Fernando Martínez Heredia:

---

[48] En el discurso de clausura de una reunión con intelectuales, Fidel pronuncia su célebre frase "Dentro de la Revolución todo; contra de la Revolución, nada". La ambigüedad del enunciado, que no deja en claro qué está dentro de la Revolución y qué fuera, así como quién o quiénes son los encargados de definirlo, ha desatado ríos de tinta en los últimos cincuenta años. Se han publicado innumerables trabajos que abordan esta cuestión. Entre ellos se recomienda la introducción de la investigadora cubana Graziella Pogollotti a su texto *Polémicas culturales de los 60*, el cual aparece consignado en la bibliografía del presente trabajo.

[49] En opinión del investigador Rafael Rojas, esta revista "se propuso dar a conocer 'el desarrollo del pensamiento político y social del tiempo presente' y las contribuciones al mismo de la 'Cuba revolucionaria'. Alentada por la búsqueda de un socialismo autónomo, distante de Moscú y Pekín, aquella revista intentó ofrecer a la Revolución un discurso heterodoxo, en el que confluyeran la tradición nacionalista y latinoamericanista del pensamiento cubano (Varela, Martí, Varona, Guerra, Ortiz...) y el marxismo y el

> Entonces se estudió la obra de Marx, desde su juventud hasta *El Capital*; a Engels, desde su examen de la clase obrera en Inglaterra hasta el *Anti-Duhring*; los escritos de Stalin, Trotsky, Bujarin y otros bolcheviques; el tal renovador marxismo europeo de aquellos años y el precedente, como las obras de Rosa Luxemburgo y la escuela de Frankfurt; los intentos de la filosofía soviética por salirse de sus marcos dogmáticos, que fueron aplastados durante la época de Brezhnev; la filosofía del siglo XX en sus diversas escuelas; las disciplinas sociales modernas como la sociología, la sicología y la antropología. Se leía y se discutía todo el pensamiento social en largos seminarios internos, al igual que se polemizaba acerca de los procesos revolucionarios mundiales con énfasis en las revoluciones rusa y china, y en los movimientos de liberación contemporáneos en América Latina y África (Rodríguez 2014, 3).

Los jóvenes investigadores del Departamento de Filosofía promulgaban un marxismo crítico, basado en una interpretación de la filosofía política que contrastaba con la ortodoxia comunista prosoviética, representada en Cuba por los antiguos militantes del Partido Socialista Popular (PSP), una agrupación que si bien en sus inicios se opuso a la opción guerrillera de Fidel Castro, posteriormente se alió al movimiento revolucionario, y puso en función del proceso político a un grupo de cuadros sumamente leales y organizados.

El grupo de intelectuales nucleado en torno a *Pensamiento Crítico* defendía la historicidad de las ideas y la influencia de los contextos, frente a la visión de los manuales soviéticos para la enseñanza del marxismo-leninismo, que proponía una teoría general del cambio social basado en etapas y aplicable a cualquier sociedad. Resaltan, entre otras cuestiones, la importancia del pensamiento de liberación nacional y tercermundista, así como la apuesta por la lectura de los textos de los autores, y no por sus comentarios. Ejemplo de ello fue la lucha contra del llamado "manualismo" y la confrontación con las concepciones de las Escuelas de Instrucción Revolucionaria (EIR), controladas por el PSP. Precisamente, la revista *Teoría y Práctica*, primero boletín y luego órgano oficial de las EIR, calificó en su momento a los intelectuales de *Pensamiento Crítico* como "pompas de jabón pequeñoburguesas" (Acosta de Arriba 2014).

En aquellos tempranos años sesenta, se enfrentaban dentro del bando revolucionario dos concepciones diferentes en torno a cómo conducir la transformación social. En 1971, debido a razones que abordaremos más adelante, venció la línea prosoviética, y el Departamento y su revista fueron clausurados. Como explica Pedro Pablo Rodríguez,

---

liberalismo occidentales de Gramsci y Lukács, de Althusser y Marcuse, de Korch y Bloch, Adorno y Sartre, Hobsbawm y Aron" (Rojas 2006, 313).

> El pensamiento social cubano recibió un duro golpe en su capacidad creadora, y el ámbito filosófico se vio obligado a transitar por los viejos caminos tradicionales, arropado ahora por el llamado marxismo-leninismo, nombre que aludía al de dos revolucionarios ejemplares para solapar su matriz estalinista. Con una marcada carga positivista, a pesar de su declaratoria de rechazo a esta corriente; con un contumaz idealismo que pretendía ajustar la realidad a sus esquemas, aunque proclamaba materialista y dialécticamente la enseñanza de la teoría marxista se convirtió en una suma de dogmas que derivó cada vez más hacia un recetario de fórmulas vacías y frases hechas, repetidas una y otra vez como prueba de fe política (Rodríguez 2014, 4).

De ahí que el Coloquio, celebrado cincuenta años más tarde, constituyera una reivindicación pública a una generación de intelectuales que, pese a las adversidades, permaneció en su mayoría fiel a un pensamiento marxista descolonizado y emancipador, es decir, que trascendiera desde una perspectiva latinoamericanista, el eurocentrismo característico del marxismo fundacional, así como de su interpretación soviética.

El 18 de septiembre, coincidente con la segunda jornada del Coloquio, el periódico *Granma*, principal diario de Cuba y órgano oficial del Partido Comunista, dedicó una de sus ocho páginas a publicar el artículo titulado "*Los fundamentos del socialismo en Cuba.* El pequeño gran libro de la Revolución Cubana". El texto, firmado por el filósofo Felipe de J. Pérez Cruz, reivindica la obra más importante de Blas Roca, quien fuera Secretario General del PSP, y uno de los líderes históricos del movimiento comunista en la isla. Asimismo, legitima el legado de esta obra y en general del grupo de militantes del PSP:

> Quienes no ven o no quieren ver, el aporte sustantivo de los *Fundamentos...* e intentan evaluaciones extemporáneas desde el conocimiento actual, han intentado descalificar el libro por la propuesta de etapas históricas que hace, en su intento, válido hace 70 años, de adecuar el esquema del marxismo occidental —los periodos históricos de la esclavitud, el feudalismo y el capitalismo—, al decursar de la nación cubana [...] Hay en el texto un profundo estudio histórico de cómo se expresa el neocolonialismo y el capitalismo en Cuba, que no se puede obviar, que es el cuerpo sustantivo y "duro" de su trabajo. No casualmente los arqueólogos del error, obvian esta realidad [...] Tras el triunfo de la Revolución *Los Fundamentos del Socialismo en Cuba*, pasó a ser uno de los textos básicos de las Escuelas de Instrucción Revolucionaria, fundadas con la finalidad de elevar el nivel político-ideológico de las masas revolucionarias. Cumplió aquí una nueva y su más definitiva tarea de educación y formación comunista de masas (Pérez Cruz 2013).

Se trate o no de una coincidencia, lo cierto es que cincuenta años después coexisten memorias encontradas de aquella época fundacional, y ya sean los protagonistas o sus herederos, se traen al presente las grandes polémicas que conmocionaron a la intelectualidad cubana y latinoamericana de los sesenta. El Coloquio y sus reacciones pone en el centro del debate la cuestión de la(s) memoria(s) y el/los olvido(s), proceso al que comienza a enfrentarse el campo intelectual cubano.

Los investigadores Miguel Vázquez Liñán y Salvador Leetoy definen la "memoria histórica" en los siguientes términos:

> La memoria histórica es un proyecto político producido en el presente que se sirve del pasado en pos de ciertos objetivos presentes y futuros, habitualmente relacionados con la construcción identitaria y la modificación —o conservación— de un particular imaginario social, siendo siempre selectiva y materializándose a través de un discurso específico. Toda elección en este ámbito implica la jerarquización de la realidad y "censura" de lo no seleccionado (Vázquez Liñán & Leetoy 2016, 72).

Burke (1997) señala que las memorias se ven afectadas por "la organización social de la trasmisión", es decir, por los aparatos institucionalizados por una determinada comunidad para trasmitir los mensajes de generación en generación. Para este autor influyen además los diferentes "medios de trasmisión" de la memoria, uno de los cuales son las imágenes,[50] tanto estáticas como en movimiento, lo que nos conduce al cine como uno de los principales vehículos de construcción de las memorias.

La investigadora argentina Elizabeth Jelin (2002) plantea tres premisas a partir de las cuales acercarse al estudio de la memoria. Ellas nos permitirán reconocer con mayor claridad los debates y las tensiones que se ciernen en torno a la historia de la Revolución Cubana y, en general, de los movimientos de la izquierda continental de la década del sesenta y el setenta. En primer lugar, plantea Jelin que es necesario entender que las memorias son procesos subjetivos, anclados en experiencias y en marcas simbólicas y materiales.

---

[50] Afirma Burke: "Los practicantes del llamado 'arte de la memoria', desde la antigüedad clásica hasta el Renacimiento, hicieron hincapié en el valor de asociar lo que se quiera recordar con imágenes sorprendentes. Éstas eran imágenes inmateriales, de hecho, 'imaginarias'. Sin embargo, las imágenes materiales se han construido durante mucho tiempo para ayudar a retener y transmitir recuerdos —'monumentos' como lápidas, estatuas y medallas, y *souvenirs* de diversos tipos—. Los historiadores de los siglos XIX y XX en particular han estado interesándose cada vez más por los monumentos públicos en los últimos años, precisamente porque estos monumentos expresaron y modelaron la memoria nacional" (Burke, 1997, pp. 47-48) [En inglés en el original. La traducción es mía].

En segundo lugar, el reconocimiento de la memoria como un terreno explícito de disputas, conflictos y luchas, lo cual apunta a prestar atención al rol activo y productor de sentido de los participantes de esas luchas, siempre enmarcadas en relaciones de poder. Afirma la autora que resulta imposible separar al que recuerda, al actor de las memorias, o incluso al investigador que las construye, de un determinado contexto histórico, político y social. "La discusión sobre la memoria raras veces puede ser hecha desde fuera, sin comprometer a quien lo hace, sin incorporar la subjetividad del/a investigador/a, su propia experiencia, sus creencias y emociones. Incorpora también sus compromisos políticos y cívicos" (Jelin 2002, 3).

Por último, es necesario reconocer que existen cambios históricos en el sentido del pasado, así como en el lugar que cada sociedad asigna a las memorias. Todo ello nos permite afirmar que no hay *una* memoria, del mismo modo que no hay *un* pasado. "En cualquier momento y lugar, es posible encontrar una memoria, una visión y una interpretación únicas del pasado, compartidas por toda una sociedad" (Jelin 2002, 5).

Teniendo en cuenta lo anterior, un acercamiento crítico a la historia cubana y latinoamericana de la segunda mitad del siglo XX implica ante todo tomar distancia de la época, en tanto objeto de estudio, e intentar racionalizarla desde las claves del tiempo presente, ubicando a los actores e instituciones que intervinieron en su particular contexto de desarrollo. Quien escribe estas líneas, un investigador nacido en los años ochenta, no protagonizó —y por tanto no puede sufrir— los grandes desgarramientos que vivenció Cuba en sus primeros años de Revolución, tensiones que fragmentaron el campo cultural cubano en apasionados defensores, y detractores a ultranza de ese maremagno que ha sido la Revolución Cubana. Sin embargo, es de algún modo heredero de la memoria social y familiar de las generaciones que vivieron aquellos años. Por tanto, y como señala Jelin:

> El quehacer de los/as historiadores no es simple y solamente la "reconstrucción" de lo que "realmente" ocurrió, sino que incorporan la complejidad en su tarea. Una primera complejidad surge del reconocimiento de lo que "realmente ocurrió" incluye dimensiones subjetivas de los agentes sociales, e incluye procesos interpretativos, construcción y selección de "datos" y selección de estrategias narrativas por parte de los/as investigadores (Jelin 2002, 63).

Opinión con la que coincide el historiador de la cultura James Burke, para quien la actividad historiográfica es una práctica de resistencia:

> Los historiadores también tienen un papel que desempeñar en este proceso de resistencia. Heredoto pensaba en los historiadores como los guardianes de la memoria, aquellos que recordaban los hechos gloriosos. Prefiero ver a los historiadores como los guardianes de los esqueletos en

> el armario de la memoria social, los buscadores de "anomalías", como las llamaba el historiador de la ciencia Thomas Kuhn, que revelan debilidades en las teorías grandiosas y no-tan-grandes. Solía haber un funcionario llamado "Recordador". El título era en realidad un eufemismo para el cobrador de deudas. El trabajo del funcionario era recordar a la gente lo que les hubiera gustado olvidar. Una de las funciones más importantes del historiador es ser un "recordador" (Burke 1997, 59)[51].

Hacer historia es por tanto hacer política; reconstruir la memoria es adentrarse en un campo de permanente lucha entre imaginarios encontrados, entre memorias rivales, cada una de ellas con sus particulares olvidos, como puede apreciarse en la anécdota que abre estas líneas. Como afirma Fernando Martínez Heredia,

> Será fructífero, y sin duda trascendente, que nos apoderemos de toda nuestra historia, que investiguemos sus logros, sus errores y sus insuficiencias, sus aciertos y sus caídas, sus grandezas y sus mezquindades, y convirtamos el conjunto en una fuerza más para enfrentar los problemas actuales de la revolución y la transición socialista, y para reformular y hacer más ambicioso nuestro proyecto de liberación (Martínez-Heredia 2010, 44).

Una idea similar plantea el escritor y periodista cubano Leonardo Padura, la necesidad de contar con una multiplicidad de memorias, que de conjunto complejicen el relato histórico:

> La conservación y la evocación de la memoria suele ser un asunto complicado. Lo que recordamos nunca refleja la totalidad de un hecho, un país, una época, sino solo aquella percepción de lo que hemos vivido, condicionada además por lo que somos y pensamos, y que evocamos además selectivamente. Pero eso es tan importante para la memoria colectiva contar con múltiples relatos, todos necesarios para evitar los olvidos, también selectivos, que pueden ocultar importantes lecciones imprescindibles para el futuro (Padura 2011, 5).

Convocados por la memoria, y también por los olvidos, regresamos una y otra vez a los sesenta, ya que en estos años se plantearon claramente las grandes interrogantes a las que se ha enfrentado Cuba, como parte de la cultura latinoamericana en general, en sus primeros cinco siglos de existencia. ¿Sobre qué presupuestos establecer un modelo de gestión de la cultura, entendida esta última como un modo de creación en libertad? ¿Cómo han de ser las relaciones entre

---

[51] En inglés en el original. La traducción es mía.

el poder y la producción cultural? ¿Qué rol han de desempeñar los intelectuales en la sociedad? ¿Cómo avanzar en la transformación social, en la construcción de nuevas hegemonías?

Las valoraciones que siguen no pretenden una revisitación general de esta década en la que se fundó por primera vez a escala continental un ideal de esperanza y libertad, tarea que corresponde a los protagonistas de aquellos días excepcionales. Propone tan solo un acercamiento reflexivo al campo de la cultura y la sociedad de la época, desde las claves y las posibles enseñanzas que nos pueden dar el medio siglo transcurrido desde aquel entonces hasta el presente.

## Los sesenta en perspectiva

Los sesenta en Cuba fueron años épicos. No es necesario extenderse en comentar el impacto tremendo que tuvo la Campaña de Alfabetización (1961), la nacionalización de las empresas norteamericanas (1960), las leyes de Reforma Agraria (1959 y 1963), la Crisis de Octubre (1962)... Quienes vivieron esa época recuerdan una sociedad en plena efervescencia. Porque algo hay que decir: nunca la Revolución fue tan revolucionaria como en aquellos años de batallas ideológicas entre los diferentes sectores que habían contribuido a la caída del tirano Fulgencio Batista, diversos quizás en cuanto a métodos y formas, pero unidos en el interés por el futuro de la patria. Como señala Rafael Rojas,

> La mayoría de los intelectuales cubanos —los republicanos (Ortiz, Guerra, Mañach, Agramonte, Portell Vilá, Piñera Llera, Novás Calvo...), los comunistas o marxistas (Marinello, Roa, Carpentier, Guillén, Aguirre, Portuondo, Augier...), los católicos (Chacón y Calvo, Lezama, Vitier, Diego, Gaztelu, García, Marruz, Valdespino...) y la nueva generación vanguardista, de simpatías liberales o socialistas (Piñera, Cabrera Infante, Casey, Arrufat, Desnoes, Otero, Fernández Retamar, Fornet...)— respaldó el nuevo orden revolucionario. Que lo hicieran republicanos muy activos como Mañach, comunistas como Marinello o jóvenes antiautoritarios como Cabrera Infante no es extraño. Pero que pensadores ya cansados de tanto vaivén político, como Fernando Ortiz, y artistas de la literatura, tan defensores de la autonomía del "espacio literario" como Lezama y Piñera, apoyaran la Revolución es señal del encanto que ejerció aquella utopía y de la ansiedad de mitos históricos que sentían aquellos intelectuales, frustrados ante la experiencia republicana (Rojas 2006, 17-18)[52].

---

[52] Según avanza la década y la Revolución va deviniendo en un nuevo orden, el campo intelectual cubano fue deslindándose en posiciones de diverso tipo. Unos partieron,

Los medios de comunicación, y entre ellos por supuesto el cine, fueron no solo testigos sino también protagonistas de aquellos años. Nunca la prensa cubana fue tan revolucionaria como en la década del sesenta, lo cual se evidencia en aquellas primeras planas del periódico *Revolución*, los editoriales encendidos, las arengas en radio y televisión, las frecuentes polémicas en las que participaban intelectuales y dirigentes rebeldes... Los sesenta podrían resumirse en el rostro de la campesina genialmente interpretada por Adela Legrá, en el filme *Lucía* (1968) de Humberto Solás, una mujer "inculta" del oriente cubano que de momento se lanza a la vida, pese a la presión social y familiar, y comienza a trabajar en las salinas. Del otro extremo está Sergio, el protagonista del filme *Memorias del subdesarrollo* (1968), el intelectual "burgués" a quien los cambios sociales simplemente lo desbordan[53]. A ellos pudiéramos sumar las imágenes irrepetibles del *Noticiero ICAIC Latinoamericano*, hoy declarado por la Unesco "Memoria del mundo". En el plano cultural, afirma Graziella Pogolotti (2006), la Revolución

> ofrecía a los intelectuales un horizonte participativo y rescataba para ellos los vínculos orgánicos entre política y cultura. Les daba la oportunidad de recuperar un protagonismo social y, con ello, una historia forjada en el Continente desde las guerras de independencia. En esta perspectiva de refundación intervenían las ideas, tan necesarias como las armas, el cine y la voz personal de los cantautores, despojada de los atributos del comercialismo, capaz de saltar las barreras entre lo culto y lo popular, comprometida y cargada de subjetividad.

El reposicionamiento de los intelectuales cubanos en el espacio público de la década de 1960 se aprecia sobre todo en las grandes polémicas que sacudieron el campo cultural, y cuya trascendencia no se remite únicamente a la isla, sino que algunas de ellas tuvieron amplio impacto en la izquierda latinoamericana[54].

El triunfo de la Revolución Cubana, el 1ro de enero de 1959, marca la llegada de una nueva coyuntura socio-cultural en la trama histórica latinoamericana de larga duración. La Revolución se inserta así en un sistema-mundo, en un planeta cada vez más globalizado gracias a los medios masivos de comunicación, que

---

otros quedaron en Cuba pero condenados al ostracismo, mientras otros militaron vehementemente en las filas del gobierno.

[53] De este filme, Michael Chanan dijo que mostraba la complejidad y los diferentes tonos de sentimientos acerca de la Revolución.

[54] Las polémicas culturales de la década del sesenta en Cuba han sido abordadas por diversos autores. Entre ellos, y precisamente porque asumen el tema desde posiciones divergentes, se recomienda el capítulo "Políticas intelectuales" (pp. 51-214), del texto de Rafael Rojas *Tumbas sosiego. Revolución, disidencia y exilio en el intelectual cubano*, referenciado en la bibliografía del presente trabajo. Asimismo, el texto *Polémicas culturales de los 60*, de Graziella Pogolloti, el cual ya hemos recomendado.

habían transformado los modos de producir y reproducir la cultura del siglo xx, en especial la televisión. Las imágenes de Fidel y el Che forman parte de una época que incluye al movimiento a favor de los derechos civiles, la guerra de Argelia, Vietnam, el Mayo parisino, la Primavera de Praga, los sucesos de Tlatelolco, Bob Dylan, los Beatles, los Rolling Stones… Cincuenta años más tarde, seguimos fascinados con esta época en la que estalló la rebeldía latinoamericana como parte de un escenario mundial signado también por el cambio, momento en el cual convergen variadas posiciones políticas, tendencias estéticas, cosmovisiones generales en torno a la naturaleza de la revolución social, a las vías mediante las cuales canalizar los esfuerzos en pos de superar las profundas contradicciones sobre las cuales se había asentado la modernidad periférica en nuestros pueblos.

La llamada "década prodigiosa" en América Latina no puede entenderse fuera de un contexto de cambios socio-culturales a nivel planetario, en el que intervienen un conjunto importante de procesos políticos y culturales. Como explica Fernando Martínez Heredia,

> Los sesenta fueron —aunque no solamente eso— la segunda ola de revoluciones en el mundo del siglo xx. A diferencia de la primera ola, que sucedió sobre todo en Europa a partir de la Revolución Bolchevique, el protagonista de la segunda fue el llamado "Tercer Mundo"; sus revoluciones de liberación nacional, sus socialismos y sus exigencias de desarrollo combatieron o chocaron con el sistema del Primer Mundo —el imperialismo—, o trataron de apartarse de él. También tocaron muy duro a las puertas del "Segundo Mundo", de las sociedades que se consideraban socialistas. En los propios países desarrollados hubo numerosos movimientos de protesta y propuestas alternativas de vida, que tuvieron trascendencia (2010, 57).

La primera oleada de revoluciones que sacudió al siglo xx fue hija de una profunda crisis económica que erosionó los cimientos de la civilización burguesa. Sin embargo, el cisma cultural de los sesenta estalló en un clima de bonanza, al menos para los países del llamado por aquel entonces "Primer Mundo". De acuerdo con el historiador Eric Hobsbawm, la época estuvo precedida por "un periodo de 25 a 30 años de extraordinario crecimiento económico y transformación social, que probablemente transformó la sociedad humana más profundamente que cualquier otro periodo de duración similar. Retrospectivamente puede ser considerado como una especie de edad de oro, y de hecho así fue calificado apenas concluido, a comienzos de los años setenta" (Hobsbawm 2003b, 15-16).

El amplio espacio geográfico de las naciones del sur será un contexto privilegiado de desarrollo para los grandes movimientos populares de la época. Hobsbawm afirma que "el tercer mundo se convirtió en la esperanza de cuantos seguían creyendo en la revolución social. Representaba a la gran mayoría de los seres humanos, y parecía un volcán esperando a entrar en erupción o un campo sísmico cuyos temblores anunciaban el gran terremoto por venir" (2003b, 435).

La explosión de los sesenta fue consecuencia entonces, como afirma Julio García-Espinosa, no de una acumulación capitalista sino de la cristalización creciente de un "pensamiento avanzado". Los sesenta fueron los años del cambio, del trauma, de la ruptura, del divorcio con todo lo anterior. Una generación de fundadores se impuso, generación que tuvo la posibilidad histórica de asumir la construcción de una sociedad diferente, de intentar la materialización de un determinado (y particular) proyecto de país.

> Las primeras clarinadas lo fueron el desplome del colonialismo, la cruenta lucha por la independencia en Vietnam y el irreversible triunfo de la Revolución Cubana. Se escuchaban campanadas que provenían tanto del Norte como del Sur. Los estudiantes se volvían antiescolásticos y daban tres pasos hacia la vida. Las minorías de todos los malos tiempos se rebelaban orgullosas y dignas. Se renovaban las ideas, se enriquecían las artes, se transformaban las costumbres; se mezclaban las voces, se acercaban las culturas, se enriquecían las identidades. Se echaban a un lado los falsos nacionalismos y se abría el camino hacia una humanidad sin límites. En el cine había surgido el Neorrealismo italiano que ahora florecía por todas partes con su fuerza renovadora. La diversidad inundó nuestras vidas volviéndonos más adultos y más solidarios. Los años sesenta demostraban que cuando van de la mano la vanguardia artística y la vanguardia política, la cultura alcanza sus cotas más altas (García-Espinosa 2009, 56-57).

La propia idea de América Latina, del latinoamericanismo, fue en cierto modo un redescubrimiento de la época,[55] ya que hasta entonces esta vasta región del "Tercer Mundo" había estado alejada de los principales conflictos globales, y la integración había sido enfocada desde una óptica panamericanista, bajo la hegemonía de Washington, en el marco de la Segunda Guerra Mundial y en los años posteriores para garantizar el apoyo del "patio trasero" a los aliados.

Como explica Isaac León (2013), a lo largo de la década del sesenta el sentimiento latinoamericanista arraiga en diversos sectores poblacionales, pero muy especialmente entre los jóvenes e intelectuales, así como al interior de las vanguardias políticas. Comienza a hablarse de una "patria grande", que no solo

---

[55] Hablamos de "redescubrimiento", porque hay importantes antecedentes dentro del campo cultural latinoamericano, desde al menos la segunda mitad del siglo XIX. "Desde los años veinte, los movimientos socialistas impulsan el ideal de la unidad latinoamericana, y luego las editoriales, especialmente las de México DF y Buenos Aires, contribuyen a la circulación de la literatura y la ensayística producida en esos y otros países" (León Frías 2013, 81-82).

incluye el ideal bolivariano de la Gran Colombia, sino también abarca a Brasil y al Caribe no hispanoparlante.

> En ese sentimiento latinoamericanista cuenta de manera prominente, por cierto, la reivindicación del pueblo y de lo popular que se expresa en diversos tipos de asociaciones, movilizaciones, proyectos sociales y culturales, propuestas de escritores y artistas y, evidentemente, en la actividad política y gremial [...] Por primera vez se gestan corrientes y movimientos desde ámbitos diferentes que apuntan a trascender los límites de los territorios provinciales o nacionales, intentando superar la tradicional "balcanización" del área latinoamericana [...] Todo ello conduce a que el afán de unidad regional que se impulsa en esos años, y que procede de los propios países de la región, tenga un sesgo claramente reivindicativo, independentista (se menciona, incluso, "la segunda independencia" de América Latina), opuesto a la cada vez mayor hegemonía estadounidense en nuestros países (León Frías 2013, 80-81).

La Revolución Cubana puso en el mapa a un continente esencialmente mestizo desde el punto de vista socio-cultural, donde converge de manera evidente la tradición europea, la cultura de los pueblos originarios y el componente africano. La construcción de un continente latinoamericano, de una amalgama de pueblos a quienes une una historia, una cultura y una tradición, así como similares problemas a enfrentar, será una constante en el discurso público de la época, lo cual no se apreciaba con tanta fuerza desde las gestas por la independencia de las metrópolis europeas. Prevalecerá, sin embargo, una visión un tanto folclórica del ser latinoamericano, que en cierta medida es rural pero también urbano, indígena pero también europeo y esencialmente mestizo, campesino y obrero pero también pequeño comerciante, estudiante o intelectual. Lo latinoamericano será ante todo hibridación, asimilación e reinterpretación de lo foráneo a partir de nuestras propias claves estructurales.

En Cuba, se celebra en 1968 el centenario del inicio de las luchas por la independencia nacional y se insiste a nivel simbólico en su continuidad. La Revolución Cubana se verá a sí misma como el inicio de un movimiento de alcance continental y global, de un movimiento ecuménico que predica la libertad. Por todas partes renace el sueño de una segunda independencia, resuenan los ecos de una ilustración frustrada por los propios avatares de la modernidad, y que ahora, de la mano de nuevos actores, pretende cumplirse.

## Tercermundismo y subdesarrollo

El ecumenismo de los revolucionarios cubanos, principalmente del Che Guevara y su llamado a la apertura de "muchos Vietnam", se inserta dentro del discurso del tercermundismo y el subdesarrollo, dos conceptos fundamentales para entender las ideas-fuerza sobre las cuales se asientan las luchas sociales de los años sesenta y setenta. En el caso de la isla, como explica el investigador mexicano Ricardo Domínguez Guadarrama, el tercermundismo otorgó a Cuba "la posibilidad de revertir la utilización extranjera de su condición geográfica en un elemento de despliegue ideológico internacional, claros ejemplos de ello han sido su confrontación con Estados Unidos, su acercamiento al campo socialista y su activa participación militar en África, así como el aliento a algunas guerrillas en América Latina y el Caribe" (Domínguez Guadarrama 2013, 18).

El historiador chileno Hugo Fazio identifica tres modelos político-económicos principales de organización en el orden mundial de la segunda posguerra, ya sea de los países soberanos, como de aquellos que se encontraban en medio del proceso de ruptura con las ataduras coloniales: el fordismo en el Primer Mundo, el modelo soviético en el Segundo Mundo, y el desarrollismo en el Tercer Mundo (Fazio Vengoa 2014, 51).

En un estudio publicado en 1952, Alfred Sauvy y el antropólogo Georges Balandier calificaban por primera vez de "Tercer Mundo" al conjunto de países que se encontraban en una situación económica desventajosa con respecto a las naciones consideradas "desarrolladas". Los autores hacían referencia al famoso *Tiers État*, convocado por Luis XVI en el período prerrevolucionario francés. Tres años después, en 1955, la conferencia afroasiática de Bandung en Indonesia, denominada originalmente Conferencia Afroasiática de Solidaridad, marcaba el inicio de lo que fue el Movimiento de Países no Alineados (MNOAL). Esta organización se solidificó finalmente en 1961, con la realización de la I Conferencia Cumbre de Belgrado. La misma se llevó a cabo entre el 1 y el 6 de septiembre, y contó con la presencia de veintinueve países. Cuba fue la única nación latinoamericana que intervino en ella. En 1967, se celebra en Argelia la Conferencia de los Pueblos, a la que asistieron representantes de setenta y siete Estados. En este espacio se crea el Grupo de los 77, el cual no tardó en convertirse en el principal vocero del "Tercer Mundo". La organización integraría a la mayor parte de las naciones del llamado "mundo subdesarrollado", no pertenecientes a ninguno de los dos bloques en pugna oficial durante la Guerra Fría.

Más allá de las diferencias culturales, étnicas, y geográficas existentes entre las naciones del sur, la presencia de un "Tercer Mundo" implicaba el reconocimiento de un grupo de países con estructuras políticas, económicas, sociales y culturales deformadas por la modernidad, el reconocimiento de su condición periférica con respecto a un norte receptor de capitales y materias primas. Es decir, los habitantes de la región del no-ser, de ese proyecto civilizatorio que el filósofo puertorriqueño Ramón Grosfoguel denomina "sistema-mundo capitalista/patriarcal occidentalocéntrico/cristianocéntrico moderno/colonial" (Grosfoguel 2011)[56].

[56] Franz Fanon (2010) traza una línea que divide a la humanidad en dos mitades: un lado superior, la "zona del ser" y otro inferior, la "zona del no-ser". "La zona del ser y no-ser no es un lugar geográfico específico sino una posicionalidad en relaciones raciales de

En el caso específico de América Latina, la circunscripción al llamado "Tercer Mundo" era un modo de acercar al continente (y a sus movimientos de liberación) con las naciones periféricas del resto del planeta (Flores 2013).

En 1974, el Grupo de los 77 demandó en la Asamblea de las Naciones Unidas la creación de "un nuevo orden económico mundial":

> De modo particular, los gobernantes de estos Estados exigían asistencia y transferencia tecnológica, preferencias arancelarias en el comercio sin reciprocidad, una regulación y un control mayores de las corporaciones multinacionales, además de la libertad para expropiar y nacionalizar. Posteriormente, en la reunión de la UNCTAD en Nairobi, en 1976, lograron un acuerdo para proteger sus exportaciones, mayormente materias primas, de las grandes oscilaciones de precios y posicionaron en la agenda internacional el tema del subdesarrollo (Fazio Vengoa 2014, 90).

En lo que refiere al campo de la creación artística, el movimiento tercermundista se abocó principalmente a la integración tricontinental de los países "subdesarrollados", en pos de su liberación política, económica y cultural del dominio de las potencias centrales. El cine fue una de sus tantas expresiones en el continente[57]. "El Nuevo Cine Latinoamericano emprendió un programa de solidaridad entre las naciones que lo conformaron, a partir del cual existió una constante interrelación y colaboración entre cineastas de diferentes procedencias" (Flores 2013, 22). De acuerdo con la investigadora Silvana Flores (2013), el llamado discurso tercermundista es un punto de referencia recurrente a la hora de abordar analíticamente muchas de las películas del Nuevo Cine Latinoamericano de la época. De hecho, comenzará a hablarse de un Tercer Cine como expresión cultural del "Tercer Mundo".

La noción de "Tercer Mundo", muy vinculada a la llamada "teoría de la dependencia", pretendía hacer frente a la teoría del desarrollo basado en la modernización, en los tempranos sesenta considerado el paradigma hegemónico en América Latina. La Teoría de la Modernización, surgida en el contexto de la segunda posguerra y de la Guerra Fría, se basaba en la transferencia de capital, tecnología

---

poder que ocurre a escala global entre centros y periferias, pero que también ocurre a escala nacional y local contra diversos grupos racialmente inferiorizados" (Grosfoguel 2011, 99).

[57] Como explica John King, "los nuevos cines crecieron en un ambiente de optimismo a partir de finales de los años cincuenta y comienzos de los sesenta en diferentes partes del continente: Castro, en Cuba; Kubitschek, en Brasil; Frondizi, en Argentina, y Frei, en Chile. El entusiasmo fue generado por dos proyectos políticos fundamentalmente distintos que sirvieron para modernizar y radicalizar el clima social y cultural del continente: la Revolución Cubana y los mitos y realidades del desarrollismo... Los nuevos cines crecieron en una imaginativa proximidad con la revolución social" (1994, citado por León Frías 2013, 70).

y experiencia, lo cual se aprecia en Europa mediante el Plan Marshall y en América Latina mediante la Alianza para el Progreso. Desde el punto de vista de este enfoque, la modernización es siempre un proceso homogenizador, que parte de países occidentales considerados "modernos" hacia países de un "Tercer Mundo" considerado "tradicional". En tan sentido, "para alcanzar el desarrollo, los países pobres deben adoptar los valores Occidentales" (Reyes 2001). Este proceso tiende a la convergencia de sociedades, con lo cual no se toma en cuenta el tema de la diversidad cultural, posición que será retomada desde finales de los setenta por los primeros defensores de la teoría desarrollista de la globalización. Como señala Reyes (2001), la modernización es un nuevo proceso europeizador y/o americanizador (este último en el sentido de Estados Unidos), ya que "en la literatura modernizadora, hay una actitud complaciente hacia Europa Occidental y hacia los Estados Unidos. Se tiene una concepción de que estos países poseen una prosperidad económica y estabilidad política imitable" (Reyes 2001). Desde esta visión, la modernización es un proceso irreversible, es decir, "una vez que los países del tercer mundo entren en contacto con el Occidente no serán capaces de resistirse al impetuoso proceso de modernización" (Reyes 2001).

La teoría de la dependencia realiza críticas al modelo desarrollista, en especial concepciones tales como la unidireccionalidad del desarrollo (de Norte a Sur) y la inexistencia de un solo modelo de desarrollo (occidental, blanco, masculino, etc.). Sin embargo, y del mismo modo que los desarrollistas, hacen uso de la noción de "Tercer Mundo" para caracterizar el amplísimo (y para ellos homogéneo) espacio geográfico integrado por las naciones subdesarrolladas.

Otras teorías del desarrollo, como la teoría del sistema mundo, toman distancia de la noción simplista de Tercer Mundo, un concepto que pretende englobar realidades político-económico sumamente diversas. "La teoría de los sistemas mundiales indica que la unidad de análisis central son los sistemas sociales, los cuales pueden ser estudiados en el ámbito interno o externo de un país. En este último caso el sistema social afecta diversas naciones y generalmente influye sobre una región entera" (Reyes 2001).

El modelo desarrollista se caracteriza por su racismo epistémico, es decir, "la inferiorización de las epistemologías y las cosmologías no-occidentales para privilegiar la epistemología occidental como forma superior del conocimiento y única fuente para definir los derechos humanos, la democracia, la ciudadanía, etc. Esto se funda en la idea de que la razón y la filosofía radican en Occidente mientras que la no-razón se encuentra en el 'resto'" (Grosfoguel 2008, 172).

La teoría de la dependencia, y en general el discurso tercermundista, tenían como propósito denunciar las profundas inequidades existentes en el orden mundial surgido a raíz de la segunda posguerra. Con un claro objetivo de praxis política, se pretendía unificar dentro de una misma lucha a todos los pueblos "del sur". El tercermundismo, en la práctica, se apropió del discurso socioclasista del marxismo occidental, por demás hegemónico en el pensamiento de izquierda de aquel entonces[58]. Desconociendo las particularidades de las luchas, y por tanto la intercepcionalidad de la dominación, se reprodujeron muchas de las lógicas civilizatorias del poder. Desde este punto de vista, "los pueblos subdesarrollados del Tercer Mundo", subsumidos en una lucha antagónica entre proletarios y campesinos, contra burgueses nacionales y trasnacionales, no tenían sexualidad, género, etnicidad, raza, clase, espiritualidad, lengua, ni localización epistémica en ninguna relación de poder (Grosfoguel 2008). El tercermundismo "participa del racismo epistémico en el que solamente existe una sola epistemología con capacidad de universalidad" (Grosfoguel 2008), quedando así atrapado en los mismos problemas de eurocentrismo y colonialismo de otros movimientos universalistas, tanto de derecha como de izquierda.

Para finales de la década del setenta, y como consecuencia entre otros factores de la gran transformación económica y productiva que protagonizó el mundo, comienzan a disiparse las fronteras, y con ella la validez de la tesis de los tres mundos (Fazio Vengoa 2014). Pero fueron también otras las causas que explican la crisis del discurso integrador tercermundista:

> Ello se debió a que estos Estados no compartían las mismas estrategias para alcanzar los anhelados fines (unos eran capitalistas y otros socialistas); algunos se habían articulado exitosamente con la naciente economía global (los países del Sudeste Asiático), otros gozaban de gigantescas

---

[58] De acuerdo con Grosfoguel, "el pensamiento marxista desde la izquierda quedó atrapado en los mismos problemas de eurocentrismo y colonialismo en que quedaron atrapados pensadores eurocentrados desde la derecha" (Grosfoguel 2008, 208). Y afirma: "Al igual que los pensadores occidentales que le antecedieron, Marx participa del racismo epistémico en el que solamente existe una sola epistemología con capacidad de universalidad y esta sólo puede ser la tradición occidental. En Marx, en el universalismo epistémico de segundo tipo, el sujeto de enunciación queda oculto, camuflado, escondido bajo un nuevo universal abstracto que ya no es 'el hombre', 'el sujeto trascendental', 'el yo', sino 'el proletariado' y su proyecto político universal es 'el comunismo'. De ahí que el proyecto comunista en el siglo XX fuera desde la izquierda otro diseño global imperial / colonial que bajo el imperio soviético intentó exportar al resto del mundo el universal abstracto del 'comunismo' como 'la solución' a los problemas planetarios. Marx reproduce un racismo epistémico muy parecido al de Hegel que no le permite afirmar que los pueblos y sociedades no-europeas son coetáneos ni que tienen la capacidad de producir pensamiento digno de ser considerado parte del legado filosófico de la humanidad o de la historia mundial. Para Marx, los pueblos y sociedades no-europeas son primitivos, atrasados, es decir, el pasado de Europa. No habían alcanzado el desarrollo de las fuerzas productivas ni los niveles de evolución social de la civilización europea. De ahí que a nombre de civilizarlos y de sacarlos del estancamiento ahistórico de los modos de producción pre-capitalistas, Marx apoyara la invasión británica de la India en el siglo XVIII y la invasión estadounidense del norte de México en el siglo XIX" (Grosfoguel 2008, 208).

> rentas petroleras, y los más seguían reproduciendo el círculo vicioso del atraso y de la dependencia (Fazio Vengoa 2014, 90).

En su *Antimanual del mal historiador*, Antonio Aguirre Rojas propone trascender las limitaciones del discurso tercermundista, vinculado al propio discurso de las clases sociales, el cual invisibilizó espacios y grupos sociales esenciales en la trama social latinoamericana. Para ello, Aguirre llama a un ejercicio de reescritura de la historia, desde el cual

> [ir] incorporando de manera orgánica y sistemática dentro de su trama, a todos esos grupos y clases subalternos, que son los indígenas, y las mujeres, y los obreros, y los campesinos, y las distintas aunque a veces muy amplias "minorías" sociales de los estudiantes, y los prisioneros, y los perseguidos políticos o en general, y los homosexuales, y los distintos grupos étnicos, un enorme y vasto etcétera, recuperando el conjunto de sus acciones, intervenciones, luchas y resistencias específicas, lo mismo que su importante y diverso rol en la construcción de las sociedades y de la historia de los más distintos pueblos (Aguirre-Rojas 2014, 11).

## Cambios en la trama social

A lo largo de la década del sesenta eclosionan nuevos sujetos sociales que ponen en crisis la estructura socioclasista latinoamericana propia de la primera mitad del siglo XX, y más que ello, la interpretación que desde la izquierda marxista se había hecho de la llamada lucha de clases. A la contradicción clásica entre proletariado y burguesía se suma una amalgama de sujetos que demandan un empoderamiento que les ha sido históricamente negado. La reivindicación por los derechos de la mujer, el renacer de los movimientos indígenas, la lucha por la libre orientación sexual, el respeto a la multiculturalidad y la multiracialidad, entre otros, harán estallar por los aires la moral judeocristiana sobre el cual se habían estructurado las prácticas sociales modernas.

Esta liberación no puede explicarse sin el posicionamiento de los jóvenes como un grupo social independiente. Los sesenta serán la década de la efebocracia, tanto en América Latina como en el resto del mundo. Como explica Eric Hobsbawm, "la radicalización política de los años sesenta, anticipada por contingentes reducidos de dirigentes y automarginales culturales etiquetados de varias formas, perteneció a los jóvenes, que rechazaron la condición de niños o incluso de adolescentes (es decir, de personas todavía no adultas), al tiempo que negaban el carácter plenamente humano de toda generación que tuviese más de treinta años, con la salvedad de algún que otro gurú" (2003b, 326).

Con la única excepción del anciano Mao Zedong, quien canalizó el impulso de la juventud china en la llamada Revolución Cultural (1966-1976), los movimientos que sacudieron al mundo a lo largo de esta década fueron mayormente conducidos por jóvenes. Ello explica en gran medida lo que sería uno de los grandes rasgos de la época, el idealismo: "Nadie con un mínimo de experiencia de las limitaciones de la vida real, o sea, nadie verdaderamente adulto, podría haber ideado las confiadas pero manifiestamente absurdas consignas del mayo parisino de 1968 o del 'otoño caliente' italiano de 1969: 'tutto e súbito', lo queremos todo y ahora mismo" (Hobsbawm 2003b, 326).

La revolución juvenil se inspirará en la denominada "cultura popular", la cual reivindican en oposición a los valores esgrimidos por la generación de los padres. Se trata, en general, de una generación profundamente iconoclasta, como se puede apreciar en los momentos en los que dicha actitud adoptó una plasmación intelectual. Ejemplo de ello son los carteles del Mayo Francés del 68 con el lema de "Prohibido prohibir". También la máxima del radical artista pop norteamericano Jerry Rubin, quien afirmaba que uno nunca debe fiarse de alguien que no haya pasado una temporada a la sombra (de una cárcel) (Hobsbawm 2003b). Aunque posteriormente abordaremos con más detalles lo concerniente al NCL, uno de los movimientos artísticos más representativos de esta etapa, resulta oportuno citar al cineasta Paul Leduc, quien describe con vuelo poético el huracán transformador que representó su generación intelectual en aquellos días:

> Tenemos ¿cuántos?, más de veinte años de imágenes; a fin de cuentas ¿cuántas historias nos quedan?
> Tenemos los hombres armados con fusiles en medio del calor infernal que nos hizo ver Ruy Guerra. Tenemos los niños pidiendo limosna en un punto argentino que filmara Fernando Birri. Tenemos los *travellings* circulares (y la estética del hambre y la violencia) de Glauber. Tenemos el blanco y negro de *Lucía* (y la borrachera de un bar del machadato). Tenemos la miseria bajo el anuncio de Kodak que tomó Carlos Álvarez en Colombia.
> Tenemos el pueblo que le pide armas a Allende y tenemos a Fidel (y a los mercenarios yanquis en Girón). Y un juego de fútbol de la guerrilla salvadoreña en territorio liberado. Tenemos incluso, un camarógrafo filmando la bala que lo mata en las calles de Santiago.
> (Aunque esto es documental y es otra historia).
> Pero tenemos también sonidos: un radio debe sonar más fuerte en la Sierra Maestra según *El joven rebelde* de García Espinosa.
> Y otra vez el sonido de *Os fuzis*... y de los fusiles (Leduc 2007, 135).

## Política, cine, cultura y comunicación

En el plano político, los sesenta se abren en un amplio diapasón, que incluye desde apropiaciones críticas al marxismo, a posiciones nihilistas y existencialistas. Curiosamente el anarquismo, ideología que postula la acción espontánea y antiautoritaria, apenas tuvo seguidores entre los movimientos de la época. Autores como Bakunin y Kropotkin, defensores del nacimiento de una sociedad libertaria "sin Estado" tuvieron muchísima menos recepción que el marxismo tan en auge por aquellos años. La apropiación que hacen los jóvenes revolucionarios de la filosofía marxista, está tamizada por una concepción de la vida claramente existencial. Como explica Hobsbawm,

> La consigna de Mayo del 68: "Cuando pienso en la revolución, me entran ganas de hacer el amor" habría desconcertado no sólo a Lenin, sino también a Ruth Fischer, la joven militante comunista vienesa cuya defensa de la promiscuidad sexual atacó Lenin [...] Pero, en cambio, hasta para los típicos radicales neomarxistas-leninistas de los años sesenta y setenta, el agente de la Comintern de Brecht que, como un viajante de comercio, "hacía el amor teniendo otras cosas en la mente" [...] habría resultado incomprensible. Para ellos lo importante no era lo que los revolucionarios esperasen conseguir con sus actos, sino lo que hacían y cómo se sentían al hacerlo. Hacer el amor y hacer la revolución no podían separarse con claridad (2003b, 334).

El año 1966 es proclamado en Cuba "Año de la Solidaridad". Se oficializa así una política de "internacionalismo proletario" de La Habana con el "Tercer Mundo", que ya venía realizándose de modo más encubierto al menos desde 1964. La lucha armada por la vía de las guerrillas contribuirá a que la causa latinoamericana gane importancia en Cuba, y reciba la atención y el reconocimiento del medio intelectual de la isla. Ese año se realiza en La Habana la Conferencia Tricontinental, que convoca a más de quinientos delegados de movimientos sociales de todo el mundo "en desarrollo". En dicha conferencia se funda la OPAAAL (Organización de Solidaridad de los Pueblos de África, Asia y América Latina).

En la Tricontinental participaron varios líderes del "Tercer Mundo", incluso con posiciones políticas diversas, como es el caso de Salvador Allende, Agostinho Neto, Amílcar Cabral y Heberto Castillo. Fidel Castro prometió en la Tricontinental que el movimiento revolucionario mundial podía contar con los cubanos. Como explica el investigador mexicano Carlos Tello (2005), Abelardo Colomé Ibarra, quien fuera después Ministro del Interior en Cuba desde 1989 hasta 2015, combatió en la guerrilla que dirigía Ricardo Masetti en Argentina. Arnaldo Ochoa, más tarde General de División, Héroe de la República, y finalmente fusilado en 1989 por una acusación de narcotráfico, participó en la guerrilla de Douglas Bravo en Venezuela. El Che, por su parte, en unión de un grupo de cubanos, se puso al frente de la guerrilla de Bolivia. Tello (2005) recuerda que, en enero de 1967, el intelectual francés Régis Debray, asesorado por Fidel Castro, publicó *Révolution dans la révolution*, un texto en el que de explicaba la estrategia guerrillera de los cubanos. Todas esas experiencias quedaron expresadas en la declaración final de la Tricontinental, dada a conocer el 11 de agosto de 1967. "Hacer la revolución es el derecho y el deber de los pueblos de América Latina", afirmaba la declaración, para después añadir: "La lucha armada revolucionaria es el principal camino de la revolución en América Latina" (Tello 2005).

Un año más tarde se crea OLAS (Organización Latinoamericana de Solidaridad), compuesta por diversos movimientos revolucionarios y antiimperialistas de América Latina, que en mayor o menor medida compartían las propuestas estratégicas de la Revolución Cubana. OLAS apostó por el combate al "imperialismo" a través de la lucha armada y la guerra de guerrillas como vía para extender la revolución a toda América Latina. Así lo explica el investigador argentino Hugo Vezzetti, refiriéndose al caso de su país pero aplicable a muchos procesos del continente:

> Había ingredientes de la configuración guerrillera que dibujaban, a partir de la Revolución Cubana, un camino de radicalización armada, una decisión que no era "solo la reacción a eventos decididos por otros, sino que se proponía forjar un mundo a su medida" [...] el compromiso era, antes que con una organización definida, con el "partido cubano", a partir de la convicción de una vía revolucionaria incuestionable para América Latina, expuesta en la práctica de Fidel Castro y en los escritos del Che, "canónicamente simplificados" por Régis Debray (Vezzetti 2009, 62).

Sin embargo, el asesinato del Che, ocurrido unas semanas más tarde de la fundación de OLAS, frenó la organización continental de un movimiento de guerrillas. En términos culturales, esta organización fue importante porque reunió en Cuba a muchos músicos latinoamericanos para el Encuentro de la Canción Protesta.

La victoria de los cubanos en 1959 les trasmitió a muchos movimientos sociales la certeza del rumbo revolucionario, que debía triunfar en los países del amplio "Tercer Mundo". Muy vinculado a ello se inserta en los sesenta la noción del "hombre nuevo",[59] arquetipo de una nueva moral, corporeizada en el sacrificio del Che Guevara en Bolivia, pero con importantes antecedentes en toda la cultura judeocristiana occidental del sacrificio y la redención. Afirma Vezzetti:

[59] El cineasta argentino Fernando Birri, uno de los fundadores del NCL, dirá por ese entonces: "Nos interesa hacer un hombre nuevo, una sociedad nueva, una historia nueva, y por lo tanto un arte nuevo, un cine nuevo. Urgentemente. Con la materia prima de una realidad poco o mal comprendida: la realidad del área de los países subdesarrollados de Latinoamérica. O si se prefiere el eufemismo de la OEA: de los países en vías de desarrollo de Latinoamérica, para cuya comprensión —o más bien incomprensión— se han aplicado siempre los esquemas interpretativos de los colonialistas extranjeros o de sus súbditos locales, deformados según la mentalidad de aquellos" (Birri, citado por Guevara & Garcés 2007, 150-151).

> El hombre nuevo era finalmente el héroe, y el héroe era sobre todo (allí está el ejemplo insuperable del Che) el que dio su vida por la revolución. El nuevo hombre, al menos hasta la victoria, se encarnaba en el héroe muerto, porque sólo una muerte heroica terminaba de completar y suturar el sentido de esa militancia en una imago compacta, sin defectos (2009, 106).

En "El socialismo y el hombre en Cuba", un texto del Che publicado en 1965, se enfoca la construcción socialista como una transformación integral, no solo de la base económica, lo que en el marxismo clásico se entendería como las relaciones de producción, sino a nivel de la subjetividad, de las consciencias. "Guevara era capaz de ver que el problema, la construcción de una nueva moral que debía ser al mismo tiempo individual y colectiva, no había sido distinto en las primeras fases del capitalismo. Se trataba, ahora, de reemplazar una 'conciencia capitalista' mediante la educación, no solo 'directa' (que descansa en las instituciones educativas) sino, más importante, 'indirecta', es decir, plenamente social" (Vezzetti 2009, 181). En esta educación indirecta se insertan como es lógico los medios de comunicación, entre ellos el cine, considerado entonces un mecanismo por excelencia de politización, de toma de conciencia. Ejemplo de ello será el clásico de Octavio Getino y Fernando Solanas, *La hora de los hornos* (1968),[60] cuyo título se inspira en una frase de José Martí citada por el Che: "Es la hora de los hornos y no se ha de ver más que luz". La cinta se inserta en toda la tradición del cine político latinoamericano, cuyo punto en común era la voluntad de generar acción a través de los filmes, el cual llega en su mayor parte con la década y producirá obras relevantes durante los setenta y en los primeros ochenta.

Los sesenta serán también la época de oro de los artistas e intelectuales, quienes tendrán un papel mucho más relevante como actores sociales del que habían detentado en años anteriores. En la URSS y los países comunistas de la Europa del Este, ante las limitaciones prevalecientes en los medios de comunicación masiva, los artistas asumirán el diálogo crítico con el poder, diálogo para nada exento de tensiones. En el mundo occidental "primermundista", así como en los países que formaban parte de su zona de influencia, la mayor parte de la vanguardia artística se ubicó de frente al poder, y encontró espacios de expresión público, aunque fuera con sus limitaciones.

---

[60] Luciano Castillo no pierde de vista el contexto de producción de este filme, esencial para entender el propio sentido de la película: "El año del mayo parisino, de la abrupta interrupción del Festival de Cannes en el que un caricaturista pintó a Jean-Luc Godard como un vendedor de cócteles molotov solicitados por Claude Chabrol y François Truffaut; de la invasión por los tanques soviéticos de las calles de Praga en una nada floreciente primavera; de la masacre perpetrada en la plaza de Tlatelolco, el cine latinoamericano se nutría con dos obras capitales remodeladas por el espectador más allá de la pantalla: *La hora de los hornos* (1968), de Solanas y Getino, y *Memorias del subdesarrollo* (1968), de Tomás Gutiérrez Alea" (Castillo 2012, 222).

Los escenarios de lucha contra-cultural son diversos. En el campo artístico, las vanguardias se rebelan ante un universo simbólico que consideran decadente. Las artes plásticas, el cine y la literatura comienzan a renovarse en numerosas regiones del globo, donde será frecuente encontrar como anteposición el calificativo de "nuevo" en los nombres de cada uno de estos movimientos.

Concretamente, en América Latina se produce una extraordinaria renovación cultural. Ejemplo de ello fue el llamado *boom* de la literatura latinoamericana, Autores como Gabriel García Márquez, Mario Vargas Llosa, Alejo Carpentier, Carlos Fuentes, Augusto Roa Bastos, Julio Cortázar, entre otros, muestran un continente donde transcurre una realidad que por compleja parece ficcionada o mágica. La nueva música dialoga con los nuevos tiempos. Las voces de Mercedes Sosa, Víctor Jara, Chico Buarque, Atahualpa Yupanqui, entre otros, junto con la Nueva Trova cubana revolucionarán la sonoridad del continente.

> De esta manera se nutre el cine de América Latina, asimilando, por una parte, toda la historia del cine social, así como sumando y refundiendo la historia universal de la cultura humana, desde la literatura de todos los tiempos, a los nuevos narradores, integrando asimismo los retazos de una cultura extinguida, sumergida o enterrada... como las lámparas de Machu-Picchu; Neruda, presente, en la alquimia del sincretismo cultural del cual somos producto los cineastas de América Latina y me atrevo a decir la cultura mestiza de nuestra Patria-Continente (Littin 2007, 23).

La Casa de las Américas, fundada en Cuba el 28 de abril de 1959, desempeñó un rol esencial en la difusión de estos autores. Bajo la dirección de Haydée Santamaría, esta institución se propuso tender puentes entre el sector cultural de la Cuba revolucionaria y la izquierda intelectual latinoamericana y caribeña. A partir de un sistema de publicaciones periódicas, concursos, exhibiciones, festivales, seminarios, entre otros, la Casa incentivó el estímulo a la producción e investigación en el campo de la cultura. Su sello editorial publicó por primera vez a autores de la región que alcanzarían renombre mundial.

Por otra parte, la Iglesia Católica, institución que tiene en Latinoamérica a su mayor número de fieles, también fue sacudida a lo largo de estos años. La teología de la liberación no "estuvo ajena a estas convulsiones sociales y en su seno florecieron genuinas corrientes renovadoras que se pronunciaron por la lucha revolucionaria y la alternativa socialista" (Guerra-Vilaboy 2001, 305).

En estos años se genera todo un debate en torno a la concepción del cine como instrumento de lucha política, en oposición a las industrias culturales tradicionales, criticadas como reproductoras de un orden social enajenante. A la producción de un cine calificado de "netamente comercial", "de entretenimiento" y "escapista" en países como México, Brasil y Argentina, se enfrentará una cinematografía que se define como "militante", el cual explicita sus objetivos en varios manifiestos fundacionales[61]. Si bien, y como afirma el investigador cubano Frank Padrón, se trató de "otra manera de ver, de sentir, de proyectar el cine" (2011, 60), en muchos casos las nuevas producciones retomaron temáticas y prácticas a las que ya habían recurrido sus predecesores.

El papel del Instituto Cubano de Cine resultó determinante en la organización de lo que después sería el Movimiento del NCL. El ICAIC, el intento de crear una industria nacional de cine "alternativa" al "canon" universal hollywoodense, fue uno de los primeros sueños en materializarse. Apenas 83 días después del triunfo revolucionario la creación del Instituto Cubano de Cine se hacía ley.

Comenzaba ahora una larga lucha por consumar una producción cultural verdaderamente a la altura de una sociedad en revolución. La investigadora brasileña Mariana Villaça (2010) destaca como un importante elemento simbólico la apropiación de la figura de Charlot por parte del ICAIC, al punto de convertirse en un "logotipo" del cine de los sesenta y símbolo oficial de la Cinemateca. Esto, a su juicio, tenía una evidente connotación política: se trataba de un cineasta inglés de origen humilde, que había sido perseguido en Estados Unidos por el macartismo, y que empezó a denunciar las injusticias del capitalismo y los excesos de los dictadores, por medio de narrativas románticas que visualizaban la pobreza, la inocencia, etc. Asimismo, no se trataba de un ícono soviético —idealizado por los opositores del PSP—, al mismo tiempo que no era un icono hollywoodense. Este símbolo también era una pequeña clase para comprender el imaginario popular cubano en torno al cine, siempre marcado por el universo norteamericano occidental. El ICAIC, como la Revolución toda, fue antiimperialista pero no antinorteamericano ni antianglosajón, lo cual se evidencia en las relaciones establecidas, aun en los años más gélidos del diferendo entre Cuba y Estados Unidos, con actores, actrices y realizadores hollywoodenses. Otro ejemplo de esta política cultural *sui generis* fue el empleo de música extranjera en las bandas sonoras de documentales y obras de ficción, como por ejemplo Los Beatles, durante algunos años prohibidos en la isla por ser una manifestación cultural de la "burguesía decadente".

Dentro de este contexto internacional surge el NCL, el cual se propuso contar la historia de los que nunca habían tenido rostro: campesinos, indígenas, mujeres, obreros, gente explotada generación tras generación, los parias del reino de este mundo. A veces lo lograron, y aún nos emociona la poesía capturada por los realizadores de aquellos años. En otras ocasiones la inexperiencia y el

---

[61] Paranaguá relativiza el alcance de algunos de estos manifiestos: "Aunque algunas proclamas escritas de Birri tuvieron vocación o pretensión de manifiesto, jamás fueron reconocidas o aceptadas como tales por sus contemporáneos porteños. Tanto Solanas y Getino como Birri hicieron proposiciones que recortaban el campo de las posibilidades formales o pretendían radicalizar dividiendo y excluyendo. Los manifiestos de Glauber Rocha no eran menos radicales, pero tuvieron la virtud de no predicar formas exclusivas y sumar individualidades más allá de sus características propias" (2003, 215).

voluntarismo se tradujeron en un discurso panfletario que no logró cautivar a espectadores condicionados por las fórmulas audiovisuales propias de lo peor del cine comercial hollywoodense. Para los investigadores cubanos María Caridad Cumaná y Joel del Río, en aquella etapa fundacional, el NCL "fue algo más que la simple sumatoria de cinematografías nacionales aunadas por el idioma, las historias comunes y la similitud de caracteres nacionales; se convirtió en el respaldo audiovisual de una época cambiante y signada por la utopía de la modernidad y del iluminismo" (Del Río & Cumaná 2008, 9). Sin embargo, como aclara Isaac León, dentro del gran cuadro del NCL, "existieron corrientes nacionales, o al menos intentos de formarlas, y hubo también en ellas, y fuera de ellas, obras valiosas y novedosas que aportaron a una apertura del cine hecho en América Latina a las tendencias expresivas más avanzadas del cine mundial. Y ese aporte no se hizo desde la mímesis o la reproducción, sino desde la creación a partir de las propias circunstancias" (León Frías 2013, 147). Este autor se cuestiona la verdadera existencia de un movimiento fílmico de alcance regional, lo cual es toda una cuestión a debatir:

> Se puede afirmar con certeza que en esos años hubo una comprensible y legítima voluntad de renovación y, sobre todo, que se hizo un conjunto de películas con propuestas expresivas "nuevas", que contribuyeron a enriquecer el abanico de la estética de la modernidad y el acervo cultural del país en que se hicieron y de la región en su conjunto. Eso es lo que permanece y lo que se debe rescatar, pero poniendo muy seriamente en duda [...] la existencia de un movimiento regional, de algo más que un proyecto concebido y alentado al calor de los debates políticos y culturales de esos "años de la conmoción" (León Frías 2013, 437-438).

Opinión con la que coincide Zuzana Pick (1996), para quien el NCL, más que una entidad unificada, se trata de una nomenclatura que intenta consolidar lo que de otro modo estaría disperso, una categoría que potencia y controla una variedad de prácticas cinematográficas regionales. El NCL, según Ana López, "representa un intento de imponer unidad en un número diverso de prácticas cinematográficas, un movimiento político que tiene como fin crear un orden fuera del desorden y para enfatizar similitudes más que diferencias" (citada por Pick 1996, 14)[62].

El proyecto político cubano internacionalista tuvo su desdoblamiento en el ICAIC, ya que las referencias sobre las cuales se constituyó el "nuevo cine cubano revolucionario" eran comunes a muchos cineastas de América Latina. En su aproximación al estudio del NCL, Zuzana Pick destaca los diálogos, las influencias recíprocas, entre el cine regional y los cines nacionales, ejemplo de lo cual son las relaciones entre el ICAIC y el resto de las cinematografías del área.

---

[62] En inglés en el original. La traducción es mía.

En su opinión, la ideología de una unidad continental dentro de la diversidad, le permitió al NCL expandirse y consolidarse, al tiempo que asumía las manifestaciones más heterogéneas con el sentido más homogéneo. Al mismo tiempo, si bien el NCL fue alterado por los distintos cines de la región, él mismo influyó en las historias nacionales. Por su parte, refiriéndose al Nuevo Cine, destaca Villaça:

> Como muchos de los conceptos que procuraban demarcar una identidad latinoamericana, esa denominación, a pesar de haberse consagrado como una terminología usual en la historia del NCL, es un tanto ambivalente y está impregnada de un fuerte sentido ideológico, en el cual la Revolución Cubana tiene una gran importancia como componente. El término "nuevo cine latinoamericano", acuñado en los años sesenta, continuó siendo usado en décadas posteriores, pero, innegablemente, fue sufriendo un proceso de resignificación durante ese tiempo (Villaça 2010, 167)[63].

Existe todo un debate en torno al papel del ICAIC en la gestación y desarrollo de una cinematografía latinoamericana muy vinculada al cine político. Su importancia resulta inobjetable desde el punto de vista institucional, con la creación en Cuba de un festival de cine orientado a mostrar la producción latinoamericana, y en especial aquellas obras de signo contestatario. A ello se sumó la Fundación del Nuevo Cine y la Escuela Internacional de Cine y Televisión, instituciones todas inspiradas en los referentes de la izquierda cultural latinoamericana del sesenta.

En opinión de la investigadora argentina Silvana Flores, el cine cubano asume una posición céntrica dentro de la región "en lo que respecta al desarrollo de un pensamiento teórico y estético sobre la nueva dimensión que estaba asumiendo el arte" (Flores 2014, 18). Valoración con la que discrepa Paulo Antonio Paranaguá, quien afirma:

> En cierto modo, la institucionalización bastante voluntarista y en buena medida ingenua del Nuevo Cine Latinoamericano, alrededor del ICAIC y del festival de La Habana (desde 1979), ha contribuido a la amalgama. Aunque, la verdad sea dicha el bolivarismo *naif* de los cubanos y sus aliados no ha tenido mucha influencia sobre la literatura cinematográfica con la excepción de algunos académicos anglosajones (Paranaguá 2003, 16).

La polémica tiene como trasfondo la centralidad (o no) de un determinado discurso fílmico de corte militante dentro del NCL, del cual La Habana ha sido una de sus principales impulsores, discurso que tiene puntos de contacto con otros movimientos regionales como el *Cinema Novo* brasileño, el cine de

[63] En portugués en el original. La traducción es mía.

indagación y encuesta de la escuela argentina de Santa Fe, el Grupo Ukamau boliviano, o el Nuevo Cine mexicano del echeverriato,[64] por solo mencionar algunos de los ejemplos más representativos.

Sin embargo, como aclara Silvana Flores, aunque la Revolución Cubana se erigió como referente de liberación continental, al menos para un sector importante de la izquierda, el cine cubano no ejerció funciones de modelo y primacía, sino que se desarrolló a la par del resto de las naciones latinoamericanas, pese a que siempre desempeñó un papel relevante dentro de las producciones del NCL.

> Independientemente de sus circunstancias políticas, Argentina, Bolivia, Brasil y Chile han tenido también un frondoso crecimiento estético e ideológico, y aún en lo que respecta a la exaltación de los usos de la violencia revolucionaria en sus films, han encontrado estrategias estéticas y de distribución para su difusión incluso de mayor represión ideológica (Flores 2013, 40).

Paranaguá asigna a los cubanos la tarea de haber llevado al continente un sentido de "radicalización política, de los reagrupamientos sobre bases más estrechas y sectarias", lo cual se evidenció sobre todo con la creación del Festival de La Habana. "El Nuevo Cine Latinoamericano, burocráticamente institucionalizado o cristalizado por el festival y una Fundación del mismo nombre, pronto descubrió la imposibilidad de discriminar quien está dentro y quien queda afuera, quien es y quien no, como antes lo habían comprobado los partidarios del manifiesto del Tercer Cine" (Paranaguá 2003, 214).

---

[64] Si bien el "Nuevo Cine" mexicano del período se diferencia del resto de las experiencias continentales porque se articula en gran medida desde el Estado, algunos de sus realizadores tendrán una clara voluntad de cambio político, así como una visión eminentemente latinoamericanista. En 1975, los realizadores Raúl Araiza, José Estrada, Jaime Humberto Hermosillo, Alberto Isaac, Gonzalo Martínez, Sergio Olhovich, Julián Pastor, Juan Manuel Torres, Paul Leduc, Felipe Cazals, Jorge Fons y Salomón Laiter constituyen el llamado Frente Nacional de Cinematografistas. El único ausente, entre los nombres más prominentes del movimiento, fue Arturo Ripstein. Este movimiento se propone profundizar y hacer irreversibles las principales medidas estatales que habían aupado la "apertura" cinematográfica mexicana. Asimismo, declaran que "el cine no puede permanecer ajeno a la realidad de América Latina (32% de analfabetismo, 40% de mortalidad infantil, desempleo creciente y sojuzgamiento de las masas trabajadoras). El compromiso de ellos como cineastas y como individuos es luchar por transformar la sociedad, creando un cine mexicano ligado a los intereses del tercer mundo y de América Latina, cine que surgirá de la investigación y del análisis de la realidad continental. Se expresa el rechazo a toda censura que impide la libre expresión en la creación cinematográfica. Y se concluye declarando que el cine no podrá cambiar sino en la medida en que la estructura social se modifique" (Costa 1988, 99-100).

El Nuevo Cine Latinoamericano, como concepto, resulta históricamente debatible. Como apunta el investigador Israel Rodríguez (2015), los grandes manuales que abordan su historia se limitan casi siempre a un número determinado de directores y obras, casi siempre enmarcadas en la década del sesenta. Estas sistematizaciones no toman en cuenta otras producciones igualmente circunscritas bajo el paradigma del cine político. Del mismo modo, el énfasis en la década fundacional del sesenta, muchas veces obvia las producciones mexicanas y centroamericanas de los años siguientes. Por otra parte, más allá de algunas colaboraciones puntuales, resulta difícil demostrar el carácter trasnacional del NCLA, tratándose más bien de cinematografías nacionales que confluyeron en una misma perspectiva.

En tal sentido, Mariano Mestman aboga por "profundizar en un tipo de análisis, que sin excluir los vínculos transnacionales [...] o las perspectivas comparadas [...] en cambio focalice la mirada en la especificidad de las configuraciones culturales nacionales en que tienen lugar las rupturas del 68 en el cine que solemos llamar latinoamericano" (Mestman 2016). Este autor afirma que los principales acercamientos al relato del NCLA se han hecho a partir de una sistematización de cineastas y/o casos nacionales,[65] al mismo tiempo que cada cinematografía ha manejado una noción específica de América Latina, es decir, el "latinoamericanismo" está mediado por el contexto nacional. Se pregunta Mestman:

> ¿Qué es el "latinoamericanismo" en cada lugar? ¿Cómo se articula con lo propiamente nacional y con otros "ismos"? Con fuertes fenómenos políticos nacionales en algunos casos (el peronismo en Argentina), con fuertes movimientos culturales pasados o contemporáneos en otros (el modernismo, la antropofagia, el tropicalismo, en Brasil), con el peso de las comunidades originarias o del discurso indigenista en sus variantes (en la zona andina), con otras fuertes tendencias epocales como el "tercermundismo": en Cuba, por supuesto, con la Tricontinental de 1967, pero antes en la estética del Hambre de Glauber (1965), y después en el Tercer Cine argentino (1969), o luego su apropiación por Carlos Álvarez en Colombia, o su promoción desde la Cinemateca del Tercer Mundo en Montevideo. Es decir, qué significa ese común "latinoamericanismo" o

[65] Zuzana Pick, por ejemplo, en su acercamiento al cine latinoamericano, intenta establecer intercepciones entre los contextos nacionales de los países estudiados y el macro-contexto latinoamericano: "Uno de los objetivos de este libro es explorar los fundamentos institucionales y estéticos del Nuevo Cine Latinoamericano, reconociendo que su historia y sus prácticas se deben tanto a la conciencia autodefinida del Movimiento como a las formaciones sociales, políticas y culturales que hicieron posible su crecimiento. Otro objetivo es esbozar los posibles puntos de intersección entre la cinematografía políticamente orientada desarrollada en diferentes contextos nacionales y el marco conceptual del Nuevo Cine Latinoamericano" (Pick 1996, 1) [En inglés en el original. La traducción es mía.]

> (en algunos casos) tercermundismo en películas surgidas en contextos, configuraciones culturales nacionales donde el negro, el indio, el mestizo y el mulato (o el cabecita negra, en el caso argentino) tienen significados distintos, como producto de sedimentaciones de procesos históricos, de hegemonía y subordinación, muy diversos. Y, junto a todo esto, qué significa el "latinoamericanismo" en países que atraviesan la coyuntura del 68 con situaciones políticas, culturales diversas (Mestman 2016).

Como resulta evidente, existen vasos comunicantes entre el movimiento del Nuevo Cine Latinoamericano, del cual La Habana será uno de sus principales impulsores, y aquellos discursos desde los cuales se ha potenciado una historia y cultura común latinoamericana. Como afirma Zuzan Pick,

> El Nuevo Cine Latinoamericano puede ser visto como el sitio que potencia y controla la inevitable variedad de prácticas cinematográficas regionales dentro y fuera de las fronteras nacionales. Como movimiento, acomoda diversas prácticas en un todo de la misma manera que el término "América Latina" organiza formaciones heterogéneas desde el Río Grande a la Tierra del Fuego. El Nuevo Cine Latinoamericano se ha nutrido del concepto de América Latina que, aunque todavía está en disputa, está fundamentado en historias compartidas de subdesarrollo y modernización, y de luchas compartidas por nombrar una experiencia continental de la modernidad (Pick 1996, 2)[66].

Visto en perspectiva, el rasgo distintivo del NCL fue precisamente su oposición explícita a los valores que habían sustentado la creación cinematográfica que le antecedía, en especial la idea de un cine como mecanismo de evasión. En la práctica, el Movimiento "creció y se fortaleció desde la proclamación de las especificidades sociales, económicas y culturales de cada país. Tuvo que hacerse a veces más simbolista y metafórico, condicionado por circunstancias políticas. En otras ocasiones, se dejó permear gustoso por las influencias documentales (cámara en mano, sonido directo, testimonio), sobre todo en las naciones urgidas por conformar el testimonio cinematográfico de sus realidades contemporáneas" (Del Río & Cumaná 2008, 10). Otros rasgos comunes son el uso de la foto fija, la actuación de actores no profesionales, la inserción de entrevistas, el uso de gráficos y animaciones como un modo de compensar las dificultades de producción, y por último la utilización de la cartelística. Todas estas prácticas son de algún modo respuesta a las urgencias de producir un cine con muy bajo presupuesto.

Paranaguá relativiza el impacto del neorrealismo en este cine, el cual en muchos sentidos se consideró deudor de la tradición italiana:

---

[66] En inglés en el original. La traducción es mía.

> La versión canónica de la historia, la leyenda dorada del Nuevo Cine Latinoamericano, resume la aportación neorrealista a dos pioneros, el brasileño Nelson Pereira dos Santos y el argentino Fernando Birri, a los que se añade el cortometraje cubano *El Mégano* (Julio García Espinosa y Tomás Gutiérrez Alea, Cuba, 1955). Esa venerable trinidad supone un neorrealismo químicamente puro, por supuesto militante, capaz de desembocar en la renovación de los sesenta. Ni el original en Italia corresponde a un esquema tan homogéneo, ni el impacto en América Latina se limitó a los sectores intelectuales y artísticos de izquierda (Paranaguá 2003, 170).

Con esta idea Paranaguá se opone a uno de los mitos fundacionales del Nuevo Cine, el hecho de haber surgido en oposición a los cines latinoamericanos de los años cincuenta, orientados desde el punto de vista temático y de realización al cine clásico hollywoodense; en otras palabras, una "concepción cíclica de la historia aplicada paralelamente al desarrollo de los nuevos cines privilegia la ruptura y la expectativa de la revolución, en lugar de la evolución, la transición y la transformación" (Paranaguá 2003, 170). Los nuevos realizadores se legitiman en la ruptura con respecto a los modelos fílmicos que le precedían y buscan referentes externos a la América Latina y los Estados Unidos, su principal metrópolis cultural, lo que explica la fascinación por el neorrealismo y otros movimientos fílmicos europeos. Es cierto que más allá de los factores de discontinuidad, existen importantes líneas de continuidad, algunas latentes y otras subterráneas que contribuyen a complejizar la visión que tenemos del NCL.

La producción del NCL, en sus años fundacionales, transita por dos caminos paralelos. Por una parte, un cine concebido para el circuito comercial, pero con características que lo diferencian de la producción latinoamericana hegemónica de entonces, especialmente las industrias mexicanas, argentina y en menor medida brasileña, las tres ya en declive. Al mismo tiempo, se hace un cine fuera del sistema, concebido para un público que no era el visitante asiduo de las salas comerciales (León Frías 2013). A diferencia de las producciones comerciales del cine de oro mexicano y argentino, el NCL nunca contó con un público masivo. Pese a la ilusión de un cine que va ganando en espacios de distribución, con la excepción de Cuba, estas producciones tuvieron escasa incidencia en las salas de cine, controladas por las distribuidas estadounidenses:

> Hay un hecho notorio: la escasa circulación que alcanzan, incluso dentro de sus propios países en algunos casos. Con una Cuba expulsada de la Organización de Estados Americanos (OEA) y sin relaciones diplomáticas con los países miembros de esa comunidad, con la excepción de México, sus películas no se exhiben sino en los espacios alternativos; es decir, auditorios de universidades, sindicatos, comunidades agrarias, etcétera. Las películas del *cinema novo* tienen magros resultados en la taquilla de las salas brasileñas y prácticamente no se conocen en el

> territorio sudamericano. Más bien se exhiben, y con relativo éxito, en festivales europeos y en salas de París. Parte de ese cine se exhibe también en Cuba (León Frías 2013, 20).

El llamado Movimiento del NCL de los años sesenta no fue un monolito desde el punto del punto de vista de los criterios que convergían en el seno del mismo. No se trataba de establecer una línea estética única, más bien de que cada cineasta encontrara una respuesta estética a sus posiciones políticas (García-Espinosa 2009). Desde el punto de vista político, el NCL se aboca al cambio social, lo que fundamenta la convergencia entre estética e ideología, en un discurso que apuesta por la resistencia cultural. Numerosos manifiestos generados en este contexto así lo explicitan. En textos como "Cine y subdesarrollo" (1962), de Fernando Birri; "La estética del hambre" (1965), de Glauber Rocha; "Por un cine imperfecto" (1969), de Julio García Espinosa; y "Hacia un tercer cine" (1968), de Octavio Getino y Fernando Solanas, "se emplearon términos como imperialismo y descolonización, se postulaba la necesidad de un cine entendido cual agente ideológico, se rechazaban los estándares del cine de entretenimiento no comprometido con la crítica y con la denuncia y, en cuanto a estética, se hablaba de imperfección, de cine del hambre, de tercer cine" (Del Río & Cumaná 2008, 16). A ellos se suman obras que abordan la relación entre arte y política, de autores como Frantz Fanon[67] y el propio Che Guevara.

Pese a cuestionar la impronta del neorrealismo en el cine latinoamericano, Paranaguá habla de una generación de cineastas que educó su visión con los filmes de Vittorio De Sica, Roberto Rossellini y Luchino Visconti. Sin conformar un Movimiento, en el sentido estricto del término, se trata de una generación paradigmática en la historia del cine latinoamericano. Según Velleggia, los realizadores de los nuevos cines de los sesenta, comparten entre sí tres rasgos fundamentales:

> Su formación en escuelas de cine y universidades y el frecuentar de los cine-clubes; haber crecido bajo la influencia de la televisión y del cine hollywoodense y empeño de rebelarse contra ella. El objetivo de estos cineastas fue dar cuenta de las identidades culturales de sus propias naciones, ya fueran las emergentes de las luchas de liberación colonial o de aquellas cuyas culturas se presentaban sometidas a los restos de ciertas tradiciones conservadoras, en franco proceso de hibridización con la cultura americana que penetraba en todos los ámbitos de la vida

[67] "Dentro de los teóricos citados por los cineastas latinoamericanos acreditamos que Frantz Fanon será una referencia especial, por la gran acogida de su perspectiva humanista y anticolonialista, presente en ensayos como *Piel negra, máscara blanca* (1961). Fanon sugería la necesidad de un lenguaje que pudiese expresar la autenticidad, la conciencia crítica e independiente de los oprimidos" (Villaça 2010, 172).

social con la invasión del cine de Hollywood desatada en la posguerra (Velleggia 2007, 170).

Del 1 al 8 de marzo de 1967 se reunió en el balneario chileno de Viña del Mar un grupo de cineastas latinoamericanos a quienes unía el propósito de realizar un cine diferente, alternativo, un cine que cambiara la historia[68]. Iconoclastas, utópicos, libertarios: el cine es el rostro de una época en la que se intentó tomar el cielo por asalto. "Una cámara en la mano y una idea en la cabeza"... la expresión atribuida al cineasta brasileño Glauber Rocha, expresa el sentir de "una generación que no tuvo límites para sus sueños" (Littin 2007, 15). Es la joven vanguardia intelectual quien durante esos años se aprestó a documentar la tragedia y la gloria de un continente en revolución.

Para Alfredo Guevara, ese primer encuentro de los cineastas en Viña del Mar marcó el reconocimiento de lo que más tarde sería uno de los movimientos más importantes de la historia del séptimo arte. "Fue la experiencia definitiva, aquella en que dejamos de ser cineastas independientes o de márgenes, experimentales, buscadores, promesas, aficionados, para descubrirnos lo que ya éramos sin saberlo: un Nuevo Cine; el 'Movimiento', y es bueno subrayarlo, que de ese Nuevo Cine hace una constante indagación renovadora, es decir revolucionaria, es decir poética" (2007a, 7).

La juventud representada en Viña, el núcleo fundacional del NCL, era diversa y muchas veces contradictoria. Rebeldía, idealismo, y también inmadurez. Los sesenta fueron "los años de la ira" (Littin 2007), y jóvenes iracundos los que se aprestaron a producir un cine esencialmente contrahegemónico, tendencia expresada en su voluntad manifiesta de denuncia social, la oposición al poder instituido, y por lo regular la estructuración de la producción al margen de las industrias fílmicas nacionales (en los países donde existía una tradición previa). Se gestó por tanto un cine que se distingue por su agenda ideológica y política —arte como instrumento de concientización—, y en general por su identificación con los principales movimientos sociales de la época. Desde el punto de vista creativo, se suma también una marcada vocación documental y testimonial. Para el crítico cubano Luciano Castillo,

> Desde sus primeros balbuceos en la década de 1960, con una evidente voluntad de cambio, el "nuevo cine" latinoamericano se distinguió por la enorme pluralidad de estilos, por la vinculación estrecha con la realidad y la cultura de las naciones, y por la defensa de un arte "que en la práctica social se concilie con las posiciones más legítimas de los intereses de sus pueblos", como declaró García Espinosa. Con la lava de un volcán en formación, próximo a explotar, se gestaba un movimiento

[68] El ya tradicional Festival de Cine de Viña del Mar fue rebautizado como I Festival de Nuevo Cine Latinoamericano.

> que, a diferencia de los anteriores, trascendía las fronteras de un país o de un número de creadores para alcanzar las proporciones de todo un continente (Castillo 2012, 222).

Sin embargo, se trató de una producción que pese a determinados rasgos comunes mantuvo sus características nacionales. NCL que se expresa en el *Cinema Novo* de Brasil, el ICAIC cubano, en Argentina el cine de indagación y encuesta en la Escuela de cine de Santa Fe. En Bolivia, será primero el cine de Jorge Sanjinés y más tarde del Grupo Ukamau. En Chile será el cine surgido al interior de las universidades y al calor de las luchas populares. En México, cine independiente; en Uruguay nuevo cine y Cinemateca del Tercer Mundo; en Colombia el cine documental, y en Venezuela el cine de Margot Benacerraf y más adelante el movimiento creado en el primer Festival de Mérida en 1968 (Littin 2007)[69].

La comunicación existente entre los cineastas latinoamericanos de la época y entre los centros de producción cinematográfica más importantes de entonces (Buenos Aires, Ciudad de México y Río de Janeiro), sea por medio de festivales de cine, a través de artículos publicados en revistas especializadas, produjo un debate bastante rico, en el cual ideas y conceptos son difundidos e incorporados en la formulación de nuevas propuestas. Villaça (2002) cita por ejemplo la repercusión que tuvo la máxima glauberiana "Una idea en la cabeza, una cámara en la mano", que después de su enunciación en 1961 fue repetida a los cuatro vientos, tornándose máxima de toda una generación de cineastas.

Si bien autores como el propio Littin (2007) prefieren matizar por su simpleza la visión del NCL de la época como una producción esencialmente política, este Movimiento no puede explicarse sin tomar en cuenta las ideologías de los principales movimientos sociales de la época. En tal sentido, el NCL es expresión (y por tanto respuesta) de la Guerra Fría económica, política y cultural en su dimensión Norte-Sur, de la relación conflictiva entre los Estados Unidos y la América Latina. El NCL está también marcado por la búsqueda de alternativas viables de desarrollo cultural en un contexto signado por la teoría de la dependencia. "En mayoría, sus realizadores postulaban la consecuente liberación de los oprimidos, la fe en las reservas morales y revolucionarias del pueblo, el establecimiento de

---

[69] Paranaguá marca una distancia ideológica entre el *Cinema Novo*, el cine cubano del ICAIC, y Tercer Cine argentino, lo cual nos permite explicar posteriormente la relación entre La Habana y Glauber Rocha, uno de los principales exponentes del nuevo cine brasileño "[...] Aunque el Tercer Mundo conozca su cuarto de hora de gloria, en el contexto de radicalización política de los años sesenta, el Cinema Novo se aleja de los esquemas militantes nacionales (CPC) e internacionales. Mientras Julio García Espinosa defiende un 'cine imperfecto' (1969) tan impregnado de consideraciones ideológicas como el Tercer Cine de Solanas y Getino (1969), Glauber Rocha pasa de la 'estética del hambre' (1965) a la 'estética del sueño' (1971), sin renunciar a la palabra ni a la prioridad estética" (Paranaguá 2003, 236).

sociedades sin antagonismos de clase, la culpa del imperialismo internacional y de las oligarquías nacionales por la miseria, el atraso y la pobreza" (del Río & Cumaná 2008, 13). El NCL surgió por tanto ante la necesidad

> de construir un lenguaje que permitiera interpelar la realidad bajo conceptos radicalmente opuestos a los utilizados por las clases en el poder, las cuales habían hecho del cine un instrumento más de dominio y neocolonización […] Coincidía a su vez con el desarrollo de fuerzas sociales que buscaban cambios sustanciales en las estructuras económicas y sociales de América Latina. Sin embargo, ante este surgimiento de fuerzas democráticas, el imperialismo norteamericano se aprestó de inmediato a defender a las estructuras de poder que tradicionalmente le habían sido útiles. Esta respuesta llevaría a la represión masiva de las organizaciones sociales progresistas, de todas sus manifestaciones culturales, así como al reforzamiento de formas de expresión completamente dóciles al imperialismo (Gil Olivo 1993, 114).

El llamado cine-panfleto, la canción protesta, y el arte militante en general, serán a lo largo de estos años instrumentos de acción y reclutamiento de las fuerzas sociales. La idea no era nueva. La propaganda política está presente desde los orígenes del arte, y en el caso del cine y la cartelística había tenido días de esplendor en los documentales de la Revolución de Octubre, pero también en los audiovisuales de reclutamiento y movilización del pueblo durante las dos guerras mundiales, el *New Deal*, la Guerra de Corea y también por aquellos días de la Guerra Fría.

Solo que, en el caso de América Latina, los intelectuales y artistas que emprenden la tarea de construir un arte militante se caracterizan por tener mucha menos técnica pero también muchísimo menos cinismo que sus homólogos del primer mundo. La comunicación política no se gestó en los laboratorios de los cientistas sociales, del mismo modo que la propaganda del "primer" y el "segundo" mundo. Ello, como es lógico, tuvo un riesgo: se sabía contra qué se combatía pero no se tenía una concepción científica de cómo hacerlo. Terminando la década, en un artículo publicado precisamente en la revista *Pensamiento Crítico*, Armand Mattelart daba cuenta de esta situación:

> Descifrar la ideología de los medios de comunicación de masas en poder de la burguesía constituyó la primera etapa de un quehacer que proyectaba incorporar dichos instrumentos a la dinámica de la acción revolucionaria. Hoy aquella fase debe ser superada o por lo menos aprehendida sólo como un peldaño en la tarea de creación de un medio de comunicación identificado con el contexto revolucionario. Los filósofos hasta el momento explicaron la realidad, se trata ahora de transformarla. La trasposición en el caso que nos interesa de la frase tan manoseada de Marx ilumina de inmediato el sentido de nuestro propósito (Mattelart 1971, 4).

Autores como Mattelart denunciaban que los medios de comunicación, al encontrarse en manos de los sectores dominantes, impedían la posibilidad de una comunicación verdaderamente democrática y participativa. Se trataba entonces de devolver la palabra "al pueblo", mediante procesos alternativos de comunicación que desbloquearan la pasividad del receptor y generaran su participación para usar la comunicación como un medio de educación liberadora.

Como parte de este mismo contexto, las ciencias sociales en América Latina protagonizan una revolución epistémica, que nutrirá con muchos de los nuevos postulados la cosmovisión sobre la cual se asentarán las prácticas culturales y comunicativas. En el campo de las ciencias de la comunicación, durante el primer trienio de la década del sesenta ven la luz las primeras investigaciones que en nuestro entorno denunciaron el desempeño instrumental de la comunicación para reproducir la dominación y la dependencia. Destacan autores como Antonio Pasquali en Venezuela, Eliseo Verón en Argentina, los belgas Armand y Michèle Mattelart, matrimonio radicado por aquel entonces en Chile, el boliviano Luis Ramiro Beltrán, entre otros. Por su parte, en la sociología destacan las voces de Aldo Ferrer, Teutonio Dos Santos, Gino Germán, entre otros.

De la denuncia del llamado "imperialismo cultural" se pasa a la propuesta de una "comunicación horizontal" esgrimida por autores como Paulo Freire, Frank Gerace, Juan Díaz Bordenave, Mario Kaplún, Joao Bosco Pinto, Francisco Gutiérrez y Rafael Roncagliolo, entre otros. Dichas prácticas de comunicación alternativa tenían como objetivo precisamente burlar los modos de producción y reproducción establecidas por el sistema de comunicación dominante.

También en 1959, como parte de la estrategia ecuménica de la Revolución Cubana, se funda el 16 de junio la agencia Prensa Latina. Iniciativa de los revolucionarios argentinos Jorge Ricardo Masetti y Ernesto Che Guevara, y con el apoyo de Fidel Castro, la nueva agencia de prensa tuvo como objetivo "mostrar la realidad de los pueblos del sur" desde su punto de vista, y no tamizados por las agencias internacionales de noticias, todas controladas por las principales potencias del primer mundo.

La prensa *underground* surge precisamente en el contexto de los años sesenta. Con mayor o menor intención transformadora, estos medios alternativos abogan por la horizontalidad de los procesos comunicativos y pretenden contrarrestar, en la medida de sus modestos esfuerzos, la tiranía mediática de las grandes trasnacionales, abogando por un retorno hacia un modelo comunicativo más democrático que el realmente existente. Se trataba, como explica Manuel Vázquez Montalbán, de "respuestas espontáneas que las vanguardias críticas de la comunicación social han planteado bajo el signo de la contra-información en particular y la contracultura en general dentro de la óptica del sistema capitalista" (2003, 143).

En América Latina, el fenómeno tiene repercusión sobre todo en los movimientos estudiantiles y obreros, quienes se apropian de las nuevas tecnologías de reproducción en serie para elaborar periódicos de agitación. Será sin embargo la radio el medio alternativo más importante en el continente. Dicha práctica tenía antecedentes importantes en nuestra región, como por ejemplo la creación de las Emisoras Mineras en Bolivia (1952), las cuales canalizaron las luchas populares de este sector. También la propia Radio Rebelde, fundada en 1958 por el Che Guevara en plena selva de Cuba para romper el monopolio informativo de la dictadura batistiana. A lo largo de los sesenta, y en la década siguiente, aparecieron nuevas emisoras en el continente vinculadas a los movimientos indígenas, campesinos, feministas y ecológicos. Algunas fueron estaciones con mucha potencia y de cobertura regional, las llamadas "radios populares", pero también aparecieron plantas de pequeño alcance, especialmente en Argentina, conocidas como comunitarias.

## Lo latinoamericano en los documentos programáticos del Nuevo Cine regional

El NCL se concibió desde sus inicios como un movimiento de alcance continental. Aunque en la práctica, y debido a razones de diverso tipo, se estuvo lejos de lograr la integración del audiovisual latinoamericano,[70] ese propósito simple y a la vez desmesurado del que hablaba García Márquez; al menos programáticamente, la mayor parte de las cinematografías nacionales durante la década fundacional del Movimiento, se reconocieron parte de una totalidad regional. De acuerdo con Silvana Flores,

> La aparición de una conciencia regional se vincula, evidentemente, a la noción de América Latina como bloque integrador de las particularidades nacionales, y a la consideración de que no bastaban los esfuerzos individuales para contrarrestar la hegemonía del cine extranjero, sino que

[70] Isaac León Frías afirma que "aun cuando en un momento dado y por una serie de factores políticos y estéticos, la idea del Nuevo Cine Latinoamericano prendió, tuvo una cierta capacidad de convocatoria, en rigor sería mejor hablar de nuevos cines latinoamericanos, en plural". Y así lo justifica: "Creo que las realidades eran muy distintas, muy particulares. No podemos comparar el caso brasileño con la experiencia argentina, Cuba con México, Perú con Colombia, Bolivia con Uruguay. Hubo manifestaciones muy diferentes. Que hubo articulaciones parciales, sí, pero también diferencias, distinciones, que pienso se hubieran hecho más marcadas si las condiciones políticas en América Latina, sobre todo en Sudamérica, no hubiesen cambiado de la forma en que lo hicieron. Es decir, en los años setenta hay una sucesión de golpes militares. En Bolivia, Uruguay, Chile, Argentina, Brasil... Y estos golpes militares terminan por completo con lo que habían sido esos nuevos cines latinoamericanos. En muchos casos terminan prácticamente con el cine, a secas [...] Curiosamente, es entonces cuando se produce en México el momento más creativo, con nuevos realizadores como [Arturo] Ripstein, Jorge Fons, Paul Leduc, [Felipe] Cazals... especialmente durante el gobierno de Echeverría" (León Frías 2013, 37-38).

> ese ideal podría empezar a alcanzarse en la medida en que el cine latinoamericano se transformara en un proyecto colectivo (Flores 2013, XVIII).

Se trataba de un fenómeno inédito, muy en consonancia con el discurso de integración en boga por los años sesenta. El afán unificador que caracterizó al cine latinoamericano de la época "se manifestó a través de la realización de films que presentaron puntos de convergencia respecto al planteo de preocupaciones nacionales y tópicos narrativos" (Flores 2013, XVIII), pero además en una producción teórica por parte de los realizadores, "la cual trajo como resultado el delineamiento de un nuevo horizonte estético, tendiente a la autonomía ante el modelo euro-estadounidense" (Flores 2013, XVIII). La casi totalidad de los manifiestos relacionados con el cine político superarán la frontera del Estado-nación y situarán como espacio de su accionar el amplio mundo latinoamericano. El continente que describen estos manifiestos del cine político latinoamericano, es el de una América enfrentada al "imperialismo" estadounidense (León Frías 2013, 197), en el cual al cine le corresponde una labor de resistencia cultural, de denuncia, de concientización-iluminación de las clases subalternas. Pero según avanza la década, el foco integrador se desplaza de la "patria latinoamericana" a un contexto mucho más amplio, el "Tercer Mundo subdesarrollado", espacio de acción del movimiento tricontinental, con el cual dialogarán más de una vez los creadores del Nuevo Cine.

El propósito de la integración fílmica latinoamericana tuvo en Brasil y Argentina, dos de los países con mayor tradición fílmica del continente, importantes focos irradiadores. En el caso de Cuba, la producción teórica quizás no estuvo a la altura de la actividad práctica, aunque la isla fue un referente de peso en la concepción de cada uno de estos documentos, como correspondía a una industria que "se erigió como modelo e ideal de obtención de un cine libre de las influencias políticas de Estados Unidos sobre los productos culturales" (Flores 2013, XXIII-XXIV).

En un texto clásico del año 1962, titulado "Cine y subdesarrollo", el argentino Fernando Birri, uno de los padres fundadores del NCL, se pregunta por el cine que necesita Argentina, y en general, por el cine que necesitan los "pueblos subdesarrollados" del continente. El referente de mundo "mejor y posible" lo sitúa en La Habana, que apenas tres años antes vio triunfar una revolución de raigambre antiimperialista. Cercano a la teoría de la dependencia, en su texto Birri aclara:

> Todas las respuestas que siguen deberán ser entendidas, concretamente, como respuestas para una subcinematografía, para la cinematografía de Argentina y del área del subdesarrollo de Latinoamérica que la engloba. Y desde el punto de vista de un director de cine de un país de estructura capitalista y neocolonial, o sea, el contracampo de la estructura de Cuba (Birri 2007, 266).

"¿Qué cine necesita Argentina? ¿Qué cine necesitan los pueblos subdesarrollados de Latinoamérica?", se pregunta Birri, quien equipara la realidad "subdesarrollada" argentina con la situación a escala continental. Y responde:

> Un cine que los desarrolle. Un cine que les dé conciencia, toma de conciencia, que los esclarezca; que favorezca la conciencia revolucionaria de aquellos que ya la tienen; que los fervorice; que inquiete, preocupe, asuste, debilite, a los que tienen "mala conciencia", conciencia reaccionaria; que defina perfiles nacionales, latinoamericanos; que sea auténtico; que sea antioligárquico y antiburgués en el orden nacional y anticolonial y antiimperialista en el orden internacional; que sea propueblo y contra antipueblo; que ayude a emerger del subdesarrollo al desarrollo, del subestómago al estómago, de la subcultura a la cultura, de la subfelicidad a la felicidad, de la subvida a la vida (Birri 2007, 266).

En su texto, Birri aboga por la creación de un "cine nuevo", que funcione como vehículo en la construcción guevariana del "hombre nuevo", libre de las ataduras del subdesarrollo y del capital. La realidad que describe, y que a este cine le corresponde desenmascarar, no se limita al espacio argentino, sino que se trata de "la realidad del área de los países subdesarrollados de Latinoamérica [...] para cuya comprensión —o más bien, incomprensión— se han aplicado siempre los esquemas interpretativos de los colonialistas extranjeros o de sus súbditos locales, deformado según la mentalidad de aquellos" (Birri 2007, 266).

Por su parte, los integrantes del Grupo Cine Liberación, autores de *La hora de los hornos* (1968), en un manifiesto firmado en mayo de ese mismo año, abogarán por un cine que no esté dirigido a los espectadores tradicionales sino "a los formidables actores de esta gran revolución continental" (Solanas & Getino 1973, 271). Y aclaran:

> No hay en América Latina espacio para la expectación ni para la inocencia. Una y otra son sólo formas de complicidad con el imperialismo. Toda actividad intelectual que no sirva a la lucha de liberación nacional será fácilmente dirigida por el opresor y absorbida por el gran pozo séptico que es la cultura del sistema [...] Nuestro compromiso como hombres de cine y como individuos de un país independiente no es ni con la cultura universal, ni con el arte, ni con el hombre en abstracto; es y habrá de ser ante todo, con la liberación de nuestra Patria, con la liberación del hombre argentino y latinoamericano (Solanas & Getino 1973).

Un año más tarde, en 1969, Solanas y Getino publican su manifiesto "Hacia un Tercer Cine (Apuntes y experiencias para el desarrollo de un cine de liberación)". Será precisamente en una revista habanera de nombre *Tricontinental*, fundada tres años antes como órgano oficial de la OSPAAAL. El manifiesto del Grupo Cine Liberación abogará por la idea de un "Tercer Cine", asociado a la concepción de un "Tercer Mundo":

> En la tesis del tercer cine se enuncia con total claridad el levantamiento del ideal nacionalista y la necesidad de creación de una cultura que, en las circunstancias de lucha contra los poderes internos y exteriores, es una cultura revolucionaria. Es una lucha que se internacionaliza por la similitud de condiciones propias de los países dominados. De allí la defensa unilateral de una cultura revolucionaria nacional e internacional tercermundista y la virtual negación de la cultura occidental (europea y estadounidense), con las excepciones que contribuyan a la mística de la revolución (León Frías 2013, 197).

"Vanguardias políticas y vanguardias artísticas confluyen, desde la lucha por arrebatar el poder al enemigo, en una tarea común que las enriquece mutuamente" (Getino & Solanas 1969), afirman los integrantes de Cine Liberación. El "enemigo" es el "imperialismo mundial". Las vanguardias no solo se localizan en Latinoamérica, sino en un vastísimo "Tercer Mundo", e incluso en actores y/o movimientos concienciados al interior de los países desarrollados:

> A partir de una respuesta afirmativa, el proceso de las posibilidades fue encontrando su incipiente cauce en numerosos países. Basten como ejemplo los filmes que distintos cineastas están desarrollando "en la patria de todos", como diría Bolívar, detrás de un cine revolucionario latinoamericano, o los *newsreels* americanos, los *cinegiornale* del movimiento estudiantil italiano, los filmes de los Estados Generales del cine francés y los de los movimientos estudiantiles ingleses y japoneses, continuidad y profundización de la obra de un Joris Ivens o un Santiago Álvarez (Getino & Solanas 1969).

La construcción de un Tercer Cine debe emprenderse "a través de la unidad combatiente (obras, hechos y acciones) de todos los cineastas militantes latinoamericanos" (Getino & Solanas 1969). Grupo Cine Liberación propone la fundación de una Internacional del cine-guerrilla. Y se pregunta: "¿No está naciendo acaso una especie de nueva Internacional a través de las luchas del Tercer Mundo de la OSPAAAL y de las vanguardias revolucionarias en las sociedades de consumo?" (Getino & Solanas 1969). Asigna a esta Internacional cinematográfica muchas de las funciones que en la práctica desarrollarán el ICAIC, su Cinemateca, el Festival de La Habana, entre otras instituciones, en los años siguientes marcados por un aumento de la represión en el ámbito latinoamericano:

> La colaboración a escala de grupos entre diversos países, puede servir para garantizar la finalización de un trabajo o la realización de ciertas

> fases de aquel, si es que en el país de origen no pueden llevarse a cabo. A ello habría que agregar la necesidad de un centro de recepción de materiales para archivo que pudiera ser utilizado por los distintos grupos y la perspectiva de coordinar a escala continental, e incluso mundial, la continuidad del trabajo en cada país; encuentros periódicos regionales o mundiales para intercambiar experiencias, colaboraciones, planificación del trabajo, etcétera (Getino & Solanas 1969).

Abogan por un "cine de descolonización", que vaya más allá de la experiencia argentina y "se inserte en la batalla mayor que nos hermana: el cine latinoamericano contribuyendo al proceso de la liberación continental" (Getino & Solanas 1969). Una vez más será Cuba el referente en materia de alternatividad cinematográfica, aunque no el único: "Cine que —obvio es decir— tiene su expresión más alta en el conjunto del cine cubano y en nuestros países (no liberados aún), desde las obras de vanguardia del Cinema Novo brasileño, y más recientemente boliviano y chileno y hasta el documentalismo denuncia y el cine militante" (Getino & Solanas 1969).

Desde Brasil, el cineasta Glauber Rocha asumirá el movimiento tercermundista tricontinental como espacio para la creación de un cine que libere al espectador colonizado "por la estética comercial/popular (Hollywood), por la estética populista/demagógica (Moscú), por la estética burguesa/artística (Europa)" (Rocha 1970), y sea por tanto capaz de "ver, oír y comprender una estética revolucionaria/popular" (Rocha 1970). En su "Manifiesto del Cinema Novo", publicado en 1970, afirma que "los cineastas del Tercer Mundo deben organizar la producción nacional y expulsar al cine imperialista del mercado nacional" (Rocha 1970). Una vez más el interés no se focaliza en América Latina sino que se amplía a la totalidad de los pueblos del sur.

Un año más tarde, en el texto "Estética de la violencia" (1971), Rocha hablará de un Nuevo Cine que "no puede sino desarrollarse en las fronteras del proceso económico-cultural del continente" (Rocha 1988). Una América Latina a quien une una cultura del hambre. "Ahí reside —afirma— la práctica originalidad del nuevo cine con relación al cine mundial: nuestra originalidad es nuestra hambre, que es también nuestra mayor miseria, resentida pero no comprendida" (Rocha 1988).

Otro brasileño, Carlos Diegues, dejará en claro desde las páginas de *Cine Cubano*, la necesidad de superar las fronteras nacionales y realizar un cine continental, al tiempo que conectado con los grandes sujetos problémicos de la humanidad:

> Creo, también que ya está superada la fase del cine nacionalista en el sentido pequeñoburgués del término, es decir, del cine de glorificación o exaltación de las causas nacionales. Creo, por ejemplo, que hoy día el Brasil es un país "devuelto" a la realidad latinoamericana y que, por lo tanto, necesita más que nunca de un cine integrado, participando de toda verdad latinoamericana que, a su vez, es una consecuencia o un reflejo de toda tragedia mundial (Diegues 1967).

El cubano Alfredo Guevara publica en enero de 1969 un texto titulado "Reflexiones en torno a una experiencia cinematográfica II", en el cual se explicitan los principios de la política latinoamericanista del Instituto Cubano de Cine, además de la visión que tenía el propio ICAIC sobre el desarrollo de los procesos culturales en el continente. La América Latina que describe Guevara padece una cultura deformada por las grandes trasnacionales de la información y el espectáculo, y en especial de los monopolios culturales de Estados Unidos:

> La hábil política del New Deal en los Estados Unidos y el desempeño de las fuerzas e ideología reformista en todo el continente, el abandono de las posiciones revolucionarias en búsqueda de una unidad que rápidamente rebasó sus objetivos antifascistas para encontrar justificaciones más limitadas, y la repercusión que esta rendición de armas había dejado en la vida latinoamericana, permitieron al imperialismo norteamericano profundizar aún más su penetración ideológica, presionar sobre las culturas nacionales y aprovechando el desarrollo de los medios de comunicación de masas, y su condicionamiento mercantil, impregnar la sociedad toda con su concepción de la vida. Este trabajo deformador tuvo siempre —y tiene aún— un grado de coherencia que no iguala casi nunca el esfuerzo y la lucidez revolucionaria (Guevara 1988).

En este contexto, el cine cubano se asume como un instrumento de descolonización a nivel continental: "El triunfo de la Revolución Cubana abrió la posibilidad de abordar, con el surgimiento de una cinematografía realmente independiente, sin ataduras mercantiles, la tarea de promover, por primera vez en América Latina, la formación de un público, liberado de todo condicionamiento ideológico imperial, y de sus sucedáneos neocoloniales" (Guevara 1988).

Para Guevara, el desarrollo "de una cinematografía cubana, y de su vocación latinoamericana", de un cine como "arma de combate", contribuiría decisivamente "a invertir la indefensión convirtiéndola en fuente de resistencia, vindicación y violencia anticolonial y, finalmente, en una ruptura revolucionaria. Esta ruptura supone la aparición de nuevas significaciones y texturas que modifican, primero en su desarrollo, y después en su carácter, el hecho cultural y, naturalmente, sus manifestaciones artísticas" (Guevara 1988).

Finalmente, y aunque la participación de México es modesta en el surgimiento, desarrollo e integración de un NCL,[71] si lo comparamos con la impor-

[71] A juicio de Silvana Flores, "no encontramos en las décadas que nos ocupan ejemplos paradigmáticos de un cine integrado regionalmente. Algunos casos aislados los situamos en el realizador español exiliado en México Carlos Velo, vinculado a las actividades realizadas por el Instituto Cubano de Arte e Industria Cinematográficos (ICAIC), y en Paul Leduc, director de *Reed, México insurgente* (1970) y *Etnocidio. Notas sobre el mezquital* (1976)" (Flores 2013, XIX, nota al pie 8).

tancia de su industria a nivel continental, destaca el enfoque latinoamericanista que asumió el llamado Frente Nacional de Cinematografistas. En su manifiesto fundacional, firmado en la Ciudad de México el 19 de noviembre de 1975, los cineastas proponen "estrechar relaciones con las cinematografías afines del continente, entendiendo que es una tarea impostergable recuperar a los millones de espectadores de habla hispana que constituyen el mercado natural de nuestras cinematografías" ("Manifiesto del Frente Nacional de Cinematografistas", 1975).

## Fin de una época

En el terreno económico, la década del sesenta termina en Cuba con lo que podría considerarse un gran intento por seguir una senda económica propia, prescindiendo de la ayuda de la Unión Soviética: la Zafra de los Diez Millones. El fracaso de este gran esfuerzo productivo, al que se suma el poco avance de los movimientos guerrilleros en el continente, marca la consolidación de la influencia del modelo soviético en la isla. La llamada "sovietización" había comenzado desde algunos años antes, aunque la influencia de los viejos militantes del PSP había sido limitada por la joven dirección revolucionaria.

En 1965, se funda el Partido Comunista de Cuba (PCC), como heredero de una organización que agrupaba a las fuerzas que habían luchado contra la dictadura de Fulgencio Batista. Diez años más tarde, el PCC realiza su Primer Congreso, que marcó la elaboración de una nueva Constitución, que toma muchos elementos de la trama legislativa soviética. Precisamente como resultado de esa reorganización institucional se crea en 1975 el Ministerio de Cultura, al cual se supeditarán algunos organismos que habían gozado de plena autonomía, como es el caso del ICAIC, institución que hasta el momento se había subordinado directamente a la máxima dirección de la Revolución[72].

En el campo intelectual cubano, la década termina en 1971, con el llamado "caso Padilla", el cual deparó las críticas a la Revolución Cubana de un grupo de intelectuales que hasta ese momento la habían apoyado. Es el caso de Jean-Paul Sartre, Simone de Beauvoir, Marguerite Duras, Susan Sontag, Italo Calvino, Mario Vargas Llosa, Octavio Paz, Gabriel Zaid, Carlos Fuentes, entre otros.

En 1972, Cuba ingresó en el esquema comercial del mundo socialista, el llamado Consejo de Ayuda Mutua Económica (CAME). En el campo cultural, los procedimientos y orientaciones adoptados por los países del bloque socialista,

[72] Este es un hecho importante a tener en cuenta: el ICAIC y su producción serán reguladas desde el campo de la cultura y no desde las estructuras que se van creando a lo largo de los años sesenta para el control y orientación de los medios de comunicación. De hecho, su accionar transitará de manera paralela al de los otros medios existentes en la isla (prensa, radio, televisión).

particularmente por la URSS, pasaron a formar parte de la política cultural del gobierno cubano (Villaça 2010).

La década en la que "el mundo cambiaba y América Latina con él" (García-Espinosa 2009) fue llegando a su fin. Así lo describe Graziella Pogolotti (2006):

> La década estaba terminando en 1968. Con fuerte acento descolonizador y extensa pluralidad de voces, desde Siqueiros hasta quienes mantenían viva la memoria de Trotski, desde los etnólogos seguidores de Michel Leiris hasta Christiane Rochefort, el Congreso Cultural de La Habana se produjo después de la caída del Che en Bolivia y contenía los gérmenes de los movimientos de mayo. Tlatelolco y París parecían anunciar el ímpetu de una izquierda renovada. En los dos lados del Atlántico, al modo latinoamericano, los estudiantes encabezaban la protesta. En México, el movimiento desembocaba en tragedia. En París, el sistema lograría revertir el proceso cuando ya la primavera de Praga y la intervención soviética volvían a fragmentar la izquierda.

Getino y Vellegia (2002) fijan el año de 1977 como punto de giro en la historia de la región. Para ese entonces,

> algunos de los grandes sueños políticos nacionales habían sido derrotados por los regímenes militares dictatoriales que accedieron al poder mediante golpes de Estado asesorados y alentados desde la revolución conservadora que se gestaba en los Estados Unidos, preocupado, desde su fracaso en Vietnam y Cuba, por poner orden en su "patio trasero". Doctrina de la seguridad nacional en el plano político y recetas económicas neoliberales marcharán entonces de la mano, logrando soterrar los conflictos mediante el genocidio planificado de las dictaduras y la avalancha globalizadora de las finanzas y las comunicaciones (Getino & Velleggia, 12).

El investigador René Zavaleta presenta los principales rasgos del ciclo de constitución del autoritarismo en el Cono Sur, el cual da inicio con el derrocamiento del presidente Juan José Torres en Bolivia (1971), a los que se suman el golpe a Salvador Allende en Chile (1973), la formulación en Uruguay del esquema de militarización efectiva del poder con mantenimiento de cierta legitimidad democrática (1973), y la llegada de los golpistas argentinos contra el segundo peronismo (1976). Por su parte, la dictadura brasileña se considera una precursora de estos modelos (Zavaleta Mercado 1982, 59).

El trasfondo ideológico de los gobiernos militares de facto es la teoría de la ingobernabilidad de la democracia y la correspondiente implantación de una doctrina de seguridad (salvación) nacional que justifica el ejercicio del poder castrense. Los medios de comunicación controlados por las dictaduras se articularán en torno a grandes ideologuemas, como es el caso del occidentalismo, el eurocentrismo, el hispanismo o su equivalente, anticomunismo, pancatolicismo, etc. para justificar su obra (Zavaleta Mercado 1982), al tiempo que desde los múltiples exilios comienzan a levantarse las primeras resistencias dentro del campo cultural, las cuales apelan a la memoria y la denuncia pública como mecanismo de salvaguarda contra el horror. El modelo comunicativo de las dictaduras, sumamente eficaz en domesticar las rebeldías internas, distinguirá entre el pequeño y el gran terror:

> Mientras que el primero suele ser el soporte de la contestación, el segundo contiene una representación del modo o más bien una representación sustitutiva del mundo. El modelo propone la generalización del terror como un movimiento de reconstitución ideológica o sea que la función de lo represivo no se dirige a la entidad verificable del resistente sino a la reconstrucción del horizonte de referencias. Es lo que se llama la erección de una hegemonía negativa (Zavaleta Mercado 1982, 64).

Golpes de Estado, censura y dictaduras militares fragmentaron a una generación de artistas que marchó al exilio o simplemente formaron parte de las largas listas de desaparecidos[73]. La década del sesenta, la época en que más cerca se estuvo de tomar el cielo por asalto, comenzó a formar parte de la leyenda espiritual latinoamericana. Terminaban así, por el momento, "los años de la ira".

---

[73] En sus memorias, el historiador Eric Hobsbawm hace referencia a esta etapa de la historia latinoamericana: "en la era de la dictadura militar, del estado de terror y la tortura. Durante los años setenta hubo más de todo esto en el llamado 'mundo libre' de lo que se dio desde que Hitler ocupó Europa. Los generales se hicieron con el poder en Brasil en 1964 y a mediados de los setenta los militares gobernaban todas Sudamérica excepto en los países de la costa del Caribe. Las repúblicas centroamericanas, aparte de México y Cuba, habían sido mantenidas a salvo de cualquier veleidad democrática gracias a la CIA y a la amenaza o la realidad de la intervención norteamericana desde los años cincuenta. Se produjo una diáspora de refugiados políticos latinoamericanos que se concentró en los pocos países del hemisferio que ofrecían refugio —México y, hasta 1973, Chile—, o se diseminó por Norteamérica y Europa: los brasileños en Francia y Gran Bretaña, los argentinos en España, los chilenos en todas partes. (Aunque muchos intelectuales latinoamericanos siguieron visitando Cuba, fueron en realidad muy pocos los que decidieron establecerse allí durante el exilio). La 'era de los gorilas' (por usar la expresión argentina) fue esencialmente fruto de una triple coincidencia. Las oligarquías dirigentes nacionales no supieron qué hacer ante la amenaza planteada por las clases humildes, cada vez más concienciadas, de la ciudad y del campo, ni ante los políticos populistas radicales que las atraían con un éxito evidente. Los jóvenes de izquierda de clase media, inspirados por el ejemplo de Fidel Castro, pensaban que el continente estaba maduro para una revolución que debía precipitar la acción armada de los guerrilleros. Y el obsesivo temor de Washington al comunismo, confirmado por la Revolución Cubana, se vio intensificado por los reveses sufridos en la esfera internacional por Estados Unidos durante los años setenta: la derrota de Vietnam, la crisis del petróleo y las revoluciones africanas que volvieron sus ojos hacia la URSS" (Hobsbawm 2003a, 344-345).

CAPÍTULO 3

# Entre la revolución continental y el realismo mágico: principales desplazamientos en la política cultural del ICAIC hacia América Latina

La relación entre el Instituto Cubano de Cine y Latinoamérica ha transitado por diversas fases a lo largo del último medio siglo. Fernand Braudel, uno de los padres de la historia social francesa, aseguraba que todo trabajo histórico segmenta para su estudio el tiempo pasado, estableciendo así "realidades cronológicas" según sus preferencias y exclusividades más o menos conscientes. Teniendo en cuenta lo anterior, y con el propósito de ilustrar los avatares de la relación entre el ICAIC y América Latina, se propone una segmentación temporal dentro de una historia marcada por continuidades y rupturas, ya que si bien cada etapa marca nuevos enfoques en los nexos entre el Instituto y la región, del mismo modo pueden identificarse objetivos y principios que han permanecido incólumes.

Debe aclararse que el análisis de esta política se basó en una interpretación de la *actividad pública* del ICAIC, es decir, el relato histórico se construyó a través del estudio de una muestra representativa de producciones audiovisuales, así como a partir de la consulta de publicaciones periódicas y documentos desclasificados por sus protagonistas, como es el caso de los textos que sacó a la luz Alfredo Guevara en los últimos años de su vida. En ningún caso se consultaron documentos internos inéditos, a los que resultó imposible acceder, ni se entrevistaron a funcionarios que hayan incidido, directamente o indirectamente, en la política del Instituto, o de la Revolución Cubana en general, la mayor parte de los cuales ya fallecieron o cuentan con una muy avanzada edad.

**Cómo citar este capítulo:**
Salazar Navarro, S. 2020. *Cine, revolución y resistencia. La política cultural del Instituto Cubano del Arte e Industria Cinematográficos hacia América Latina*. Pp. 101-126. Pittsburgh, Estados Unidos: Latin America Research Commons. DOI: https://10.25154/book5. Licencia: CC BY-NC 4.0.

Por otra parte, las dos principales fuentes para la construcción del relato histórico, los audiovisuales analizados y las publicaciones periódicas, en especial la revista *Cine Cubano*, no se caracterizan por su inmediatez, es decir, no es posible encontrar en ellos una expresión "automática" de los lineamientos de la política cultural. Sobre todo, en el caso de la actividad audiovisual, y más en el escenario de una industria "subdesarrollada" como la cubana, existe un desfasaje temporal —a veces de años— entre la producción fílmica y su estreno final en salas, desfasaje que en algunos momentos de la historia del cine cubano contribuyó a la polémica,[74] pero que en general marca la presencia de filmes que responden a los condicionamientos de un contexto *diferente* de aquel en el cual han sido estrenados. Sin embargo, estas limitaciones no impiden establecer tendencias dentro del devenir histórico de la política cultural del ICAIC hacia la región así como identificar puntos de giro en ella.

Las relaciones históricas entre el ICAIC y Latinoamérica han estado mediadas por procesos de alcance nacional, regional y mundial, y en ella han intervenido actores e instancias de diversa índole. La segmentación temporal que proponemos al final de este capítulo es resultado del cruzamiento entre demarcaciones cronológicas inherentes a la historia regional, en especial lo referente al campo de la cultura y, dentro de ella, a la trayectoria del movimiento del NCL. Además, la política exterior del ICAIC hacia América Latina no puede escindirse del propio devenir de la Revolución Cubana, y muy particularmente de la trayectoria de su política exterior. A continuación, se presentan algunas de estas demarcaciones, a partir de las cuales establecimos nuestra periodización de la historia de los nexos entre el cine cubano y la región.

En el caso de la historia cultural latinoamericana, nos atenemos a la segmentación de García Canclini (1995), quien identifica al menos tres grandes momentos estéticos acaecidos en el último medio siglo, los cuales inciden en la propia trayectoria del ICAIC y en el devenir del Movimiento del NCL. La primera etapa inicia en los tempranos años sesenta y se caracteriza por una renovación vanguardista y una democratización, elementos todos que enfatizan un sentimiento utopista (Varas & Dash 2007).

Este período histórico, que inicia con el triunfo de la Revolución Cubana y cierra con el derrocamiento de Salvador Allende en 1973, puede entenderse a partir de la noción de *época*. De acuerdo con Aisemberg (2014, 205),

[74] Véase, por ejemplo, el caso del filme *Alicia en el pueblo de las maravillas* (1991, Daniel Díaz Torres), concebido a finales de la década del ochenta, una etapa en la cual la isla vivía el llamado "proceso de rectificación de errores y tendencias negativas", momento en el cual se estimuló la crítica a los problemas del socialismo cubano. El film no se estrenó hasta inicios de la década del noventa, en un contexto histórico en extremo diferente: tras el colapso de la Unión Soviética el país entró en una aguda crisis económica, y el discurso crítico de los años anteriores dio paso a un cierre de filas político, signado por un contexto de "plaza sitiada". El film fue calificado entonces de "diversionista" y apenas se exhibió en las salas.

> Esta concepción permite percibir el bloque temporal sesenta-setenta como unidad, con una misma estructura de sentimiento en la que se destacaban "la valorización de la política y la expectativa revolucionaria". En este proceso signado por la coincidencia de coyunturas políticas y la existencia de programas estéticos que marcaron convergencias regionales, es posible estudiar los mestizajes entre estrategias de ficción y documental con lo que se pretendió representar la revolución, en un conjunto de films de Cuba, Bolivia, México y Argentina.

En el caso de la historia del NCL, el investigador norteamericano Paul A. Schroeder, denomina estos años como la "fase militante", dominada por una estética documentalista, en la que muchos cineastas "vieron su trabajo como parte integral de un proyecto de liberación política, social y cultural" (Schroeder Rodríguez 2011, 16). Se trata de filmes que "abordan temas del presente histórico [...] y usan el documental como testigo de la realidad y como herramienta para analizar y en principio transformar esa realidad" (Schroeder Rodríguez 2011, 17).

Una segunda etapa de la historia cultural latinoamericana más reciente sería aquella marcada por las dictaduras, en la cual el rasgo esencial es "la carencia de épicas insurgentes", y la "preferencia por el drama y la farsa" (García Canclini 1995). Schroeder denomina a estos años, temporalmente coincidentes con las décadas del setenta y parte de los ochenta, como la "fase neobarroca" del NCL[75]. Durante esta época,

> Muchos de los mismos cineastas que habían sido militantes en los años 60 reconceptualizan su trabajo para responder a un proyecto más complicado: desarrollar el equivalente cinematográfico de un discurso político pluralista identificado con una emergente sociedad civil y opuesto al autoritarismo y monologismo de los regímenes represivos que se impusieron en la región a partir de los finales de los 60. Estéticamente se trata de un cine que oscila entre el espectáculo [...] y el realismo [...] y que frecuentemente combina ambas tendencias (Schroeder Rodríguez 2011, 16).

---

[75] Las fases "militante" y "neobarroca" del NCL divergen una de otro, tanto desde el punto de vista estético, como en lo que se refiere al propio contexto en el cual se desarrollan. Sin embargo, Shroeder destaca como rasgo común el compromiso de los cineastas con la articulación y afirmación de una identidad cultural políticamente revolucionaria. En los años sesenta, el NCL promovió un proyecto de liberación nacional, y en las décadas posteriores, denunciaron el autoritarismo. "El factor que une estas dos fases del NCLA es una crítica sistemática a las estructuras desiguales del poder a través de modos de representación experimentales e inventivos ligados al documental en los años 60 y a la meta-ficción neobarroca en los 70 y 80" (Schroeder Rodríguez 2011, 16).

Schroeder aprecia este giro también en Cuba, donde a diferencia de los países de la región, el Estado había desempeñado el rol protagónico en la institucionalización de un cine militante:

> Es posible ver un giro neobarroco en los años 70 y 80 en películas como *La última cena* (Tomás Gutiérrez Alea 1976), *Son o no son* (Julio García Espinosa 1977), *Cecilia* (Humberto Solás 1981), *Papeles secundarios* (Orlando Rojas 1989) y *Alicia en el pueblo de Maravillas* (Daniel Díaz Torres 1991), películas todas que reposicionan al sujeto marginalizado en el centro, y que redefinen el proyecto de la Revolución ya no como un proyecto militante y nacionalista, sino más bien como un proyecto pluralista y antiautoritario (Schroeder Rodríguez 2011, 31).

Por último, Canclini hace referencia a un tercer momento en la historia cultural del continente, el cual comienza en los años noventa y se caracteriza, "por la dificultad que atraviesan los latinoamericanos de definirse frente a una globalización que devora las utopías; por compartir con otros el deseo de ser alguien" (García Canclini 1995). Ante la memoria de un pasado al que enfrentarse y la incertidumbre futura, "los latinoamericanos se refugian en la seguridad del presente, del instante que se define por una temporalidad perdida" (Varas & Dash 2007, 193). Schroeder coincide con esta demarcación temporal, al afirmar que, a raíz de la caída del Muro de Berlín, el neobarroco fílmico latinoamericano prácticamente desaparece:

> La hegemonización global del neoliberalismo a partir de esa fecha, una de cuyas consecuencias fue el auge de coproducciones para el refortalecido circuito internacional de festivales de cine, explica el predominio, en el cine latinoamericano de los últimos 20 años, de un cine ya no revolucionario, sino reformista, con conflictos centrados en los sentimientos individuales, y con narrativas ambientadas en un presente inmediato casi despojado de señas del pasado y de proyecciones hacia el futuro. Estas características están muy alejadas de las preocupaciones del NCL militante y neobarroco, y por lo tanto el cine de los últimos 20 años requiere otro nombre, como también otro estudio (Schroeder Rodríguez 2011, 33).

Como puede apreciarse, la historia cultural latinoamericana del último medio siglo, y como parte inherente a ella, la historia del Nuevo Cine, podría sistematizarse a partir del recuento de *décadas históricas*, comenzando por unos años sesenta que abren con el triunfo de la Revolución Cubana y cierran con la caída de Salvador Allende en Chile, dando así paso a la etapa de las dictaduras, cuyo fin se extiende temporalmente hasta finales de los ochenta e inicios de los noventa, en los que se consolida el ciclo de las "democracias neoliberales". Un nuevo giro protagonizará la región a finales de los años noventa, marcado por la llegada de Hugo Chávez a la presidencia venezolana en 1999, que iniciará un auge de gobiernos de izquierda, lo cual temporalmente ya escapa de los objetivos de este estudio.

En lo que respecta a la trayectoria del ICAIC, la totalidad de los autores consultados se decanta más por las décadas históricas que por las cronológicas. En su libro *Los cien caminos del cine cubano*, los investigadores Marta Díaz y Joel del Río afirman:

> Solo cuando se repasa la cinematografía nacional desde una visión panorámica y de conjunto, más allá del puñado de consabidos clásicos, es que afloran los matices y generalidades de cada década: los años 60 de la épica, la ruptura y la experimentación; los 70 de grisura, historicismo y contracción; los 80 de comedias costumbristas, cine popular e incremento en la producción; los 90 de Período Especial, crisis de valores y desconcierto... (Díaz & Río 2010, 3).

Michael Chanan (1985), por su parte, habla de cuatro fases que a grandes rasgos coinciden también con las décadas históricas. Una primera, de reconstrucción de acontecimientos de la lucha revolucionaria; una segunda, caracterizada por un cine deconstructivo que evalúa los logros de la Revolución, donde se incluiría a *Memorias del subdesarrollo* (Tomás Gutiérrez Alea 1968). La tercera coincide con el llamado "quinquenio gris", en el que prevalecen filmes de corte histórico. El último período señalado por Chanan se caracteriza por un cine que muestra los aspectos más traumáticos de la Revolución, como el exilio y la censura.

Tomando como referente estas etapas, podría establecerse una periodización en la historia de las relaciones del ICAIC con América Latina. Se han identificado los siguientes momentos, que agrupamos en décadas históricas con un propósito meramente didáctico, ya que resultaría simplista acotar en años lo que han sido verdaderamente tendencias, cuyos límites exactos se desdibujan. Sin embargo, cada una de las etapas descritas representa un cambio en el enfoque temático de la actividad del Instituto hacia la región. Esta periodización no se extrajo directamente de documentos programáticos, sino que se construyó a partir del mero análisis de resultados evidentes, como puede ser el contenido de la producción fílmica y el análisis de la actividad pública del ICAIC.

De este modo, podría hablarse de una primera etapa, que temporalmente se hace coincidir con una "larga década del sesenta", que arranca con el triunfo revolucionario de 1959 y llega, cuanto menos, hasta 1973 con la caída del gobierno chileno de la Unidad Popular, y cuyo rasgo esencial a los efectos del presente estudio, es el reconocimiento por parte del ICAIC de las diversas cinematografías latinoamericanas vinculadas a los nuevos cines, y el paulatino acercamiento a ellas. La política cultural del ICAIC hacia la región durante estos años fundacionales de la Revolución Cubana se ilustrará mediante el análisis del filme *Cumbite* (1964), del realizador Tomás Gutiérrez Alea.

Una segunda etapa, en la cual los tanteos iniciales darán paso a un discurso en extremo politizado, marcado por la intervención directa del ICAIC en la región, en tanto ente promotor de la lucha revolucionaria en el campo de la creación cultural, y posteriormente como organismo articulador de la resistencia a las dictaduras militares. Ello corresponderá a los años setenta, una década histórica que abre con el golpe de Estado en Chile, y a los efectos de este estudio cerraría en diciembre de 1979, con la realización del I Festival Internacional del Nuevo Cine Latinoamericano de La Habana. Este cierra epocal en 1979, no respondería a un cambio en las condicionantes políticas regionales, sino al hecho de que a partir de esa fecha se institucionalizará el papel de La Habana como epicentro del NCL. Las relaciones entre el ICAIC y la región se presentarán a partir del filme *Cantata de Chile* (1975, Humberto Solás) y del análisis de una muestra de documentales de Santiago Álvarez con temática latinoamericana.

Un tercer momento de esta política exterior transcurre entre 1979 y 1989, fecha en que implosiona el Muro de Berlín y Cuba comienza a vivir la crisis más profunda de su historia reciente. Durante los años ochenta, el ICAIC profundiza su política latinoamericanista, ya sea mediante el Festival de La Habana, la Fundación del NCL o la propia EICTV. Pese a la existencia de un mayor apoyo económico del gobierno cubano al ICAIC y al resto de las instituciones promotoras del NCL, en el plano de la ideología los ochenta materializan un repliegue paulatino del discurso combativo de la década anterior, dando así paso a un cine más introspectivo y cuestionador de aquellos años en los que se intentó tomar el cielo por asalto, todo lo cual se aprecia en la cinta *Amor en campo minado* (1987), de Pastor Vega.

Finalmente, establecemos una última etapa en la historia de las relaciones entre el ICAIC y América Latina, que corresponde a la década de los noventa y se adentra en los tempranos años dos mil. Etapa marcada por un reacomodo de las relaciones entre la cinematografía cubana y sus homólogas regionales, que sin dejar de promover la solidaridad del medio fílmico con una isla cada vez más asediada, al mismo tiempo vivencia un importante repliegue de los discursos combativos de los años previos. El discurso cinematográfico apelará a la poesía y al realismo mágico, en cierto modo expresión de la creciente despolitización, tal y como se aprecia en la película *Mascaró, el cazador americano* (1991), de Constante *Rapi* Diego, basado en la novela homónima del escritor argentino Haroldo Conti, desaparecido por la dictadura militar.

## Principales etapas de la política exterior de la Revolución hacia Latinoamérica

Al propósito de nuestra segmentación interesa el devenir histórico de la Revolución Cubana, y muy especialmente lo que se refiere a su política exterior. La historia de Cuba posterior a 1959 podría dividirse a grandes rasgos en tres grandes etapas. La primera abriría el 1ro de enero de 1959, con el triunfo de la insurrección armada y popular comandada por Fidel Castro, que dio fin a la tiranía de Fulgencio Batista, la cual había quebrado en 1952 el ya de por sí precario orden institucional republicano. Este periodo abarca hasta inicios de la década del setenta, cuando comienza a acentuarse la dependencia con la Unión Soviética, aunque podría extenderse hasta 1976, año en que se aprueba la nueva Constitución "socialista". La segunda etapa, marcada por el padrinazgo soviético, no concluye hasta la caída del Muro de Berlín (1989) y la disolución posterior de la Unión Soviética (1991), dando paso al tercer y último de los momentos, marcado por la crisis. Como puede verse, en el caso de la Revolución Cubana también resulta válido, en tanto referente para su comprensión, el análisis a partir de las décadas históricas. Desde este marco conceptual es posible además contextualizar los hitos fundamentales de las relaciones entre la Revolución Cubana y Latinoamérica, tema que abordaremos a continuación.

El triunfo de 1959 impactó en el escenario geopolítico latinoamericano, en tanto significó un espaldarazo a los movimientos antiautoritarios regionales (Rojas 2015). Fulgencio Batista formaba parte del grupo de dictadores del Caribe (Marcos Pérez Jiménez en Venezuela, Gustavo Rojas Pinilla en Colombia, Rafael Leónidas y Héctor Bienvenido Trujillo en República Dominicana, la dinastía Somoza en Nicaragua y François Duvalier en Haití), de ahí que la lucha en su contra se insertara dentro de un esfuerzo regional tendiente al establecimiento de la democracia.

El internacionalismo antiautoritario había quedado recogido por los revolucionarios cubanos en sus diversos programas políticos, y a raíz del triunfo se dio continuidad a esta política. La Habana se convirtió así en el centro de los dominicanos exiliados en distintos países, y posteriormente en la base de operaciones para una invasión a la República Dominicana. En fecha tan temprana como marzo de 1959 se creó en la capital cubana el Movimiento de Liberación Dominicana, el cual contó con un brazo armado, el Ejército de Liberación Dominicana. El 14 de junio, salió de Cuba una expedición, encabezada por el dominicano Enrique Pérez Moya y apoyada por el comandante cubano Delio Gómez y otros funcionarios designados del gobierno cubano (Domínguez Guadarrama 2013). La invasión fracasó pero quedó como la primera experiencia internacionalista del flamante gobierno revolucionario, aunque no la única. Explica Rafael Rojas que "ya para fines de 1959, el gobierno cubano había propiciado varias invasiones armadas a países vecinos como Panamá, Haití y República Dominicana" (Rojas 2015, 140).

En el campo diplomático, La Habana también marcaría posición en contra de las dictaduras regionales. Horas después de instalarse el primer gobierno de la Revolución, el presidente cubano Manuel Urrutia Lleó envió mensajes a la ONU y a la OEA denunciando las violaciones a los derechos humanos por parte de los regímenes dominicano, nicaragüense, haitiano y paraguayo. Con ello se retomaba la política exterior nacionalista y democrática de los gobiernos presididos por el Partido Auténtico en los años cuarenta y cincuenta (Rojas 2015), es decir, se trataba de una política que formaba parte de la propia institucionalidad cubana de los tiempos de la "República", sin que aún en estos primeros momentos pueda hablarse del internacionalismo revolucionario característico de etapas posteriores.

Durante casi todo el año 1959, las relaciones entre los gobiernos democráticos de América Latina y La Habana fueron cordiales. El 23 de enero, Fidel Castro viajó a Venezuela, donde acababa de ser elegido presidente el novelista Rómulo Betancourt, al frente del partido Acción Democrática (AD). "El apoyo inicial de Betancourt, una figura de mucha autoridad en la OEA, reforzó el amplio reconocimiento diplomático del gobierno revolucionario durante casi todo el año de 1959" (Rojas 2015, 138-139). El 26 de julio, en la celebración del sexto aniversario del asalto a los cuarteles Moncada y Carlos Manuel de Céspedes, considerada la fecha fundacional del movimiento revolucionario cubano, llegaron a La Habana varios líderes latinoamericanos, como el mexicano Lázaro Cárdenas, el brasileño Janio Quadros y el chileno Salvador Allende.

Sin embargo, al tiempo que las relaciones entre La Habana y Washington comenzaron a tensarse, ocurrió otro tanto con los gobiernos de la región, la mayoría de los cuales supeditaba en ese entonces su política exterior a los dictados estadounidenses, OEA mediante. Para octubre de 1959, la Agencia Central de Inteligencia (CIA) había elaborado el Programa de Acción Encubierta contra el Régimen de Castro, el cual fue presentado al presidente Eisenhower en enero de 1960 y aprobado en el mes de marzo. Dicho plan contemplaba cuatro líneas de acción: "organizar un frente contrarrevolucionario interno, dirigido por la CIA; el desarrollo de una fuerte ofensiva propagandística internacional; la creación de estaciones de radio clandestinas, y la preparación de una fuerza paramilitar fuera de Cuba que se infiltraría en el país" (Domínguez Guadarrama 2013, 50). Fue este el antecedente para la invasión a Playa Girón (Bahía de Cochinos), el 17 de abril de 1961, la cual radicalizaría a la Revolución Cubana y marcó una nueva fase en sus relaciones con América Latina.

Entre la fracasada invasión a Playa Girón y la llamada Crisis de los Misiles,[76] en octubre de 1962, Cuba se ubica en el epicentro de la Guerra Fría entre Washington y Moscú (Rojas 2015). A escala regional, la proclamación del carácter socialista de la Revolución Cubana marcará un dramático ajuste de las relaciones internacionales. El paulatino acercamiento entre Cuba y la URSS en pleno escenario de Guerra Fría signará también las dinámicas entre La Habana y los movimientos revolucionarios latinoamericanos[77]. Como explica Rojas,

---

[76] El pacto Kennedy-Jrushov, que dio por terminada la Crisis de los Misiles, para lo cual no se consultó al gobierno cubano, marcó un distanciamiento entre La Habana y Moscú, lo que impulsó la política cubana de apoyo estratégico a las guerrillas continentales.

[77] Las relaciones entre Cuba y la Unión Soviética a lo largo de casi treinta años pasaron por numerosos altibajos. Por ejemplo, luego de la jubilación forzosa de Nikita Jruschov, en el otoño de 1964, y la pérdida de influencia de Anastás Mikoyan, el canciller soviético que condujo el acercamiento entre La Habana y Moscú, los nexos entre ambos países se enfriaron. Durante la segunda mitad de la década del sesenta existió más de un punto

> la dirigencia cubana debió maniobrar cuidadosamente la tensión generada entre los proyectos del nacionalismo y la descolonización radical del Tercer Mundo, alentados en la Conferencia Tricontinental habanera [...] y la estrategia soviética hacia América Latina, Asia y África, en el contexto de la doctrina de la "coexistencia pacífica" de la URSS y la guerra de Viet Nam (Rojas 2015, 153-154).

En enero de 1962, La Habana fue expulsada de la OEA, con catorce votos a favor y seis abstenciones. Se la acusó de adoptar un régimen marxista-leninista, incompatible con los estatutos del sistema interamericano. En los meses siguientes, la práctica totalidad de los gobiernos latinoamericanos que no lo habían hecho, con la excepción de México, rompieron sus relaciones diplomáticas con Cuba[78].

---

de desencuentro. Al Politburó no le gustó el libro de Régis Debray, *Revolución en la Revolución*, que reproducía la tesis guevarista de "Crear dos, tres... muchos Vietnam". Debray, por entonces cercano a las posiciones del Che Guevara, criticaba la política soviética de la "coexistencia pacífica". En 1968, fue retirado el embajador de la URSS en La Habana, Alexander Alexeiev, un diplomático que se consideraba entusiasta defensor de la Revolución Cubana. Las tensiones llegaron al punto de que el gobierno cubano declaró *persona non grata* al segundo secretario de la embajada de la URSS y a varios periodistas soviéticos acreditados en La Habana, entre ellos al corresponsal del diario *Pravda*. "Las causas que motivaron la actitud de La Habana hacia esos periodistas y el funcionario de la embajada fueron sus frecuentes contactos con exdirigentes de la organización partidista cubana que habían sido separados de su trabajo por manifestaciones de sectarismo" (Leonov 2015, 167). Entre ellos, Aníbal Escalante, destacado dirigente del Partido Socialista Popular y secretario de organización de las Organizaciones Revolucionarias Integradas (ORI). Durante la década del setenta, las relaciones mejoraron significativamente, como lo demostró el viaje a Cuba en 1974 de Leonid Brézhnev.

[78] Los regímenes de República Dominicana y Haití romperán relaciones en el propio año 1959, acusando a los cubanos de injerencia en sus asuntos internos. Santo Domingo lo hará el 26 de junio y Puerto Príncipe el 28 de septiembre. Tres países centroamericanos cortarán sus vínculos diplomáticos con La Habana en 1960: Guatemala, el 29 de abril, Nicaragua y Panamá, el 1.º de junio. Ese año lo hará también la dictadura paraguaya y el gobierno peruano, el 5 y el 30 de diciembre respectivamente. El 3 de enero de 1961, se retiran de Cuba los diplomáticos estadounidenses. En marzo de ese mismo año lo hará El Salvador, el 25 de abril Honduras, Costa Rica el 10 de septiembre, Venezuela el 11 de noviembre y Colombia el 9 de diciembre. En 1962, luego de la expulsión de Cuba de la OEA, rompieron relaciones diplomáticas los últimos países del continente que mantenían vínculos con La Habana: Argentina (8 de febrero), Bolivia (8 de febrero), Ecuador (4 de abril), Brasil (13 de mayo), Chile (11 de agosto) y Uruguay (8 de septiembre). Solo permanecerá abierta la embajada de México. La mayor parte de los países del Caribe no se mencionan en esta relación porque aún no eran estados independientes para esas fechas.

> La expulsión de Cuba de la OEA aprobada en enero de ese año, a pesar de las seis abstenciones latinoamericanas, unida a la Alianza para el Progreso que impulsó la administración Kennedy, buscaron el aislamiento hemisférico del gobierno revolucionario, en el momento en que los líderes cubanos despertaban mayores simpatías en la juventud de la región (Rojas 2015, 143).

Resulta innegable el impacto psicosocial que tuvo la Revolución Cubana en el continente, y permite entender el éxito de las políticas trazadas posteriormente para intentar revertir el aislamiento al que fue sometida La Habana desde los primeros años del triunfo. La intelectualidad latinoamericana de izquierda, dentro de la cual pueden incluirse a gran parte de los cineastas, fue uno de los sectores que más contribuyó al fortalecimiento de los nexos entre la Revolución Cubana y América Latina, en especial a la expansión ideológica cubana en el continente. La isla representaba un posible camino a seguir para hacer frente a las principales problemáticas que los intelectuales de la región habían denunciado históricamente: la dominación económica, política y cultural de las potencias centrales, primero europeas y más tarde de Estados Unidos, y las profundas inequidades en el reparto de la riqueza, que hacían de América Latina el continente más desigual del planeta.

En respuesta a la política de aislamiento hemisférico, el gobierno cubano apeló en sus relaciones con América Latina a lo que el investigador mexicano Ricardo Domínguez (2013) denomina la "diplomacia alternativa", es decir, la estrategia de apoyo a los "movimientos de liberación nacional" latinoamericanos, a quienes se consideraron legítimos representantes de los pueblos, en detrimento de los gobiernos que habían roto los canales diplomáticos. De acuerdo con este autor, los lineamientos de la diplomacia alternativa quedaron definidos en una conferencia que el Che Guevara ofreció el 18 de mayo de 1962 a los miembros del Departamento de la Seguridad del Estado (G2) [inteligencia cubana] y de la Dirección para las Relaciones con los Movimientos Revolucionarios de América Latina y África. En este encuentro el Che afirmaba:

> Existe una unificación total del dominio económico de América Latina, que ha provocado una tendencia a la unidad entre las fuerzas que luchan contra el imperialismo; la necesidad de estar hermanados en la lucha, porque es una lucha común que se expresa en la solidaridad de todos los pueblos respecto a Cuba y hay un solo enemigo que es el imperialismo norteamericano (Domínguez Guadarrama 2013, 100-101).

De Guatemala a la Argentina, pasando por la cuenca del Caribe, y excluyendo a México, la región quedó subdivida en espacios a los cuales se les aplicarían diversas estrategias de acercamiento de acuerdo con sus propias características. En general, la diplomacia alternativa tenía objetivos "políticos de cooperación oficial y extraoficial, de propaganda, ayuda militar, logística y de asesoría a los movimientos sociales y nacionalistas" (Domínguez Guadarrama 2013, 29). Esta política se articuló siguiendo un principio de integralidad: "las acciones políticas, económicas, deportivas, culturales, educativas, etc., estaban destinadas al apoyo de la liberación nacional" (Domínguez Guadarrama 2013, 81). Ello explicaría en gran parte el propio accionar del ICAIC hacia la región, en tanto una de las principales instituciones culturales de la Revolución.

Durante la década del sesenta, la diplomacia alternativa tuvo dos líneas principales de acción en América Latina: el apoyo a las guerrillas y el trabajo con los intelectuales. A lo largo de estos años el gobierno cubano organizó en La Habana numerosos encuentros donde se dio cita el pensamiento latinoamericano. Destaca el Salón de Mayo (1967) y el Congreso Cultural de La Habana (1968). Muchas de estas citas de intelectuales coexistieron con reuniones a las que asistían los guerrilleros de la región, como es el caso de la Tricontinental o de las actividades de las OLAS. El 7 de octubre de 1969 se funda el Instituto Cubano de Amistad con los Pueblos (ICAP), uno de los organismos encargados de desarrollar esta actividad política. Afirma Domínguez:

> De tal manera que se estableció una máxima; a mayor represión social mayor papel e influencia de los intelectuales revolucionaros. Incluso, su papel fue tan importante para la Revolución Cubana en aquellos años, que dotó de una recuperación moral, de pensamiento y de bases teóricas a los grupos guerrilleros que habían sufrido una terrible represión en todos los países de la región (Domínguez Guadarrama 2013, 113).

La estrategia de "diplomacia alternativa" se hace pública en la Segunda Declaración de La Habana, "del pueblo de Cuba a los pueblos de América y del mundo". El texto, presentado en respuesta a la expulsión de la isla por parte de la OEA, fue aprobado a mano alzada el 4 de marzo de 1962 por una multitud reunida en la Plaza de Revolución. En el mismo se esboza por primera vez la política "tercermundista" de la Revolución Cubana, de la cual formaría parte el espacio latinoamericano.

El 7 de febrero de 1962, apenas tres días después de proclamada esta Declaración, Alfredo Guevara envía a su amigo, el músico Harold Gramatges, una extensa relatoría de los sucesos que se estaban viviendo en Cuba por aquel entonces. Gramatges se encontraba en la Embajada de Cuba en Praga. Pese a su extensión, reproducimos un largo fragmento, ya que el texto de esta carta permite entender no solo la visión personal de Guevara, sino que avizora las posiciones políticas de quien fuera presidente y máximo gestor del ICAIC, y el protagonismo que alcanza esta institución en los sucesos que vivía la Cuba de entonces. Dice así Alfredo:

> No creo que pueda narrarte lo que fue la Asamblea General del Pueblo y te estoy adjuntando, por si no lo has recibido, el texto de la II Declaración de La Habana. Estamos ante el más importante documento político

que se ha producido en América Latina en muchos años, y nuestra Revolución alcanza con él —resumen de experiencias concretas y de más lucidez ideológica que podrás juzgar por ti mismo— una nueva dimensión haciendo de cada uno de nuestros actos un compromiso mucho más serio y profundo.

El documento con todo su intrínseco valor no significaría tanto si junto a los principios no planteara el movimiento estratégico y las líneas tácticas de los movimientos de liberación nacional en esta etapa latinoamericana, y si tales juicios no fueran expresión directa de lo que sucede, de la vida contemporánea de nuestro país y de los pueblos de todo el continente.

Durante varios días mítines-relámpagos, entierros simbólicos-pachangueros de la OEA, manifestaciones de calle y asambleas en los centros de trabajo y escuelas, prepararon el camino, destacaron la ocasión especial de la Segunda Asamblea General del Pueblo. Por demás no había mucho que hacer, las maniobras imperialistas en Punta del Este[79], la rendición, de varias cancillerías y la mezquindad de muchos supuestos líderes políticos aspirantes a regentear satrapías, pero por sobre todas las cosas la denuncia directa, valerosa, clara e irrefutable presentada por nuestra Delegación y dicha por Dorticós[80] en funciones de Canciller, habían preparado el ambiente. Más de un millón de personas se reunieron en la Plaza de la Revolución haciendo de esta Asamblea la más grande concentración popular que se ha producido en nuestro país. Y ese millón de cubanos votó la II Declaración de La Habana con un entusiasmo, con una emoción, con un calor, que es una pena que no estuvieras con nosotros, que tengas que conocer el documento en frío. De todas maneras, estoy seguro de que puedas imaginar lo que esto ha sido a través de mis palabras, y sobre todo a través de cuanto Enrique te contará.

El Noticiero[81] filmó en blanco y negro. El Departamento de Documentales en colores. Tarde o temprano verás en la pantalla la asamblea popular y escucharás directamente parte del discurso de Fidel. También está grabado (Guevara 2010, 104-105).

---

[79] En la Octava Reunión de Consulta de Ministros de Relaciones Exteriores de la OEA, realizada en Punta del Este, Uruguay, del 22 al 31 de enero de 1962, se acordó la exclusión de La Habana de su participación en el sistema interamericano.

[80] Osvaldo Dorticós (1919-1983), presidente de la República de Cuba (1959-1976). Integró el primer Gobierno Revolucionario, en enero de 1959, como ministro de Ponencias y Estudio de Leyes Revolucionarias. Luego de la promulgación de la Constitución Socialista de 1976 cesó en el cargo y fue nombrado vicepresidente del Consejo de Ministros, responsabilidad que ocupó hasta el momento de su muerte, por suicidio.

[81] Se refiere al *Noticiero ICAIC Latinoamericano*, que ya venía produciéndose desde junio de 1960.

Dos años antes, el 2 de septiembre de 1960, los cubanos habían aprobado la Primera Declaración de La Habana, un documento presentado en respuesta a la VII Reunión de Consulta de Ministros de Relaciones Exteriores de los países de la OEA, realizada en San José de Costa Rica, el 22 de agosto de ese año, y en la cual el gobierno cubano había sido duramente criticado. En la Primera Declaración de La Habana se ratifica la decisión "de trabajar por ese común destino latinoamericano que permitirá a nuestros países una solidaridad verdadera, asentada en la libre voluntad de cada uno de ellos y en las aspiraciones conjuntas de todos" (Domínguez Guadarrama 2013, 38). Para ello, se instaba a obreros y campesinos, estudiantes e intelectuales, indios y negros, mujeres, jóvenes y ancianos a luchar por sus derechos económicos, políticos y sociales.

El texto de la Segunda Declaración es, sin embargo, mucho más radical. En él converge la doctrina de la revolución mundial, amparada en criterios nacionalistas y anticoloniales. Al mismo tiempo, se intentaban conciliar las posiciones del "Tercer Mundo" y las del bloque soviético, al cual Cuba se había venido aproximando desde la proclamación del carácter socialista de la Revolución, en abril de 1961. Ello explica la entusiasta acogida que tuvo el documento entre las nuevas izquierdas latinoamericanas, así como en partidos comunistas "emergentes" como el vietnamita y el chino. Asimismo, los movimientos de liberación del norte de África le brindaron un caluroso respaldo. Únicamente los partidos comunistas latinoamericanos, ideológicamente orientados hacia Moscú, mostraron reservas con respecto el camino propuesto por los cubanos para la liberación nacional. Se preguntaba Fidel Castro en esta declaración:

> ¿Qué es la historia de Cuba sino la historia de América Latina? ¿Y qué es la historia de América Latina sino la historia de Asia, África y Oceanía? ¿Y qué es la historia de todos estos pueblos sino la historia de la explotación más despiadada y cruel del imperialismo en el mundo entero? ("Segunda Declaración de La Habana", 1962).

Después de hacer un recorrido por la historia del capitalismo mundial, y de identificar la lucha entre una burguesía explotadora y las masas hambrientas del "Tercer Mundo", en la Declaración se enfatiza:

> Cuba y América Latina forman parte del mundo. Nuestros problemas forman parte de los problemas que se engendran de la crisis general del imperialismo y la lucha de los pueblos subyugados; el choque entre el mundo que nace y el mundo que muere. La odiosa y brutal campaña desatada contra nuestra patria expresa el esfuerzo desesperado como inútil que los imperialistas hacen para evitar la liberación de los pueblos. Cuba duele de manera especial a los imperialistas. ¿Qué es lo que esconde tras el odio yanki a la Revolución Cubana? [...] Los une y los concita el miedo. Lo explica el miedo. No el miedo a la Revolución

> Cubana; el miedo a la revolución latinoamericana ("Segunda Declaración de La Habana", 1962).

Más adelante deja clara cuál será la política de Revolución Cubana hacia la región, y de paso en relación con el vastísimo "Tercer Mundo":

> El deber de todo revolucionario es hacer la revolución [...] Se sabe que en América y en el mundo la revolución vencerá, pero no es de revolucionarios sentarse en la puerta de su casa para ver pasar el cadáver del imperialismo ("Segunda Declaración de La Habana", 1962).

Un tercer documento establece los principios de la diplomacia cubana hacia la región en aquellos años fundacionales. Se trata de la Declaración de Santiago de Cuba, presentada por Fidel Castro el 26 de julio de 1964 en respuesta a las medidas acordadas por la OEA en la IX Reunión de Consulta de Washington, en la cual se establecen las directrices de la administración del presidente Lyndon B. Johnson, quien había declarado días antes que la principal tarea debía ser aislar a Cuba del sistema interamericano. En la Declaración de Santiago de Cuba, se establece que "la Organización de Estados Americanos carece por completo de moral y de derecho para juzgar y sancionar a Cuba", que "constituye un acto cínico y sin precedentes que los victimarios se constituyen en jueces para juzgar y sancionar al país víctima", que "el pueblo de Cuba rechaza, como cínicas, descaradas e injustas, las sanciones impuestas", y "repudia las insolentes amenazas de agresión armada contenidas en ese infame documento". Finalmente, en la declaración se esboza una amenaza:

> Que el pueblo de Cuba advierte, además, que si no cesan los ataques piratas que se realizan desde territorio norteamericano y otros países de la cuenca del Caribe, así como el entrenamiento de mercenarios para realizar actos de sabotaje contra la Revolución Cubana, así como el envío de agentes, armas y explosivos al territorio de Cuba, el pueblo de Cuba se considerará con igual derecho a ayudar con los recursos a su alcance a los movimientos revolucionarios en todos aquellos países que practiquen semejante intromisión en los asuntos internos de nuestra patria.[82]

Durante los años sesenta, la política exterior cubana, establecida en estos documentos programáticos, "intentaría avanzar sobre ese eje conflictivo, de apoyo a las nuevas izquierdas descolonizadoras del Tercer Mundo, sin poner en

---

[82] Discurso pronunciado por el Comandante Fidel Castro Ruz, Primer Ministro del Gobierno Revolucionario y Primer Secretario del Partido Unido de la Revolución Socialista de Cuba, en la concentración en conmemoración del Onceno Aniversario del 26 de Julio, efectuada en la Ciudad Deportiva de Santiago de Cuba, el 26 de julio de 1964. Tomado de: https://bit.ly/2AFxU9d.

riesgo el vital respaldo económico y militar de la Unión Soviética e intentando mantener la interlocución con la China maoísta" (Rojas 2015, 135). En conclusión, el gobierno cubano maniobrará hábilmente entre dos fuerzas antagónicas: de un lado el respeto a la política soviética de "coexistencia pacífica", del otro el apoyo a los movimientos de liberación nacional del "Tercer Mundo", los cuales tuvieron en América Latina su máxima expresión en las guerrillas. La política exterior del gobierno cubano durante las décadas del sesenta y el setenta estará regida por esta tensión. Como explica Rafael Rojas:

> A la par de esa inserción parcial en el campo socialista, no carente de fricciones intermitentes tanto con la URSS como con China, los líderes de la Revolución desarrollaron un impresionante activismo internacional, que lo mismo financió, planeó e introdujo guerrillas en diversos países de América Latina, África, Asia y el Medio Oriente, que alentó movimientos de izquierda y partidos comunistas en esas mismas regiones, dialogó con el marxismo occidental o impulsó las descolonizaciones del Tercer Mundo y el grupo de los No Alineados (Rojas 2015, 15).

Según Domínguez, ya desde 1959 el gobierno cubano había creado el llamado "Departamento M", dirigido por Manuel Piñeiro Losada (1933-1998), el mítico "Comandante Barbarroja",[83] quien sería también jefe de la Dirección General de Inteligencia (G2). El Departamento M, encargado de mantener o establecer vínculos con las guerrillas revolucionarias de Latinoamérica y el Caribe, comenzó a formar parte desde el 6 de junio de 1961 del Ministerio del Interior, y empezó a llamarse desde esa fecha Dirección para las Relaciones con los Movimientos Revolucionarios de América Latina y África (Domínguez Guadarrama 2013, 80). Hasta el momento, los archivos cubanos acerca de este tema permanecen clasificados, sin embargo, a partir de diversas fuentes documentales se puede inferir que la primera etapa de vida de este Departamento, entre 1959 y 1961, fue de definición institucional, y que su actividad regional se limitó a países como República Dominicana y Nicaragua.

No está claro si en todos los grupos guerrilleros ni en todas las luchas que se dieron en la década de los sesenta estuvo implicada la Dirección para las Relaciones con los Movimientos Revolucionarios de América Latina y África.

[83] De acuerdo con la enciclopedia cubana *EcuRed*, Manuel Piñero Losada se integró desde muy joven a la lucha contra la dictadura de Fulgencio Batista. Se incorporó a la lucha guerrillera en la Sierra Maestra y como miembro del II Frente Oriental Frank País alcanzó el grado de Comandante. Al triunfo de la Revolución, fue uno de los encargados de la formación de los órganos de la seguridad del Estado y el encargado de coordinar la ayuda a los revolucionarios que en América Latina luchaban contra las dictaduras en sus países. Fue fundador del Partido Comunista de Cuba y miembro de su Comité Central desde 1965 hasta 1997, año en que se retiró a la vida privada. Falleció en un accidente automovilístico el 11 de marzo de 1998.

Sin embargo, lo cierto es que durante los años sesenta se entrenaron en Cuba combatientes de prácticamente todos los países de América Latina. "Esta aseveración encuentra respaldo en informaciones de la CIA, que señalan que entre 1961 y 1964 al menos 1500 a 2000 latinoamericanos recibieron entrenamiento de guerra de guerrillas o adoctrinamiento político en Cuba" (Domínguez Guadarrama 2013, 103). Para mediados de la década existían focos guerrilleros en Venezuela, Perú, Colombia, Ecuador y Guatemala; y entre 1966 y 1967 Cuba apoyó las insurgencias en Venezuela, Guatemala, Colombia y Bolivia[84]. La experiencia cubana sirvió de inspiración a otros movimientos guerrilleros urbanos o rurales, como es el caso del Movimiento de Izquierda Revolucionaria (MIR) en Chile, encabezado por Miguel Enríquez, o en Argentina el Ejército Revolucionario del Pueblo (ERP), de Mario Roberto Santucho y Enrique Gorriarán Merlo.

El gran protagonista e impulsor del internacionalismo revolucionario cubano durante la década del sesenta fue sin dudas el Che Guevara, un médico argentino que se había enrolado en México a la expedición comandada por Fidel Castro para combatir la dictadura de Fulgencio Batista. El Che terminó la guerra en Cuba con los grados de Comandante, y luego de una etapa en la que se dedicó a "la construcción del socialismo" en la isla (ocupó diversas responsabilidades, entre ellas la presidencia del Banco Nacional de Cuba y la jefatura del Ministerio de Industrias), se enfoca cada vez en la política internacionalista.

---

[84] Rafael Rojas aborda la participación del gobierno cubano en algunos de estos movimientos guerrilleros: "En 1963, con el apoyo de La Habana, se crea en Venezuela el Frente de Liberación Nacional, una alianza de diversas organizaciones (las Fuerzas Armadas de Liberación Nacional, el Movimiento de Izquierda Revolucionaria —MIR—, el Partido Comunista…) y líderes (Fabricio Ojeda, Douglas Bravo, Pompeyo Márquez, Teodoro Petkoff, Américo Martín…) en un frente guerrillero común, que hostilizaría al gobierno de Rómulo Betancourt en los años siguientes. En Colombia, las guerrillas del Ejército de Liberación Nacional (ELN) de Fabio Vázquez Castaño y el cura Camilo Torres, y las Fuerzas Armadas Revolucionarias de Colombia (FARC) de Manuel Marulanda Vélez, recibirían también apoyo logístico del gobierno cubano […] En Centroamérica, la guerrilla que mayor impulso recibió de La Habana en aquellos años fue la guatemalteca. Los comandantes Marco Antonio Yon Sosa, Luis Augusto Turcios Lima y César Montes, de las Fuerzas Armadas Rebeldes (FAR) y el Movimiento Revolucionario 13 de Noviembre intensificaron su lucha contra los regímenes de Manuel Ydígoras Fuentes y Enrique Peralta Azurdia. En los Andes, la guerrilla de mayor protagonismo, a mediados de los años sesenta, era la peruana, de Luis de la Puente Uceda y Guillermo Lobatón, del MIR, que combatieron contra el régimen de Fernando Belaúnde Terry, aunque perdieron fuerza a fines de la década con la llegada al poder del gobierno nacionalista de Juan Velasco Alvarado […] Otra guerrilla originada en la conexión habanera o, específicamente, guevarista, fue la emprendida en la selva de Orán, Salta, al noroeste de Argentina, por el periodista Jorge Ricardo Masetti, fundador de la agencia mediática cubana Prensa Latina, que entre 1963 y 1964 creó el Ejército Guerrillero del Pueblo en esa zona. En abril de 1964, la guerrilla fue desmantelada y Masetti desapareció en la selva de Orán" (Rojas 2015, 143-144).

En marzo de 1965, luego de una visita a la Asamblea General de la ONU en Nueva York, donde pronuncia un encendido discurso antiimperialista, a lo que siguió una amplia gira por países africanos y asiáticos, el Che desaparece de la vida pública cubana. Después de una fallida experiencia guerrillera en el Congo, el Che se va a Bolivia para abrir un foco guerrillero, el cual debía articularse como epicentro de una revolución sudamericana. Desde la selva envía un mensaje a la Conferencia Tricontinental, celebrada en La Habana, en 1966, por la OSPAAAL. En este mensaje Guevara destaca la importancia del proyecto revolucionario continental y fundamenta la estrategia a seguir en la lucha revolucionaria del "Tercer Mundo".

Durante los años 1966 y 1967, que coincidieron con la preparación y ejecución de la guerrilla en Bolivia, el gobierno cubano, y Fidel Castro en particular, dieron máxima prioridad a la estrategia de la lucha armada en América Latina. Con el asesinato del Che en Bolivia, en octubre de 1967, el apoyo de La Habana a las guerrillas latinoamericanas no desapareció, pero la política exterior del gobierno revolucionario hacia la región entró en una nueva etapa, marcada, entre otros factores, por el acercamiento de Cuba a la Unión Soviética.

Los años en los que se realizan el segundo y el tercer Encuentro de Cineastas Latinoamericanos (Mérida 1968 y Viña del Mar 1969) coinciden con la etapa más álgida de los movimientos revolucionarios de la región. Después de la trágica muerte del Che, que marcó un revés en la estrategia foquista de la guerra de guerrillas, se produce el triunfo de diversos movimientos militares nacionalistas en países de la región (Velasco Alvarado en Perú, Torrijos en Panamá y Juan José Torres en Bolivia), y sobre todo la llegada de Salvador Allende al palacio presidencial de La Moneda, en Chile. Allende, un amigo histórico de la Revolución Cubana, propuso la construcción del socialismo en su país por la vía democrática. Su primera acción fue el restablecimiento de relaciones diplomáticas con La Habana, el 16 de noviembre de 1970. Por su parte, en México asume la presidencia Luis Echeverría (1970-1976), quien dará un giro tercermundista en la política internacional de la nación azteca, lo que implicará un mayor acercamiento con Cuba.

El nuevo equilibrio de fuerzas regional, pero sobre todo el triunfo de Allende, impulsaron el acercamiento entre el gobierno revolucionario cubano y la región, después de una década de aislamiento. El proceso de normalización de relaciones entre Cuba y Latinoamérica se irá afianzando a lo largo de la década, como lo demuestra el restablecimiento de relaciones diplomáticas no solo con Chile, sino también con el Perú de Velasco Alvarado, la Venezuela de Carlos Andrés Pérez y Rafael Caldera, la Colombia de Alfonso López Michelsen y el Panamá de Omar Torrijos, entre otros. Al mismo tiempo, se fue reduciendo de modo gradual el apoyo a las guerrillas.

Los años setenta abren para algunos con la llegada de Allende a la presidencia de Chile (1970) y para otros con la caída del gobierno de la Unidad Popular a manos de las fuerzas golpistas (1973). La década culminaría con el triunfo del Frente Sandinista en Nicaragua (1979). En este interregno, los latinoamericanos presenciarán la arremetida más fuerte contra los movimientos populares en toda la historia reciente del continente. En el trienio 1971-1973 una serie de golpes militares rompen el curso democrático en Bolivia, Ecuador, Uruguay y Chile. Entre 1975 y 1976, se frustrará el proyecto revolucionario peruano y ocurrirá el golpe de Estado en Argentina[85].

Durante los años setenta terminó también la luna de miel entre La Habana y gran parte de la intelectualidad del continente, quien cuestionó la dependencia cubana de la Unión Soviética, lo que se evidenció en la no condena de Cuba a la invasión soviética a Checoslovaquia, en 1968. Otro hecho que condicionó la ruptura fue la detención y encarcelamiento del poeta Heberto Padilla y de su esposa, la también poeta Belkis Cuza Malé, en marzo de 1971. El matrimonio fue acusado de "actividades subversivas" contra la Revolución. Varios intelectuales latinoamericanos protestaron, entre ellos Julio Cortázar, Carlos Fuentes, Octavio Paz, Juan Rulfo y Mario Vargas Llosa[86]. Después de 38 días de encarcelamiento, Padilla dio lectura en la sede de la Unión de Escritores y Artistas de Cuba (UNEAC) a una famosa *Autocrítica*, en la cual renegaba de su obra. Un año más tarde abandonó el país.

García Borrero (2015) recuerda que en los mismos años en que la icónica foto de Korda inmortalizaba (e internacionalizaba) la imagen del Che, se estaba publicando en el mundo una literatura donde antiguos simpatizantes de la Revolución Cubana le hacían ahora fuertes críticas. Obras como *Enero en Cuba* (1969), de Max Aub, *Los guerrilleros al poder* (1970), de K. S. Farol, *¿Es Cuba*

---

[85] "La represión fue vivida también en República Dominicana presidida en su segundo mandato por Joaquín Balaguer. El 11 de septiembre de 1973 fue derrocado Salvador Allende por el general Augusto Pinochet, quien impuso una política de terror en Chile hasta 1990. En Uruguay, el escuadrón de la muerte fue protagonista de decenas de miles de desaparecidos y asesinatos, una política de terror de Estado que duró diez años con el apoyo de Estados Unidos, de Brasil y de la clase alta uruguaya. En Argentina, previo a una campaña de desestabilización política a manos de grupos reaccionarios vinculados con las fuerzas armadas, sumadas a la muerte de Perón el 1.º de julio de 1974, se consolidó la alianza entre el nuevo gobierno y los militares para acabar con los peronistas; una época de terror que no culminaría hasta 1983. Argentina, Bolivia, Brasil, Chile, Paraguay y Uruguay coordinaron acciones al amparo de la Junta Interamericana de Defensa (JID) para acabar con los grupos subversivos en la región a través de lo que se conoció como el Estado Invisible, ese que Juan Bosch había advertido desde 1965 a manos de militares, policías, instituciones secretas, autoridades clandestinas sin identificación ni reglamentos. 'La Operación Cóndor', un acuerdo impulsado por la CIA aprobado por Argentina, Bolivia, Brasil, Uruguay y Paraguay en 1975, se trataba de operaciones coordinadas para atacar a cualquier militante popular en cualquiera de los países firmantes'" (Domínguez Guadarrama 2013, 118-119).

[86] Este distanciamiento fue mucho menos notorio en el campo de los cineastas latinoamericanos, razón que el investigador cubano Antonio García Borrego atribuye "quizás porque para entonces el ICAIC había logrado una imagen que desafiaba el creciente estalinismo de la cultura cubana" (García Borrero 2015, 38-39).

*socialista?* (1970), de René Dumont, *Viviendo la Revolución: cuatro hombres* (1970), de Oscar Lewis, y *Persona non grata* (1973), del chileno Jorge Edwards, presentaban una imagen negativa del modelo socialista cubano.

Durante estos años la política exterior de Cuba se volcó, literalmente, hacia el amplio espacio del Tercer Mundo. En 1971, La Habana ingresó al Grupo de los 77, y entre 1979 y 1983 presidió el Movimiento de Países No Alineados. En 1979, se realizó en Cuba la VI Reunión Cumbre de esta organización. En ella participaron delegaciones oficiales de once países latinoamericanos en calidad de miembros plenos, doce como observadores, a lo que se sumó la asistencia de Belice, en calidad de invitado especial. A partir de 1974, inició también una segunda etapa en su participación militar y asistencial en África, que terminó en los años posteriores cambiando el mapa del continente.

Ese mismo año, el Comité Central del Partido Comunista de Cuba (CC-PCC) absorbió las actividades de la otrora Dirección para las Relaciones con los Movimientos Revolucionarios de América Latina y África, hasta ese entonces bajo la égida del Ministerio del Interior. Se establecieron dos unidades: el Departamento América y la Dirección General de Liberación Nacional. Este cambio estructural, de un organismo militar a otro político, podría interpretarse como un indicador de la nueva estrategia en la actividad exterior cubana en el continente, donde se produce un fortalecimiento del accionar diplomático y una disminución del apoyo a los movimientos guerrilleros. Sin embargo, algunos conocedores del tema han señalado que "en realidad el Ministerio del Interior y no el partido continuó al frente de las acciones de apoyo a los grupos insurreccionales en la región" (Domínguez Guadarrama 2013, 148). El Departamento de América continuó encargándose de la colaboración con los grupos guerrilleros durante los años setenta y ochenta.

La nueva constitución socialista cubana, proclamada en 1976, incorporará los principios del internacionalismo y el antiimperialismo. La Carta Magna cubana "califica de delito internacional la guerra de agresión y de conquista, reconoce la legitimidad de las luchas por la liberación nacional, así como la resistencia armada a la agresión, y considera su deber internacionalista solidarizarse con el agredido y con los pueblos que combaten por su liberación y autodeterminación"[87] (Domínguez Guadarrama 2013, 37).

La política exterior del gobierno cubano hacia Latinoamérica durante la década del ochenta estará signada, entre otros factores, por el recrudecimiento

[87] En 1992, se realizaron reformas al texto constitucional. En el nuevo documento se ratificaron los principios generales de la política exterior cubana, cuyos antecedentes se remontan a 1940, a los cuales se les sumó en 1976 el acercamiento con la Unión Soviética y el deber internacionalista de solidarizarse con el agredido y con los pueblos que combaten por su liberación y autodeterminación. Pero lo cierto es que "a partir de las reformas de la década de los noventa los compromisos con los pueblos, las menciones al internacionalismo proletario y a la relación privilegiada con el campo socialista, se matizaron" (Domínguez Guadarrama 2013, 37).

de la hostilidad del gobierno de Estados Unidos en contra de los movimientos de izquierda. El 20 de enero de 1981 asume la presidencia el republicano Ronald Reagan y como vicepresidente George Bush, quien se había desempeñado como director de la CIA. Domínguez resume así la nueva política estadounidense para la región:

> A través de un informe conocido como la Nueva Política Interamericana para los años ochenta, se señaló que los intereses de la seguridad justificaban la intervención norteamericana en América Latina. Asimismo, declaró la necesidad de adoptar medidas enérgicas contra Cuba y Nicaragua, reprimir las luchas en El Salvador y Guatemala y anular los tratados Torrijos-Carter sobre el Canal de Panamá para ponerlo bajo el Control Interamericano de Defensa. El documento también se refirió al reclamo de represalias en contra de Granada, puesto que la situación en ese país amenazaba las vías marítimas de transporte de productos energéticos con destino a Estados Unidos (Domínguez Guadarrama 2013, 128).

A este cambio de época se suma un nuevo giro en la estrategia de lucha regional, los llamados "ejércitos de liberación nacional", después del *impasse* que significó la llegada de Allende al poder por vía electoral. El mejor exponente del regreso de la lucha armada en el continente fue la creación del Frente Farabundo Martí para la Liberación Nacional (FMLN) en El Salvador. El apoyo cubano se concentró entonces en Centroamérica, básicamente con un incremento de la colaboración con el gobierno sandinista de Nicaragua, y un apoyo a las guerrillas revolucionarias de El Salvador y Guatemala. Al mismo tiempo, la asistencia cubana se relajó en países como Brasil, Uruguay y Argentina.

A finales de la década del setenta, las relaciones entre La Habana y Moscú tampoco pasaban por sus mejores momentos, y ya comenzaban a mostrar los primeros síntomas del distanciamiento de la década siguiente. En 1979, Leonid Brezhniev declaró que en lo sucesivo la brigada de infantería mecanizada soviética que se encontraba en Cuba pasaría a llamarse simplemente "Centro de Estudio Número 12". Se interpretó que el cambio de denominación implacaba que esta fuerza militar ya no se consideraría más una unidad de combate. Poco tiempo después, en diciembre de 1982, Yuri Andropov, en ese entonces presidente del Soviet Supremo y secretario general del PCUS, recibió a Raúl Castro en Moscú. Raúl había viajado a la URSS para participar en las celebraciones por el 60.º Aniversario de la Revolución de Octubre. Andropov le comunicó al dirigente cubano que, en caso de agresión militar a Cuba por parte de Estados Unidos, Moscú no intervendría en el conflicto.

Las reformas estructurales que acometió la URSS desde mediados de los años ochenta, las cuales tuvieron fuerte repercusión económica y política en la isla, es una de las causas que explica los cambios en la política exterior de La Habana hacia América Latina. No menos importante fueron los procesos de democratización regional y la profundización de los contactos al más alto nivel entre

Cuba y los países del área. Todo ello condicionó un repliegue en las actividades de la Dirección General de Liberación Nacional. "Incluso, hay quienes afirman que a finales de la década de los años ochenta la etapa contemporánea de la Revolución en América Latina había llegado a su fin y con ella, el de Manuel Piñeiro, quien fue destituido" (Domínguez Guadarrama 2013, 157).

La década del noventa abre con la derrota del sandinismo en las elecciones nicaragüenses de 1990, lo cual dio paso a un ciclo reformista-electoral en todo el continente y un repliegue del discurso que apostaba por la toma del poder mediante la violencia revolucionaria. La etapa concluirá en 1999, con la llegada de Hugo Chávez a la presidencia de Venezuela y el reimpulso de La Habana como uno de los epicentros de la izquierda continental, etapa esta última que escapa al marco temporal del presente estudio.

Como producto de la desintegración soviética y de la ofensiva neoliberal en la región, La Habana pasó a una situación de franco aislamiento. En el propio año 1990, Washington lanzó la llamada "Iniciativa de las Américas", con el objetivo de conformar una alianza económica continental, desde el Cabo de Hornos hasta Canadá, sin la presencia de Cuba. Esta estrategia ganaría cuerpo en la I Cumbre de las Américas, celebrada en la ciudad de Miami, en 1994.

En el nuevo escenario regional y mundial, La Habana readaptó su política exterior. Ejemplo de ello fueron las resoluciones de política exterior del IV Congreso del PCC (octubre de 1991). En este se establecieron las principales líneas que a partir de entonces guiaron la actividad internacional cubana:

> Se eliminaron de la Constitución de 1976 las referencias a la comunidad socialista mundial, a la relación privilegiada con la desaparecida Unión Soviética y se matizaron las menciones al internacionalismo proletario y el apoyo a las guerras de liberación (Domínguez Guadarrama 2013, 182).

Del mismo modo que hemos establecido etapas en el devenir histórico de la política exterior de la Revolución Cubana hacia Latinoamérica, resultaría pertinente identificar las principales fases por las que ha transitado el pensamiento latinoamericanista del gobierno cubano a lo largo de las últimas cinco décadas, cuestión que tributaría a una mejor comprensión del estudio histórico de las relaciones entre el campo cultural de la isla, específicamente del ICAIC, y actores, instituciones y procesos políticos de América Latina.

Dos premisas sustentan, según nuestro criterio, la aproximación a una historia del pensamiento y la praxis latinoamericanista de la Revolución Cubana: en primer lugar, la comprensión del pensamiento latinoamericanista como una categoría signada por disímiles mediaciones de tipo histórico-contextual, geográfico, político, social, cultural, entre otras[88]. Tratándose de un proceso

[88] Como afirma López (2006), "la constitución de América Latina como objeto de estudio y como problema de conocimiento, implica inexorablemente un posicionamiento

político con más de medio siglo de duración, como es el caso de la Revolución Cubana, no podría pensarse en un fenómeno estático, al contrario, a lo largo de las últimas cinco décadas la visión que se construye desde La Habana acerca de América Latina ha transitado por diversos momentos. Una segunda premisa es la referente a los actores que intervienen en la construcción de esta categoría, la cual es resultado de múltiples interacciones entre decisores políticos, económicos y culturales, tanto de dentro como de fuera de Cuba.

La Revolución Cubana, desde sus inicios, se proclamó "latinoamericanista", una ideología inspirada en el pensamiento de José Martí, el prócer de las luchas por la independencia de finales del siglo XIX. Martí había claramente establecido el límite entre la América "nuestra", con fronteras comunes entre el río Bravo y la Patagonia, incluyendo el rosario de islas del Caribe; y la América "otra", de cultura anglosajona. Los jóvenes que hacen la Revolución en Cuba se asumen como la vanguardia de lo que denominan la "generación del centenario" del nacimiento de José Martí. Es decir, legitiman su irrupción en el complejo escenario político cubano de mediados del siglo XX en la necesidad de retomar a un Martí "traicionado" por las instituciones y los actores republicanos. El ideario martiano de los jóvenes del centenario se inspira directa o indirectamente en la tradición judeocristiana del Mesías, cuyo retorno se justifica, en aras de completar una obra redentora inconclusa, en este caso la "independencia" cubana, y por extensión la de América Latina. Más allá de la innegable efectividad política de declararse herederos del "Apóstol" de la nación cubana, el "latinoamericanismo" de la Revolución de 1959 se desarrolla en un contexto por completo diferente al que vivió José Martí en sus días.

El "latinoamericanismo" martiano, inspirado a su vez en los padres fundadores de la independencia continental, está muy vinculado a un resquemor hacia las aspiraciones anexionistas de los Estados Unidos, el poderoso vecino de los cubanos. El propio Martí funda el Partido Revolucionario Cubano (PRC) con la intención explícita de traer la independencia a Cuba y a Puerto Rico, los dos últimos reductos del viejo Imperio español en el continente, y detener así en cierta forma el expansionismo estadounidense al sur del río Bravo. El latinoamericanismo martiano, fundamentado sobre todo en reivindicaciones de índole cultural y económica, en oposición al avance del proyecto de modernidad angloparlante, servirá de premisa a una visión programática de América Latina como un continente "a independizar", una tierra en espera de una revolución.

La Revolución Cubana triunfa en las postrimerías de la década del cincuenta, una etapa en la que ya se hablaba de una Teoría Social Latinoamericana, tendiente

epistemológico, es decir, un reconocimiento de su ubicación espacio-temporal, y una toma de posición respecto a su existencia [...] De ahí se derivan a lo largo de su trayectoria histórica, las diversas formas en que su existencia se ha fundamentado epistemológica, política e ideológicamente".

a descifrar las peculiaridades de nuestra región, e interpretarlas desde referentes autónomos. Como afirma Mariano Mestman,

> "la idea de América Latina"; no como una identidad prefijada, establecida desde ningún esencialismo (por supuesto) pero sí como un programa, o incluso como un "significante" en pleno funcionamiento durante este período en el cual el "latinoamericanismo" funciona en un sentido emancipador o liberador bajo la influencia de la Revolución Cubana en el campo político y en el cinematográfico (Mestman 2016).

La izquierda intelectual cubana alineada con la Revolución asumirá (y en parte enriquecerá) esta perspectiva. Por su parte, el Nuevo Cine sesentino, caro a La Habana, asumirá la idea de América Latina como una entidad histórica, una construcción discursiva que Zuzana Pick califica de "mitológica" o simplemente "utópica". Para esta autora,

> [América Latina] Es una formación discursiva mediante la cual se puede recuperar la historia y la imaginación del continente. Como discurso, esta idea opera tanto dentro de las fugaces memorias del pasado como de la concreción material del presente. Por un lado, esta idea ha servido para articular la autonomía regional y la autodeterminación, contrarrestando el fracaso histórico de los países para establecer organizaciones políticas y económicas pan-latinoamericanas durables. Por otro lado, la idea de América Latina se basa en el deseo de autodefinición y la lucha por el control y la autonomía de la cultura y la identidad (Pick 1996, 187)[89].

Precisamente, haciéndose eco de este discurso, el campo cultural cubano de la Revolución, y como parte de este el cine, establecerá entre sus prioridades la representación de una "realidad" nacional situada en el entorno latinoamericano, la búsqueda de una identidad colectiva, lo que implica, por supuesto, un proceso de reconstrucción histórica.

Al menos durante los primeros años sesenta, la problemática latinoamericana es enfocada desde los presupuestos de la teoría de la dependencia, por entonces muy en boga, aunque ya mediada por el proceso cubano. Como afirma Agustín Cueva,

> La teoría de la dependencia no está desligada [...] de la Revolución Cubana y, sobre todo, de algunos de los efectos que ella produjo inicialmente en el resto del continente. ¿Cómo entender, si no, esta extraña mezcla de premisas nacionalistas y conclusiones socialistas, de una epistemología desarrollista y una ética revolucionaria que hemos venido

[89] En inglés en el original. La traducción es mía.

> analizando, si no es a partir de un hecho como la Revolución Cubana que, entre otras cosas, produjo una radicalización total de vastos sectores medios intelectuales, desgraciadamente desvinculados del movimiento proletario, tanto orgánica como teóricamente (Cueva 2008, 113).

La visión que tiene el gobierno cubano en ese entonces acerca de las causas del subdesarrollo en América Latina no guarda mucha distancia de las conclusiones a las que había arribado la Comisión Económica para América Latina y el Caribe (CEPAL). Sin embargo, el triunfo de enero de 1959, puso rápidamente en crisis el discurso modernizador que esta institución preconizaba, como vía para superar los problemas estructurales del continente. Los cubanos aportaron en lo concerniente a la posibilidad de una "revolución latinoamericana" basada en la lucha directa. Como afirma Agustín Cueva,

> La gesta cubana pone al orden del día la posibilidad de una revolución socialista, que en su curso resolverá las tareas teóricamente "democrático-burguesas" y desde luego las de liberación nacional (antiimperialistas). En cuanto a las formas de lucha, actualiza la posibilidad de la acción armada recuperando una vieja tradición guerrillera y montonera de América Latina. Sin embargo, a partir de ese momento entramos en una etapa en la que se experimentan todas las formas de lucha, desde el denominado "foquismo" hasta la guerrilla urbana que le sigue, continuando en los años setenta con experiencias tan diversas como la de la unidad Popular chilena o la guerra popular prolongada que se da en algunas zonas de Colombia y sobre todo en Centroamérica (Cueva 2008, 189).

La Habana hará suyo el discurso de la industrialización como la vía para alcanzar el desarrollo. No resulta casual que el Che Guevara funde un ministerio de Industria, encargado de liderar la modernización del país. Por otro lado, es ese el discurso dominante en la región en ese entonces. Como afirma Verónica López,

> A la par que la CEPAL desarrolla sus planteamientos respecto a las posibilidades de alcanzar el desarrollo pleno y autónomo mediante un intenso proceso de industrialización vía "sustitución de importaciones", se genera una corriente teórica conocida como "teoría de la modernización y del cambio social" que parte de estructurar de manera general un modelo dicotómico de análisis que examina el paso de las sociedades tradicionales a las sociedades modernas, a través de una serie de conceptos y tipologías de factura funcionalista (López Nájera 2006).

La teoría de la modernización, cercana a los postulados de Max Weber, tiene sin embargo puntos de encuentro con el marxismo-leninismo soviético en lo que respecta a su interpretación "etapista" de la historia. Ambas corrientes teóricas ven en la industrialización el mecanismo que permitiría pasar de una etapa tradicional a otra moderna, es decir, a un estadio en el que predomine la racionalidad y la asignación de roles en función de la capacidad y preparación de los individuos (López Nájera 2006), o en términos marxistas, la superación de modos de producción pre-capitalistas hacia nuevas formas de asociación en los que emerja una clase social revolucionaria, el proletariado. Sin embargo, el propio experimento cubano puso en crisis estas visiones, ya que

> cuestionó profundamente la visión etapista del desarrollo en América Latina, propuesta por el marxismo dogmático y el desarrollismo de la CEPAL. Al mismo tiempo, dio pie para la radicalización de la teoría que, abrevando de una larga tradición del pensamiento crítico, hizo conciencia de la imposibilidad del desarrollo autónomo —planteamiento de la CEPAL— en condiciones estructurales de dependencia (López Nájera 2006).

El fin del ciclo revolucionario de la década del sesenta, tanto fuera como dentro de Cuba, marca una contracción en los esfuerzos cubanos por "pensar a Latinoamérica" desde una perspectiva crítica. Desde la visión soviética, hegemónica por entonces entre las ciencias sociales de la isla, el continente quedó subsumido en un escenario global "tercermundista", marcado por las contradicciones entre clases antagónicas. De este modo, se insiste más en visualizar los puntos comunes entre una "Pangea subdesarrollada", con fronteras en África, Asia y América del Sur, que en pensar nuestras especificidades regionales. El propio devenir programático de las instituciones vinculadas con el Nuevo Cine Latinoamericano así lo evidencian, como se verá en las páginas que siguen. Como afirma López refiriéndose al continente, pero aplicable a Cuba, "sin paradigmas orientadores, sin grandes debates, sin temáticas centrales de carácter estructural, y sin perspectiva histórica y regional, no es extraño que para la década de los ochenta se arribara a una fase de crisis paradigmática" (López Nájera 2006).

Será en los noventa, disuelta la Unión Soviética, cuando La Habana actualice su visión de América Latina, en especial lo concerniente al reconocimiento de flamantes actores y movimientos sociales, ahora llamados "nuevos" para demarcarlos de los partidos y actores tradicionales. Movimientos sociales en los que el sujeto del cambio social deja de ser el "proletariado", para complejizarse en una amplísima heterogeneidad social.

Resulta preciso señalar que una aproximación exhaustiva al devenir histórico de la teoría y la praxis "latinoamericanista" de la Revolución Cubana, que hasta donde hemos podido comprobar aún no se ha realizado, rebasa con creces el alcance de la presente investigación. Dicha pesquisa podría trazarse varios objetivos. En primer lugar, se trataría de ubicar los principales referentes a partir de los cuales se ha construido el pensamiento latinoamericanista de la Revolución Cubana, estableciendo demarcaciones y puntos de intercepción entre el campo de la economía y el de la política[90]. Resultaría además pertinente sistematizar las posiciones de los decisores políticos y/o estrategas académicos más relevantes, tanto de la isla como fuera de ella, que han intervenido en la construcción de esta categoría. Finalmente, sería oportuno fijar una posición crítica en torno a los aportes y limitaciones del pensamiento latinoamericanista formulado desde Cuba al campo de los estudios latinoamericanos, y analizar la recepción de este pensamiento en el entorno regional. Sirvan estas líneas de invitación a futuros acercamientos al tema.

---

[90] Ruy Mauro Marini (2008) sistematiza el pensamiento social latinoamericano de los últimos sesenta años en cinco grandes matrices de interpretación: desarrollismo, teoría de la dependencia, endogenismo, neodesarrollismo y neoliberalismo. Una pregunta que rebasa con creces el presente estudio sería analizar el impacto y las posibles contribuciones de Cuba en las mismas.

CAPÍTULO 4

# Del reconocimiento mutuo a la revolución latinoamericana. Los años sesenta

Durante los años fundacionales del ICAIC, el fortalecimiento de las relaciones con América Latina forma parte de la proyección internacional del Instituto, pero más como un objetivo programático que como una actividad de inmediato cumplimiento, que se tradujera en acciones concretas. En una entrevista que concedió Alfredo Guevara, en enero de 1992, a José Carlos Avellar y Geraldo Sarno, el fundador del Instituto Cubano de Cine se refiere a aquella etapa inicial y confiesa: "nosotros nos vimos ante una situación muy particular, habíamos soñado no con el cine latinoamericano, sino con el cine cubano" (Guevara 1998a, 519). Esta situación, sin embargo, irá cambiando con el paso del tiempo.

El latinoamericanismo del ICAIC, el proyecto de construcción de un audiovisual que a escala continental se erigiera en alternativa al cine hollywoodense hegemónico, estaba en las aspiraciones estéticas del grupo que creó el Instituto. Pero las propias condiciones de precariedad estructural en la que se desenvolvían las cinematografías regionales, su aislamiento las unas de las otras, el carácter aún incipiente de los "nuevos cines", explican que en aquellos primeros años los fundadores dirigieran su mirada hacia Europa Occidental y, según la Revolución se va radicalizando, aumentarán los nexos con el cine soviético y de los países socialistas de Europa Oriental.

En el propio año 1959, Alfredo Guevara envía a Tomás Gutiérrez Alea a Europa Occidental con el objetivo de buscar equipamiento y asesoría para la industria en ciernes. Guevara le encarga a Titón "volver con datos precisos y muy concretas posibilidades de acuerdos: industriales, gerentes y vendedores" (Guevara 1998a, 27). Desde París, en carta fechada el 19 de junio, Titón le comenta a Alfredo sus impresiones de esta gira:

---

**Cómo citar este capítulo:**
Salazar Navarro, S. 2020. *Cine, revolución y resistencia. La política cultural del Instituto Cubano del Arte e Industria Cinematográficos hacia América Latina*. Pp. 127-161. Pittsburgh, Estados Unidos: Latin America Research Commons. DOI: https://10.25154/book5. 

> Por estos lugares, no existe una idea muy exacta de nuestros problemas. Y en esa masa indiferente tiene un campo propicio el *barrage* de propaganda americana. Y a mí me parece que esto es muy peligroso. Tenemos que hacer más propaganda, en el sentido de divulgación de nuestros problemas, en todas las formas posibles. Estoy convencido de que el buen cine que podamos hacer en Cuba ha de contribuir en una forma apreciable a hacer que nuestro país sea contemplado desde otros puntos de vista (Guevara 1998a, 32).

Desde su fundación, el ICAIC se reconoce como una institución que debe "hacer propaganda", es decir, que asume entre sus propósitos la difusión de "la verdad" del nuevo gobierno revolucionario. Asimismo, en el pensamiento de los creadores del ICAIC existe una conciencia de la "singularidad" del experimento libertario cubano, el cual podría resultar un ejemplo para la región. El propio Gutiérrez Alea asume esta tarea como una cuestión personal. En carta enviada el 17 de noviembre de 1959, al dramaturgo, cineasta y novelista Eduardo Manet,[91] Titón le comenta:

> Es indispensable mantener siempre alimentada la opinión a favor de nuestra Revolución. Eso es lo único que puede detener una agresión de las fuerzas reaccionarias.
> En este momento (y en los que vienen) nuestra situación hay que defenderla con gran despliegue de actividad porque nuestra Revolución es un gran ejemplo para toda Latinoamérica (diría que para todo el mundo) y no podemos dejar que se frustre (Gutiérrez-Alea & Ibarra 2008, 34).

Ese mismo día escribe al señor Juan Arco, en Lima. El objeto de la misiva es muy similar al anterior. Ya en las postrimerías de 1959, mucho antes de la proclamación del carácter socialista de la Revolución y de que se comenzase a hablar de guerrillas o de "internacionalismo proletario", Titón ve el proceso político cubano como parte integrante de una obra mayor de alcance continental, de ahí que pida solidaridad para la "causa común" que es la Revolución Cubana:

> Cuba ahora es el gran ejemplo para toda nuestra América. Para frustrarnos esta Revolución tendrían que pagar un precio demasiado alto. Pero no sabemos hasta qué punto están dispuestos a hacerlo. Si nos frustran esta Revolución, la liberación de todos nuestros pueblos se puede atrasar lamentablemente. Por eso es deber de todo latinoamericano luchar activamente en apoyo de la Revolución Cubana (Gutiérrez-Alea & Ibarra 2008, 36).

---

[91] Eduardo Manet (Santiago de Cuba, 1930-) vivió en Francia durante los años cincuenta y en 1960 regresó a la Cuba revolucionaria Después de trabajar en el ICAIC durante varios años, abandonó definitivamente la isla en 1968 y se radicó nuevamente en Francia.

Rememorando aquella época, Alfredo Guevara destaca lo que podría ser un eje articulador de la política exterior del ICAIC hacia América Latina, no solo durante los años sesenta, sino a lo largo de toda su historia:

> Fueron años difíciles para la Revolución Cubana, muy parecidos de los actuales, es decir estábamos muy cercados, constantemente sufríamos ataques de un carácter u otro, y la movilización de los latinoamericanos fue un factor de extrema importancia para salvar a la Revolución Cubana en aquellos años en los cuales ganar tiempo era tan importante (Guevara 1998a, 528).

Pese a la evidente vocación internacionalista del grupo de fundadores del ICAIC, el primer plan de producción contemplaba únicamente la realización de filmes *cubanos*, "por su argumento y desarrollo, por la marca artística, espiritual y nacional de que deben quedar impregnadas" (Guevara 2010, 16), aunque, y esto es importante aclararlo, el Instituto "no rehúye ni remotamente el trabajo con el talento y el dinero de fuera" (Guevara 2010, 16).

El ICAIC, como toda industria en ciernes, y más en el contexto de un país subdesarrollado, necesitaba formar de manera acelerada personal capacitado en la actividad cinematográfica. De ahí que se estimulara el contacto con diversas personalidades del cine mundial, que pudiesen aportar en la formación técnica y artística de los trabajadores del Instituto. Invitados por el ICAIC durante la década del sesenta, y sobre todo en su primera mitad, pasaron por Cuba numerosas personalidades del cine mundial. Los referentes cinematográficos sobre los cuales se erigirá la industria fílmica cubana revolucionaria no estarán en América Latina sino en Europa, lo cual no es privativo del ICAIC sino que fue un rasgo común de los "nuevos cines" regionales, que buscaron en el Viejo Continente los referentes estéticos que permitieran hacer obras que trascendieran lo que ya en ese entonces se consideraban prácticas "decadentes" en la historia del cine (piénsese tanto en el cine clásico hollywoodense, como en el realismo socialista soviético). González (2013) señala la influencia que ejercieron en la industria cinematográfica cubana al menos tres movimientos de ruptura:

> El cine soviético del periodo clásico, tanto con sus obras de ficción (Eisenstein y Pudovkin fundamentalmente) como en las documentales (Vertov y Medvedkin); el Neorrealismo italiano de la posguerra (Rosellini, De Sica, Visconti, Germi); y el cine de autor francés que daría comienzo a la *nouvelle vague* (Truffaut y Godard). Igualmente, es palpable la influencia del llamado *Cinéma-Vérité* de Jean Rouch y la obra de los grandes realizadores del documental político (Joris Ivens y Chris Maker). No hay que olvidar que el naciente cine cubano también se nutrió de las mejores proposiciones del cine norteamericano y de sus conceptos en relación con la estructura del filme (González Machado 2013, 62).

Entre los cineastas europeos que pasaron por la Cuba de los años sesenta, se encontraban el documentalista holandés Joris Ivens, quien realizó *Cuba, pueblo en armas* y *Carnet de viaje*, ambas de 1961; el director de fotografía italiano Otello Martelli, que trabajó en la cinta *Historias de la Revolución* (1960, Tomás Gutiérrez Alea), y el guionista italiano Cesare Zavattini, quien contribuyó en la escritura del guión del largometraje *El joven rebelde* (1962, Julio García Espinosa). Otros europeos que filmaron en la isla fueron el realizador alemán Kurt Maetzig (*Preludio 11*, 1964), el documentalista italiano Mario Gallo (*Arriba campesino*, 1960, y *Al compás de Cuba*, 1960), el documentalista soviético Román Karmén (*Alba de Cuba*, 1961, y *La lámpara azul*, 1961), el cineasta francés Chris Marker (*¡Cuba, sí!*, 1961), el cineasta soviético Mijaíl Kalatózov (*Soy Cuba*, 1964), el checoslovaco Vladimir Cech (*Para quién baila La Habana*, 1963), el documentalista danés Theodor Christensen (*Ellas*, 1964), la realizadora francesa Agnès Varda (*¡Saluts les cubains!*, 1963), y el realizador francés Armand Gatti, quien dirigió el largometraje *El otro Cristóbal* (1963), la primera película cubana que participó en el Festival de Cannes.

Si bien, y por las razones ya abordadas, la industria fílmica cubana en ciernes buscará el apoyo de realizadores europeos y tomará como referentes a movimientos cinematográficos del Viejo Continente, América Latina será una de las preocupaciones fundamentales del ICAIC, pensando no solo en la región como el público "natural" del cine cubano, sino también en la integración de sus realizadores, bajo la óptica de un cine "alternativo" a Hollywood.

El 7 de enero de 1960, Alfredo Guevara envía una carta el dirigente estudiantil salvadoreño Roberto Castellanos, que pone de manifiesto la visión del ICAIC hacia nuestro continente y sus islas:

> No olvidamos a nuestros amigos, a los fraternos pueblos de América, y porque nos sabemos hijos de un destino común, pese a los años, pese a los cambios, pese a las fronteras, pese a las diferencias, pese al mar Caribe, y pese a la falta de información, pese a cuanto nos separa en el tiempo, en la geografía y acaso en otras cosas, pese a todo eso, te envío mi abrazo de cubano y de amigo... (Guevara 2010, 68).

## El aporte mexicano

Desde el punto de vista práctico, la política exterior del ICAIC hacia Latinoamérica comenzará por México, el país donde se había preparado la Revolución Cubana y en donde Alfredo Guevara, el presidente y fundador del ICAIC, había hecho cine mientras se encontraba exilado a causa de la represión de Fulgencio Batista. Resulta todo un símbolo que Alfredo le comunicara al cineasta Luis Buñuel, radicado en la capital azteca, el "arranque" de la producción del ICAIC, y que incluyese al creador de *Viridiana* dentro de los referentes de una industria en formación, que aún no había terminado de "escoger un camino".

Por su capacidad para ilustrar el clima de aquella etapa fundacional del ICAIC reproducimos a continuación el texto íntegro de la misiva:

> La Habana, 11 de diciembre de 1959
> Sr. Luis Buñuel
> Cerrada de Félix Cuevas 27. México DF
> Distinguido y admirado amigo:
> El lunes comenzamos nuestro primer filme *Historias de la Revolución.* Lo dirigen Jomi [García Ascot] y Gutiérrez Alea. El director de fotografía será Martelli.
> Se trata del nacimiento de nuestro cine. Y porque le queremos y admiramos le escribo estas líneas. Nuestro cine se inspira en ustedes, en Buñuel, en Chaplin, en Eisenstein, en Zavattini... No hemos escogido un camino. No es la hora. Tocamos a todas las puertas. Buscamos todas las enseñanzas. Recorreremos todos los caminos. En los vuestros encontraremos el nuestro. Tal vez siguiéndoles tal vez contradiciéndoles. Pero sea una u otra la actitud definitiva, de ustedes esperamos la ayuda necesaria, el aliento y la colaboración.
> Le quiere y le admira,
> Alfredo Guevara

En la historia del Instituto Cubano de Cine , como también en el de la propia Revolución, hay que valorar como un factor decisivo el papel del líder, el personalismo de la actividad institucional como agente impulsor de una determinada estrategia. Alfredo Guevara tuvo un rol esencial en el desarrollo de una política latinoamericanista por parte del ICAIC, la cual fue después continuada e impulsada por Saúl Yelín, Julio García Espinosa, Pastor Vega, entre otros. Como afirman los chilenos Faride Zerán y Sergio Trabucco: "Sin Alfredo Guevara el cine latinoamericano habría tardado en reconocerse, en potenciarse, en asumirse como un gran relato, diverso y plural como sus países, pero hermanado en su voluntad de narrar desde las éticas y las estéticas de nuestros propios lenguajes y subdesarrollos" (Zerán & Trabucco 2013, 26).

El interés de Alfredo Guevara por las luchas sociales latinoamericanas se remonta a la década del cuarenta, a sus años de dirigente estudiantil en la Facultad de Filosofía y Letras de la Universidad de La Habana. Alfredo fue en tres ocasiones Presidente de la Asociación de Alumnos de su facultad, así como Secretario General de la Federación Estudiantil Universitaria (FEU). Como parte de su actividad como líder estudiantil, organizó los Comités contra la Discriminación Racial, Pro Puerto Rico Libre, Pro Democracia Dominicana, Pro República Española, Pro Venezuela Libre, y el Comité por la libertad de Don Albizu Campus. En 1948, coincidió junto con Fidel Castro, por ese entonces él también un líder estudiantil de la Universidad de La Habana, en las protestas que siguieron al asesinato del político colombiano Jorge Eliécer Gaitán, hechos conocidos como el Bogotazo.

Durante la década del cincuenta, Guevara se suma a los movimientos urbanos de resistencia contra la dictadura de Fulgencio Batista. Luego de ser capturado y sufrir torturas, logra escapar a México, en donde permanecerá hasta el triunfo de la Revolución. Alfredo rememoraba así su estancia en la nación azteca:

> En México estaba bajo la protección de un prestigioso productor cinematográfico, Manuel Barbachano Ponce, y de su hermano Jorge, menos conocido pero un personaje excepcional. Él había contratado a Cesare Zavattini con el proyecto de enriquecer el personaje de "el pelado", que no describiré porque es el de Cantinflas. De este modo encontré al imaginero del neorrealismo italiano y también, su teórico. Barbachano formó un equipo joven para que trabajara con él; éramos Carlos Fuentes, García Ascot y yo. Ese mismo equipo fue encargado de apoyar a Buñel en *Nazarín y Los náufragos de la Calle de la Providencia.* Buñuel me adoptó y pude trabajar con él en *Nazarín* sobre el terreno, a su lado, y para mi suerte reencontré en el set a un viejo admirado amigo, el director de fotografía Gabriel Figueroa a quien quería y respetaba entrañablemente. También tuve en México en aquella corta estancia de aprendizaje y conspiración, la ayuda de Carlos Velo que había dirigido los Noticieros Cinematográficos de la República Española. Todos ellos me enseñaron, sin saberlo, no ya a iniciar mi carrera cinematográfica, que es y lo sé bien, lo menos importante, sino a adquirir la experiencia, la visión de lo que sería más tarde el diseño del Instituto Cubano del Arte e Industria Cinematográficos que concebí siempre como el ámbito espiritual y centro de infraestructura tecnológica en que, acaso, y sólo acaso, pudiera surgir una cinematografía. Surgió. Y surgió para ser cubana y latinoamericana (Guevara 1998a, 33-34).

El investigador cubano Juan Antonio García Borrero, señala que si bien la estadía de Tomás Gutiérrez Alea y Julio García Espinosa en Roma fue vital para la posterior introducción del neorrealismo en el cine cubano del ICAIC, la presencia de Alfredo en México, y en especial su trabajo con Barbachano Ponce y Luis Buñuel fue "lo que más contribuyó a que esa relación del ICAIC con los cineastas de Latinoamérica alcanzara la dimensión histórica que todavía tiene" (García Borrero 2015, 161).

En la citada entrevista a José Carlos Avellar y Geraldo Sarno, Alfredo Guevara rememora el contexto por el que transitaba el cine mexicano durante su estancia en ese país: "nos fuimos ligando especialmente con el cine mexicano. El cine mexicano pasaba además por una época de turbulencia, de turbulencia desde nuestro punto de vista, no desde el punto de vista interior de ese cine, porque era un cine marcadamente comercial, que tenía el dominio parcial de las salas cinematográficas en América Latina como contrapartida del cine norteamericano" (Guevara 1998a, 519). Alfredo se refiere al surgimiento de diversos grupos "que se planteaban la renovación del cine mexicano y que tenía una cierta fuerza también empresarial, es decir tenían recursos, pero no recursos ilimitados, ilimitados no, pero suficientes para intentar el proyecto" (Guevara 1998a, 520).

Cuando unos años más tarde el núcleo fundador del ICAIC tiene entre sus manos la posibilidad de crear una industria nacional de cine, se inspiraron en el trabajo de los mexicanos, y en especial "de esa lucha interna entre un cine muy comercial y una voluntad de hacer otro cine". Alfredo reconoce que esa experiencia "nos latinoamericanizó en el sentido cinematográfico, cuando ya lo éramos en un sentido más amplio, es decir, que en realidad desde el punto de vista ideológico teníamos una visión más universal y particularmente latinoamericana" (Guevara 1998a, 520).

En México, Alfredo coincidió con Cesare Zavattini, quien sería uno de los grandes aliados del nuevo cine cubano,[92] e influiría en la vanguardia cinematográfica de la isla los preceptos del neorrealismo italiano. En 1955, regresando de México, Zavattini había hecho escala en la capital cubana. Su visita a La

[92] Véase: Guevara, Alfredo y Cesare Zavattini. 2002. *Ese diamantino corazón de la verdad.* Madrid: Iberoautor. Se trata de un extenso testimonio de las relaciones entre Zavattini y Alfredo en los días fundacionales del ICAIC. Zavattini, en una carta que le envía a Alfredo desde Roma, el 6 de marzo de 1954, cinco años antes de que triunfara la Revolución y comenzara a pensarse en la posibilidad de una industria fílmica nacional, le hacía una recomendación muy similar al consejo que en 1959 les daba Luis Buñuel a los cineastas cubanos. Decía Zavattini es su misiva: "[...] México en su cinematografía tiene los mismos problemas que ustedes, que nosotros, y que todo el mundo: o hace un cine nacional, que atienda de entrada a los problemas más urgentes, populares de México, o terminará mal. Mas, el problema, repito, no es mexicano, es general" (Guevara & Zavattini 2002, 20). El 2 de enero de 1959, en pleno entusiasmo por el triunfo de la Revolución, Zavattini le enviaba a Alfredo algunas recomendaciones que, si se repasa la historia del ICAIC, se sabe fueron tomadas en cuenta. Dice así el creador neorrealista: "Ustedes están en una situación ideal, así como lo estuvimos nosotros, inmediatamente después de la caída del fascismo, para desvincular el cine de las rémoras industriales y hacerlo devenir el medio de expresión político y a la vez poético de la gran aventura democrática hacia la que se están encaminando. Según mi modesta opinión, en esta primera fase lo mejor y más útil sería que un grupo de gente como usted y nuestros amigos, incluso con modestas cámaras de 16 mm, se dispersaran por Cuba y rápidamente trajesen a la capital, que además debe estar entre los lugares explotados, un material crítico sobre la situación del país. Unos se ocuparán de la educación escolar, otros de la situación agrícola, otros de la historia real, de los documentos de la insurrección, y otros de los aspectos fundamentales de vuestra vida, y no solo de los negativos, por supuesto. El caso es que ustedes pueden ofrecerles, tanto a sus compatriotas cuanto a los extranjeros, un material que, recopilado en el calor de este período, constituirá sin lugar a dudas una contribución para convertir en obras todo lo que bullía en el espíritu progresista de estos últimos años cubanos. No se preocupen del arte por ahora. Estoy cada vez más convencido de que el arte lo encontrará en medio del camino quien pone más seriedad y pasión en la confesión" (Guevara & Zavattini 2002, 38-39).

Habana coincidió con la fugaz presentación del corto *El Mégano* (1955), realizado por Julio García-Espinosa y Tomás Gutiérrez Alea, con la colaboración de Alfredo Guevara y José Massip, es decir, el núcleo que posteriormente concibió al ICAIC. Esta obra, calificada como "el primer ensayo neorrealista en Cuba", se considera el "monumento literario" del cine cubano revolucionario.

Dos años más tarde, en 1957, Zavattini regresa a México y se encuentra con Alfredo, que está participando en las filmaciones de *Nazarin*, un filme producido por Manuel Barbachano bajo la dirección de Luis Buñuel. Al triunfo de la Revolución, Zavattini está entre los primeros a quienes el ICAIC invita a Cuba, donde trabajará en el guion del filme *El joven rebelde* (1961).

El grupo fundador del ICAIC estuvo relacionado con la Empresa de los Hermanos Barbachano Ponce, productores en aquel entonces del cine de Luis Buñuel y del noticiero cultural *La Cine Verdad*. En el círculo de los Barbachano, junto a los cubanos estaban otras figuras de la intelectualidad mexicana y latinoamericana en general. Destacan los nombres de Gabriel García Márquez, Carlos Fuentes, el pintor Vicente Rojo, Carlos Monsivais, Octavio Paz y Elena Poniatoswka. Este grupo de jóvenes prácticamente aún desconocidos, cambiarían en los años sucesivos el panorama artístico del continente y, en el caso que nos ocupa, contribuirían al surgimiento del NCL. Como rememora Alfredo Guevara,

> Toda aquella pléyade de jóvenes venía impregnada de la necesidad de que América Latina se realizase como una gran patria. Y no digo como una gran patria-estado, pero como una gran patria-espíritu, y esa gran patria-espíritu estaba en el proyecto personal de cada uno de nosotros y se integró en coordenadas secretas, invisibles y permitió que surgiera el Nuevo Cine Latinoamericano (Guevara 1998a, 526).

Del mismo modo que Zavattini, Manuel Barbachano Ponce fue de los primeros en ser llamados a La Habana, donde produjo junto al ICAIC la cinta *Cuba baila* (1959, Julio García Espinosa). Pero desde antes de la creación del Instituto, Barbachano venía desarrollando actividades en la isla. Como recuerda Juan Antonio García Borrero, el productor yucateco había participado en "la creación en 1954 (junto al publicista cubano Roberto Guastella) de la Compañía Productora y Distribuidora Noticiero Cinematográfico Tele Variedades S. A., la edición de *Cine Revista*, de García-Espinosa" (García Borrero 2015, 161). Precisamente, refiriéndose a la experiencia de filmación de *Cuba baila*, su director Julio García Espinosa reconocía el aporte del grupo de colaboradores mexicanos:

> Contamos con la ayuda de excelentes técnicos, de grandes artistas, de gente de mucha calidad humana, gente muy generosa que no dudó en venir con nosotros. En *Cuba baila* tuvimos la oportunidad de contar con algunos técnicos mexicanos, inclusive un productor ejecutivo mexicano, Américo, de mucha experiencia, experiencia que él transmitió a los futuros productores nuestros (en Fowler Calzada 2004).

## Realizadores latinoamericanos en los primeros años del ICAIC

Tomás Gutiérrez Alea rememora aquellos años iniciales y destaca el aporte de los realizadores latinoamericanos:

> Los únicos directores que teníamos éramos Julio García Espinosa y yo. Desde el principio se sumó García Ascot que era español de origen y residía en México. También estuvo en los primeros tiempos de la Revolución Oscar Torres, un dominicano que había estudiado en Italia con nosotros y que aquí filmó *Realengo 18* y algunos documentales. Después se fue para Puerto Rico donde murió poco después. Además trabajaron desde adentro, como directores cubanos, porque compartíamos en buena medida la misma cultura (en Oroz 1989, 87-88).

La llegada del dominicano Torres al ICAIC, de la cual ha quedado referencia documental, ilustra el interés que despertó la fundación del Instituto de cine entre los realizadores del continente, no solo desde el punto de vista ideológico, como ocurrirá sobre todo en los años posteriores, sino también ante la posibilidad de empleo que abría la nueva industria cubana. En una comunicación de Titón dirigida a Alfredo Guevara, con fecha del 3 de septiembre de 1959, este le informaba al flamante presidente del ICAIC que Oscar Torres se había puesto con contacto con él desde Puerto Rico y manifestaba interés por trasladarse a La Habana. "Tiene mucha experiencia y está muy bien orientado", comenta Alea. "Le ofrecí un sueldo de $250,00 mensual como director de una unidad de documentales y espero que acepte" (Guevara 2010, 48).

Aunque durante la década del sesenta, y en especial en su primer quinquenio, la mayor parte de las colaboraciones foráneas con el ICAIC provinieron de Europa, tampoco puede obviarse la presencia de realizadores y técnicos latinoamericanos. En su libro, *Intrusos en el paraíso. Los cineastas extranjeros en el cine cubano de los sesenta* (2015), Juan Antonio García Borrero realiza una sistematización de los cineastas latinoamericanos que colaboraron con el ICAIC en esa década fundacional. Aparte de los ya citados Manuel Barbachano Ponce y del dominicano Oscar Torres, estuvieron en La Habana el mexicano Sergio Véjar, quien realizó la fotografía de *Cuba baila* (1961) e *Historias de la Revolución* (1960); el uruguayo Ugo Ulive, guionista de *Las doce sillas* (1962) y director de *Crónica cubana* (1963); el argentino Alejandro Saderman, realizador del mediometraje *Asalto al tren central* (1965), y de varios documentales, entre ellos *Hombres de Mal Tiempo* (1968); y el brasileño Iberé Cavalcanti, director de los documentales *Pueblo por pueblo* (1964) y *Discriminación racial* (1964). García Borrero valora la presencia de estos artistas en la Cuba de los primeros años de la Revolución:

> El aporte de los cineastas latinoamericanos al ICAIC habría que rastrearlo no tanto en el plano más positivista, como en la gestión cultural

> que fue naturalizando la existencia de los que hoy conocemos como el "nuevo cine latinoamericano". Ese conjunto bastante heterogéneo de visiones y prácticas cinematográficas alcanzó su mayor coherencia, gracias a la acción aglutinadora del ICAIC, impronta que puede percibirse incluso en la primera cita de Viña del Mar (García Borrero 2015, 166).

La producción de estos cineastas latinoamericanos dentro del ICAIC se caracteriza por su disparidad. En algunos casos, como el documental *Hombres de Mal Tiempo* (1968), de Alejandro Saderman, destaca el uso de un lenguaje renovador. En otros, se repiten fórmulas ya reiterativas. Sin embargo, es necesario apuntar que los protagonistas de todas estas cintas son sujetos históricamente preteridos por el cine hegemónico, como campesinos, obreros, etcétera. Además, y más allá de la calidad de las obras, la simple presencia de estos realizadores, las discusiones en las que participaron para la creación de cada filme, contribuyó decisivamente a la conformación de un cine cubano con vocación latinoamericanista. Como afirma García Borrero,

> El "cine imperfecto" de Julio García-Espinosa, o la "dialéctica del espectador" de Gutiérrez Alea, fueron frutos de esas pretensiones de consolidar una mirada cinematográfica que fuese al mismo tiempo cubana y latinoamericana. En este sentido, los aportes de los intelectuales latinoamericanos a ese nuevo cine cubano fue real e impresionante (García Borrero 2015, 166).

## Primeros contactos

La década del sesenta es una época de exploración compartida entre los realizadores y directivos del ICAIC y sus pares de América Latina, un proceso que irá ganando en coherencia a lo largo de estos años, y que tiene su punto culminante en los encuentros de finales de los sesenta, cuando varias cinematografías regionales se reúnen y articulan lo que pasaría a denominarse el "Nuevo Cine Latinoamericano". El proceso de acercamiento entre el ICAIC y América Latina, que comenzó por México, se fue extendiendo a otros escenarios regionales a lo largo de la década del sesenta. Como explica Alfredo Guevara:

> Eso nos unió a otros cineastas, en Argentina, primero en Argentina, a otros muchos en Brasil, a los grupos muy débiles que acompañando aquel proyecto al que ya he hecho referencia, trataban de transformar la situación del cine muy comercial mexicano y empezamos a pensar incluso en los que no tenían cine y en estimularlos a desarrollar proyectos similares con la ayuda que pudiéramos darles, no que le pudieran dar los cubanos, sino que pudiéramos darles todos, y así se fue conformando el movimiento del Nuevo Cine Latinoamericano, coincidente

con un despertar de las fuerzas de izquierda de América Latina (Guevara 1998a, 521).

Un recorrido cronológico por el epistolario del fundador y presidente del ICAIC durante esos años nos permite identificar los intereses del ICAIC hacia la región, así como las principales figuras con las cuales se va estableciendo contacto, el lenguaje empleado, las preocupaciones y los proyectos compartidos, entre otros importantes elementos desde los cuales mapear la política exterior del Instituto orientada hacia Latinoamérica.

Por las cartas que hizo públicas Alfredo sabemos, por ejemplo, que el ICAIC estuvo muy interesado, a la altura del año 1963, momento en el cual el aislamiento de los gobiernos latinoamericanos hacia la Revolución Cubana se iba concretando, en organizar en La Habana una Semana de Cine Brasileño. En carta fechada el 7 de febrero de 1963, Alfredo le comenta al cineasta y productor Alex Viany, lo que será una de los grandes intereses de la política exterior del ICAIC a lo largo de su historia: vencer el ostracismo al que estaba sometida Cuba, y contribuir al reconocimiento mutuo de cinematografías hermanas:

> Poco sabemos de ustedes, y seguramente muy poco saben ustedes de nosotros. Este es el clima de aislamiento, el muro que se trata de levantar entre los artistas y estudiosos del arte y, en general, entre los intelectuales de todo el continente. Es una fuerza que tenemos que romper, pues seguramente vuestras experiencias puedan ayudar a nuestro trabajo y las nuestras hacer otro tanto de ustedes (Guevara 2010, 122).

Cuatro meses más tarde, el 12 de junio de 1963, está fechada la respuesta de Viany a Alfredo. En ella solicita la colaboración del ICAIC para desarrollar una coproducción que incluya a cinco países "subdesarrollados" de todo el mundo. Pregunta Viany: "¿Qué tal, además de Cuba y Brasil, un país del África Negra (tal vez, Ghana) un país árabe (probablemente Argelia) y un país asiático (Indonesia o Vietnam)?" (en Guevara 2010, 126). El 1 de agosto de ese año, Viany vuelve a la carga con otra propuesta de coproducción. Esta vez la carta está también firmada por el argentino Oscar Kantor. Viany y Kantor se identifican como "los compañeros responsables de los frentes de cine del Partido del Brasil y la Argentina", y le proponen al ICAIC realizar una "producción que sea expresión de los intereses populares y nacionales, para así acentuar la lucha ideológica y desarrollar dentro de nuestras posibilidades una labor de esclarecimiento y entendimiento entre nuestros pueblos" (en Guevara 2010, 128). La fórmula de coproducción, ya sea episodios sobre un tema común, o cualquier otra que se acuerde, queda a la espera de una mayor discusión con la parte cubana. La carta cierra con "saludos comunistas".

Alfredo responderá a la propuesta quince días más tarde. En una carta del 16 de agosto, en la cual se despide, por cierto, enviando "saludos amistosos", el presidente del ICAIC pone en evidencia lo que será otro de los rasgos de la política exterior del Instituto hacia la región: el rechazo como norma a las coproducciones. Alfredo justifica su negativa a cuestiones de índole práctica, relacionadas con la producción. Al ICAIC le preocupa cómo congeniar los diversos planes de trabajo, el control de la realización, y en especial el tema del financiamiento. Además de ello, y aunque no entra en detalles, a su juicio las experiencias de coproducción que había realizado hasta ese momento el ICAIC no resultaron del todo satisfactorias, en tanto no se logró mediante este sistema "una obra de arte auténtica, verdadera". Guevara les propone, más que en un mismo filme, trabajar en historias independientes: "Cada país, y el grupo cinematográfico correspondiente, haría un cuento, y ese cuento trataría, o de responder a una inquietud común a todo el filme, o reflejaría de tal modo la realidad nacional, o de un problema propio, que el conjunto de todos los cuentos daría o una visión de nuestro mundo latinoamericano, contemporáneo, o de algunos de sus aspectos" (Guevara 2010, 129). De hecho, les propone un tema: "¿Qué es un revolucionario en América Latina, en nuestra época, en ese año 1963? Esa pregunta y su respuesta nos entusiasman", confiesa. Esta fórmula de coproducción fragmentada permitiría que cada país integrante actuase con independencia financiera, de modo tal que asumiera y garantizara la realización de su propia historia.

Alfredo aprovecha además la carta para abordar una cuestión que será medular dentro de la política regional del ICAIC: el estímulo a la colaboración de realizadores del área en el flamante *Noticiero ICAIC Latinoamericano*[93]. Guevara afirma que el *Noticiero* sostiene relaciones de intercambio con formatos similares del mundo socialista y de Europa occidental, pero reconoce que "no siempre logramos cuanto quisiéramos obtener e incluir de América Latina. Pero logramos, pese a todos los obstáculos, mantener ese carácter 'latinoamericano' que le hemos querido dar", de ahí la invitación a sumarse y aportar.

Al mismo tiempo en que se están produciendo estos contactos con Brasil y Argentina, Alfredo Guevara envía una larga misiva al cineasta venezolano

[93] Su primera exhibición ocurrió el 6 de junio de 1960. Se concibió con una frecuencia semanal, tenía como promedio diez minutos de duración y se proyectaba antes del filme. Durante la década del sesenta, la idea de un noticiero ICAIC "latinoamericano" queda más en el plano del deseo futuro que en la realidad. Marta Díaz y Joel del Río (2010), sistematizan algunos de los acontecimientos reseñados en varias ediciones del *Noticiero*, todas anteriores a 1969. Como puede verse, Latinoamérica no es una prioridad: "jóvenes concursantes a estrellas y luceros del Carnaval reciben clases de maquillaje y modelaje en el Buró de Orientación de la Moda; aporte del pueblo cubano al pueblo de Vietnam por daños sufridos; actuación del cuarteto de Meme Solís y Los Zafiros como saludo al 9.º Festival de la Juventud; en el Lido de París se presenta la moda masculina francesa para 1966; construcción de la heladería *Coppelia*; inauguración del restaurante *El Conejito*; incorporación de estudiantes secundarios y preuniversitarios al plan de la Escuela al campo, estudio de geología marina por parte de investigadores checos y cubanos; reseña de la lucha del movimiento Panteras Negras; discurso de Fidel sobre los cien años de lucha…" (Díaz & Río 2010, 33).

Carlos Rebolledo, que tiene como objeto central solicitarle un aplazamiento de un viaje previsto a Cuba para colaborar con el ICAIC. La carta tiene un valor documental extraordinario para el tema que nos compete, ya que en ella Alfredo explicita varias acciones previstas por el Instituto Cubano de Cine , dirigidas hacia la región.

En 1962, se había celebrado en la localidad italiana de Sestri Levante, el III Festival de Cine Latinoamericano. El ICAIC le dio máxima prioridad a este encuentro y envió una delegación del más alto nivel, presidida por el propio Guevara. El evento marca un punto de giro en la política latinoamericanista del ICAIC, que de una actitud exploratoria, a partir de esta cita, decide pasar a la ofensiva. No solo la revista *Cine Cubano*, como veremos más adelante, le dedica un número especial a reseñar el cine latinoamericano y el propio evento, sino que en ese marco el ICAIC propone varias acciones dirigidas a los realizadores de la región, la mayor parte de las cuales al parecer no lograron llevarse a buen puerto debido a problemas de índole económico. Este encuentro en el balneario italiano fue además muy significativo desde el punto de vista simbólico, pues en él se conocieron personalmente Glauber Rocha y Alfredo Guevara, dos de los principales impulsores de lo que sería el Movimiento del NCL, quienes llevaban años manteniendo un fluido intercambio epistolar.

La carta a Carlos Rebolledo es ilustrativa de las acciones que prometió emprender el ICAIC. En la misiva, fechada el 19 de marzo de 1963, Alfredo reitera una promesa que al parecer hicieron los cubanos en Sestri Levante:

> De acuerdo con nuestros planes y conversaciones el grupo de amigos de diversos países de Latinoamérica debía venir a Cuba, fundamentalmente, para realizar libremente su primera obra. Al ICAIC correspondía, y nada hacer suponer que no pueda ser así, abrirles las puertas al cine. Ese sigue siendo nuestro objetivo, y creemos con ello hacer una doble contribución: al desarrollo del arte cinematográfico en vuestros países, y a la incorporación de los artistas revolucionarios —como artistas y como combatientes— al trabajo práctico (Guevara 2010, 123).

Creación artística y activismo político se dan la mano en esta convocatoria, la cual dirige el ICAIC a jóvenes realizadores latinoamericanos, que una vez graduados en sus respectivos países, "no encuentran la oportunidad de hacer una obra, bien sea por razones financieras o políticas, o por la presión extranjera y el cerco y persecuciones que desarrollan contra el arte y los creadores más avanzados las oligarquías 'nacionales' y el imperialismo norteamericano" (Guevara 2010, 123). Guevara remarca la importancia de esta acción en los tiempos presentes (año 1963), marcados por "los duros combates que nuestros pueblos libran por su liberación". En ese contexto, "es un deber revolucionario abrir los caminos de la creación a amigos de Latinoamérica" (Guevara 2010, 123).

En su carta a Rebolledo, Alfredo habla incluso de los trabajos de remodelación que se están acometiendo en una de las grandes residencias del barrio habanero de El Vedado, justamente a unas cuadras del edificio central del ICAIC. En este espacio se acondicionaría una Casa de los Cineastas Latinoamericanos, cuya disposición y actividades describe en detalle:

> Son diez habitaciones cada una con baño. Se supone que en ellas residirán los jóvenes cineastas por períodos de seis meses, el tiempo necesario para realizar un documental, o seguir un curso práctico como asistentes de dirección, de cámara, o como editores o sonidistas. La Casa de los Cineastas Latinoamericanos es confortable y en ella, como vivienda, nada faltará (Guevara 2010, 124).

Sin embargo, en ninguna otra de las fuentes consultadas encontramos referencias posteriores acerca de este proyecto, lo que da a entender que finalmente no llegó a concretarse, posiblemente debido a las serias limitaciones económicas por las que Cuba comenzó a atravesar según fue avanzando la década del sesenta. Todo indica que este plan, al menos con la grandiosidad con que lo describe Alfredo, tuvo que esperar hasta los años ochenta con la fundación de la EICTV, pero no deja de resultar sintomático que comenzara a formularse desde una fecha tan temprana como 1962, en el contexto de uno de los festivales que antecedieron a la creación del NCL.

## Los festivales de Viña del Mar y el apoyo a un cine militante

El epistolario de Guevara da ahora un salto temporal hasta casi el cierre de la década. Son apenas cuatro años, pero en ese interregno el ICAIC ha madurado como institución, como lo evidencia el hecho de que a finales de los sesenta protagonizará la llamada "edad de oro" del cine revolucionario cubano. En 1967, después del encuentro fundacional de Viña del Mar, el Nuevo Cine continental es ya un hecho; y de una primera fase de tanteos y reconocimientos, se está avanzando en tareas concretas que tienen como propósito la articulación de un movimiento orgánico, actividad en la cual el ICAIC asume uno de los roles protagónicos.

El 20 de marzo de 1967, Alfredo Guevara le escribe al cineasta argentino Jorge Cedrón, una de las voces más importantes del cine político en su país. Básicamente, pone los recursos del ICAIC a su disposición, inaugurando una práctica que será constante a lo largo de los años sucesivos: numerosos realizadores del continente harán uso de la logística cubana para producir sus filmes. Alfredo comienza asegurándole a Cedrón, que "quisiera encontrar el modo de contribuir seriamente —y esto quiere decir también de un modo práctico— a que el Nuevo Cine Latinoamericano sea una realidad, a que perviva, se desarrolle, y pueda ser exhibido y llegar al público" (Guevara 2010, 154). Para ello, le hace varios ofrecimientos concretos en nombre del Instituto que preside:

> No quiero dejar pasar esta oportunidad sin ratificar que estamos dispuestos a facilitarte el servicio de nuestro Laboratorio y sala de grabación, del departamento de títulos, trucaje y ampliación a 35 mm, etc., sin costo alguno, con vista a que puedas terminar el filme en condiciones adecuadas. Y también a elaborar las copias necesarias (Guevara 2010, 154).

El 7 de enero de 1969, Fernando Solanas, otro de los actores indiscutibles del NCL, le escribe a Alfredo para agradecerle una estancia en el ICAIC, la cual realizó junto a Octavio Getino, su compañero en la dirección de *La hora de los hornos* (1968):

> Como le decía a Octavio Getino, en carta que acabo de despachar, la experiencia cubana ha sido para nosotros inolvidable y de un gran aporte. Por lo que me han dado las películas. Por la madurez ideológica, la seriedad y el amor con que se trabaja y se piensa. La épica, la épica cotidiana, algo que se siente y se respira estando allí. Y junto a esto, a la revolución en las conciencias, en cada cubano, todos los innumerables momentos de comunicación afectiva y humana que allí he vivido además de todos los nuevos amigos. Alfredo, quiero agradecerte una vez más, a vos y a todos los compañeros del ICAIC, las infinitas atenciones que tuvieron conmigo, cosa difícil de olvidar (en Guevara 2010, 178-179).

Unos días más tarde, el 10 de enero, Solanas vuelve a escribirle a Alfredo, esta vez para solicitar la ayuda del ICAIC con un tema relacionado con la distribución de su emblemático filme. Concretamente, se le pide al Instituto que registre *La hora de los hornos* "como un filme de origen y nacionalidad cubana". Ello permitiría poder distribuir la cinta de manera comercial, es decir, fuera del formato alternativo de 16 mm. Debido a la censura, la cinta no pudo terminarse en Argentina, y mucho menos registrarse en esa nación. Del mismo modo, habían resultado infructuosas las gestiones emprendidas por los realizadores en varios países europeos como Bélgica, Italia, Francia y Suecia.

El boliviano Jorge Sanjinés es otra de las grandes figuras del NCL en la cual se materializa la política internacionalista del ICAIC. El 15 de abril de 1969, Sanjinés le escribe a Alfredo para pedir la colaboración de los cubanos en la terminación del largometraje *Yawar Malku*, considerado uno de los clásicos del Grupo Ukamau.

Sanjinés solicita apoyo de los estudios fílmicos para la mezcla de sonidos, las transcripciones a óptico, titulaje y copias finales, entre otros procesos. Asegura contar con el ICAIC, porque tiene la seguridad de "que el filme será útil al propósito que nos une". *Yawar Mallku* —en español *Sangre de cóndor*— narra la historia de una comunidad indígena boliviana, la cual recibe atención médica de una ONG estadounidense, que clandestinamente esteriliza a las mujeres. Los bolivianos atacan a los extranjeros, pero rápidamente las autoridades locales capturan y fusilan a los campesinos. Como le explica Sanjinés en la carta que le dirige a Alfredo, "en el filme no solo interesa un corte transversal de la realidad social del país sino que se señalan concretamente a los culpables foráneos de la tragedia" (Guevara 2010, 195). Sanjinés promete además colaboración con el *Noticiero ICAIC*, cuya *latinoamericanización* interesa sobremanera a la dirección del Instituto:

> [Al Festival de] Mérida llevé material para Santiago [Álvarez]. Pensaba encontrar allí a alguno de ustedes. No conocía bien a la otra gente y no pude confiárselo a nadie, por otra parte, no era precisamente el material solicitado, sino unos 25 minutos de material que Santiago podría bien utilizar. Durante mucho tiempo estuve con la filmadora de 16 mm en el empeño. En los últimos meses pudimos librarla y trabajar el material ofrecido (en Guevara 2010, 195).

Por último, Sanjinés pide discreción en todas estas gestiones, lo cual será una constante entre los cineastas que mantienen relaciones con Cuba, ante el aumento de la actividad represiva. La mayor parte de la colaboración entre el ICAIC y los realizadores latinoamericanos se realiza, como no podía ser de otro modo, en la más absoluta clandestinidad. La logística desplegada recuerda las técnicas de espionaje de la Guerra Fría, tal como muestra a continuación Sanjinés:

> Te ruego, Alfredo, escribirme a París. Iríamos dos personas. Ojalá tú pudieras mandarnos documentación de tu tierra para llegar. Aquí se enteraron del viaje anterior. Si sucede otra vez no podremos trabajar más el país y lo que sería más lamentable: la película sería prohibida. No podemos arriesgar esto. Buscaremos tu respuesta directamente en la Embajada. Cuando veas la película comprenderás que es necesario tomar todo tipo de precauciones (en Guevara 2010, 196).

La década del sesenta, definitoria tanto para el NCL como para el ICAIC, estará marcada también por el encuentro entre Glauber Rocha, una de las voces más destacadas del *Cinema Novo* brasileño, su principal teórico, y el Instituto Cubano de Cine , sobre todo en la persona de Alfredo Guevara. El primer contacto se produce casi por azar. En 1960, Rocha en ese entonces un muy joven estudiante de la ciudad brasileña de Salvador, Bahía, ilusionado con hacer una película, que después sería *Barravento* (1962), le escribe al también joven Guevara, que se encontraba conduciendo los primeros pasos del ICAIC. Así cuenta Alfredo ese primer contacto:

> Esa carta, me tocó recibirla a mí, él escribió a un cubano que se anunciaba que dirigía el proyecto cinematográfico, contándole sus sueños, contándole la película, que ya tenía primero en proyecto y poco después en cantera, y al mismo tiempo expresando su solidaridad, su sentimiento profundo de anexión a la Revolución Cubana y a cuanto estábamos haciendo. Y tal vez por ese elemento trascendente que impregna estas circunstancias, y también porque el cine era un proyecto y todavía

> era un proyecto y por lo tanto había un poquito más de tiempo, yo respondí aquella carta tan emotiva, tan fuerte y tan bien escrita y tan de un precursor (Guevara 1998a, 520-521).

En la correspondencia cruzada entre Glauber Rocha y Alfredo Guevara, a lo largo de las décadas del sesenta y el setenta, pueden rastrearse muchas de las claves teóricas que dieron sustento al proyecto del NCL. En una de estas cartas, fechada en La Habana el 8 de enero de 1963, Alfredo Guevara le explica a Rocha su particular visión de un cine revolucionario, la cual es, por extensión, clave para entender el latinoamericanismo del ICAIC:

> Cada uno de nosotros debe expresar en la obra, y creo que también con la vida, la significación de nuestros países, de nuestros pueblos, y su mundo espiritual, su fuerza y su complejidad, y a partir de ello su heroísmo en el combate por la libertad, por rescatar para el hombre esta condición. Pero al mismo tiempo hay una dimensión común: Latinoamérica. La sentimos, y es parte de nuestra realidad. No podemos decir, sin embargo, que ese impulso y esa comunión resulten claros, definidos, precisos. Acaso es la problemática común la que nos da conciencia de esa unidad espiritual, que no siempre cuaja, en el idioma, o en los rasgos más externos. Acaso la presión imperialista, que unas veces saquea y deforma, y otras pretende rescatar la presa perdida con amenazas y agresiones, sea hoy la fuente de unidad latinoamericana, aun en estas circunstancias de "casi aislamiento" provocado por el mismo imperialismo. En el daño que producen, y pese a todo, germina un elemento que lo contradice, la reacción popular y la lucidez ideológica, liberadora, que se hace en la conciencia latinoamericana. La gente de cine podemos, debemos profundizar en esta reacción, hacer más diáfana esta lucidez. Es lo que han hecho los poetas y novelistas del continente, lo que con la imagen cinematográfica y podemos hacer nosotros, si el talento nos acompaña (Guevara & Rocha 2002, 52).

## Un debate acerca de la libertad intelectual y la política cultural de la Revolución

Las celebraciones por el décimo aniversario del ICAIC, en marzo de 1969, coinciden con el distanciamiento de la Revolución Cubana, de gran parte del campo intelectual latinoamericano, a raíz del caso Padilla y de lo que se entendió como un alineamiento de La Habana con Moscú tras la invasión soviética a Checoslovaquia, cuestiones que ya hemos comentado en páginas anteriores. El Instituto Cubano de Cine se propone evitar deserciones dentro de las filas de los cineastas latinoamericanos, lo que logra finalmente con éxito. Si bien en el campo de la literatura y las ciencias sociales se produjeron las más fuertes críticas, en el mundo del cine esta situación pasó prácticamente inadvertida, salvo contadísimas excepciones, aunque existían en muchos casos serias discrepancias políticas que eran planteadas a las autoridades cubanas cada vez que se presentaba la ocasión. Ello obedeció a varios factores, entre los que habría que tener en cuenta que el estalinismo del cual se impregnó la práctica totalidad del sector cultural cubano, ya desde los años previos a lo que pasaría a denominarse el "quinquenio gris", no contaminó con igual fuerza al medio cinematográfico que, como hemos mencionado en varias ocasiones, siempre contó con una relativa autonomía.

Una razón para nada desdeñable que explica que el ICAIC haya logrado mantener los apoyos de la mayor parte de los cineastas latinoamericanos en torno a la Revolución, habría que buscarla en la exitosa actividad internacional desplegada en el continente. La posición del ICAIC, de alineamiento irrestricto a la política del gobierno, pero al mismo tiempo desde un lenguaje y una argumentación muchísimo menos panfletaria que la que ya se apreciaba en la mayor parte del discurso cultural cubano de la época, podemos verla expresada en una extensa carta que Alfredo Guevara le envía el 11 de febrero de 1969 al realizador brasileño Sergio Muñiz. La misiva tiene como objetivo principal invitarlo a las celebraciones por los primeros diez años de vida del Instituto, pero en su carta Guevara aprovecha para hacer repaso del contexto interno, y de paso sentar posiciones en torno al papel que a su juicio debe asumir el intelectual (cineasta) latinoamericano revolucionario.

"En los últimos meses se habla mucho de cambios en nuestra línea cultural: no se trata de cambios aunque no somos precisamente estáticos, lo que molesta y preocupa a los enemigos emboscados es que alertas siempre no nos dejamos arrastrar a sus trampas", comienza diciendo Guevara. Y aclara: "Ellos quisieran que nuestra libertad fuera un juego de palabras, una retórica de revistas 'literarias'. Nuestra libertad sin embargo solo tiene un punto de referencia, y éste les excluye. El combate por la liberación del subdesarrollo, y la ambiciosa y necesaria tarea de borrar desde ahora la huella colonial centra nuestras vidas"[94]. Alfredo teoriza una idea concreta de "libertad" en el contexto del socialismo cubano:

> Sin lograr estos objetivos la libertad resulta de cierto modo un mito y la metrópoli, su ideología, y su instrumental de dominación conservan invisibles resortes que continúan entorpeciendo el desarrollo de la nueva sociedad corrompiéndola. No lo permitimos, al enemigo lo llamamos por su nombre, lo golpeamos duro y a todo riesgo. Ese es un derecho al que no estamos, y no estaremos dispuestos a renunciar (Guevara 2010, 187).

El presidente del ICAIC critica fuertemente a un sector de la cultura regional, al que pertenecen los que califica de "hispanos-latinoamericanos de París".

---

[94] Subrayado en el original.

Estos intelectuales, a juicio de Alfredo, "se han auto-canonizado, e intermediarios de la palabra divina juzgan, prejuzgan y contribuyen a lastimar las posibilidades de difundir la verdad, mucho más compleja y audaz con sus fáciles elucubraciones, finalmente conformistas. Esta es la triste suerte de los llamados 'intelectuales de izquierda', a los que el movimiento estudiantil latinoamericano y europeo comienza a levantar el sayo" (Guevara 2010, 187). Finalmente, Alfredo aboga con duras palabras por un artista-combatiente-revolucionario, no un ser contemplativo, que desde posiciones academicistas ejerza la crítica:

> El intelectual siempre será un combatiente, o no pasará de "bufón de corte". Lo sentimos por los exhibicionistas de la prensa burguesa, borrachos de retórica liberal: o tienen cojones, y lo demuestran en actos,[95] o la historia —no abstracta: la que hacemos— se encargará de descojonarlos (con nuestra desinteresada colaboración) (Guevara 2010, 188).

## La revista *Cine Cubano* en los sesenta

*Cine Cubano*, que en los años siguientes se convertirá en uno de los vehículos fundamentales de expresión de la política latinoamericana del ICAIC, surge en 1960 como órgano de divulgación de la actividad del Instituto. Si bien habrá que esperar unos años para que la revista comience a dedicar parte de sus páginas a cuestiones que conciernen explícitamente a la región, vemos que desde los primeros números está clara la intención de que el ICAIC está haciendo un cine "para América Latina", o cuanto menos, que la institución tiene conciencia de que los ojos de gran parte del continente están fijos en La Habana. En el editorial con el que abrió la revista, firmado por Alfredo Guevara, este decía:

> Cada uno de nuestros pasos es observado desde todas partes, y más cercanamente por América Latina: nuestro deber y responsabilidad se multiplican, y cuanto hacemos hoy, inspirados en la más alta ideología de la libertad, no debe conducir a un muro, sino dejar abierto un infinito camino (Guevara 1960, 13).

Eduardo Manet retoma este punto de vista en el segundo número de la publicación cuando afirma:

> Es normal que toda la América Latina se pregunte: ¿cuál va a ser el Cine Cubano? ¿Qué películas nos dará la Revolución Cubana? Esas dos preguntas resultan un gran honor y una perspectiva aterradora. A un

[95] Subrayado en el original.

> Continente donde el Cine que prevalece es 95% conformista-comercial, Cuba debe darle un cine anticonformista y de calidad (Manet 1960).

Otro artículo de Alfredo Guevara, publicado en las páginas de *Cine Cubano* en 1963, vuelve a plantear el tema de la responsabilidad del ICAIC con la región, pero ya explicita dos componentes esenciales de la política exterior del Instituto hacia el continente y sus islas: la imperiosa necesidad de visibilizar la obra el ICAIC en el entorno latinoamericano, y el apoyo del frente cultural cinematográfico a los movimientos de liberación:

> Un solo pensar gravita sobre nuestra labor, e inquieta a nuestros artistas: América Latina apenas conoce nuestra obra. Cada paso que damos está inspirado en nuestra concepción del trabajo creativo, y de su espíritu intrínsecamente revolucionario, renovador, de profundo y auténtico inconformismo. No nos pretendemos arquetipo de la perfecta organización y producción cinematográfica, y mucho menos vanguardia de ese arte, pero sabemos que por América Latina anda el pueblo en irreversible tarea, el combate por la libertad. Y quisiéramos que este cine nuestro, que se inspira en la más alta ideología de la libertad, y que trata de hacer de ella su verdadera dimensión, resultase también dirigido a los combatientes venezolanos o a los que en cada país ganan, con el holocausto de sus vidas, el derecho a hacer la revolución (Guevara 1963).

La distribución internacional de la revista no fue una cuestión que se dejara a la espontaneidad. En la isla existía ya una tradición de publicaciones periódicas de alcance regional, como es el caso de la emblemática revista *Bohemia*, y también eran frecuentes los intercambios de publicaciones periódicas culturales entre un determinado público ilustrado del continente. De ahí que no sorprenda que, desde su primer número, *Cine Cubano* ya contara con una estrategia de distribución hacia Latinoamérica, y que para ello se recurriera al servicio diplomático. Así lo demuestra la carta que envía Alfredo Guevara, el 28 de junio de 1960, al intelectual cubano José Antonio Portuondo, quien había sido designado ese mismo año embajador de Cuba en México, cargo que ocupó hasta 1962. Escribe Alfredo:

> Acaba de salir el primer número de la revista *Cine Cubano.* Enviamos a través del Ministerio de Relaciones Exteriores y de la Cía. Cubana de Aviación. Espero estén en tu poder [...] Araceli [jefa de Despacho de Alfredo Guevara hasta 1973] te hará llegar con esta, una lista de personalidades y gente de cine que esperamos pueda recibir la revista (Guevara 2010, 77-78).

Alfredo Guevara confesó en más de una ocasión que *Cine Cubano* comenzó teorizando el proyecto del cine nacional, pero con el paso del tiempo, y según se desarrolla el NCL, "se va convirtiendo en una revista que fácilmente podía cambiar su nombre por *Revista del Nuevo Cine Latinoamericano*" (Guevara 1998a, 531). En carta fechada el 8 de enero de 1963, Guevara le confirma este enfoque a Glauber Rocha: "Si has recibido los últimos números de la revista, verás que estamos incluyendo artículos e información y fotografías sobre el cine de países latinoamericanos, y que hemos destacado, casi sin datos, la producción del Brasil" (Guevara 2010, 120).

A lo largo de toda la década, y del mismo modo que ocurre con el *Noticiero ICAIC*, se aprecia un interés del Instituto por incluir en la publicación colaboraciones de cineastas y críticos latinoamericanos. Ejemplo de ello es la carta que le envía el presidente del ICAIC al cineasta venezolano Carlos Rebolledo. En la misiva, con fecha 21 de noviembre de 1962, Alfredo le confiesa que "nuestro interés fundamental está por artículos sobre el cine, el movimiento artístico y la cultura venezolanos". Y más adelante: "Esperamos pues tus artículos de director venezolano sobre el arte de Venezuela, o en Venezuela —ambas cosas nos importan" (Guevara 2010, 114). El 7 de febrero de 1963, Alfredo le escribirá al brasileño Alex Viany, "puedo asegurarle que trabajamos con gran entusiasmo en el empeño de hacer de nuestra publicación una revista que refleje cada vez más, no solo los problemas de nuestra joven cinematografía, sino también la inquietud creadora de los amigos de toda América Latina" (Guevara 2010, 121).

Asimismo, los cineastas de la región encuentran en la revista un espacio de encuentro y reflexión compartida, como lo demuestra la carta que envía Octavio Getino a Alfredo Guevara el 10 de junio de 1969, en la cual solicita le hagan llegar información sobre el ICAIC, especialmente "ejemplares de *Cine Cubano* y material que creas oportuno, particularmente aquello que se refiera al cine y la revolución desde vuestra experiencia" (en Guevara 2010, 198).

A lo largo de la década del sesenta, la revista *Cine Cubano* abordará cuatro grandes tópicos relacionados con América Latina, desde los cuales se expresan los principales intereses del Instituto hacia la región. Ellos son: 1) la cobertura de festivales internacionales en los que presentaron filmes latinoamericanos, y en cuyo espacio los cineastas de la región realizaron sus primeros contactos, como por ejemplo Sestri Levanti y Karlovy Vary, aunque también se hacen referencias a las citas de Cartagena y Mar del Plata. 2) El estado de las principales cinematografías de la región —México, Brasil y Argentina—, a lo que se suma un trabajo sobre la historia del cine colombiano. Ya cerrando la década, se incluyen análisis sobre el cine boliviano, chileno y uruguayo en el contexto del Festival de Viña 1967. 3) Fuertes críticas a las industrias culturales cinematográficas latinoamericanas, en especial al cine "clásico" mexicano. 4) Amplísima cobertura a los festivales de Viña del Mar, en la que se incluyeron entrevistas a cineastas participantes, reportajes gráficos, divulgación de las declaraciones, resoluciones, acuerdos, etc. Dentro del dossier dedicado a Viña, se publicaron además algunos de los textos emblemáticos del NCL, como es el caso de "Cine y Subdesarrollo", de Fernando Birri, y "La estética de la violencia", de Glauber Rocha. A continuación, profundizaremos en algunos de estos tópicos.

Como parte de su política editorial,[96] *Cine Cubano* da prioridad a un conjunto de eventos cinematográficos internacionales en los que participaron los cineastas cubanos y de América Latina, que servirían de marco previo a la articulación del Movimiento del NCL. Entre ellos destacan las Reseñas de Cine Latinoamericano celebradas en Sestri Levante, los festivales de Pesaro y Karlovy Vary, y ya cerrando la década, los encuentros de Viña del Mar. Estos reportajes, que incluían abundante memoria gráfica, declaraciones de participantes y delegaciones, información de las películas y de los premios otorgados, entre otros elementos, constituyen a la luz de hoy un testimonio invaluable acerca de los orígenes del NCL, y en ese momento acercaron por primera vez al público cubano (y latinoamericano) a unas cinematografías hasta ese momento invisibilizadas.

El número 7 (1962) de *Cine Cubano* es el primero en el cual se incluyen varios trabajos que tienen por tema cuestiones relacionadas con el cine regional. La revista abre su acápite dedicado a Latinoamérica afirmando que 1962 fue el año del cine latinoamericano. Se refieren a los premios obtenidos por algunas de nuestras cinematográficas en tres importantes festivales realizados en el primer semestre de ese año: *El pagador de promesas* (Anselmo Duarte) ganó en Cannes, al tiempo que recibía elogios *El ángel exterminador*, del español radicado en México Luis Buñuel. En Karlovy Vary el film *El joven rebelde* (Julio García Espinosa) recibió el Premio de los Jóvenes Creadores, así como se otorgaron medallas al mexicano Luis Arcoriza, guionista y director de *Tlayucan*, y al brasileño Glauber Rocha por *Barravento*, su primer largometraje. El Symposium de Karlovy Vary concedió el Premio Especial del Jurado a *Los inundados* del argentino Fernando Birri y al documental *Colina Lenin*, de Alberto Roldán.

En este número se da también una amplia cobertura al III Festival de Cine Latinoamericano, realizado en Sestri Levante, Italia, el cual acogió la III Exposición de Cine Latinoamericano. Isaac León (2013) apunta que en Sestri Levante se reunió el grupo más amplio de cineastas latinoamericanos del que se haya tenido noticia hasta esa fecha. Destacan los nombres de los argentinos David José Kohon y Rodolfo Kuhn, los brasileños Anselmo Duarte, Gustavo Dahl y Glauber Rocha, el venezolano Carlos Rebolledo y la escritora mexicana Elena Poniatowska. Como ya mencionamos, la delegación cubana estuvo presidida por Alfredo Guevara. En el documento final, firmado el 8 de junio de 1962, se decide convocar a una conferencia latinoamericana de cineastas independientes, iniciativa que finalmente no se concretó. Sin embargo, en esta declaración

---

[96] La investigadora Claudia González distingue tres líneas principales en la agenda de *Cine Cubano*, las cuales comienzan a demarcarse a partir del año 1963. Una primera, "referida a la promoción de un pensamiento crítico y teórico sobre el séptimo arte; otra encaminada al apoyo de las medidas organizativas de la industria; y otra que se centró, por lo general, en un enfoque propagandístico, de familiarización y educación del espectador y del público lector con el cine" (González Machado 2013, 72-73). En tal sentido, en las páginas de la revista hay cabida para tres elementos fundamentales: pensamiento cinematográfico, organización industrial y formación de un nuevo público.

de la que Cuba es firmante, y que coincide con la propia visión del ICAIC, se refleja el interés por promover la integración del cine independiente regional, germen de lo que será posteriormente el Movimiento del NCL:

> Es por lo tanto imperioso promover las más estrechas relaciones cinematográficas entre nuestros países, asegurar la libre circulación de filmes y publicaciones, facilitar los contactos directos a través de semanas de cine, mesas redondas y seminarios de estudios e intensificar la participación latinoamericana en todos los festivales internacionales, especialmente en los de Mar del Plata, Punta del Este, Acapulco, Cartagena y Sestri Levante ("Declaración del cine latinoamericano independiente", 1962, 6).

La postura de Cuba en esta reunión es recogida en una nota de *Cine Cubano*, y evidencia los objetivos generales de la política exterior del ICAIC en los tempranos años sesenta:

> Las posiciones que Cuba presentó en esa Mesa se concretaron en los siguientes aspectos: Análisis de la situación actual del cine cubano y sus relaciones con otras cinematografías; orientación programática cultural del cine cubano; modos concretos y líneas de orientación que permitan superar las actuales dificultades ("III Exposición de cine latinoamericano", 1962, p. 3).

El interés del ICAIC por fomentar los lazos con la región quedó patentado en este mismo artículo periodístico:

> La III Exposición del Cine Latinoamericano permitió el encuentro de importantes delegaciones que representaban a las cinematografías más desarrolladas de América Latina, las de México, Argentina y Brasil y el nuevo cine cubano, realizadores, críticos y personalidades de la cultura y el cuerpo diplomático de Bolivia, Chile, Colombia, Paraguay, Uruguay y Venezuela ("III Exposición de cine latinoamericano", 1962, 5).

Las críticas de *Cine Cubano* a las industrias culturales cinematográficas latinoamericanas tuvieron a México como epicentro, aunque también se manifiesta el rechazo por el cine "comercial" argentino y brasileño, a los cuales les hacen frente los "nuevos cines". El rechazo a la producción mexicana de la "edad de oro" se explicaría ante todo por la fuerte influencia que ejerció en el cine cubano anterior al ICAIC. La cinematografía azteca representaba por tanto "el pasado a superar". Carlos Fernández publicará a lo largo de esos años dos textos en *Cine Cubano*,[97]

[97] Fernández, Carlos. 1962. "Unas palabras sobre el cine mexicano". *Cine Cubano*, N.º 7, año 2, pp. 56-58.

en los que denuncia la "dependencia" del cine mexicano con respecto al estadounidense, la pasividad de los productores y realizadores de la nación azteca ante el "imperialismo yanqui", y la construcción de estereotipos alejados de una "verdadera" imagen de México y por extensión de América Latina. Se pregunta el autor:

> ¿O es que vamos a identificar al pueblo de México con los matones y las cabareteras de tantas y tantas historias? ¿O a los campesinos que hicieron la revolución hombro con hombro de Zapata y Villa, con esos bigotudos medio imbéciles que fuman marihuana y golpean a las mujeres? (Fernández 1962, 57).

En su análisis, Fernández siempre deja en claro la distancia entre un "cine comercial" y las producciones de otros autores: "Entiéndase que hacemos abstracción aquí de hombres como Buñuel, como Figueroa, como El Indio y otros más, cuyas obras y personalidades exigen un tratamiento aparte. Muchos hay que desde sus diferentes posiciones han luchado siempre por un cine mejor. Aun alguno que otro productor" (Fernández 1962, 57). Con respecto al público latinoamericano, principal destinatario de esta cinematografía, se pregunta:

> ¿El cine mexicano, lleva una palabra de aliento a los padres, a los hermanos, a las mujeres de los caídos; de estímulo a sus camaradas, que aún están en pie, para que no desmayen?
> —No. Evidentemente (Fernández 1962, 57).

De acuerdo con este autor, al cine mexicano,

> Lo han hecho portador de las ideas más regresivas, del oscurantismo a que dan forma y contenido los sectores más reaccionarios de la burguesía en el poder. Estos son los primeros culpables de un cine cuya temática y cuya problemática se apartan por completo de la vida y de la realidad más evidente, y allanan el camino a la penetración imperialista (Fernández 1962, 58).

El autor identifica a los "culpables" y plantea vías de superación al problema, aplicables en este caso a México, pero extensibles a la región en su conjunto, lo cual reproduce punto por punto la visión del propio ICAIC en torno a ese tema:

> El objetivo de la lucha, pues, está a la vista: romper el cerco en que se pretende asfixiar al cine mexicano y, con él, a la conciencia de su nación

---

Fernández, Carlos. 1964. "Nuevamente sobre el cine mexicano". *Cine Cubano*, N.º 17, año 4, pp. 12-14.

> y de sus pueblos hermanos. Desenajenarlo. Devolverle su carácter de obra de arte, de instrumento útil para el progreso humano. En una palabra, despojarlo de su ropaje colonial, tan anacrónico en nuestro tiempo (Fernández 1962, 58).

Terminando la década, en el número 31-32-33 (1966), *Cine Cubano* realiza su primer gran recorrido por las cinematografías latinoamericanas, después de esporádicas y breves incursiones en los años previos. El argentino Alejandro Saderman, por esos años radicado en La Habana,[98] publica un extenso trabajo sobre el cine en su país. En este número se presentan además entrevistas a varios realizadores y críticos argentinos, con el objetivo de ofrecer una panorámica de la cinematografía en la nación austral. Se incluye un amplio trabajo del historiador Emilio García Riera sobre el cine en México, desde sus orígenes hasta la década del sesenta. A continuación, se presentan dos trabajos sobre el séptimo arte y sus relaciones con otras manifestaciones de la cultura, uno de Carlos Fuentes y otro de Jomi García Ascot. El bloque dedicado al cine mexicano cierra, como en el caso de Argentina, con una encuesta dirigida a varios realizadores y críticos de la nación azteca.

El número especial 42-43-44 (1967) está dedicado al V Festival de Cine de Viña del Mar, espacio donde se celebró también el I Encuentro de Cineastas Latinoamericanos. La participación de la máxima dirección del ICAIC en este evento, así como la decisión de dedicar un número especial a este tema, demuestra la importancia que concedió el Instituto a estos encuentros en los que comienza a nuclearse un cine latinoamericano de carácter "antiimperialista". Así resumía *Cine Cubano* las jornadas de este festival:

> El V Festival de Viña del Mar fue, en cierta medida, una ilustración de esas palabras. Es decir: el ejemplo de Sanjinés y su filme *Revolución*, la presencia de las obras argentinas y brasileras y del propio cine cubano (al que le fue concedido el Gran Premio, un premio especial y una mención especial del jurado por el conjunto de su programa), demuestran que, a pesar de la diversidad de creadores, nacionalidades y preferencias por los medios expresivos, existe en Latinoamérica un cine que se opone firmemente a la tarea desnaturalizadora del imperialismo yanqui y sus sucursales en tierras latinas; un cine estrechamente ligado a las aspiraciones y necesidades de sus pueblos; un cine, además, que ha dado ya pruebas de un muy serio nivel profesional y artístico ("Viña del Mar y el nuevo cine latinoamericano", 1967, 3).

---

[98] Saderman trabajó en el ICAIC entre 1962 y 1971, año en que regresó a su país. En Cuba dirigió varios documentales, entre los que destacan *Morada al sol* (1963), *Oro de Cuba* (1964) y *Hombres de mal tiempo* (1968).

La presencia de Cuba en estos eventos, a los que habría que sumar la Muestra Documental de Mérida de 1968 y el Festival de Viña del Mar de 1969, es cada vez más destacada, según también se va reforzando el concepto del NCL, con una interpretación cada vez más política. Refiriéndose particularmente a Viña del Mar 69, Isaac León afirma:

> El encuentro de realizadores de ese festival asume un carácter casi partidista en el sentido militante de la palabra. Aquí se esboza de manera más clara la idea de un cine de apoyo a los procesos de cuestionamiento del orden existente y la opción de las salidas revolucionarias. Aun cuando la entonación enfática viniera principalmente de los cineastas argentinos, los cubanos son los que toman la batuta y promoverán más tarde las iniciativas integradoras que apuntalan el proyecto de una unión de cineastas latinoamericanos: el Comité de Cineastas de América Latina, la Fundación del Nuevo Cine Latinoamericano, el Festival del Nuevo Cine Latinoamericano y la Escuela Internacional de Cine y Televisión de San Antonio de los Baños (León Frías 2013, 41-42).

Como puede apreciarse, ya cerrando la década del sesenta, el interés del ICAIC por América Latina no solo constituye un desiderátum, sino que se traduce en una política exterior concreta. Una intervención de Alfredo Guevara en el XII Congreso del Sindicato Nacional de los Trabajadores de Arte y Espectáculos, celebrado en el teatro de la Central (sindicato) de Trabajadores de Cuba, el 25 de agosto de 1966, resulta ilustrativa del clima prevaleciente a nivel gubernamental en las postrimerías de la década, y en consonancia, en los propios objetivos que se traza el ICAIC hacia la región. Decía Alfredo en aquel entonces:

> En el informe del compañero Miguel Martín en ocasión de la apertura del Congreso, se planteaba —de acuerdo con la línea trazada por la dirección revolucionaria— que las tareas fundamentales de nuestra revolución suponen la construcción del socialismo, la lucha antiimperialista, y como parte de la lucha antiimperialista, la solidaridad con los pueblos que aún combaten por la independencia, por su liberación. Esa solidaridad, la firmeza con que se manifiesta resulta no sólo práctica solidaria, sino también confirmación del profundo carácter revolucionario de nuestro proceso liberador (Guevara 2003, 127-128).

Tres años más tarde Guevara hace un balance de la primera década de vida del ICAIC, y define las relaciones del Instituto con América Latina como el "reencuentro con la nación latinoamericana", es decir,

> *esa posibilidad* de forjar obras y todo un movimiento artístico en el clima moral de la construcción y la solidaridad internacional, en el espíritu

> de las luchas latinoamericanas por la liberación nacional, y en el ejemplo de los combatientes bolivianos y bolivarianos que comandara Che, no es sólo una obligación revolucionaria sino también una *oportunidad excepcional*: la de iniciar una revolución artística que en el documental cinematográfico encuentra acaso sus primeras manifestaciones. Una búsqueda que cuando se afirma en actos, permite en nuestro cine —como en el documental brasileño y boliviano— avizorar el cine revolucionario latinoamericano en formación (Guevara 1998a, 395)[99].

En la década siguiente, ese "encuentro" entre el ICAIC y América Latina se fortalecerá en diversos frentes, pero muy especialmente en el terreno de la actividad política.

## *Cumbite*: una parábola haitiana sobre el "desarrollo" en Latinoamérica

Haití, la tierra que se extiende al oriente de Cuba, separada apenas de la isla mayor del Caribe por un canal llamado el "Paso de los Vientos", es la primera "locación latinoamericana" en el cual se detiene la producción fílmica del ICAIC[100]. La antigua colonia francesa de Saint-Domingue fue la nación pionera del continente en alcanzar su independencia, la cuna de la primera gran sublevación de esclavos, el primer país de hombres libres en América. Precisamente, el miedo por parte del patriciado cubano decimonónico a una "revolución de negros" similar a la haitiana, retrasó por casi cien años la independencia de España, si se le compara con el resto de las naciones del continente. Haití y Cuba comparten en muchos sentidos una historia común, signada por una economía de plantación caribeña, el uso intensivo del trabajo esclavo procedente de África, y especialmente el hecho de ser "cuna de revoluciones", un elemento que resulta esencial para entender el contexto en el cual se realiza el filme *Cumbite* (1964), de Tomás Gutiérrez Alea (1928-1996). Como se explicará más adelante, el argumento de la película puede leerse como una gran parábola acerca de las fuerzas que pugnan en toda sociedad que intente articular un proceso de cambio, lo que Paranaguá (1996) denomina "la persistencia de las mentalidades más allá de la evolución social".

---

[99] Este artículo, incluido en el libro *Revolución es lucidez* (1998), fue publicado originalmente en la revista *Cuba*, el 1ro de mayo de 1969, con el título "10 años de revolución triunfante. 10 años de cine revolucionario".

[100] De hecho, *Cumbite* inaugura lo que será un interés recurrente del cine cubano por Haití, sobre todo del documental. Además de esta cinta, la filmografía del Instituto Cubano de Cine recoge los documentales *Simparelé* (1974, Humberto Solás), *Haití en la memoria* (1986, Gloria Rolando y Santiago Villafuerte), *Marta Jean-Claude en Haití* (1987, Juan Carlos Tabío), *Puerto Príncipe mío* (2000, Rigoberto López y Frantz Voltaire) y *Reembarque* (2014, Gloria Rolando).

*Cumbite*, la tercera cinta de Alea, llegó a las pantallas cubanas luego del éxito inesperado de la comedia *Las doce sillas* (1962) y de un primer largometraje titulado *Historias de la revolución* (1960), esta última, una cinta épica que abordaba la lucha contra la dictadura de Fulgencio Batista. Realizado en la década del sesenta como parte de la producción del aun flamante Instituto Cubano de Cine , en lo que concierne a América Latina, *Cumbite* expresa la transición entre la mentalidad desarrollista, tan presente en la década anterior, y el paulatino fortalecimiento de una conciencia revolucionaria radical. En tal sentido, este filme nos permite ilustrar los principales objetivos y principios de la política exterior del ICAIC hacia la región, planteando la cuestión del desarrollo como una temática fundamental tanto del pensamiento intelectual como de la praxis revolucionaria latinoamericana en la medianía del siglo XX.

La cinta se inspira en un clásico de la literatura haitiana, la novela *Gobernadores del rocío*, del escritor marxista Jacques Roumain (1907-1944). Roumain, amigo del poeta cubano Nicolás Guillén, llegó a ser Secretario General del Partido Comunista Haitiano, una organización que nunca fue reconocida por la Internacional Comunista[101]. La novela ya había sido publicada en Cuba en 1961 por la Imprenta Nacional, uno de los proyectos culturales más importantes del gobierno revolucionario, al frente del cual se nombró al escritor Alejo Carpentier, autor de una famosa noveleta ambientada en el Haití de los días previos a la revolución, *El reino de este mundo*. "Gobernadores del rocío", en creole, "*gouvèné rouzé*" es el título que tiene el campesino encargado del riego, de la irrigación, de todo lo que contiene la distribución de agua. Para desarrollar esta obra de irrigación se precisaba de "un trabajo agrícola colectivo", en creole, un *cumbite*[102].

La adaptación de *Gobernadores...* corrió a cargo del propio Alea y del narrador cubano Onelio Jorge Cardoso. Como señala la investigadora cubana Astrid

---

[101] En un pasaje de la novela, Roumain recita a través del personaje protagónico de Manuel, lo que podría ser una interpretación "haitiana" del *Manifiesto Comunista*, escena que no aparece recogida en la adaptación fílmica, pero que nos permite entender el punto de vista del filme. Dice así Manuel: "Somos este país y él no es nada sin nosotros, nada de nada. ¿Quién siembra, quién riega, quién cosecha el café, el algodón, el arroz, la caña, el cacao, el maíz, los plátanos, los víveres y todos los frutos si no lo hacemos nosotros?, ¿quién los hará crecer? Y con eso, somos pobres, es verdad, somos desgraciados, es verdad, somos miserables, es verdad. Pero, ¿sabes por qué, hermano? A causa de nuestra ignorancia: no sabemos todavía que somos una fuerza, una sola fuerza: todos los campesinos, todos los negros de la llanura y los cerros reunidos. Un día, cuando hayamos comprendido esta verdad, nos levantaremos de un extremo a otro del país y reuniremos la asamblea general de los gobernadores del rocío, el gran *cumbite* de los trabajadores de la tierra para deshierbar la miseria y sembrar la vida nueva" (Roumain 2004, 168).

[102] El vocablo *cumbite* proviene del español "convite". El *cumbite* era una especie de cooperativa en la que los miembros de la comunidad se comprometían voluntariamente y sin remuneración alguna a realizar trabajos agrícolas. El beneficiario tenía la única obligación de suministrar comida y bebida abundante a los trabajadores convidados.

Santana, en la filmografía de Titón se percibe como tendencia la "inclinación hacia los argumentos literarios, aunque siempre entendidos como fuentes culturales y no como simples estructuras narrativas que habrían de ser llevadas al audiovisual" (Santana Fernández 2010, 28). Ello se aprecia en filmes emblemáticos de Alea, como *Memorias del subdesarrollo* (1968) y *Fresa y chocolate* (1993), y es también un rasgo característico de la obra que nos ocupa.

La cinta, ambientada en el Haití de los años cuarenta, narra la historia de Manuel, un campesino que regresa a su comunidad natal llamada Fonds-Rouge, un nombre que parece inspirarse en una tierra árida e inhóspita que los campesinos del lugar llaman "Savane Désolé". Manuel vuelve a su aldea luego de pasar quince años como cortador de caña en la isla de Cuba, una práctica muy frecuente, ya que, desde la abolición de la esclavitud en Cuba en 1886, se empleó para realizar la zafra fuerza de trabajo asalariada procedente de Haití, a los cuales se les sometía a durísimas condiciones laborales. El recién llegado se encuentra con una comunidad castigada por la sequía crónica, en la cual cunde la desesperanza y la desunión. Decide buscar una fuente de agua que devuelva la vida al pueblo, pero para ello deberá enfrentarse al inmovilismo de gran parte de los pobladores.

Manuel se reencuentra con sus padres, un anciano matrimonio de campesinos a quienes ha castigado la vida. Délira Délivrance, la madre de Manuel, representa los valores de una campesina apegada a la tradición, temerosa de los dioses, y resignada a la mala voluntad del destino. Su esposo, Bienaimé, también se reconoce de espaldas a la buena suerte. Ambos atribuyen a la voluntad divina la mala racha por la que están pasando los habitantes de Fonds-Rouge. "Dios nos ha abandonado", le dice Délira a Manuel, "no hay ni un grano de lluvia en el cielo". "Están las cosas de la tierra y las cosas del cielo", le replica el hijo. "Es que dios ha abandonado al negro", insiste ella. "Es el negro el que ha abandonado la tierra", vuelve Manuel, quien atribuye causas naturales, "científicas", a la sequía: "los negros talaron el monte y por eso no llueve"[103].

"Hay que resignarse", le dicen una y otra vez al protagonista. "Cuando un hombre se resigna, se queda manco", replica este. Manuel, a diferencia de sus padres y del resto de los habitantes de la aldea, se reconoce como un agente que puede transformar la historia. Aunque es analfabeto, el filme deja claro que en el "esclarecimiento" del protagonista tuvo un papel fundamental la estancia en Cuba. Como cortador de caña, Manuel se sumó al movimiento obrero, participó en huelgas, escuchó la prédica de los líderes sindicales de la isla. "Allá en Cuba no nos resignamos", insiste Manuel. Pese a tratarse de "otra Cuba", del

---

[103] En la novela en la que se inspira la cinta, Roumain explicita las causas de la sequía: "Por supuesto que hicieron mal en cortar los árboles. En vida todavía del difundo Josaphat Jean Joseph, padre de Bienamé, los árboles crecían tupidos allá arriba. Incendiaron el bosque para hacer conucos: sembrar los frijoles-congo sobre la planicie, el maíz en la ladera del cerro" (Roumain 2004, 123).

país anterior a la Revolución, en su cinta Alea realza la importancia que tiene la isla como referente en las luchas emancipatorias que puedan emprenderse en el contexto regional.

Pero Manuel es más el líder progresista latinoamericano de los años cuarenta y cincuenta, que el marxista "esclarecido" de los años posteriores. Una canción, con letra del poeta haitiano René Depestre[104] y música de Enrique Simons, con la cual abre y cierra el filme, focaliza en la importancia del líder como agente de cambio, como catalizador de la historia. Dice así:

La flor comienza
une nuestras manos
Manuel es el canal
por donde corre el agua

El viento sopla
en las velas del *cumbite*
Manuel es el camino
que nos quitará la sed

En todo el cine de Alea, y *Cumbite* no es la excepción, el autor concede un papel esencial a la subjetividad, a esas condicionantes que en ocasiones retrasan y en otras aceleran la marcha de la historia. Manuel en este caso es el "camino", el "canal" donde corre el agua, el "héroe" catalizador que vence las condiciones materiales objetivas, que se impone a la pobreza estructural que aqueja su medio.

Resulta notable que la ideología en torno a la cual se desarrolla la narración es el desarrollismo de los años cincuenta, muy vinculado al discurso de la CEPAL, entendido como la necesidad de mejorar las condiciones de vida de la población mediante la transformación del entorno a través de la ciencia y la técnica. En la novela de Roumain, la sequía se atribuye a tres causas, todas materiales, como correspondería a un autor que hace una lectura marxista de los procesos sociales. En primer lugar, a la deforestación emprendida para obtener carbón para cocinar y vender en los mercados cercanos. A ello se suma la rapacidad de "agentes externos", como es el caso de Hilarión, jefe de policía local, que endeuda y embrutece a los campesinos vendiéndoles aguardiente, para luego quitarles sus tierras en pago. Finalmente, la sequía sería consecuencia del odio que divide al pueblo en dos bandos irreconciliables, por un asunto de reparto de tierras que terminó con sangre.

En la adaptación fílmica, sin embargo, las causas del atraso que sufren los habitantes de Fonds-Rouge son todas endógenas, la incultura, la desunión, incluso la vagancia. "Empezamos a morirnos antes de que se fuera el agua",

---

[104] Depestre trabajó en el filme como asesor de costumbres y de folklore.

llega a afirmar Manuel, ya que las rencillas intestinas impidieron la realización del *cumbite*, del trabajo colectivo. Destaca de sobremanera que en su discurso la cinta no haga prácticamente referencia a causas exógenas: las oligarquías locales, los imperialismos foráneos, y la propia osificación de un proceso revolucionario que terminó en una gran dictadura. "Cuando se hacen bien las cosas de la tierra no se necesita hablar del cielo", sentencia Manuel. Apenas, en una escena se abordan causas exógenas. Es sintomático que luego de una hora de película (de un total de una hora con veinte), es que aparezcan los primeros "explotadores", personificados en Hilarión y Florentine, su esposa, dueños de una tienda donde venden *clerén* (licor artesanal) a crédito. Según se hace ver, estos dos personajes son los únicos a quienes no conviene que aparezca el agua, porque así pueden seguir saqueando a los pobladores locales, y a fuerza de acumularles deudas, quedarse con sus tierras.

Referidas al campesinado haitiano, pero generalizables a este sector latinoamericano en su conjunto, el filme hace uso de sentidos movilizadores del *statu quo*, es decir, de contraideologías en tanto formas de resistencia y denuncia al sistema de creencias dominante. A la pasividad y resignación que predican los habitantes de Fonds-Rouge, se opone el discurso de Manuel, que aboga por la transformación del entorno. Al individualismo y la enajenación, se opone el activismo desde una visión colectivista. "Es que no sabemos todavía que somos una sola fuerza", afirma Manuel. Y también: "Nosotros somos la tierra y ella sin nosotros no es nada".

En una escena del filme, Manuel explica su obra de canalización para traer el agua a la comunidad: "Es un trabajo grande, es un *cumbite* general que tenemos que hacer todos los habitantes de Fonds-Rouge", dice. "¿Todos?", le pregunta el padre. A lo que él contesta: "Todos. Un grupo no puede con todo el trabajo. Además, ¿qué derecho tenemos de quitarle el agua a los demás?". A lo que el padre, representante de los viejos valores ancestrales, del egoísmo, le espeta: "El derecho de que la encontraste. El derecho de que los enemigos no tengan derecho". A lo que Manuel responde simplemente: "El agua es propiedad de todo el mundo". En esta escena se ilustra el gran debate ideológico de la época: la lucha entre el individualismo y la propiedad privada, frente al colectivismo y la propiedad comunal.

*Cumbite* hace un llamado a la implicación, un mensaje dirigido no solo a los cubanos que en los primeros años de la década del sesenta están aún decidiendo si insertarse o no en el cauce revolucionario, sino también a los latinoamericanos en general: la Revolución hay que hacerla. "¿Dónde está el valor de un hombre que huye?", le pregunta Manuel a un campesino que ha decidido "escapar" a la ciudad, presionado por la carestía crónica. A cambio de la entrega Manuel le ofrece: "Yo te prometo el agua". Y el agua podría interpretarse como la metáfora de un mundo mejor, de un destino diferente a la dura realidad del presente.

A la cosmovisión mágica, tan característica del mundo rural latinoamericano, se opone un pensamiento racional. "No creo que la sangre de un chivo derramada traiga lluvia a la tierra", dice Manuel[105]. Pero la cinta, del mismo modo que la novela, está inspirada en toda una cosmovisión bíblica. El personaje de Manuel recuerda un Cristo negro latinoamericano que cae traicionado por un igual, el campesino Gervilen, Judas local. Manuel ofrenda su sangre a cambio de restablecer el equilibrio en la comunidad. En su lecho de muerte, el protagonista perdona los pecados del agresor y pide olvidar la venganza. Solo es importante salvar el agua para la comunidad. Igualmente bíblica es la escena en la que Manuel cita a su enamorada Annaïse a lo alto de un monte, y como Moisés, le describe los portentos de lo que será Canaán, la tierra prometida, una vez llegue el agua al valle.

En su adaptación fílmica, Alea traslada el protagonismo del "gobernador del rocío", en este caso Manuel, un ente individual, al *cumbite*, es decir, al accionar colectivo. "Algún día haremos un *cumbite* para acabar con la miseria", augura Manuel. Y es este precisamente la escena que cierra el filme, una apoteosis del colectivismo, la resurrección de Manuel en "el pueblo", ente colectivo y abstracto, que trabaja por superar los obstáculos que le impone la vida. Una cámara en mano mostrará a los hombres trabajando, acompañados por los versos del Simidor, el cantor de la comunidad.

*Cumbite* se inscribe de lleno en la tradición estética y temática del NCL, en tanto pone ante las cámaras en calidad de protagonistas a personajes históricamente preteridos de la imagen fílmica, como es el caso de los campesinos, aquellos seres que en el propio filme el personaje del Simidor define "como los calderos, que cocinan la comida y después no pueden ir a la mesa porque ensucian el mantel".

Destaca el valor testimonial de la cinta, que recoge un conjunto de prácticas religiosas y culturales haitianas. Por ejemplo, la larga secuencia de diez minutos en la que se presenta con todo detalle el sacrificio ritual de un chivo, y donde el *hougan* o sacerdote traza en el suelo el *vêvê* mágico, es decir, el dibujo simbólico que representa los atributos del dios con el propósito de convocarlo. Mostrando la cultura y tradiciones de un pueblo invisibilizado, *Cumbite* reconecta con uno de los principales troncos étnicos de América Latina, en este caso la población afrodescendiente.

Alea gusta de fusionar prácticas documentales dentro de la propia ficción, como se aprecia en *Cumbite,* y hará sobre todo unos años más tarde en su obra cumbre, *Memorias del subdesarrollo.* De acuerdo con Michael Chanan, gran parte de la cinematografía de Titón posee la impronta del realismo documental: "él nunca olvidó las lecciones de neorrealismo que se enseñaban en el *Centro Sperimentale de Roma*, donde estudió cine a principios de los años 50, aun cuando creía que las condiciones propias de la Revolución llevaban al cine

---

[105] En la novela, Roumain dirá por boca de Manuel: "Ofrecieron sacrificios a los loas, ofrecieron la sangre de los pollos y cabritos para que caiga la lluvia, eso no sirvió de nada. Porque lo que cuenta es el sacrificio del hombre. Es la sangre del negro" (Roumain 2014, 237).

más allá del punto en que lo situó la estética neorrealista" (Chanan 2001). Sin embargo, en el caso particular de *Cumbite*, a juicio de este autor se trataría de "una especie de adiós al neorrealismo, una visión fría, casi antropológica, de un Haití visto con una óptica que en Cuba ya casi no era posible, porque la sociedad estaba cambiando dramática y rápidamente" (Chanan 2001).

En opinión de Luciano Castillo, en *Cumbite* "la cámara operada por José López, de acuerdo a la concepción del fotógrafo Ramón F. Suárez, se integra como un personaje más para indicar aquellos detalles que podrían perderse con una actitud contemplativa" (Castillo 2010). Chanan (1985), por su parte, destaca el uso de la cámara en el registro de estas ceremonias, sin ningún rastro de voyerismo, pero moviéndose alrededor con considerable fluidez, lo que aporta autenticidad al relato.

Para ilustrar el contexto en el cual se desarrolla la producción de *Cumbite*, recurrimos al testimonio de la española Margarita Alexandre (1923-2015), quien trabajó durante casi una década en el ICAIC como productora ejecutiva. Alexandre colaboró con Titón en los filmes *Las doce sillas*, *Cumbite* y el antológico *La muerte de un burócrata* (1966). En 1971, desencantada con el proceso revolucionario cubano, regresó a Europa. Rememora así la cineasta española la realización de *Cumbite*:

> Ninguno de nosotros conocía la existencia de haitianos en Cuba, pero supimos que vivían y trabajaban en los campos de caña camagüeyanos,[106] olvidados por la Revolución. Titón quería que la producción le ayudara a conseguir la autenticidad que requería el argumento, de modo que a pesar de la aparente sencillez del relato, el trabajo de producción fue extraordinariamente difícil. Los haitianos que conseguíamos abordar escuchaban las preguntas pero no contestaban. Hasta que un día se me ocurrió ofrecer unos pesos a uno de ellos y enseguida supimos que se iba a celebrar un vudú en un bohío. Nos perdimos entre un mar de cañas bajo una lluvia torrencial, el *jeep* se atascó, no pasaba un alma y los mosquitos nos comían vivos. Cuando amaneció, mi ayudante de producción fue en busca de ayuda y regresó con un penco. Titón, Sara Gómez, René Depestre y yo salimos de allí a lomos del penco orientados por lejanos toques de tambores haitianos y conseguimos llegar al bohío del vudú. Allí, la matrona degolló un chivo y bebimos su sangre caliente (en García Borrero 2015, 230).

Fue imposible rodar el filme en Haití y se seleccionó entonces un pasaje desértico cercano a la ciudad de Guantánamo, en el extremo oriental de Cuba, llamado Baltiquirí, con características similares a la región que se describe en la novela. La puesta en escena del filme, en especial la relación simbólica que se establece entre el propio desarrollo de la historia y la tierra requemada y maldita

[106] Camagüey, provincia situada en el oriente de Cuba.

de Fonds-Rouge, evoca a otros clásicos del cine latinoamericano de la época, en especial los filmes del *Cinema Novo* ambientados en el *sertão* brasileño.

Chanan (1985) señala la impronta neorrealista de este filme, que a su juicio es no solo la última gran obra inspirada en este movimiento que produce el ICAIC, sino también la que más se ciñe a sus cánones. Destaca el uso de la fotografía en blanco y negro, y de la iluminación de altos contrastes, cuya combinación ofrece una imagen descarnada del ambiente tropical; el uso del sonido ambiente; la grabación en locaciones naturales; y el propio ritmo de la historia, que se detiene con todo propósito en documentar prácticas relacionadas con el mundo rural haitiano. En lo que concierne al montaje, *Cumbite* es resultado de la colaboración de especialistas provenientes de Latinoamérica. Mario González (1908-1998), nacido en Cuba, fue uno de los editores más emblemáticos del cine mexicano en su época dorada. González editó más de cincuenta filmes, y ya en el ICAIC trabajó bajo la dirección de Gutiérrez Alea en los filmes *Historias de la Revolución*, *Las doce sillas*, *Cumbite* y *La muerte de un burócrata*.

A los elementos que hacen de *Cumbite* un filme cercano al neorrealismo, se suma el tratamiento de los personajes, los cuales guardan relación con el canon de este movimiento fílmico, que tiende a presentarlos "sin contradicciones", ya sea como sujetos integralmente bondadosos (Manuel, Annaïse) o absolutamente perversos (Gervilen, Hilarion, Florentine), sin contradicciones internas. Destaca además el empleo de actores no profesionales. Al respecto señala Luciano Castillo,

> Desde el primer momento, se propuso incluir algunos actores no profesionales de origen haitiano, por la alta migración existente en Cuba durante años. Para el personaje protagónico de Manuel, descubrió a su intérprete en un corte de caña;[107] para el de la muchacha, en una escuela habanera. Ambos carecían de toda experiencia escénica y sus limitaciones provocaron no poco trabajo. A ellos se sumó la veterana actriz Teté Vergara, quien tampoco consiguió convencer al realizador, que atribuye como un talón de Aquiles de la película la ausencia de buenas interpretaciones (Castillo 2010).

En *Cumbite* no podemos ver una obra por encargo, sino un texto que clasificaría dentro del más puro cine de autor, aunque en más de una ocasión Titón confesaría que esta película era la que menos le gustaba de entre todos sus filmes. La cinta, más allá de la libertad creativa con la que contó Alea, es expresión de una época, lectura particular de un determinado contexto sociohistórico marcado por los primeros años de la Revolución Cubana. Su autor, uno de los principales fundadores del ICAIC, defensor de la política de Fidel Castro,

[107] Lorenzo Paul, quien interpreta a Manuel, era descendiente de haitianos cortadores de caña y de hecho su historia se confunde con la del personaje a quien da vida.

pero también uno de los críticos más lúcidos de las desviaciones del proceso, no fue nunca militante del PCC, ni ocupó cargos importantes de dirección. Titón nació en el mismo año que el cineasta brasileño Nelson Pereira dos Santos, el colombiano Gabriel García Márquez y el argentino Ernesto Che Guevara, y sus preocupaciones existenciales, su ciclo creativo, es el de una generación que busca soluciones a las profundas inequidades estructurales de América Latina, y que ve en el camino emprendido por la Revolución Cubana una solución posible a los grandes problemas económicos, políticos, culturales y en general humanos que aquejaban al continente.

Refiriéndose al contexto en el cual cobró vida *Cumbite*, Margarita Alexandre asegura que Gutiérrez Alea emprendió esta obra para cumplir con el contrato que tenía con el ICAIC, de producir un film al año. "Titón conocía las dificultades que tendría cualquiera de los temas que rondaban por su cabeza —luego confluirían en *Memorias del subdesarrollo*— así que aceptó una idea sugerida por René Depestre, un poeta haitiano que nos acompañaría durante el rodaje como intérprete de *patois*" (en García Borrero 2015, 230). De este modo, y siempre en opinión de Alexandre, Titón eligió *Cumbite* "porque la galopante rigidez ideológica le impedía realizar otra obra. Había filmado una historia avara en palabras y situaciones sin querer añadir una coma y, como los monjes con el cilicio, filmó un documental tan honesto como su creador. No fue solo una obra seria y respetuosa, quizás fue una protesta" (en García Borrero 2015, 231).

Como ocurre con todo el cine de Alea, en *Cumbite* se identifican varios niveles de lectura. Por una parte, y de manera más evidente, la visualización de sujetos y prácticas culturales preteridas por una cultura blanca y europeizante. En un segundo nivel, un discurso de solidaridad con el campesinado haitiano y en general una defensa a los valores del colectivismo. Pero *Cumbite* es también una lectura crítica a las contradicciones internas que se producen al interior de una sociedad "subdesarrollada", como es la haitiana y, por extensión, la cultura latinoamericana en su conjunto. Finalmente, como destaca Chanan (1985), subyace el rechazo a la idea sectaria que solo los elementos proletarios más puros de la sociedad son capaces de una acción revolucionaria correcta, ya que en este caso el agente de cambio es un campesino analfabeto.

*Cumbite* manifiesta el interés del ICAIC por visualizar espacios y sujetos de la realidad latinoamericana preteridos hasta ese entonces tanto por la cinematografía cubana como por la regional. Es un primer acercamiento a Latinoamérica, un modo de poner en evidencia las profundas contradicciones estructurales del continente y sus islas, de abogar por la necesaria organización en torno a un líder y emprender así una lucha, aun no con la radicalidad y la "conciencia revolucionaria" de los años posteriores, pero sí con una voluntad transformadora. Expresa claramente la visión del ICAIC, y de la Revolución toda en ese entonces, a favor de la tesis insurreccional en América Latina. Es decir, el camino para "vencer al subdesarrollo" pasaba por una acción colectiva transformadora, un *cumbite* convocado por un líder "popular" que trajera la prosperidad siempre anhelada.

CAPÍTULO 5

# Los setenta, la década del panfleto: revolución y resistencia en el campo de la actividad cinematográfica

El cineasta chileno Patricio Guzmán, autor de la famosa trilogía *La batalla de Chile* (1975, 1976, 1979) y quien luego del golpe militar pinochetista vivió durante unos años en La Habana, ajustaba cuentas con el cine político de la década del setenta en los términos que siguen:

> Durante mucho tiempo nos hemos autonegado el uso de la estética, el uso del lenguaje moderno, el uso del color en toda su expresión, el uso del sonido complejizado. Nos hemos negado a utilizar el cine como arte. Hemos sido irrespetuosos con el cine. Hemos sido descaradamente irrespetuosos con el lenguaje cinematográfico. Nos hemos comportado como si el discurso político lo solucionara todo (Guzmán 1981).

Las palabras fueron pronunciadas en diciembre de 1980, durante el II Festival Internacional del Nuevo Cine Latinoamericano de La Habana, y resultarían impensables en un espacio como este apenas unos años antes. Pero era otro el contexto, y las declaraciones de Guzmán, uno de los cineastas más lúcidos del nuevo cine chileno, podrían interpretarse como un giro en la concepción de una praxis fílmica signada, entre otros factores, por el "cine imperfecto" de Julio García Espinosa, quien iniciando los años setenta, haciendo suyo el sentir de una época, había abogado por una producción donde no fuera tan importante la calidad técnica como el contenido libertario de la misma (García-Espinosa 1971)[108].

---

[108] La investigadora Claudia González atribuye a este texto una importancia capital

---

**Cómo citar este capítulo:**
Salazar Navarro, S. 2020. *Cine, revolución y resistencia. La política cultural del Instituto Cubano del Arte e Industria Cinematográficos hacia América Latina*. Pp. 163-219. Pittsburgh, Estados Unidos: Latin America Research Commons. DOI: https://10.25154/book5. 

En Cuba, la década del setenta está signada por el paulatino acercamiento entre La Habana y la Unión Soviética. La llamada Zafra de los Diez Millones (1970), el último intento por lograr una base económica que permitiera la construcción de un socialismo endógeno, había terminado en el más absoluto fracaso, ya que no solo no se cumplieron los volúmenes planificados, sino que en el intento se terminó paralizando el aparato productivo cubano. Por cierto, durante ese año el ICAIC no produjo ni un solo largometraje. Moscú salió al rescate de una economía al borde del colapso, aunque a cambio aumentó la presencia de "asesores" soviéticos, y dentro del aparato institucional cubano ganaron importantes espacios figuras vinculadas al viejo Partido Socialista Popular (PSP), de tendencia estalinista y en consecuencia alineado a Moscú. En 1972, Cuba comenzará a integrar el Consejo de Ayuda Mutua Económica (CAME), el bloque comercial del llamado "campo socialista".

El fracaso de la Zafra implicó no solo un reajuste en el modelo económico cubano, sino también en lo político. "El acoso económico al país y la recrudecida intolerancia, condujeron al convencimiento coyuntural de que únicamente la unidad monolítica del pensamiento garantizaría la continuidad histórica del proyecto revolucionario" (Caballero & Río 1995, 104). Un año más tarde, entre el 23 y el 30 de abril de 1971, se celebró en La Habana el Primer Congreso Nacional de Educación y Cultura, que marcó un alineamiento del campo cultural cubano a las posiciones más dogmáticas y prosoviéticas, que habían logrado mantenerse a raya durante la década anterior. Se estimuló una "moral revolucionaria", la cual debía ser el modelo a seguir por intelectuales y artistas, so pena de expulsión de sus respectivos empleos. En la misma semana en la que transcurría el Congreso, se desarrolló en la sede de la UNEAC el famoso caso Padilla, al cual ya se ha hecho mención, que tuvo por consecuencia no solo la ruptura con gran parte del campo intelectual latinoamericano, sino que en lo interno desencadenó un proceso de acusaciones y purgas. En la práctica, inició así el llamado "quinquenio gris", signado entre otras acciones por los ataques a las "desviaciones" en la construcción del "hombre nuevo", lo que implicó, entre otros aspectos, la censura a la música anglófona (Los Beatles

---

en lo que respecta a los grandes hitos de la política del ICAIC. A su juicio, la década del setenta comenzó para la revista *Cine Cubano*, principal publicación del Instituto y por lo tanto su vocero programático, con la publicación de este trabajo de García-Espinosa, escrito dos años antes: "Si en el número primigenio de la publicación Guevara había planteado, en su célebre texto 'Realidades y perspectivas de un nuevo cine', que el cine cubano debía ser comercial y técnicamente terminado, nueve años después García-Espinosa provocaría un drástico giro al aseverar, como preludio de su texto, que: 'Hoy en día un cine perfecto —técnica y artísticamente logrado— es casi siempre un cine reaccionario'" (González Machado 2013, 110). Sin embargo, en lo que respecta a la política específica del ICAIC hacia América Latina, ya desde el primer número de la década del setenta (60-62, año 10) se anuncia un interés marcado hacia la región, cuestión que abordaremos posteriormente con mayor detenimiento.

y los Rolling Stones, por ejemplo), el uso de melenas, así como "el combate a la homosexualidad".

Al ICAIC, el Congreso le criticó su política abierta e inclusiva, sobre todo en lo que se refiere a la política de exhibición, ya que como es sabido el Instituto había defendido la presentación de filmes de diversas latitudes del mundo, incluyendo a representantes de lo que se denominó el "capitalismo decadente"[109]. El Congreso le reclamó al Instituto:

> La continuación e incremento de películas y documentales cubanos de carácter histórico como medio de eslabonar el presente con el pasado, y plantear diferentes formas de divulgación y educación cinematográficas para que todo nuestro pueblo esté en condiciones de ser cada vez más un espectador activo y analítico ante las diversas manifestaciones de este importante medio de comunicación (en Díaz & Río 2010, 38).

En lo que respecta al trabajo del Instituto hacia América Latina, el propio Alfredo resume la intervención de Fidel Castro en el Congreso acerca de este tema, en carta dirigida al cineasta Miguel Torres, con fecha 5 de mayo de 1971. Torres se encontraba en ese momento en Chile filmando el documental *Introducción a Chile*. Le cuenta Guevara:

> En otra carta que he preferido hacerte por separado te cuento la intervención de Fidel en la Sub-Comisión 6B del Congreso Nacional de Educación y Cultura y su defensa, apoyo y reconocimiento al trabajo del ICAIC, y a mí mismo. Y también te digo de cómo destacó el papel que nuestro cine juega y puede jugar en la lucha de los pueblos latinoamericanos por su liberación. Tal vez esto te ayude a comprender y valorar mejor *los deberes revolucionarios de un director de cine revolucionario en un continente en revolución*[110] (Guevara 2010, 244).

En su discurso, Fidel felicita al cine del ICAIC, tanto documental como de ficción, por su papel como instrumento ideológico de la Revolución Cubana en América Latina, y herramienta de apoyo a la lucha por la liberación del continente. En otra carta dirigida a Torres, esta con fecha 6 de mayo de 1971, Alfredo le trasmite el clima de optimismo que existe en el Instituto con este discurso:

> No tengo que describirte nuestra alegría ante las palabras de Fidel. Ante un reconocimiento público que afirma nuestra línea, y nos obliga honrosamente a un compromiso revolucionario aún mayor. Y te digo así,

[109] En el número 69-70(11) de 1971, la revista *Cine Cubano* publicó varias de las ponencias presentadas por los cineastas que asistieron al Congreso.

[110] Los subrayados son del propio Alfredo. Ocurre del mismo modo en las citas que siguen.

> público, porque desde hace varias semanas él me había hecho saber personalmente su opinión, subrayando que era la de los compañeros de la Dirección (Guevara 2010, 248).

El Congreso fue el colofón de la llamada Ofensiva Revolucionaria, iniciada en 1968, la cual se proponía eliminar en Cuba "los últimos vestigios del capitalismo". Se expropiaron los negocios que aún permanecían en manos particulares (desde barberías a ventas callejeras de frituras), al tiempo que en lo político se estipulaba la hegemonía del Partido Comunista en todos los frentes, desde la cultura a la economía y la política. El "quinquenio", como es evidente, afectó seriamente a la totalidad del campo cultural cubano, pero algunas instituciones lograron resistir mejor al extremismo político, teniendo en cuenta sobre todo la relativa autonomía con la que contaban, basada en el prestigio de sus dirigentes y en la relación directa que mantenían estos con el grupo gobernante. El Ballet Nacional de Cuba, la Casa de las Américas y el propio ICAIC fueron diques que contuvieron hasta cierto punto las prácticas del comisariado político de la época, espacios en los que se refugiaron muchos de los artistas perseguidos, provenientes del campo literario, la televisión y las artes escénicas, entre otros. También resulta sintomático que ningún trabajador del ICAIC pasara por las tristemente célebres Unidades Militares de Ayuda a la Producción (UMAP), verdaderos campos de reeducación para homosexuales, religiosos y otros "desviados" en la construcción socialista del "hombre nuevo"[111]. En el Instituto Cubano de Cine encontraron refugio figuras de la talla de Pablo Milanés, Silvio Rodríguez, Sara González, Luis Rogelio Nogueras y Víctor Casaus. Estos artistas, fundadores del llamado Movimiento de la Nueva Trova y articulados en torno al Grupo de Experimentación Sonora del ICAIC, contribuyeron a la oxigenación del Instituto durante aquellos años grises. Así lo afirman los críticos cubanos Rufo Caballero y Joel del Río:

> La música popular, Nueva Trova mediante, y el cine marcaron sin embargo un paréntesis renovador cuando más arreciaba la grisura conformista del peor decenio de la cultura en la Revolución. La Nueva Trova conmocionó lo histórico marmóreo valiéndose de una mirada afectiva, cálida, a los símbolos, a los héroes, a la historia. En el cine no repercutió de inmediato la andanada positivista e incolora de los setenta, en buena medida gracias al desfase temporal que existe entre la concepción de un filme y su estreno, amén de que el ICAIC supo incidir en la política cultural más que convertirse en producto terminado y complaciente de ella. Ciertamente, la mediación del proceso

---

[111] Las UMAP existieron entre 1965 y 1968, y por ellas pasaron unos 25 mil hombres, jóvenes en edad militar que por diversos motivos se negaban a hacer el servicio militar obligatorio, o bien que eran rechazados en las Fuerzas Armadas Revolucionarias de Cuba.

> industrial explica en parte que la perspectiva reductora e inmune a renovaciones, propia de los setenta, no permeara nuestros filmes de manera inmediata, sino hasta poco después, ya en los años ochenta (Caballero & Río 1995, 104).

Pese a ello, el intenso control político sobre el medio cultural incidió en la calidad de la producción cinematográfica, que después de una etapa floreciente a finales de los años setenta, con filmes emblemáticos como *Memorias del subdesarrollo* (1968, Tomás Gutiérrez Alea) y *Lucía* (1968, Humberto Solás), ponderará los largometrajes históricos y una documentalística apegada al didactismo político. "Paralelamente con el documental didáctico, historicista o no, se estimuló la creación de un cine afirmativo, de constante apelación al espíritu revolucionario, comunista e internacionalista de las masas" (Díaz & Río 2010, 42). En el campo de la creación cinematográfica, las producciones del ICAIC durante esos años se concentran en temas históricos, más que en dialogar críticamente con la realidad cubana, como había sido habitual en las obras de la década precedente. Son años de patrioterismo y altisonancia, de explícita lucha de clases, de intransigencia ideológica. Tal y como afirma Claudia González, "no sólo decayó notablemente la producción fílmica, sino que, además, la rica y problematizadora mirada a la realidad que la había caracterizado durante los sesenta, se hizo prácticamente nula, para convertirse en una visión 'militante' y 'políticamente correcta', no pocas veces monótona y 'gris'" (González Machado 2013, 120).

El Primer Congreso del Partido, celebrado en 1975, abogó por una profunda reestructuración del medio cultural, que terminó con la creación del Ministerio de Cultura (MINCULT), al cual se subordinó el ICAIC, hasta ese entonces un organismo autónomo, adscrito únicamente al control de la máxima dirección del país. En lo que al ICAIC se refiere:

> Entre 1976 y 1982 el ICAIC produjo solo diez largometrajes de ficción, pues se privilegiaban los documentales, particularmente los de inclinación didáctica ideológica y movilizadora, como reportajes internacionales y de solidaridad tercermundista, o develadores de la evolución de la historia y la cultura cubanas (Díaz & Río 2010, 42).

Entre los muchos títulos que salen a la luz durante esos años, con temáticas políticas y/o internacionalistas, se encuentran *Tercer Mundo, Tercera Guerra Mundial* (1971, Julio García-Espinosa), *¡Viva la República!* (1972, Pastor Vega), *Girón* (1972, Manuel Herrera), *La quinta frontera* (1974, Pastor Vega), *Angola, victoria de la esperanza* (1976, José Massip), *55 hermanos* (1978, Jesús Díaz) y *Etiopía: diario de una victoria* (1979, Miguel Fleitas).

Las publicaciones del Instituto se vieron del mismo modo afectadas, como fue el caso de la revista *Cine Cubano* que dejó de ser editada durante los años 1975, 1976 y 1977, perdiéndose así su continuidad luego de catorce años de existencia. El discurso de la revista también protagonizó un giro con respecto a los años anteriores. A decir de Juan Antonio García Borrero, la revista "hasta entonces un hervidero de ideas y polémicas, opta por conformar números monográficos de escasa reflexión conceptual y abundantes informes, balances y estadísticas sociológicas, la mayoría de ellos relacionados con las luchas protagonizadas entonces en el continente" (en González Machado 2013, 121).

En el plano internacional, el sangriento golpe de Estado que depuso a Salvador Allende en Chile, el 11 de septiembre de 1973, marcó un nuevo "reajuste" de las relaciones entre Cuba y América Latina, iniciándose así la larga década de las dictaduras en el continente. En lo interno, el gobierno pinochetista

> desencadenó una masiva represión contra las organizaciones sociales y políticas que habían apoyado el gobierno de Allende, para lo cual se valió de un uso recurrente del terror como arma de amedrentamiento, y detenciones, fusilamientos y desapariciones de millares de simpatizantes y militantes de izquierda, mientras que otros fueron obligados a abandonar el país. Enseguida, se procedió a desmontar la institucionalidad anterior (se impusieron el estado de sitio y el toque de queda en todo el territorio nacional, se clausuró el Legislativo, se proscribieron los partidos políticos, se disolvió el Tribunal Constitucional, se eliminó del Estado a los funcionarios simpatizantes de los partidos proscritos, se destruyeron los registros, electorales, se implantó la censura, se intervinieron las universidades y colegios y se delineó un nuevo proyecto histórico) (Fazio Vengoa 2014, 112).

En Cuba, encontraron refugio no solo miles de chilenos perseguidos por la dictadura, sino de otras nacionalidades del continente, especialmente de Sudamérica. Muchos de los artistas perseguidos, como se verá más adelante, trabajaron en el ICAIC.

## Relaciones del ICAIC con América Latina durante la década del setenta

Este nuevo marco epocal está signado, entre otros factores, por un recrudecimiento del aislamiento externo a la Revolución Cubana, en especial en lo que respecta a los países latinoamericanos, muchos de ellos bajo gobiernos dictatoriales y derechistas; el dogmatismo interno, marcado por la aproximación a los cánones estéticos y artístico-productivos de la Unión Soviética; y además, por un importante giro en la política exterior del gobierno cubano, que a medida que avanza la década del setenta, situará en África y Asia (sobre todo Vietnam) su frontera de activismo internacionalista.

Como hemos visto, desde el mismo triunfo de la Revolución, Alfredo Guevara mantiene correspondencia con líderes emergentes latinoamericanos. Este es el caso del joven luchador estudiantil brasileño José Dirceu,[112] quien por ese entonces se encuentra exiliado en Cuba. El intercambio epistolar entre Guevara y Dirceu es relevante a la hora de entender el contexto cubano y latinoamericano de los primeros años setenta, y los referentes intelectuales desde los cuales se nutrirá toda una generación. Dirceu, radicado en este momento en la ciudad oriental de Santiago de Cuba, le contará a Alfredo acerca de sus lecturas, que son expresión de las de un amplísimo grupo de revolucionarios latinoamericanos formados ideológicamente en Cuba. Cuenta Dirceu a Alfredo:

> Cada día que pasa se hace más difícil permanecer lejos de los nuestros y de la lucha; traté de leer y conseguí hacer un buen estudio sobre Brasil, después hice un estudio de las experiencias de Perú, Guatemala, Venezuela, y leí algunos estudios de Mao y los libros más importantes sobre la guerra en Cuba. Conseguí en la Biblioteca de Santiago los *Pensamiento Crítico*[113] que no teníamos y estoy leyendo los artículos principales. Leí

[112] La vida de José Dirceu parece tomada de una obra de ficción. Nacido en Pasa Cuatro, Minas Gerais, el 16 de marzo de 1946, Dirceu se mudó a São Paulo a los quince años. En 1965, comenzó estudios en la Universidad Pontificia Católica, lugar donde inició su actividad política dentro del movimiento estudiantil contra el gobierno de facto proclamado un año antes. Fue encarcelado por la dictadura militar y canjeado por el embajador norteamericano, quien había sido secuestrado por la guerrilla brasileña. Tras su liberación, Dirceu fue deportado a México, desde donde se trasladó a Cuba, país donde recibe entrenamiento guerrillero. En 1971, regresa clandestinamente a Brasil en donde permanece un año. En 1974, tras someterse a una cirugía plástica en Cuba y cambiar de nombre, vuelve nuevamente a su tierra. Su identidad permaneció en secreto, incluso para su esposa, hasta el 28 de agosto de 1979, fecha en que fue declarada la amnistía a los presos políticos brasileños. Dirceu regresó Cuba, donde se sometió a una nueva operación para recuperar su rostro original. De vuelta a Brasil, se insertó en el mundo de la política oficial. En 1980, fue junto con Luiz Inácio Lula da Silva uno de los fundadores del Partido de los Trabajadores (PT), llegando a ocupar su presidencia entre 1995 y 2002. Ese año, después de la toma de posesión de Lula, se convierte en Jefe de Gabinete hasta que en el 2005 fue acusado de corrupción. El Tribunal Supremo Federal de Brasil lo condenó en 2012 a siete años y 11 meses de prisión. Dirceu estuvo once meses arrestado y después continuaría cumpliendo su pena en un régimen semiabierto. Posteriormente, ha tenido otros encuentros con la justicia, quien le imputa varios casos de corrupción.

[113] Revista mensual publicada en La Habana entre 1967 y 1971, de la que aparecieron 53 números en 49 volúmenes. Dirigida por el filósofo Fernando Martínez Heredia y muy cercana a las posiciones del Che Guevara, la revista recogió las obras de autores de la izquierda mundial, y sobre todo propuso una interpretación cubana y latinoamericana del marxismo, en detrimento del llamado "marxismo-leninismo" soviético. En 1971, en pleno "quinquenio gris", fue clausurado el Departamento de Filosofía de la Universidad de La Habana, del cual provenía la mayor parte del consejo editorial de la revista, lo que marcó el cierre definitivo de la publicación, acusada de promover el "diversionismo ideológico".

> *Los condenados de la tierra*, de Fanon[114] y encontré a un hombre político además de enseñanzas prácticas imprescindibles para un revolucionario "o aprendiz de". Gunter Frank, a pesar de algunos errores de apreciación, defiende tesis correctas y necesarias en la lucha ideológica contra la social-democracia latinoamericana que ya tiene una deuda histórica con la revolución, mayor que sus predecesoras alemana, francesa e italiana (en Guevara 2010, 203).

En este escenario, el ICAIC proyecta sus relaciones con América Latina, las cuales pueden rastrearse en algunos documentos con carácter programático de Alfredo Guevara, quien durante toda la década del setenta se mantendrá al frente del Instituto, y desde la creación del MINCULT, en calidad de Viceministro de Cultura.

En un texto de 1974, titulado "Notas sobre la política cultural del Partido. Informe interno a la Comisión Cultural del Comité Central del PCC",[115] el presidente del ICAIC plantea un conjunto de consideraciones en torno a lo que va a ser la definición de la política cultural del Partido, y dentro de ella lo referente a la propia actividad cinematográfica.

Este informe es relevante, en tanto sistematiza los principales objetivos y acciones de la política exterior del ICAIC hacia Latinoamérica en los primeros quince años de vida del Instituto, al tiempo que establece líneas de trabajo de acuerdo con el nuevo contexto histórico. A juicio del propio Guevara, la producción del ICAIC hacia la región, sus publicaciones, y las propias acciones que ha venido desarrollando el Instituto en colaboración con sus pares regiones, tienen como propósito servir de "instrumento de combate y resistencia en la lucha por la liberación nacional".

Como parte de esta actividad latinoamericanista, Alfredo destaca tres grandes líneas de acción que se han venido desarrollando desde los años sesenta: 1) el apoyo a numerosos cineastas latinoamericanos (chilenos, brasileños, bolivianos, peruanos, panameños y venezolanos) quienes se han servido de las instalaciones del ICAIC para desarrollar sus obras; 2) la promoción del cine

---

[114] Fanon será una de las principales fuentes de inspiración teórica de los revolucionarios de aquel entonces. En el número 60-62 (10) de 1970, *Cine Cubano* publica fragmentos del clásico texto de Frantz Fanon, titulado *Sobre la cultura*. En este trabajo, afirma el autor martiniqués: "La cultura nacional no es el folklore donde un populismo abstracto ha creído descubrir la verdad del pueblo. No es esa masa sedimentada de gestos puros, es decir, cada vez menos atribuibles a la realidad presente del pueblo. La cultura nacional es el conjunto de esfuerzos hechos por un pueblo en el plano del pensamiento para descubrir, justificar y cantar la acción a través de la cual el pueblo se ha constituido y mantenido. La cultura nacional, en los países subdesarrollados, debe situarse, pues, en el centro mismo de la lucha de liberación que realizan esos países" (Fanon 1970, 59).

[115] El texto fue posteriormente recogido en Guevara, Alfredo. 1998. *Revolución es lucidez*. La Habana: Ediciones ICAIC, pp. 219-289.

cubano en Latinoamérica, a través casi siempre de circuitos alternativos como universidades y cineclubes, donde destaca la realización de Semanas y Festivales de cine en países como Chile, Uruguay, Perú, México, Jamaica, Venezuela y Panamá; y finalmente 3) la experiencia de la revista *Cine Cubano*, que en tanto órgano del ICAIC, fue trasladando a partir de los años 1967-1968 su línea editorial desde cuestiones propiamente nacionales hasta convertirse en "testimonio teórico y crítico de la cultura cinematográfica latinoamericana que emerge" (Guevara 1998a, 266)[116].

En este informe es posible además rastrear los fundamentos teóricos sobre los cuales descansa el latinoamericanismo del ICAIC en los primeros años de la década del setenta, el cual se basa en una "internacionalización" de la idea fidelista de los "Cien años de lucha" (1868-1968), desde la cual se enfoca la historia nacional como una guerra constante por la libertad, la cual tuvo su primer hito en las gestas independentistas del siglo XIX, pasando por la llamada "revolución del treinta", y culminando con el triunfo del 1.º de enero de 1959. Alfredo Guevara, inspirándose en el discurso de Fidel Castro, habla de una América Latina que se construye y reconstruye como "nación" a través de una lucha ininterrumpida, primero contra el ocupante colonialista y luego contra el "imperialismo" y sus aliados, las oligarquías locales:

> En ese combate como Cuba en los cien años de lucha (recordar el discurso de Fidel el 10 de octubre de 1968), se refunde, reconstruye, se crea la nación latinoamericana, la comunidad de Estados (y naciones) que tienen iguales raíces, la misma lengua, combates similares, iguales enemigos, y un mismo destino, la misma historia y el mismo ámbito geográfico, pero sobre todo, y al mismo tiempo, la misma, única, posibilidad de enfrentar el porvenir, es decir, la derrota del imperialismo, y la lucha contra el subdesarrollo y por el desarraigo de sus huellas y consecuencias. Esa misma y única posibilidad es hoy, en nuestros días, el socialismo (Guevara 1998a, 260).

[116] En un texto de 1971, que lleva por título "El cine cubano en América Latina", publicado precisamente en *Cine Cubano*, el cineasta Daniel Díaz Torres afirma que el ICAIC tiene el deber de "encontrarnos a nosotros mismos como latinoamericanos", debe promover "una cultura que halle al hombre americano en sus propias palabras, sin la mediación impuesta por una cultura colonizadora, preparada para latinos y demás pueblos 'no desarrollados'" (Díaz Torres 1971, 67). Díaz abogará por una "cultura de la liberación", que exprese "el verdadero rostro de América", es decir, el rostro de una revolución continental que encuentra expresiones "en la guerrilla Tupamara, en la acción de un comando brasileño que hace liberar setenta presos políticos, en la ocupación de emisoras de radio por obreros y estudiantes bolivianos". A su juicio, y es esta también la visión institucional del ICAIC, "para ser profundamente latinoamericano hay que ser auténticamente revolucionario". Con ello se toma distancia de cualquier posición reformista que haga "el juego al imperialismo".

Del mismo modo que los revolucionarios cubanos se proclaman herederos directos de los padres fundadores de la nación, y sobre todo de José Martí, los movimientos revolucionarios latinoamericanos serían los actuales representantes del bolivarianismo independentista de inicios del siglo XIX, e incluso estarían representando a los movimientos de resistencia indígena contra la ocupación española. Afirma Guevara:

> Referirnos a la realización final de los ideales bolivarianos y martianos de la independencia, a la creación de la comunidad de países latinoamericanos y a la salvación, reconstrucción y desarrollo de su cultura nacional, no será otra cosa que referirnos a la modalidad, e inevitabilidad, que en este campo (como la vimos respecto de Cuba), tendrá ese proceso. Al surgimiento de una cultura socialista (Guevara 1998a, 260).

En tanto estrategia política y de legitimación, la idea de un combate ancestral entre "el pueblo y sus vanguardias" contra "la reacción" (sea cual fuera) no deja de resultar sugerente, aunque por supuesto sumamente endeble desde el punto de vista de su fundamento histórico, ya que implica equiparar actores, procesos y sobre todo ideologías distantes en el espacio y el tiempo, y pretender que la doctrina socialista (en su interpretación cubana) representaba la solución a los problemas estructurales de América Latina.

Como veremos posteriormente, la producción del ICAIC insistirá una y otra vez en esta concepción estratégica, y para ello el Instituto aboga por un cine que sea "instrumento de concientización revolucionaria y descolonización cultural" en el ámbito latinoamericano, una cinematografía que "no sería sólo expresión de nuestro país y cultura nacional, o que estuviera dirigida al público de modo limitado, sino que fuera cubana y latinoamericana, y considerara como su público a los pueblos de América Latina" (Guevara 1998a, 265).

En una época en la cual las "relaciones fraternales" con la Unión Soviética constituían una prioridad, la dirección del Instituto continuará promoviendo los nexos con América Latina, tanto del propio ICAIC como del campo cultural cubano en su conjunto. Ejemplo de ello es una carta que envía el 12 de diciembre de 1975 el propio Alfredo al intelectual comunista Juan Marinello, quien se encontraba coordinando una de las comisiones de trabajo preparatorias al Primer Congreso del PCC, la cual tenía como objetivo redactar las "Tesis sobre la Cultura Artística y el Proyecto de resolución correspondiente". Alfredo, en calidad de delegado de esta Comisión, se refiere en concreto a las funciones que el Partido está asignando a la UNEAC, y propone un cambio en el texto del borrador:

> En la página 6, párrafo 3, se establecen recomendaciones y tareas para la UNEAC. Y entre ellas la siguiente: "En su proyección internacional intensificará sus vínculos con la literatura y el arte de los países socialistas, sin debilitar los nexos con la creación universal de signo progresista

> y limpio contenido humano". Consideramos necesario incluir una frase que, enriqueciendo el párrafo y ampliando su alcance, subraye el papel de nuestras relaciones con la cultura latinoamericana. Primero porque es correcto y necesario. Porque es estratégicamente justo. Después porque también lo es tácticamente, no debe de ninguna manera faltar. Por eso proponemos completarlo del modo siguiente: "... e intensificará igualmente sus vínculos y relaciones de modo muy especial, con la literatura y el arte de los países de América Latina y el Caribe" (Guevara 1998a, 320).

Alfredo aprovecha para enviar a Marinello una copia de un grupo de acuerdos adoptados por una "Asamblea General" realizada en el ICAIC, en la cual participaron realizadores cinematográficos, camarógrafos, editores, compositores musicales e ingenieros de sonido, guionistas, editores, críticos cinematográficos, organizadores de la producción, analistas, investigadores, técnicos de nivel superior y dirigentes del cine cubano. Tenía como propósito aprobar una versión anterior de las referidas "Tesis del Partido" sobre la cultura. De acuerdo con Guevara, en la Asamblea se tocó el mismo punto que ahora le recomienda a la UNEAC, tendiente a "la importancia de una justa y perspectiva valoración de la cultura una y varias de América Latina" (Guevara 1998a, 320).

Como consecuencia del proceso de "institucionalización" que vive Cuba desde mediados de los años setenta, el cual tenía entre sus propósitos la homologación de las estructuras burocráticas de la isla con las del llamado "campo socialista"; se acordó la integración del ICAIC, hasta ese entonces un ente subordinado a la máxima dirección del país, al flamante Ministerio de Cultura. Alfredo Guevara escribe el 15 de septiembre de 1976, una larga carta a Fidel Castro, con el propósito de defender ante el máximo líder la autonomía del Instituto. Aunque la misiva no cumplió con su objetivo —el ICAIC terminó adscribiéndose al MINCULT— en ella encontramos el resumen más completo de la actividad internacional del Instituto hacia la región, ya que uno de los aspectos en los cuales Alfredo justifica la autonomía del ICAIC es precisamente en la exitosa política que había venido desarrollando el Instituto en Latinoamérica[117]. Alfredo comienza por destacar la actividad de unos cineastas que reconocen haberse educado "como artistas latinoamericanos":

> Nuestro público natural rebasa las fronteras de nuestro país, y está constituido, en primer término, por la población de habla española de todo el continente y las islas de Nuestra América. Ese inmenso público real

[117] Aclara, sin embargo, que "no quisiera dejar la impresión de que solo o principalmente importe subrayarte ese carácter internacional del cine. Es que, naturalmente, insisto en las áreas del trabajo que, por inscribirse genéricamente en la línea 'funcional' parecen fácilmente deslizables hacia estructuras comunes con riesgo seguro de incalculable daño" (Guevara 1998a, 336).

> y potencial posee además rasgos culturales comunes, y tiene sobre todo un enemigo común: el imperialismo norteamericano, y una necesidad común: la revolución social, que será, en las condiciones de nuestra época, indudablemente, socialista, y está prefigurada en la Revolución Cubana (Guevara 1998a, 333-334).

En tal sentido, y según esta misiva, el ICAIC ha venido desarrollando una política latinoamericanista sustentada en los siguientes objetivos:

1) Apoyar el surgimiento, desarrollo, consolidación y en ocasiones sobrevivencia de los distintos grupos, movimientos, centros de producción y creadores y técnicos, que en su conjunto constituyen el NCL:

> Entre nosotros se han formado sus cuadros, o han encontrado aliento y respiro. Nuestro cine es hoy (como parte de la Revolución Cubana) ejemplo e inspiración, centro ideológico y retaguardia tecnológica de esta corriente. La significación del Nuevo Cine Latinoamericano, el papel jugado por sus realizadores y grupos de trabajo en la lucha por la liberación nacional y contra el imperialismo, el apoyo irrestricto prestado a la defensa de la Revolución Cubana, y a la circulación legal y clandestina de su cine, es decir, de su imagen en pantalla, pueden ser evaluados por los compañeros que estuvieron ayer al frente de Liberación, y hoy por el Departamento América, ya que con él los hemos coordinado en todos estos años una actividad que ha sido no pocas veces riesgosa o clandestina, y conducido a demasiados compañeros a la clandestinidad, la cárcel, la tortura y el exilio (Guevara 1998a, 335).

2) Promover el NCL en el ámbito internacional, a través del Comité de Cineastas de América Latina, el cual contaba con representantes del ICAIC. En este punto Alfredo valora la gran influencia que ha venido alcanzando el Movimiento, gracias en parte a la impronta del cine cubano, y pone como ejemplo el caso de México, un país que como se ha mencionado en varias ocasiones, no estuvo nunca entre las áreas prioritarias de la política exterior del ICAIC, pero que durante el sexenio de Luis Echeverría se inclinó al cine de autor y de crítica social. Refiriéndose al NCL impulsado en La Habana, afirma Alfredo:

> Y es tan grande, y decisiva su influencia, que hasta lo que nos parecía imposible se hace realidad. El gran bastión del sub-cine imperialista, el cine mexicano, está siendo en este momento tomado "al asalto" en el marco de una coyuntura propicia (no digo revolucionaria), y paradójicamente, incluso como solución de subsistencia. Porque o se renueva o perece (Guevara 1998a, 335).

3) Potenciar los nexos entre el campo cultural latinoamericano, en especial el sector cinematográfico, y el proveniente de los países socialistas, es decir, servir

de puente entre América Latina y Moscú en lo referente a la cultura. Aunque esta intención se trasluce en la política editorial de la revista *Cine Cubano* de los años setenta, en su misiva a Fidel Castro el presidente del ICAIC la explicita, e incluso aclara que con ello está cumpliendo con una línea trazada por la propia dirección del país:

> Interpretando y aplicando reflexiones y orientaciones que diste en otro marco y para más amplias perspectivas, hemos convertido al cine cubano en el nexo que une al Nuevo Cine Latinoamericano y otras manifestaciones, organismos y tendencias cinematográficas latinoamericanas, con las cinematografías de la Comunidad de países socialistas, y no de un modo teórico o a largo plazo, sino actual, inmediato, operante y con resultados. La Dirección de Relaciones Internacionales[118] (ahora a punto de desaparecer, o disolverse), ha trabajado consecuentemente para asegurar las relaciones cinematográficas, el conocimiento directo y promover la amistad entre dirigentes, animadores y organizadores, y entre cineastas, de las distintas cinematografías socialistas y los grupos de trabajo, cineastas y cinematografías de América Latina. En la práctica los Festivales de Moscú, Karlovy Vary, Leipzig y Tashkent, coordinan su trabajo con nosotros, y con los compañeros soviéticos hemos discutido y organizado todo el esfuerzo de acercamiento y participación. Desde este año, y por nuestra iniciativa y solicitud, el Festival de Tashkent, hasta ahora dedicado a las cinematografías de Asia y África, pasó a ser de Asia, África y América Latina (Guevara 1998a, 335-336).

4) Finalmente, Alfredo destaca que el ICAIC ha tenido como misión promover el cine cubano en el espacio de América Latina, como un medio de "combate ideológico y político". Ello se expresa en dos líneas: una obra estrechamente vinculada a los movimientos de liberación, y dentro de estos a las guerrillas; y por otra parte, la idea de un cine como herramienta de concientización.

En 1976, el ICAIC finalmente se integró como organismo dependiente a la estructura del MINCULT. Si bien este cambio tuvo implicaciones en el devenir del cine cubano, en lo que respecta a las relaciones entre el Instituto y América Latina, se mantuvieron los mismos objetivos estratégicos. Así lo hacía ver Alfredo Guevara, flamante Viceministro de Cultura encargado, entre otras tareas, al área de la creación cinematográfica, en una intervención que realiza ante periodistas el 7 de junio de 1978:

> Aun cuando se han producido determinados cambios estructurales en el trabajo cinematográfico, es lo mismo que la esfera que me toca

---

[118] Se refiere a la estructura dedicada a las relaciones internacionales del ICAIC, la cual desaparecía al fusionarse este organismo con el MINCULT.

> atender en el casi recién estrenado Ministerio de Cultura está en línea continua con la labor realizada durante poco más de dieciocho años por el Instituto Cubano del Arte e Industria Cinematográficos (Guevara 1998a, 411).

Como parte de la nueva estructura, se valoró un cambio en la denominación del ICAIC, a lo cual se oponen los realizadores, alegando entre otras cuestiones que ya se trataba de unas siglas asentadas en el imaginario del continente. En un artículo publicado en 1977, con el título "Consideraciones sobre la procedencia de conservar el nombre 'Instituto Cubano del Arte e Industria Cinematográficos'", afirma Guevara:

> En estos dieciocho años, los latinoamericanos han enarbolado frente a la palabra Hollywood, la palabra Instituto Cubano del Arte e Industria Cinematográficos (ICAIC). Ambas palabras cargadas de contenidos. Pero de contenidos diametralmente opuestos. Hollywood como sinónimo de cine reaccionario, racista, colonialista, deformador sistemático de nuestra cultura. Instituto Cubano del Arte e Industria Cinematográficos como sinónimo de cine revolucionario, antiimperialista, socialista enriquecedor de nuestra cultura. El surgimiento y desarrollo de un nuevo cine en este continente ha estado y está indiscutiblemente ligado al ICAIC (Guevara 2003, 313).

## Los vínculos entre el ICAIC y el cine chileno de la Unidad Popular

El eje principal en torno al cual de articula la política exterior del ICAIC hacia América Latina durante los años setenta se encuentra en Chile. Entre 1970 y 1973, el Instituto estrechará las relaciones con la industria fílmica chilena, y tras la caída del gobierno de la Unidad Popular será uno de los principales focos de resistencia a la dictadura en el plano de la creación cultural.

La llegada de Salvador Allende, en 1970, al Palacio Presidencial de la Moneda, hizo de Chile un referente no solo político, sino también cinematográfico. Como afirma León Frías, "las expectativas de lo que allí se podía procesar en términos de un nuevo cine al amparo de un proyecto de socialismo en democracia sirven, si no de modelo, sí de faro potencial para otras experiencias" (León Frías 2013, 124). En los tres años que duró el socialismo democrático chileno, se estimuló como nunca antes la industria fílmica, a partir sobre todo del fortalecimiento de Chile Films, al frente del cual se nombrará al cineasta Miguel Littin, un amigo cercano del ICAIC.

La presencia en Chile Films de una figura vinculada a la tradición del NCL, y además con una visión cercana a la del ICAIC, convertirá durante estos años a Chile en uno de los epicentros del Movimiento. En algunos aspectos concretos impulsará en el Cono Sur el accionar que hasta el momento venía desarrollando en solitario el Instituto Cubano de Cine. Por ejemplo, Jorge Sanjinés, en carta fechada en Santiago, el 21 de enero de 1971, le solicita a Alfredo Guevara la posibilidad de ir a Cuba para revelar y copiar lo que será uno de los filmes emblemáticos del Grupo Ukamau, *El coraje del pueblo* (1971), el cual viene trabajando en Chile. Sanjinés pide también al ICAIC le sean enviados a Miguel Littin dos copias en 35 mm de la cinta *Yawar Malku*, ya que Chile Films se encargará de la distribución del filme en ese país.

El campo intelectual cubano de aquel entonces abrazó como suya la victoria de Salvador Allende, destacándose entre ellos a los cineastas y otros artistas e intelectuales vinculados al ICAIC, ya que los lazos entre los realizadores cubanos y chilenos se remontaban cuanto menos a los Festivales de Viña del Mar (1967 y 1969), considerados los espacios fundacionales del Movimiento del NCL.

Los nexos entre La Habana y Santiago se potenciaron al más alto grado. Sin embargo, la aproximación entre chilenos y cubanos enfrentaba dos puntos de tensión. Por un lado, gran parte de la izquierda de la nación sudamericana apostaba por la vía pacífica para acceder al poder, con lo que tomaban distancia de la tesis guerrillera enarbolada por Cuba. Además, existían discrepancias en torno a la política cultural, en la que los chilenos abogaban por una visión más flexible a la ortodoxia defendida por los comunistas (Villaça 2010). Pese a todo ello, el triunfo de Allende significó un espaldarazo a los cubanos, luego de años de aislamiento, una entrada al escenario latinoamericano a través de uno de los países más importantes del continente. El entendimiento fue recíproco; y ya en 1972, en un acto de solidaridad con el pueblo chileno celebrado el 13 de diciembre de ese año, Fidel Castro afirmaba:

> Nosotros somos latinoamericanos, pertenecemos a esa gran comunidad, y algún día nos uniremos a ella integralmente, plenamente [...] el día en que la ola revolucionaria [...] barra con el dominio imperialista sobre los pueblos de América Latina y, con el imperialismo, su odioso sistema de explotación del hombre por el hombre. A la América Latina pertenecemos. ¡Por ella estamos dispuestos a luchar junto a los demás pueblos de América Latina! ¡Y por ella, compañero Salvador Allende, y por Chile, no solo estamos dispuestos a dar nuestra propia sangre, sino también hasta nuestro propio pan! (Castro Ruz 1972).

En el epistolario de Alfredo Guevara es posible rastrear la evolución de las relaciones entre el ICAIC y Chile a lo largo del mandato de Salvador Allende, así como las acciones que emprende el Instituto Cubano de Cine tras la caída de la Unidad Popular. El 12 de septiembre de 1970, apenas dos meses antes de que se produzca la toma de posesión de Allende, Alfredo Guevara recibe carta de Eugenio López Arévalo, director del Departamento de Arte Cinematográfico de la Universidad de Chile. El tono de la carta es de marcada euforia por la victoria de los socialistas. López Arévalo envía al ICAIC los tres primeros filmes del Departamento, realizados entre febrero y agosto de ese año.

Son documentales políticos, notas sobre conflictos, manifestaciones sindicales o culturales, y en general acerca de la vida de los trabajadores. López Arévalo pide al ICAIC opiniones acerca de los mismos, y también que le hagan llegar la colección de *Cine Cubano*, revista que califica como "un documento importante para el conocimiento de los estudiantes y profesores". Solicita también le hagan llegar en formato 16 mm las ediciones del *Noticiero ICAIC Latinoamericano*, las cuales se comenzarían a distribuir a través de las redes de sindicatos y escuelas. Pide asimismo la colaboración del ICAIC para abastecer estos circuitos de difusión alternativa con filmes "de difusión y formación a un público obrero y estudiantil". Termina su carta con la esperanza que esta sea "la primera de una larga relación e intercambio entre nosotros" (en Guevara 2010, 217).

La respuesta de Alfredo, con fecha 8 de octubre de 1970, es sintomática del carácter estratégico que le concedió el ICAIC a sus relaciones con Chile, desde la victoria misma de Salvador Allende, y adelanta el camino incluso antes de la toma de posesión. En la misiva, el presidente del ICAIC hace un resumen de posibles acciones a implementar a corto plazo entre la industria fílmica cubana y su contraparte chilena:

> 1) queremos hacer circular los filmes más y más, 2) estamos de acuerdo con organizar cientos de exhibiciones bajo el patrocinio o con la ayuda de las Universidades [...] 3) nos interesa particularmente la exhibición por la TV pero nunca como rellenos de horarios sino en horarios estelares y con la publicidad adecuada, 4) no despreciamos convencionalmente los circuitos comerciales ya que pueden ser vehículo de acceso a un público heterogéneo y amplio y extender la circulación de los filmes por todo el país (esa sería siempre la razón que pudiera justificar e impulsar tal tipo de exhibición), 5) en relación con el punto anterior no nos interesan acuerdos que puedan excluir la exhibición no-comercial, o sea, la de las universidades, cines de arte, cine-clubes, sindicatos, zonas agrícolas, mineras, etc., *en tanto estas sean una realidad* en lo que respecta a la audiencia, número de exhibiciones, circulación nacional, etc. (Guevara 2010, 222).

Por lo pronto, Alfredo envía a Santiago de Chile un primer paquete del *Noticiero ICAIC* y documentales recientes de contenido político en formato 16 mm. Allí se incluyen varios filmes de Santiago Álvarez: *79 primaveras*, *Piedra sobre piedra* y *El sueño del Pongo*. De Julio García Espinosa, irá la cinta *Tercer Mundo, Tercera Guerra Mundial*. Estos filmes tienen como propósito "llevar la imagen de nuestro pueblo, de sus combates, recientes y actuales, de nuestra historia, de nuestros planes, de los riesgos, y de los triunfos. Y operar como contra-desinformación, como información revolucionaria" (Guevara 2010, 221). Al mismo tiempo, asegura Alfredo que tan pronto Santiago Álvarez regrese de Perú, país donde se encuentra filmando, será enviado a Chile con el objetivo de preparar un reportaje, posiblemente en el mes de noviembre, coincidiendo con la toma de posesión de Salvador Allende.

El 17 de septiembre de 1970, Guevara le escribe a Luisa Ferrari de Aguayo (Luchita), organizadora junto a Aldo Francia de los Festivales de Viña del Mar, germen del NCL. Alfredo decide enviarle estas líneas "en un momento excepcional de la vida chilena" como lo es la victoria de las fuerzas populares, un proceso que "seguimos con verdadero entusiasmo". Dice Alfredo:

> Luisa, creo que ha llegado la oportunidad esperada, y que el cine chileno va. Pero no caerá del cielo habrá que hacerlo, hay que filmar [...] Te escribo estas líneas porque ahora solo pienso en ustedes, y en todo lo que juntos, a veces apasionadamente hemos planeado en "nuestros" Festivales: los únicos en los que se aborda la cultura cinematográfica en términos de liberación, o lo que es lo mismo partir del más alto y auténtico, primordial fundamento de la cultura (Guevara 2010, 219).

El presidente del ICAIC pide a los chilenos traer su cine a la isla, como un modo de que los cubanos estén mejor informados del proceso de cambios que comienza a vivir la nación austral: "A través de [Miguel] Littin hicimos nuevas y creo que más razonables proposiciones a Aldo Francia, del que esperamos *Valparaíso, mi amor*, y como él al mismo Littin, a Raúl Ruiz, Helvio Soto, etc." (Guevara 2010, 218). Al mismo tiempo, Guevara solicita a Luchita la posibilidad de que el ICAIC "llegue" al pueblo chileno. En esta primera fase de las relaciones entre el Instituto Cubano de Cine y el mundo cinematográfico chileno, los objetivos se centran en reforzar la distribución mutua. Guevara asegura haber realizado ya algunas proposiciones a Miguel Littin, con quien envía una carta a discutir con Eugenio López, Aldo Francia y la propia Luchita. La distribución del cine cubano en el Chile de la Unidad Popular tiene un objetivo estratégico. Aclara Alfredo que, "naturalmente *no prima interés comercial alguno* [...] Una vez más ratificamos *que solo nos interesa la máxima circulación de los filmes*, y claro estos, una vez exhibidos en algunos centros especializados *no se estanquen*" (Guevara 2010, 218-219).

El 8 de marzo de 1971, el ICAIC y Chile Films firman un "convenio de reciprocidad", el cual se mantiene en vigor hasta el derrocamiento del gobierno de la Unidad Popular. A juicio de Octavio Getino, este acuerdo tenía un alcance muchísimo mayor que otros intentos previos de integración fílmica regional, en especial instrumentos firmados por España con otras naciones de Iberoamérica. En el caso del convenio entre chilenos y cubanos, se apostaba por "una integración gradual y en igualdad de condiciones, entre las cinematografías cubana y chilena" (Getino 1984, 60). Firmado por Miguel Littin y Alfredo Guevara, en el texto se contemplaban 21 puntos ("Convenio Chile Films – ICAIC" 1971). Entre ellos, destaca el intercambio de filmes y noticiarios cinematográficos y de noticias filmadas. A afectos aduanales, el texto establece que el cine chileno fuese considerado "cubano" en Cuba y el filme cubano considerado "chileno" en Chile. Se acuerda la celebración de seminarios y semanas de cine, que permitan compartir experiencias, así como el intercambio de delegaciones. Se habla de estudiar la posibilidad de realizar coproducciones cinematográficas en el espíritu de estrechar aún más la colaboración entre una y otra cinematografía. El ICAIC se compromete a recibir estudiantes y técnicos chilenos de diversas especialidades cinematográficas por periodos de hasta tres meses. Por último, la Cinemateca de Cuba contribuirá a la creación de la Cinemateca de Chile.

Durante esta etapa de colaboración, el ICAIC puso a disposición de Littin sus estudios para la edición de *La tierra prometida* (1972), a cargo del cubano Nelson Rodríguez, lo que servirá de antecedente para futuras colaboraciones de este tipo tras la caída del gobierno de Allende.

Según puede inferirse a partir de las cartas que hizo públicas Alfredo, el cubano Miguel Torres será el enlace entre el ICAIC y Chile Films en Santiago. Torres fue enviado a filmar el documental *Introducción a Chile*, el primer trabajo a gran escala de la industria cubana en la nación austral en el marco del convenio firmado entre ambas cinematografías. Al parecer, y de acuerdo con lo que le escribe el propio Alfredo en respuesta a una comunicación de Torres, su trabajo al interior de Chile Films no fue sencillo, ya que tuvo que enfrentarse a las profundas contradicciones que vivió el gobierno de la Unidad Popular, de las cuales la industria fílmica no fue una excepción. En una extensa carta fechada el 23 de abril de 1971, Alfredo Guevara dirige a su representante varias indicaciones:

> Leí con cuidado tus líneas y aunque comprendo tu desconcierto y relativo pesimismo, y hasta los motivos de indignación (no la indignación misma), hay un objetivo definido con tu estancia en Chile y no estamos dispuestos a convertirlo en su caricatura. No se trata de entrar en conflicto con los compañeros de Chile Films, ni aun si ellos olvidan o subestiman los compromisos contraídos. Nosotros estamos allá para ayudar, defender la apertura revolucionaria, ensancharla, y contribuir con cada uno de nuestros actos a que se tiendan puentes y amplíen las relaciones. Esto se traduce en tacto, paciencia y comprensión. Y en el caso de Chile-Films, nuestra tarea directa, tendrás que tener tanto tacto, paciencia y comprensión como sean necesarios. Tanta como NO tengo yo contigo (Guevara 2010, 236).

Al parecer Torres se enfrentaba a obstáculos de diversa índole, desde problemas financieros que la contraparte chilena había prometido, pero no cumplido, hasta incomprensiones al interior de la industria. La respuesta de Guevara es, sin embargo, tajante: el documental sobre Chile debía realizarse a toda costa.

> Por eso es tan importante que nos demos el triste ejemplo de los que abandonan el campo derrotados "por las circunstancias". Las circunstancias se van al carajo, se modifican, habrá que violentarlas. Y si tienes realmente cojones como cineasta, *Introducción a Chile* se hará. Para ello tendrás que desdoblarte en productor, organizador, financista,

propagandista, realizador, etc., y contagiar con tu fuerza a todos los compañeros con quienes hables, y a quienes arrastres en este proyecto (Guevara 2010, 238).

En la carta, Alfredo califica a Chile Films como un organismo "débil y lleno de contradicciones", que no puede cumplir con el texto del Convenio, a diferencia del ICAIC, una institución que ya para ese entonces tenía doce años de vida, y era capaz por tanto de refrendar todo lo acordado con su homóloga chilena, y en caso de ser necesario sobrecumplir los puntos pactados. "No hay mérito especial alguno en semejante hazaña", aclara Guevara. "Lo importante es por eso que logremos que se cumpla sin presiones, y sobre todo que sirva al surgimiento de un movimiento cinematográfico revolucionario, que sirva a la Revolución: ahora que es cuando hace falta. Y no puede servirla sino con obras" (Guevara 2010, 239). Para lograr este objetivo, el ICAIC no escatima en recursos. Desde La Habana se envían cámaras, lentes y varios rollos de película virgen. Alfredo le indica a Torres actuar con cautela: "te pido medir bien los pasos, y el método. Tomar en cuenta las características de los compañeros, y evitar a toda costa estarlos poniendo en evidencia por lo que no hicieron y prometieron, etc." (Guevara 2010, 240).

A los cubanos les interesa hacerse presentes en el proceso chileno. En la carta-memorando que Alfredo envía a Torres, el primero insiste en la importancia de que llegue a las pantallas el *Noticiero ICAIC*, incluso están en disposición de hacer llegar recursos extraordinarios para realizar las copias que resulten necesarias. Envían además mil ejemplares de los últimos dos números de *Cine Cubano* (66-67 y 68), los cuales deben distribuirse de manera masiva[119].

El presidente del ICAIC le hace llegar a Torres el último discurso de Fidel Castro ante la Central de Trabajadores de Cuba (CTC), en conmemoración a la victoria de las fuerzas revolucionarias en Playa Girón. En este discurso, le dice Alfredo a Miguel Torres, "verás el énfasis que Fidel fija en América Latina como fuente de inspiración política, *y también artística*, y raíz y ámbito de nuestra cultura". En esta pieza oratoria de Fidel Castro, Alfredo Guevara ve la confirmación de una línea trazada y cumplida por el ICAIC desde su creación: "trabajar para nuestros pueblos, reconocer en ellos, en plural, el público al que nos dirigimos, y que un día, liberado, será no ya receptor sino protagonista de la historia, y de todas las expresiones naturales al hombre re-humanizado (incluyendo las artes)" (Guevara 2010, 240).

[119] Para el ICAIC, la distribución de *Cine Cubano* tiene prioridad máxima. En una carta dirigida a Miguel Torres, con fecha 5 de mayo de 1971, Alfredo Guevara la dice al respecto: "Ya tienes en tu poder, y desde hace buen tiempo tres números de *Cine Cubano* que espero no estén durmiendo el sueño de los justos *ni total ni parcialmente* en el sótano de la Embajada. La noticia que de que no has entregado los ejemplares que te indiqué a la librería PLA no me parecen el mejor síntoma. Toma todas 'las coca-colas' que quieras pero por favor ¡ritmo!" (Guevara 2010, 244).

Miguel Torres no exageraba en sus críticas a las debilidades estructurales de Chile Films. En mayo de 1971, Miguel Littin le escribe una larga carta al presidente del ICAIC, en la que le cuenta los avatares de la industria fílmica chilena y termina anunciándole su renuncia. Littin califica el momento presente como una etapa "francamente mala", en la que cuesta trabajo organizarse, debido a serios problemas de disciplina. Al parecer, al interior del cine chileno se reproducen en pequeña escala los mismos problemas a los que se enfrentaba la Unidad Popular, las presiones desde los sectores de derecha y las mismas contradicciones y las divisiones internas dentro de los partidos y movimientos sociales aliados a la revolución. Ante una situación que Littin considera incontrolable, el presidente de Chile Films solicita la mediación del ICAIC: "Yo sé, Alfredo, que tú tienes un trabajo inmenso y que lo de Chile te debe parecer incomprensible y torpe. Sin embargo, compañero, creo que tu presencia aquí sería de una importancia fundamental" (en Guevara 2010, 256). Semejante petición demuestra por un lado cuán sólido era el prestigio y la ascendencia del ICAIC entre los realizadores chilenos, pero por otro las serias debilidades institucionales de Chile Films.

El ICAIC mantendrá relaciones con la nueva dirección, asumida por Eduardo Paredes Barrientos[120]. El propio Alfredo le ofrece asesoramiento, y concretamente, ya a finales de mayo de 1973, apenas unos meses antes de instrumentarse el golpe de Estado, el envío de una pequeña delegación de técnicos y dirigentes del Instituto cubano, los cuales tendrían la misión de evaluar sobre el terreno los problemas que presenta la industria y proponer soluciones acordes. Alfredo le aclara a su contraparte chilena, que esta misión no tendría "ninguna actitud pretenciosa sino solo de transmitir experiencias de subdesarrollo y de la lucha por superarlo. A ustedes, naturalmente, tocará evaluar nuestras proposiciones" (Guevara 2010, 281).

## Resistencia a las dictaduras militares de la década del setenta. La actividad del cine cubano

El 11 de septiembre de 1973, el presidente constitucional de Chile, Salvador Allende, sufre un golpe de Estado a manos de las Fuerzas Armadas de su país. El palacio presidencial de La Moneda es asaltado con armamento de guerra. En la acción es asesinado Allende a manos de los militares. Ese día terminó, a sangre y fuego, el intento de construir el socialismo en Chile mediante la vía constitucional. Las noticias llegaron rápidamente a La Habana, el principal

---

[120] Eduardo Paredes Barrientos (Coco) (1938-1973). Médico. Fue director de la Policía de Investigaciones y asesor del presidente Salvador Allende. Asume la dirección de Chile Films en 1973. Detenido en La Moneda durante el golpe militar, fue posteriormente asesinado.

aliado a nivel continental del gobierno socialista de la Unidad Popular. En el aspecto simbólico, significó un durísimo revés, quizás tan solo comparable con el asesinato en Bolivia del líder guerrillero Ernesto Che Guevara, en 1967.

La caída de Allende interrumpió definitivamente los vínculos institucionales entre una y otra industria, pero no así las relaciones entre el ICAIC y gran parte de los creadores cinematográficos chilenos, ahora perseguidos y en el exilio. Desde que ocurre el golpe, y en los años siguientes, el ICAIC será uno de los epicentros de la campaña de solidaridad y denuncia internacional en torno a la situación chilena.

En esta nueva fase, las acciones del Instituto en relación con Chile perseguirán varios objetivos. Entre ellos, propiciar apoyos internacionales a favor del pueblo chileno y denunciar los crímenes de la Junta Militar. Además, se trataba de preservar y estimular la cultura chilena vinculada al gobierno de la Unidad Popular, en especial el patrimonio cinematográfico. En tal sentido, la mayor parte del material fílmico logró sacarse del país antes de caer en manos de los golpistas. Gracias a un contacto en la embajada de Suecia en Santiago de Chile, los rollos de película fueron enviados a la nación europea y de ahí terminaron en las bóvedas del ICAIC en La Habana. Otra gran cantidad de obras se enviaron a Moscú.

Un día después del golpe de Estado en Chile, Alfredo Guevara envía en un memorando a Julio García-Espinosa y Miguel Torres, con copia a Saúl Yelín. Comienza así la labor de resistencia desarrollada por el ICAIC en contra el golpe militar chileno. Además de la preparación de un *Noticiero ICAIC* dedicado al tema, la dirección del Instituto solicita la creación de varios audiovisuales de denuncia. Los audiovisuales de propaganda acerca de este tema debían guiarse por los siguientes criterios editoriales:

> Denuncia del carácter fascista, reaccionario del golpe militar. Denuncia del carácter de este ejército falsamente democrático y de los ligámenes con el Pentágono (recordar los fragmentos que aparecen en *Introducción a Chile* y que explican cómo se trata del ejército que recibe mayor ayuda del imperio norteamericano). Denuncia de las relaciones entre la oligarquía chilena y el imperialismo norteamericano. Presencia de las compañías multi o transnacionales. Y, naturalmente, significación histórica de la figura de Allende y de su gesto final. Papel de la clase obrera y de los partidos proletarios. Irreversibilidad del fenómeno histórico que supone el desencadenamiento de la lucha de clases hasta el nivel de madurez alcanzado (Guevara 2010, 283).

Como veremos más adelante, esa será la línea argumentativa de los filmes, tanto de ficción como documental, que abordan el tema. En el caso de Chile, y dada la conexión existente entre el propio ICAIC y los realizadores de ese país, las orientaciones se toman al calor del momento, incluso sin esperar un posicionamiento oficial de la máxima dirección del país. En el memorando citado,

Alfredo aclara que el carácter del *Noticiero* "será determinado en última instancia por el curso de los acontecimientos y las posiciones (que pueden predecirse) que adopten nuestro Partido y Gobierno revolucionario" (Guevara 2010, 283). Puntualmente, Alfredo solicita también una nueva edición del documental de Miguel Torres, *Introducción a Chile*, de modo tal que se desenmascare el papel de las Fuerzas Armadas de esa nación, un tema que, por respetar la táctica seguida por la Unidad Popular, no se había hecho en la versión original del filme.

El accionar del ICAIC no se limitó al terreno artístico-cinematográfico sino que la red de contactos del instituto se activó en función de acoger en Cuba a varios perseguidos de la dictadura. El 20 de noviembre de 1973, Alfredo Guevara le escribe a un funcionario del Departamento de América del Comité Central del PCC (en la misiva, el destinatario se identifica con el seudónimo de "Ariel"). El ICAIC sirve de enlace entre la dirección política de la Revolución Cubana y algunas organizaciones chilenas que están organizando sobre el terreno la resistencia al golpe, como es el caso del Movimiento de Izquierda Revolucionaria (MIR), dirigido por Miguel Enríquez. Guevara hace llegar también a los funcionarios del PCC una carta-testimonio del cineasta Patricio Guzmán, en la cual este rememora su estancia en el Estadio Chile (actual Estadio Víctor Jara), el complejo deportivo que fue utilizado por la dictadura como centro de detención y torturas en los días posteriores al golpe militar.

Al ICAIC le interesa sobremanera limar las contradicciones que dieron al traste con la experiencia de Chile Films, y que en general contribuyeron al fracaso de la Unidad Popular. La Habana intenta actuar como mediadora entre diversas posiciones existentes en el particular campo de la creación cinematográfica del país austral. Para ello, el Instituto convoca, en septiembre de 1974, a un Encuentro de Cineastas Chilenos. En carta enviada el 29 de agosto de ese año al actor Nelson Villagra,[121] Guevara le habla de la posibilidad de organizar este encuentro. Al mismo fueron invitados también los cineastas Raúl Ruiz y Miguel Littin. De acuerdo con Alfredo, con esta cita "creo debemos proponernos que los compañeros más destacados de la cinematografía chilena se encuentren, discutan, intercambien opiniones, liquiden malentendidos (si lo son), y unan fuerzas en la lucha antifascista por la liberación" (Guevara 2010, 308).

Detrás de este intento de unidad se encuentran las contradicciones que dividen al exilio intelectual chileno, un tema que excede con creces los objetivos de la presente investigación, pero que resulta relevante en tanto mediación a tener

[121] "Nelson Villagra fue actor de televisión antes de convertirse en fetiche de Miguel Littin, desde *El chacal de Nahueltoro* hasta *Tierra del fuego*, pasando por *La tierra prometida*, *El recurso del método* y *La viuda de Montiel*. Villagra se integró plenamente al cine cubano en los años de su exilio, e intervino de manera notable en *Cantata de Chile*, *La última cena*, *Polvo rojo* y *Cecilia*. A su regreso a Chile, participó en *Amnesia*, *Paraíso B* y *El regalo*, entre otras" (Del Río 2013a, 108).

en cuenta para entender las tensiones entre las cuales pretende mediar el ICAIC. Más allá de las denuncias a los crímenes de la dictadura, un elemento que cohesiona a todos, el exilio se fragmenta en múltiples tendencias, marcadas por las revisiones personales y políticas,[122] así como en la propia estrategia de resistencia a asumir. Algunos de estos realizadores permanecerán más cercanos a La Habana, mientras que otros, como es el caso de Raúl Ruiz, tomarán distancia.

La presencia en Cuba de un exilio cinematográfico latinoamericano dotó de vigor al cine del ICAIC que, como hemos afirmado en páginas anteriores, durante esos años no estaba pasando por sus mejores momentos. Es decir, las influencias entre el ICAIC, como institución productora de contenidos y organismo articulador de una determinada interpretación de la historia y la política latinoamericana, no pueden verse desde un punto de vista unidireccional. Los exiliados del continente "también ejercieron cierta influencia en los derroteros formales y temáticos del cine cubano de los años 70" (Díaz & Río 2010, 45).

Ejemplo de ello son un conjunto de coproducciones en las que intervendrá el ICAIC junto a creadores latinoamericanos, desde finales de los años setenta y sobre todo en la década siguiente. Se trata de filmes basados en adaptaciones de obras literarias de importantes autores de la región, entre los que destaca Gabriel García Márquez, quien creó en Cuba, en 1985, la Fundación del Nuevo Cine Latinoamericano, y al año siguiente, la Escuela Internacional de Cine y TV, en consonancia con los propósitos al Comité de Cineastas de América Latina. Estos reencuentros entre el cine y la literatura latinoamericana, en una etapa signada por las dictaduras militares y la represión generalizada, contribuyó en opinión del crítico e investigador Joel del Río, "a sostener la identidad común y los referentes culturales compartidos en toda América Latina más allá de la censura, las juntas militares, el aislacionismo de algún que otro gobierno y la penetración cultural norteamericana" (Del Río 2013a, 11). Se trata de un cine que, sin apelar a códigos explícitamente políticos, ni utilizar por tanto un lenguaje de "propaganda revolucionaria", tan característico de gran parte del cine y del documental "de izquierdas" de la época, es también en sí mismo una práctica de resistencia cultural.

Entre los títulos más significativos de esa producción fílmica con ascendencia literaria, se encuentra *El recurso del método* (1978), del chileno Miguel Littin, una coproducción cubano-mexicano[123]-francesa, inspirada en la obra homó-

---

[122] Como afirma el historiador chileno Hugo Vezzetti, "en la gesta revolucionaria, si la consigna 'vencer o morir' es tomada como una disyuntiva absoluta, ¿qué queda para los que ni vencieron ni murieron? [...] En ese sistema de creencias e identidades el ejemplo siempre proviene de los mártires y los caídos en combate, y los sobrevivientes, convocados a dar su testimonio, deben comenzar por disipar cierto estado de sospecha" (Vezzetti 2009, 142-143).

[123] Entre 1976 y 1982, se realizaron cuatro coproducciones, en las que intervino el ICAIC junto a instancias financieras mexicanas: *Mina, viento de libertad* (1977, Antonio Eceiza), *El recurso del método* (1978, Miguel Littin), *La viuda de Montiel* (1979, Miguel

nima del novelista cubano Alejo Carpentier. La cinta, inteligente crítica a la dictadura como institución y a la figura del caudillo latinoamericano, se filmó en locaciones de La Habana, Ciudad de México y París. Contó con el apoyo entusiasta de la Corporación Nacional Cinematográfica (CONACINE), entidad creada en México durante el sexenio de Luis Echeverría. Este film puede considerarse uno de los grandes logros de la integración del cine latinoamericano, una meta por la que tanto había trabajado el ICAIC y en general el Movimiento del NCL. El reparto lo integraban el chileno Nelson Villagra, la mexicana Katy Jurado, la venezolana María Adelina Vera y el mexicano Gabriel Retes, entre otros. La fotografía estuvo a cargo de Ricardo Aronovich, mientras que en el guión intervinieron Miguel Littin, el propio Carpentier, así como el mexicano Jaime Agusto Shelley y el francés Régis Debray.

Otro título importante con el que cierra la década del setenta es *La viuda de Montiel* (1979), una coproducción entre México, Cuba, Venezuela y Colombia, dirigida por Miguel Littin. Inspirada en el texto homónimo de Gabriel García Márquez, el filme logra integrar a un elenco proveniente de diversos países latinoamericanos. Entre ellos destacan el actor chileno Nelson Villagra y la actriz mexicana Katy Jurado, así como otros talentos provenientes de Colombia y Venezuela. Desde Cuba, llegó la música de Leo Brouwer, la edición de Nelson Rodríguez, el sonido de Raúl García, la actuación de Reinaldo Miravalles y la voz inconfundible de Deisy Granados, quien dobló a la actriz Geraldine Chaplin. De acuerdo con Joel del Río, entre los mayores aciertos de esta cinta se encuentra su "capacidad para definir en imágenes y sonidos, al igual que la narrativa en que se inspira, un espacio respirable de latinoamericanidad que puede pertenecer, culturalmente hablando, a cualquier nación desde el río Bravo hasta la Patagonia" (Del Río 2013a, 105). Este cine literario que, como veremos, tuvo amplísima continuidad en la década siguiente, contó con el apoyo del ICAIC y fue por tanto parte de su actividad en el espacio latinoamericano.

Las producciones referidas, y otras más que se irán integrando a la lista, marcan el inicio de un "ajuste de cuentas" con un cine que, como afirmaba Patricio Guzmán al inicio de este capítulo, se olvidó del arte para hacer política, y que, a largo plazo, tuvo un mayor impacto en la meta integradora del cine latinoamericano, en la construcción de una cultura libertaria, si se le compara con otros

---

Littin) y *Alsino y el cóndor* (1982, Miguel Littin). En reciprocidad a una Muestra de Cine Mexicano, organizada en Cuba como parte de la visita oficial que realizó a la isla el mandatario Luis Echeverría en agosto de 1975, se realizó en la Ciudad de México una Segunda Semana de Cine Cubano. La programación incluyó los siguientes títulos: *La quinta frontera* (1974, Pastor Vega), *El otro Francisco* (1974, Sergio Giral), *Cantata de Chile* (1975, Humberto Solás), *Mella* (1975, Enrique Pineda Barnet), *La última cena* (1976, Tomás Gutiérrez Alea), *Angola* (1976, José Massip) y *La batalla de Chile* (1973-1976, Patricio Guzmán) (Vega *et al.*, 2007).

textos fílmicos más apegados a la consigna política y al discurso explícito de la lucha de clases y las denuncias al imperialismo.

## La orientación latinoamericana de *Cine Cubano*

A lo largo de la década del setenta, la revista *Cine Cubano* se convertirá en un portavoz de los movimientos cinematográficos del continente, adoptando así un discurso en el que convergen creación artística y activismo político. El latinoamericanismo en *Cine Cubano*, tal y como es característico de la propia visión del ICAIC en torno al tema, se insertará dentro de un amplio discurso "tercermundista", y asimismo servirá de puente entre las cinematografías de nuestro continente y las provenientes de los países socialistas. Es así que al mismo tiempo que se da cobertura a las producciones del *Cinema Novo* brasileño, al cine documental argentino, a las acciones de la cinemateca uruguaya del Tercer Mundo, al cine independiente mexicano, al nuevo cine chileno, al nuevo cine colombiano, entre otras; *Cine Cubano* dedica sus páginas a reseñar los grupos experimentales de África y Asia, o a recoger las impresiones de los cineastas latinoamericanos en torno al cine de la Unión Soviética y Europa del Este.

Dentro de su política editorial, se insertarán nuevos espacios, preteridos durante la década anterior, desde los cuales se ampliará y complejizará la visión que el ICAIC propone de América Latina. Este es el caso de los cines chicano y puertorriqueño,[124] desde los cuales se extiende la frontera latinoamericana al pueblo mexicano residente en Estados Unidos, al tiempo que se recupera a la cultura de Puerto Rico como parte inseparable de Nuestra América. Del mismo modo, *Cine Cubano* dará testimonio de la emergencia del nuevo cine panameño,[125] así como de otras cinematografías emergentes como es el caso de Haití.

---

[124] La situación de Puerto Rico, bajo el control de los Estados Unidos, será abordada por el ICAIC. *Puerto Rico* (1975), de los realizadores Fernando Pérez y Jesús Díaz, ofrece un análisis socioeconómico de esta isla caribeña y de su significado en la estrategia regional de dominación de los Estados Unidos. El documental se presenta como "un testimonio de la lucha de ese pueblo por su liberación". De acuerdo con el realizador cubano Gerardo Chijona, este documental "no se limita a denunciar, mediante una fría reflexión, los mecanismos de dominación colonial empleados por Estados Unidos para controlar la vida económica, política, social y cultural de ese país; antes bien intenta sensibilizar al espectador para convertirlo en un participante activo y solidario por la lucha independentista de ese pueblo latinoamericano"(Chijona 1978, 98).

[125] Panamá comienza también a formar parte de la agenda temática del ICAIC en esos años. Ejemplo de ello es el documental *La quinta frontera* (1974, Pastor Vega), un filme que "se propone divulgar y analizar desde una perspectiva histórica, la lucha que libra el pueblo panameño por reconquistar la Zona del Canal y afirmar su soberanía nacional" (Chávez, 1978, p. 85). Tomando como eje central la reconstrucción histórica

La publicación servirá de tribuna a un conjunto de cineastas que se ven imposibilitados, debido a la represión existente, para filmar en sus países de origen, los cuales encontraron además en Cuba un público con el cual debatir y mostrar sus obras. En tal sentido, *Cine Cubano* acogerá en esos años numerosos ensayos, reseñas, críticas y entrevistas a realizadores y filmes del patio. Al mismo tiempo, se publican los manifiestos y declaraciones de varios grupos de cineastas, como el boliviano Grupo Ukamau; de Argentina, el Cine Rojo y el Cine Liberación; el Grupo Experimental de Cine Universitario (GECU) de Panamá y el *Cinema Novo* brasileño. A juicio de Claudia González, durante esta etapa existe "una mayor conciencia por parte de los editores de que la revista constituye un vehículo de formación de toda una generación de cineastas con intereses convergentes en un cine militante y crítico con la realidad de nuestros pueblos" (González Machado 2013, 118).

El discurso de la revista también se radicalizará, adoptando un tono muchísimo más político que en la década anterior. En numerosos trabajos se denunciará el "imperialismo cultural" al que están sometidos los pueblos latinoamericanos, y el papel que desempeña el cine en esta actividad, como parte integrante de las llamadas industrias culturales, dentro de las cuales está también la televisión, los comics y los dibujos animados. Son abundantes las críticas al cine industrial latinoamericano, el cual se presenta como "una copia de Hollywood".

*Cine Cubano* dedicará varios números a denunciar la represión que sufre a lo largo de estos años la intelectualidad de izquierda, y como parte de ella, el medio cinematográfico. Así, son numerosos los artículos que abordan el golpe de Estado en Chile, y dan publicidad al cine del exilio y a otras acciones de resistencia emprendidas en contra de la junta militar. Se denunciará el golpe de Estado en Bolivia (1971), el encarcelamiento, represión, torturas y desapariciones de cineastas del continente, los atentados a la Cinemateca del Tercer Mundo (C3M) en Uruguay,[126] entre otros temas. Es preciso aclarar que las

---

de una masacre perpetrada en 1964 por el Comando Sur del ejército de Estados Unidos, contra un grupo de estudiantes panameños, el filme aborda las causas y efectos de lo que considera una masacre mucho mayor: la realizada por el "imperialismo" desde el siglo XIX contra la nación centroamericana. De acuerdo con su realizador, el filme tenía entre sus objetivos escribir una historia alternativa de los Estados Unidos, en la cual se denunciara su actividad expansionista: "El imperialismo yanqui cumplirá dentro de muy poco su bicentenario, y con ese motivo se preparan grandes celebraciones. Particularmente en el terreno cinematográfico están realizando una extensa campaña propagandística destinada a mostrar a Estados Unidos como una nación que, surgiendo de la nada, llega a convertirse en todopoderosa y omnipotente, gracias al esfuerzo de sus hijos, el capitalismo y la democracia [...] Es deber, entonces, del cine revolucionario contar la verdadera historia, la que ellos tratan de ocultar" (en Chávez, 1978, p. 85).

[126] En el número 76-77 (12) de 1972 se publica un dossier-denuncia sobre la desaparición de los cineastas uruguayos Walter Achugar y Eduardo Terra, ocurrida en Montevideo, el

denuncias no se circunscriben al entorno latinoamericano, en las páginas de la revista se combate frecuentemente la guerra de Vietnam o los movimientos de descolonización del "Tercer Mundo".

A lo largo de la década, *Cine Cubano* se erigirá como un espacio de denuncia a la colonización cultural y en defensa a un cine "político-didáctico", que contribuyese a una lucha transformadora. De ahí que se le diese más relevancia al contenido político-ideológico, a la representación del mundo que trasmite toda producción cinematográfica, que a la propia naturaleza y complejidad del discurso fílmico.

El último número de la década (95 de 1979), cierra con la convocatoria al I Festival Internacional del Nuevo Cine Latinoamericano de La Habana, a celebrarse en diciembre de 1979. Este Festival se considera deudor de otras experiencias continentales, como los encuentros de Viña del Mar, Mérida y Caracas, cuya continuación se vio frustrada por el aumento de la represión, especialmente en Chile, y la falta de apoyos institucionales a este tipo de iniciativas. De acuerdo con la convocatoria, difundida en *Cine Cubano*, el Festival se propone tres objetivos principales: 1) promover el encuentro regular de los Cineastas de América Latina que con su obra enriquecen la cultura artística de los países del continente, contribuyendo con ello al rescate y afirmación de la identidad propia y a la defensa de los valores nacionales y rasgos comunes a los pueblos de América Latina frente a la deformadora intromisión y dominación cultural imperialista; 2) asegurar la presentación conjunta de los filmes de ficción, documental, dibujos animados y actualidades, y el intercambio de experiencias artísticas, técnicas, organizativas y de producción y distribución; y 3) contribuir a la difusión y circulación internacional de las principales y más significativas realizaciones de nuestras cinematografías.

Se convocó además, como parte del Festival, al Mercado del NCL, un evento "destinado a promover, estimular, ampliar y desarrollar la circulación internacional del Nuevo Cine Latinoamericano facilitando la relación entre productores, distribuidores y exhibidores de todos los países" (en *Cine Cubano*, N.º 95 de 1979, p. 157).

El número 95 de *Cine Cubano* (1979) anuncia además que la próxima edición, la 96 de 1980, estará dedicada al nuevo cine nicaragüense.

> Entrevistas, crónicas, fotografías y otros materiales tomados en Nicaragua a pocos días de la victoria sandinista.

---

26 de mayo de 1972. Se incluyen las declaraciones de condena de la Unión de Cinematecas de América Latina (UCAL), y reacciones en diversos países de América Latina y Europa. Como parte del dossier, *Cine Cubano* incluye declaraciones de los realizadores Eduardo Terra, Mario Jacob y José Wainer, un reportaje acerca la penetración de Estados Unidos en el campo científico uruguayo, y un texto de Mario Benedetti sobre las medidas represivas decretadas por el gobierno de ese país sudamericano en contra de la cultura, entre otros trabajos.

> ¡La más completa información sobre una cinematografía revolucionaria, latinoamericana, antiimperialista, surgida en los combates, en plena guerrilla nicaragüense![127].

Por una parte, los Festivales marcarán la consagración de La Habana como uno de los espacios desde los cuales se propiciará una particular institucionalización del NCL, uno de los aspectos principales en la caracterización de la política exterior del ICAIC durante los ochenta. Del mismo modo, esta década se definirá por la cooperación entre la industria fílmica cubana y el cine naciente en la Nicaragua del Frente Sandinista, un tipo de relación que reeditará los años de Chile Films durante el gobierno de la Unidad Popular.

## Una red de cineastas latinoamericanos de izquierda. El papel del ICAIC

A lo largo de la década del setenta, se irá consolidando una red de cineastas latinoamericanos de izquierda, ideológica e intelectualmente cercanos a las concepciones del NCL, los cuales comparten información y proyectos, así como solidaridad mutua ante la represión a la cual se ven sometidos gran parte del grupo. El ICAIC será uno de los principales nodos de lo que pudiéramos caracterizar como una estructura reticular con múltiples centros, Buenos Aires, Río de Janeiro, Santiago de Chile... y también los festivales internacionales europeos donde confluyen realizadores y obras provenientes de América Latina. Estos centros se irán desplazando de acuerdo con el complejo y siempre cambiante escenario geopolítico regional. Es decir, más que una especie de Meca exclusiva del NCL, a la que peregrinar y recibir orientaciones, tal y como sería Moscú por años para la Internacional Comunista, La Habana actúa como un centro (entre otros tantos) de apoyo logístico y asesoramiento ideológico para gran parte de los cineastas del continente. Con esta idea, no obviamos el hecho de que al ICAIC le convenía estratégicamente hacerse con la conducción del Movimiento, o cuanto menos incidir en el rumbo del mismo, para lo cual su departamento de Relaciones Internacionales trabajó activamente.

El NCL que se reconoce en los festivales de Viña del Mar, en pleno contexto de luchas guerrilleras y movimientos de liberación continental, es como se sabe una conjunción de muy diversas ideologías y formas de acción, a las cuales nuclea el interés por renovar los discursos cinematográficos, pero también por hacer del cine un arma de lucha para transformar una realidad latinoamericana que consideraban profundamente injusta. El ICAIC tuvo sin dudas un papel determinante en la "constitución orgánica" del Movimiento, lo que

[127] En *Cine Cubano*, número 95, año 1979, p. 160.

se evidenciará en la década siguiente en el hecho de que La Habana sea sede de sus principales instituciones. Pero al rastrear los propios orígenes del NCL podemos comprobar que el ICAIC y sus cineastas y/o dirigentes no son los únicos protagonistas de esta actividad, y que las influencias entre el Instituto y el Movimiento, más que una relación unidireccional entre La Habana y América Latina, fue un proceso de intercambios recíprocos. Es además importante tener en cuenta que el NCL, incluso en sus años de mayor auge, fue más una "necesidad política, que una opción real y consistente" (León Frías 2013, 147). Coincidimos con este autor cuando señala que

> Difícilmente podía serlo porque un movimiento no es solo la suma de varias partes independientes entre sí, sino que supone un conjunto de afinidades que no encontramos en esas partes que formaban un todo muy poco articulado. La ideología marxista y la mediación cubana no fueron suficientes para hacer de esa "necesidad" algo más que un impulso de unificación que se vivió en tiempos duros, en tiempos de sangre y fuego que poco o nada favorecieron la consolidación de un ideal de integración planteado en uno de los periodos más conflictivos de la historia política continental en el siglo XX (León Frías 2013, 147).

La idea de un cine latinoamericano integrado, de signo contestatario y renovador, quedó en el terreno de la utopía, como ocurrió del mismo modo con el sueño de una revolución a escala continental, pero no por ello podrían minimizarse los pasos emprendidos y los grandes sacrificios personales de gran parte de esta generación militante. En tal sentido, hay que tener en cuenta que los proyectos políticos e intelectuales que confluyen en esos años no son un ejercicio de retórica intelectual, sino que hablamos de un grupo donde confluye el talento artístico con la concepción del revolucionario profesional en el sentido más abarcador del término, un grupo de cineastas que se juega la vida por defender los ideales en los cuales cree dentro de un escenario de represión cada vez más generalizada. Testimonio de ello es la carta que envía al ICAIC el cineasta Walter Achugar, con fecha 7 de febrero de 1972, en la que cuenta la difícil experiencia que vivió en las cárceles uruguayas, y agradece al Instituto la campaña de solidaridad emprendida para su liberación:

> Acabo de pasar por una experiencia dura pero fructífera y fortaleciente. Fueron 40 días de incomunicación, encapuchado permanentemente y de torturas, pero no estoy quebrado. Al contrario, me siento muy bien de ánimo y estimulado y más firme en mis convicciones. Fue un trance duro y amargo donde uno descubre sus propias fuerzas, sus reservas, hoy me siento optimista, he hecho un alto en el camino y la reflexión de la prisión sirvió para darme cuenta que lo único que importa es seguir luchando por lo que uno cree y defiende. La solidaridad expresada por los cineastas de distintos países sirvió de mucho y si bien yo nunca tuve

> información, cuando se definió mi libertad, creo que incidió de manera preponderante (en Guevara 2010, 258).

Unos meses más tarde, en una carta fechada el 2 de noviembre de 1972 y escrita desde la cárcel, el cineasta colombiano Carlos Álvarez, le narra a Alfredo Guevara una experiencia similar:

> En la madrugada del 5 de julio fuimos despertados por las ametralladoras de seis detectives del ejército, que me llevaron preso junto con Julia [de Álvarez, su pareja] a instalaciones militares. La tarde anterior habían puesto presa a Gabriela Samper [cineasta colombiana], cuando días antes a otras personas en Bogotá, ese mismo día por la tarde a Manuel Vargas cuando fue a buscarme a la casa y por ese mismo tiempo habían caído en diversas ciudades como Bucaramanga, Socorro, Aguachica y Barrancabermeja, unas 70 personas en total. La acusación principal, formar parte de las redes urbanas del Ejército de Liberación Nacional (ELN) (en Guevara 2010, 270).

En el número 86-87-88 (13) de *Cine Cubano* se publicó un texto en solidaridad con los cineastas colombianos encarcelados. Bajo el título "Colombia y la democracia", el artículo contextualiza el clima de represión generalizado en el continente:

> En muchos países de América Latina cualquier oficio que obligue, como es el caso de los cineastas, a un compromiso serio y riguroso con la verdad y con la historia, significa grandes riesgos de cárcel, tortura, persecución y muerte. Primero los torturadores brasileños, después el régimen fascista en Bolivia y el seudo-demócrata gobierno de Uruguay, ahora Colombia, tratan por todos los medios represivos imaginables de ahogar y finalmente erradicar la presencia y libre desenvolvimiento de un cine que ha brotado justamente a partir de las condiciones de explotación y dependencia y que ha tratado de reflejar las luchas por la liberación de sus respectivos pueblos. El gobierno colombiano pretende, utilizando la tortura, el chantaje y la violencia, ocultar la imagen de su propia realidad. Carlos Álvarez, Julia de Álvarez, Gabriela Samper, Manuel Vargas y el grupo de cineastas actualmente perseguidos y detenidos en prisiones militares no han hecho más que cumplir con su deber. Como respuesta, los cineastas de América Latina y del mundo asumen su defensa ("Colombia y la democracia" 1973, 78).

En septiembre de 1974, adquiere personalidad definitiva el llamado Comité de Cineastas de América Latina (C-CAL). Será en la ciudad de Caracas, un año después de la caída de Salvador Allende y en pleno auge de las dictaduras militares. El C-CAL surgirá precisamente como un ente dedicado a luchar contra los gobiernos de facto que se oponían "a la reconstrucción bolivariana y de nuestra gran patria dividida" (*Un lugar en la Memoria: Fundación del Nuevo Cine Latinoamericano 1985-2005*, 2005, 7), como se afirmaba en el acta constitutiva del organismo, un texto en el que se hace también referencia a la lucha por la liberación nacional y a los procesos de descolonización cultural.

El ICAIC impulsará la campaña internacional de denuncia a la represión de las juntas militares, para lo cual el Instituto se dedica a recopilar los testimonios de las víctimas, a asentar "las memorias de la represión". El 21 de enero de 1975, Alfredo Guevara escribe a M. Alain-Mariel Carron, periodista del diario francés *Le Monde*, a quien le envía documentación sobre las torturas en Uruguay y Guatemala, y asegura haberlo hecho ya en lo que se refiere a Brasil. "En todos los casos se trata de resúmenes —no muy breves- preparados por uno o más protagonistas, participantes. Son entonces sus opiniones, no exactamente detalle a detalle las nuestras, aunque, como podrás suponer, hay muchas coincidencias" (Guevara 2010, 312). Y asegura el presidente del ICAIC: "Si cuanto envío puede ser útil para ustedes. Si tiene consecuencias en vuestras informaciones, será también útil a la liberación de América Latina, contribuirá a abrir brecha en la barrera de odio y desinformación que cerca a los combatientes. Esa será suficiente recompensa para nosotros. Y por pequeño que sea el granito de arena, de muchos y continuos se hace la posibilidad de dar un paso" (Guevara 2010, 312).

En junio de 1978, se reúne en La Habana el Ejecutivo del Comité de Cineastas de América Latina. La delegación está conformada, entre otros, por Miguel Littin (Chile), Pedro Rivera (Panamá), Manuel Pérez (Cuba) y Walter Achugar (Uruguay). Raymundo Gleyzer, también miembro del Ejecutivo, lleva ya tres años desaparecido por la dictadura argentina. A la cita en La Habana asiste una representación de alto nivel del gobierno cubano, presidida por Armando Hart, Ministro de Cultura, y el propio Alfredo Guevara. El encuentro evidencia el compromiso de Cuba con el NCL y sus cineastas, además de explicitar un nuevo enfoque latinoamericanista que comienza a consolidarse desde esos años: el reconocimiento de puertorriqueños y chicanos dentro del espacio de Nuestra América. En la reunión se emitió además una declaración de solidaridad con los cineastas y otros intelectuales latinoamericanos desaparecidos por las dictaduras. Tal era el caso de los argentinos Raymundo Gleyzer, Haroldo Conti y Rodolfo Walsh, y el de los chilenos Jorge Müller y Carmen Bueno.

Otra importante acción de solidaridad a favor de las víctimas de las dictaduras latinoamericanas se produjo en el contexto del XI Festival Mundial de la Juventud y los Estudiantes, celebrado en Cuba entre el 29 de julio y el 5 de agosto de 1978. Como parte de este evento, que reunió a delegaciones de todas partes del mundo, en especial de los países del "Tercer Mundo", el ICAIC organizó un Festival de Cine Joven, y una Jornada de Solidaridad con Chile, a la que asistieron Laura Allende, hermana del presidente depuesto, y Joan Jara, la viuda del cantautor asesinado por los militares chilenos, Víctor Jara.

Con motivo del vigésimo aniversario del ICAIC, el Comité de Cineastas de América Latina emite una declaración en la que entre otros temas agradece al Instituto cubano su apoyo a los cineastas del continente:

> Es necesario destacar que durante estas dos décadas el cine cubano ha dejado sentir su más activa solidaridad en todos y cada una de las manifestaciones cinematográficas que en nuestro continente han luchado por el nacimiento, impulso y desarrollo de un auténtico cine latinoamericano, instrumento de lucha y resistencia y respuesta militante a la penetración cultural organizada y dirigida por el imperialismo.
> Expresamos nuestro reconocimiento a las diversas muestras de solidaridad combativa impulsadas por el ICAIC en favor de los cineastas perseguidos, encarcelados y torturados por las dictaduras; con los compañeros que viven la dura experiencia del exilio, con los presos desaparecidos, con los caídos en combate y con los que han comprometido su quehacer cinematográfico en la lucha contra el imperialismo y sus aliados ("Declaración del Comité de Cineastas de América Latina en el XX aniversario del cine cubano" 1979, 14).

## El *Noticiero ICAIC*: América Latina en el cine político de Santiago Álvarez[128]

El 6 de junio de 1960, un año después de fundado el Instituto Cubano de Cine, comienza a producirse el *Noticiero ICAIC Latinoamericano*, "periódico" cinematográfico dedicado a recoger el acontecer noticioso nacional e internacional, con un estilo directo y sumamente original[129]. La idea de un noticiario cinematográfico, en una época en la que el cine era el principal medio de comunicación de masas, tenía entre sus objetivos el fortalecimiento de la propaganda a favor de la Revolución Cubana en un contexto, tanto interno como externo, marcado por fortísimas tensiones entre partidarios y detractores del proceso de cambios iniciado en enero de 1959. Sin embargo, resultaría en extremo sim-

[128] Una versión de este texto fue presentada el martes 3 de mayo de 2016, en el "Coloquio de Doctorandos 2016-2", evento convocado por el Programa de Doctorado en Estudios Latinoamericanos de la UNAM. Posteriormente, se publicó una versión resumida en: Salazar Navarro, Salvador. 2017. "El Noticiero ICAIC, América Latina en el cine de Santiago Álvarez". *LL Journal* (The Journal of the Students of the Ph. D. Program in Latin American, Iberian and Latino Cultures). Vol. 12. Núm. 2 (Fall 2017).

[129] Su primera edición recoge la gira del por entonces presidente de la República, Osvaldo Dorticós Torrado (hasta 1975, Fidel Castro ocupó funciones de Primer Ministro) por varios países de América Latina. A Dorticós lo acompañaron otras figuras de primera línea dentro del flamante gobierno revolucionario, como es el caso de los comandantes Juan Almeida y Pedro Miret, y el canciller Raúl Roa.

plista limitar las intenciones del *Noticiero* a la difusión acrítica del discurso político de la Cuba revolucionaria. Gracias a un estilo directo y sumamente original, el *Noticiero ICAIC* no solo reprodujo el discurso generado desde el poder, sino que en muchos sentidos lo enriqueció, un aspecto que se evidencia en el abordaje que realiza este noticiario del entorno geográfico más próximo a Cuba, las islas del Caribe y la América continental.

En los treinta años en los que se realizó el *Noticiero* (el último número está fechado el 19 de julio de 1990) se hicieron 1493 ediciones, más tres números extras, los cuales se exhibían en las más de 60 salas de cine con las que contaba el país, además de incluirse en la programación de los cines móviles del ICAIC, equipos de proyección itinerante con los que el Instituto llevó el cinematógrafo a las regiones más apartadas de Cuba. Tenía una frecuencia semanal, con un promedio de diez minutos en pantalla, con excepción de algunos números extras que llegaban a alcanzar hasta veinte minutos, de los cuales se hacían unos cinco por año[130]. Según afirman quienes lo vivieron, el *Noticiero* contaba con una gran aceptación entre los cubanos, muchos de los cuales en ocasiones solo iban al cine a verlo, y se levantaban antes de comenzar el largometraje que les seguía. Las cámaras del *Noticiero* estuvieron en guerras, rebeliones, golpes de Estado, terremotos, visitas de jefes de Estado, entre otros sucesos, lo que ubicó a este medio audiovisual en el epicentro de la política del "Tercer Mundo".

Existe una abundantísima bibliografía en torno a esta experiencia de realización cinematográfica, la cual a juicio de los investigadores cubanos Marta Díaz y Joel del Río, "no solo sentó cátedra y fundó escuela, también redactó la historia de un país en Revolución, como noticiario modélico, fiel a ese inveterado sentido de lo actual y a una capacidad comunicativa verdaderamente proverbial [...] en sus mejores obras diseñó un lenguaje verdaderamente paradigmático por su claridad e inteligencia" (Díaz & Río 2010, 124). Sin embargo, poco se ha hablado de la relación entre un *Noticiero ICAIC*, que desde su propia denominación se proclamó "latinoamericano" y el escenario regional. Lo cierto es que, a lo largo de sus tres décadas de existencia, la presencia de América Latina en las imágenes del *Noticiero* transitó por diferentes etapas, las cuales fueron expresión de los objetivos y principios de la política exterior del ICAIC hacia Latinoamérica[131].

---

[130] Posteriormente algunos de estos noticieros devinieron en documentales, "no solo por el apretado límite de diez minutos que imponía el ejercicio del noticiero, sino también por la riqueza temática que ofrecía la noticia que se estaba trabajando y que requería un tratamiento más acabado" (Álvarez Díaz 2012, 42).

[131] La investigadora cubana Mayra Álvarez, recoge algunos de los Noticieros dedicados a la región. A la edición fundacional del 6 de junio de 1960, dedicada al viaje del presidente Osvaldo Dorticós por América Latina, se suman, entre otros, los siguientes audiovisuales: "escenas de Lázaro Cárdenas (nota 'Reunión histórica' del *Noticiero* 39, 28 de febrero de 1961, de Santiago Álvarez y Oscar Valdés) [...] el terremoto de Perú (reportaje especial en los *Noticieros* 496, 8 de junio de 1970, de Santiago Álvarez; 497,

Durante los tempranos años sesenta, la región será un referente, pero más como parte del "público meta" al cual dirigir el mensaje, que como un tema presente en las ediciones del *Noticiero*. Es, de hecho, la década del setenta la época más "latinoamericana" del *Noticiero ICAIC*. Ello coincide con un fortalecimiento de las relaciones entre el Instituto y exponentes destacados del campo cultural de algunas naciones latinoamericanas, en especial cineastas, en el contexto de creación del Movimiento del Nuevo Cine Latinoamericano. Fue también parte del ejercicio de la llamada "diplomacia alternativa" del gobierno cubano hacia la región (Domínguez Guadarrama 2013). La diplomacia alternativa se expresó en acciones de apoyo a los llamados "movimientos de liberación nacional", así como en la resistencia a las dictaduras militares que asolaron la región.

En la década del ochenta, según fueron mejorando las relaciones diplomáticas entre La Habana y las capitales latinoamericanas, y al tiempo en que gran parte de las guerrillas y los movimientos de resistencia urbana perdieron intensidad, especialmente en el Cono Sur, el llamado a la rebeldía y el testimonio de la lucha revolucionaria que preconiza el *Noticiero* comienza a dar paso a ediciones cada vez más centradas en temas de la actualidad cubana, en especial a criticar las deformaciones de la gestión administrativa del "socialismo" en la isla.

Son por tanto los noticieros de la década del setenta una fuente de consulta invaluable para visualizar los derroteros de la política exterior del ICAIC hacia la región, así como del gobierno revolucionario en su conjunto, ya que de acuerdo con el realizador cubano Manuel Pérez Paredes, quien dirigió 36 ediciones, el *Noticiero* era "el editorial cinematográfico de la Revolución". Aclara este realizador un tema que es esencial para entender el devenir del Instituto Cubano de Cine a lo largo de su historia, y especialmente en lo que se refiere al ejercicio de su política exterior: la relativa autonomía con la que contó el ICAIC en relación con otros órganos reguladores de la producción comunicativa cubana, como es caso del Departamento Ideológico del Comité Central del Partido (antiguo DOR, Departamento de Orientación Revolucionaria). En el caso del *Noticiero*, y según el cineasta Manuel Pérez,

> Alfredo [Guevara] tenía una autoridad total para decidir sobre él. Otros órganos de prensa, o el mismo noticiero de la televisión, eran atendidos por las direcciones de esos organismos, pero también tenían una atención o supervisión de las estructuras del Partido que atendían los medios de difusión masiva. No es así en el *Noticiero ICAIC*; que salía a la

---

de Santiago Álvarez y Pastor Vega, y nota 'La tragedia de Perú' en el *Noticiero* 498, 22 de junio de 1970, de Pastor Vega) [...] la visita del presidente chileno Salvador Allende (reportaje especial del *Noticiero* 587, 21 de diciembre de 1972, de Miguel Torres [...] sobre la invasión yanqui a Granada (reportaje del *Noticiero* 1151, 12 de noviembre de 1983, de Lázaro Buría" (Álvarez Díaz 2012, 41).

calle después que Alfredo Guevara lo veía y lo aprobaba. No había otra instancia de aprobación fuera del ICAIC (en Álvarez Díaz 2012, 96-97).

En los créditos de las primeras ediciones aparece como director del *Noticiero* Alfredo Guevara, quien en calidad de presidente del ICAIC impulsó esta actividad. Pero ya desde principios de 1963, concretamente en la edición número 104, se consigna a Santiago Álvarez (1919-1998) como director. La figura de este cineasta está indisolublemente ligada a la historia de los noticieros; es un realizador que haría de esta actividad una de las experiencias más trascendentales de la historia del séptimo arte[132].

Santiago, que comenzó su carrera como cineasta a los cuarenta años de edad, no había estudiado en ninguna escuela de cine; de hecho, antes de trabajar en el *Noticiero* sus experiencias en el medio cinematográfico habían sido muy poco frecuentes. Sin embargo, al frente del *Noticiero ICAIC* llegó a realizar más de seiscientas obras; algunas de ellas consideradas antológicas en la historia del documental mundial, como es el caso de *Ciclón* (1963), *Now!* (1965), *L.B.J.* (1968), *Hanoi, martes 13* (1968) y *79 primaveras* (1969). Santiago filmó en más de noventa países, fue corresponsal de guerra en lugares tan diversos como Vietnam, Angola, Chile y Kampuchea (actual Camboya); entrevistó a numerosos jefes de Estado, desde Ho Chi Minh y Agostinho Neto, hasta el Che Guevara y Salvador Allende. Acompañó asimismo al líder cubano Fidel Castro, y a otros dirigentes de la Revolución, en gran parte de sus viajes internacionales. En las palabras de elogio a Santiago Álvarez, que pronunció Alfredo Guevara al otorgársele al primero el título de Doctor Honoris Causa, por el Instituto Superior de Arte (ISA), el presidente del ICAIC afirmó:

> Si universal, más cubano no podía ser y porque tampoco pudiera ser menos latinoamericano y caribeño. Es que en la sustancia misma de su obra, en los invisibles meandros de su inspiración está la dimensión secreta de la cadencia; el juego rítmico del contrapunto; la violencia nota las guitarras sinfónicas; ese barroco primigenio que ofrece la naturaleza exuberante y caótica pero siempre ondulante del trópico; y están las piedras talladas de La Habana Vieja; el Caribe-Atlántico con su oleaje y espuma rompiendo el Malecón habanero (Guevara 1998b, 315).

El "latinoamericanismo" del *Noticiero*, más allá de tratarse de una estrategia del gobierno cubano como parte de su actividad de diplomacia alternativa en el frente cultural, no podría explicarse sin tener en cuenta el pensamiento del

---

[132] Los negativos originales del *Noticiero ICAIC Latinoamericano* integraron, desde julio de 2010, el registro Memoria del Mundo, de la Organización de Naciones Unidas para la Educación, la Ciencia y la Cultura (Unesco) por ser considerados documentos históricos únicos en su género.

núcleo fundador del ICAIC. Tanto en Alfredo Guevara como en Santiago Álvarez hay una clara concepción de Cuba como parte de un escenario regional, el cual tampoco puede escindirse de un espacio "tercermundista" en rebelión, con fronteras que van desde el Vietnam bombardeado a los frentes de lucha por la independencia africana, pasando por los focos guerrilleros de nuestro continente. En una entrevista para la revista *Cine Cubano*, a Santiago Álvarez le preguntaban por qué hablar de un *Noticiero ICAIC* "latinoamericano". Respondió en los siguientes términos: "Porque Cuba es latinoamericana. Se hace en Cuba, pero es latinoamericano, porque nuestro objetivo es trabajar cinematográficamente nuestra América, aparte de los reportajes sobre nuestra vida nacional" (en Pereira 1983, 10). Alfredo, por su parte, argumentaba:

> Desde el principio quise, por mi formación, y el grupo que me acompañaba en la fundación del ICAIC [...] que fuera un pensamiento no solo cubano, sino latinoamericano, porque latinoamericanista, en el sentido más bello y amplio de la palabra, era José Martí, nuestra inspiración primigenia, y nos habíamos educado también en un proceso revolucionario, que desde sus inicios, es decir, los de la etapa del siglo XX avanzado, fue siempre latinoamericanista [...] Además, teníamos también un ideario latinoamericano por muchas otras razones, la reforma universitaria era una inspiración de todo el movimiento estudiantil; empezó en Córdoba, tuvo en Perú repercusiones muy grandes y las tuvo también en nuestra Universidad de La Habana. Teníamos también sobre nosotros el impacto inspirador de la Revolución mexicana, y no solo desde Zapata, sino más cercanamente, desde la nacionalización del petróleo y una política exterior que no seguía a los Estados Unidos, era como una barrera entre los Estados Unidos y el resto de la América Latina, con la presencia también inspiradora de Lázaro Cárdenas (en Álvarez Díaz 2012, 55-56).

Desde el punto de vista estructural, los noticieros ICAIC de los primeros años no se diferenciaban de formatos similares realizados en la Cuba pre-revolucionaria y en otras partes del mundo. Es decir, una sucesión de notas informativas sin relación entre sí. Sin embargo, según avanza la década del sesenta, se fueron incorporando elementos novedosos, como la utilización del trucaje, de los carteles, de la fotoanimación, así como un particular uso del montaje ideológico y de la música, todo lo cual dotará al *Noticiero* de un estilo sumamente peculiar. Explica la investigadora cubana Mayra Álvarez que el *Noticiero* "no fue ajeno a las influencias artísticas que el cine cubano respiraba, y si la Nueva Ola francesa, el *cinéma vérité* y otras corrientes se observan en el quehacer del campo de la ficción y el documental, el neorrealismo italiano fue el padre en esta germinación" (Álvarez Díaz 2012, 46).

Santiago Álvarez atribuía al montaje ideológico un rol esencial, de hecho, podría afirmarse que esta técnica es el rasgo más distintivo de su filmografía. En entrevista con Amir Labaki, el documentalista afirmaba:

> Yo no hago guiones. Mis documentales nunca tuvieron guiones en el sentido convencional de hacer un guión. El guión, el definitivo, lo hago en el montaje, en la moviola. Manoseando la película, escogiendo secuencia por secuencia. Es ahí donde en realidad hago el guión, en el montaje. Yo salgo a filmar, filmo esto, aquello, claro, yo ya tengo una idea de lo que quiero, pero no tengo un guión previamente escrito para hacer el documental (Labaki 1994).

De este modo, para el creador del *Noticiero ICAIC*, el montaje resultaba el momento más importante en la estructuración del filme, un criterio similar al de los grandes autores del cine soviético de vanguardia. Sin embargo, Santiago reconoció en más de una entrevista que comenzó a emplear estas técnicas sin haber visto aún las obras de cineastas como Eisenstein y Vertov:

> Comencé a conocer el cine soviético solo después de haber hecho un centenar de noticieros y una decena de documentales [...] En realidad no los copié. Pensé: puede ser que me parezca a Vertov porque él vivió un momento revolucionario en su país, donde lo que sucedía a su alrededor lo motivaba a realizar un montaje como el que hacía. Yo también estoy dentro de una revolución, la cubana. Esa puede ser la explicación. Pero debo reconocer que ya había rodado la mitad de mis películas cuando fui a ver las de Vertov por primera vez (Labaki 1994).

Miguel Torres, quien entre 1972 y 1977 fue realizador de unas 197 ediciones del *Noticiero*,[133] además de cuatro reportajes especiales (después de Santiago Álvarez, es el realizador que más noticieros hizo), habla de "un noticiero que no daba noticias", es decir, que lo que hacía "era dar una interpretación artística de la noticia" (en Álvarez Díaz 2012, 106). Para el cineasta cubano Jorge Fraga, lo que distinguía al *Noticiero ICAIC* de otros formatos similares realizados en el mundo, "es que no se limitaba a 'registrar una realidad', sino que ofrecía una 'visión interpretativa' deliberada y explícita de las realidades que registraba" (Fraga 1971, 24). Valoración con la que coincide el crítico y realizador cubano Enrique Colina, al afirmar que la cualidad esencial del *Noticiero* era "devolver el espectador al entorno en toda su intensidad pujante, acometedora, con una fuerza sugestiva técnica y artísticamente preparada, cuya función no sólo es la de informar sino la de condicionar ideológicamente y concentrar la opinión pública en lo fundamental" (Colina 1968, 41).

El propio Santiago Álvarez, explica el por qué se concibió un *Noticiero* que no se preocupaba tanto por la actualidad, como por la interpretación que se hacía

[133] Torres dirigió el Departamento de Relaciones Internacionales del ICAIC y fungió como coordinador Ejecutivo del Festival de Cine Joven, paralelo en Cuba al XI Festival Mundial de la Juventud y los Estudiantes (1978).

de la misma: "La noticia que sale en nuestro *Noticiero* se hace permanente. Se puede ver con el mismo entusiasmo la semana próxima que en el próximo año. Además, por su factura de documental, sin dejar de ser noticia, nunca envejece" (en Pereira 1983, 11). El paso de un *Noticiero* eminentemente informativo, similar a otros formatos internacionales, a una obra donde predomina la interpretación, fue un proceso paulatino, en el que influyó, entre otros factores, el desarrollo en Cuba de la televisión. Así lo explica el cineasta Manuel Pérez Paredes:

> En los primeros dos años, el *Noticiero* trabajaba con una inmediatez muy fuerte, con lo que estaba pasando esa misma semana. Todas las semanas pasaba algo tremendo. Después se hizo más reflexivo y en un momento dado, con la presencia de la televisión y su noticiero diario, con una o dos ediciones, más la prensa, el *Noticiero ICAIC* se tenía que ver en los cine siete, ocho o diez días después con una interpretación de la noticia, con una elaboración más conceptual; de ahí que comenzaran a aparecer los monotemáticos, o sea, se agarraba un tema y se desarrollaba en toda la edición; o de pronto eran dos noticias de cinco minutos cada una. Me da la impresión que ese nivel de elaboración era algo que se fue incorporando a medida que pasaba el tiempo y así se iba haciendo un noticiero que sin dejar de ser movilizador era también reflexivo, no solamente educativo, sino también reflexivo, donde se interpretaba el acontecimiento, tanto si fuera nacional, como latinoamericano o internacional (en Álvarez Díaz 2012, 102).

Según se consolida como institución dentro del propio ICAIC, lo que implicó la asignación de recursos propios y una mayor autonomía creativa, el *Noticiero* aumentó su interés por América Latina[134]. Principalmente durante la década

---

[134] Como hemos referido anteriormente, las noticias concernientes al gobierno chileno de la Unidad Popular, y en especial a su presidente Salvador Allende, fue una de las principales preocupaciones del ICAIC durante esos años. El cineasta Miguel Torres rememora sus experiencias al respecto: "Recuerdo que en el año 1971, estando en Chile con Raúl Rodríguez, el camarógrafo, haciendo un documental que se llama *Introducción a Chile* (1972) cuando íbamos a regresar a Cuba nos dijeron que no podíamos irnos. Eso nos molestó, éramos muy jóvenes y la Revolución chilena de Allende estaba en plenitud. Fue en el año 1970 cuando él asumió la presidencia, y nosotros estábamos desde enero o febrero del 71. Estábamos en la Embajada cubana con un grupo de cubanos, médicos, etc., y el caso es, que nos dicen que Fidel viene, estaba al llegar, y a Raúl Rodríguez y a mí nos tocaba hacer la segunda cámara, o sea, el equipo de apoyo de Santiago que, lógicamente, venía al frente del *Noticiero*; pero ya nosotros habíamos recogido y filmado todo por donde podía pasar Fidel y otras personas más. Hicimos la segunda cámara, pero el resultado final son todas esas imágenes [...] Cuando Allende vino a Cuba, yo tenía amistades que conocían muy bien lo que estaba pasando en Chile;

del setenta y buena parte de los ochenta, el equipo de Santiago Álvarez filmará los eventos más importantes que ocurrían en la región. Al mismo tiempo, el *Noticiero* se convertirá en una escuela por la que transitarán jóvenes realizadores provenientes de países como Colombia, Brasil y Venezuela. El ICAIC aprovechaba también sus relaciones con cineastas latinoamericanos para solicitarles obras que terminarían publicados en el *Noticiero*.

La mayor parte de las obras de Santiago Álvarez con temática latinoamericana se produjeron en la década del setenta, y surgen a partir de ediciones del *Noticiero ICAIC*. Entre ellos destacan títulos como *El sueño del Pongo* (1970), *Cómo, por qué y para qué se asesina a un general* (1971), *De América soy hijo... y a ella me debo* (1971), *El tigre saltó y mató... pero morirá ¡morirá!* (1973). A ellos se suma el documental *Hasta la victoria siempre* (1967), cronológicamente situado en las postrimerías de los sesenta, pero que anuncia desde el punto de vista ideológico lo que serán los principios articuladores de la siguiente década.

Todos estos filmes tienen como rasgo común su carácter netamente político. Hablamos, por supuesto, de un mismo contexto de referencia, signado entre otros factores por el complejo equilibrio que logró articular el gobierno cubano, entre la tesis guevarista del foco guerrillero y la solidaridad con el bloque de países socialistas. También se nutre de los principios de un internacionalismo que no se reduce al entorno latinoamericano, sino que se apropia de un discurso abarcador, que sitúa al amplio "Tercer Mundo" como espacio de las luchas y las resistencias en contra del "imperialismo", cuyo máximo exponente son los Estados Unidos, pero que también adquiere cuerpo en los colonialismos europeos, como es el caso de las viejas metrópolis francesa, inglesa, belga, entre otras.

Los filmes políticos latinoamericanos de Santiago Álvarez serán muestra elocuente de la "diplomacia alternativa" del gobierno de la isla, no solo porque en muchos casos emplean imágenes donadas por cineastas afectos a la causa cubana, y por tanto alejados de las industrias culturales tradicionales, sino también por el propio esquema de distribución que tuvieron fuera de las fronteras de Cuba, siempre a través de circuitos alternativos como universidades, cineclubes, festivales de cine y las propias embajadas cubanas, en los pocos casos en que existían.

En lo que se refiere a las condiciones específicas de producción, estas obras están marcadas por su carácter "contingencial", es decir, son filmes mucho más apegados a la inmediatez que exige la actividad noticiosa, que a la reflexión propia del documental. Un trabajo audiovisual como *Hasta la victoria siempre*,

---

aunque no será tan eminente el golpe de Estado, ya se estaba gestando. El Allende que vi aquí era mucho más activo, más enérgico, andaba con guayabera, e hizo un discurso memorable en la Plaza de la Revolución. Yo estaba muy motivado con la Revolución chilena y me tocó hacer también el noticiero del golpe de Estado, que lo hice con mucho dolor, realmente. Allende era la esperanza de ese momento. Fue muy duro" (en Álvarez Díaz 2012, 107-108).

producido al calor de la noticia del asesinato del Che, se realizó en apenas dos días de intenso trabajo. Esta inmediatez, característica de una redacción noticiosa, parecería invocar el concepto de un "cine urgente", tan manejado por el propio Álvarez. Sin embargo, para el director del *Noticiero ICAIC*, la idea de un cine urgente se relaciona más con las propias estructuras de articulación del relato, es decir, la construcción de un discurso "según el cual era posible materializar un placer en el público mediante la conmoción que provoca la narración de hechos reales, narrados emotivamente" (Díaz & Río 2010, 124).

La producción latinoamericana de Santiago Álvarez durante la década del setenta coincide con la etapa en la que este dejó de ser director-realizador del *Noticiero ICAIC*, para asumir únicamente las funciones de director general. Desde su nueva ocupación, aprobaba los temas y ediciones que realizaban otros directores-realizadores, al tiempo que se concentraba en dirigir documentales y reportajes especiales, cuando ocurría un suceso destacado, tanto nacional como internacional. De acuerdo con el investigador Isaac León, esta etapa coincide con una reducción de la capacidad innovadora de los documentales de Santiago, los cuales "se fueron haciendo más convencionales, más expositivos en un sentido canónico, aunque sin dejar de lado ciertas operaciones características de su estilo" (León Frías 2013, 307). Una valoración con la que concuerdan Marta Díaz y Joel del Río:

> El documentalismo de Santiago Álvarez transita desde la propaganda revolucionaria y antiimperialista, asentada en recursos del cine experimental (Dziga Vertov, Joris Ivens, la vanguardia soviética) hacia el culto hagiográfico a la figura del líder rebelde, amplios reportajes sobre discursos de Fidel, acerca de la lucha antiimperialista en naciones tercermundistas, o sobre visitas del máximo líder cubanos a diversos países. Documentales mayormente de entrevistas con sonido directo e insertos de archivo, cada vez menos arriesgados en términos formales y de diseño visual bien conservador (Díaz & Río 2010, 43).

El tránsito desde un documental propagandístico vanguardista a obras mucho más conservadoras, podría ser también una expresión del propio devenir histórico del proceso revolucionario cubano, que de la efervescencia sociopolítica de los primeros años fue "institucionalizándose" y disminuyendo por tanto su potencial contrahegemónico. Esta tesis, según Isaac León, "se ve muy claramente confirmada por la reducción de los motivos de actualidad en la ficción en beneficio de los acercamientos a episodios del pasado y también en el mismo hecho de que Álvarez, ya entonces el más 'internacionalista' de los cineastas cubanos, se consagre en mayor medida aún a episodios o eventos históricos extranjeros o a la glorificación de Fidel Castro, sin el filo creativo de su mejor época" (León Frías 2013, 307).

En las postrimerías de la década del sesenta, coincidiendo con la etapa de más efervescencia política de la Revolución Cubana, y en el contexto de las guerrillas latinoamericanas, Santiago Álvarez realiza el documental *Hasta la victoria siempre.* Con diecinueve minutos de duración, el filme se basó en el *Noticiero ICAIC* número 382, del 16 de octubre de 1967, el cual salió a la luz apenas una semana después de la caída del Che en Bolivia, el 9 de octubre de ese año. Titulado así por las palabras con la que el líder argentino cerró su histórica carta de despedida a Fidel y al pueblo de Cuba, la cinta muestra diversos aspectos de la vida y el pensamiento del guerrillero. Santiago Álvarez se permite algunas digresiones con el objetivo de explicar y contextualizar el pensamiento y la praxis antiimperialista del revolucionario argentino. Antes de comenzar a mostrarnos la actividad militar, política y diplomática del Che, primero en Cuba y luego en África y América Latina, el documental detalla la extrema pobreza de los pueblos latinoamericanos y la violencia a la cual son sometidos, en especial el campesinado indígena boliviano, la población con la cual Ernesto Guevara interactuó en los últimos días de su vida. El filme pondera la actividad guerrillera emprendida por el Che en Bolivia, entre 1966 y 1967, al tiempo que integra este movimiento a las luchas antiimperialistas de Vietnam y Argelia, las cuales pueden servir de inspiración, en tanto procesos triunfantes, para los latinoamericanos. Considerado uno de los documentales emblemáticos de la Cuba revolucionaria, *Hasta la victoria siempre* ha contribuido quizás como ningún otro texto audiovisual a "fijar" la imagen icónica del llamado "guerrillero heroico" como adalid de las grandes luchas por la liberación del "Tercer Mundo". En lo que respecta al discurso cinematográfico, en él Santiago maneja los recursos que más distinguen su cine: el fotomontaje y la música como eje articulador del relato.

En *El sueño del Pongo*, por su parte, un corto de ficción de apenas ocho minutos, Álvarez adapta una fábula atribuida al folklor oral quechua, la cual fue recogida posteriormente por el narrador y antropólogo peruano José María Arguedas. Sencillísima y utilitaria metáfora de la lucha de clases, en la cinta se cuenta la historia de un criado indígena que es explotado por su patrón: "Soñé que habíamos muerto los dos", dice el sirviente a su señor, "y desnudos, desnudos como los muertos, nos presentamos ante San Francisco que ordenó que llegara el ángel más grande del cielo". El ángel cubre al patrón con una miel "que parece oro". Otro ángel, no tan grande ni tan bello como el primero, cubre al Pongo de excremento humano. El cielo hará entonces justicia a los pecados de cada uno: por toda la eternidad el Pongo comerá de la miel que cubre al señor, al tiempo que el señor deberá hacer lo propio con la inmundicia que cubre al Pongo.

*Cómo, por qué y para qué se asesina a un general* es, quizás, el más didáctico de los documentales que componen esta relación. Se trata de un primer acercamiento al Chile de los días previos a la toma de posesión del presidente Salvador Allende, y abre lo que podría considerarse el "ciclo chileno" de este realizador. A lo largo de 36 minutos, Santiago Álvarez denuncia el complot para impedir el triunfo del gobierno de la Unidad Popular. Con el objetivo de evitar la llegada de Allende a la presidencia, dos generales financiados por la CIA, Roberto Viaux y Camilo Valenzuela, junto a la organización derechista "Patria y Libertad", planearon el secuestro del jefe del ejército, René Schneider. El plan tenía como objetivo provocar la intervención de las fuerzas armadas y evitar así que el Congreso proclamara presidente a Allende. Scheinder fue asesinado durante la tentativa de secuestro. Del mismo modo que en *Hasta la victoria siempre*, el documental se detiene a abordar los problemas estructurales de Chile, como parte de un entorno latinoamericano signado por el colonialismo, la dependencia y la inequidad. En Chile, la cinta fue prohibida por el llamado Comité Censor Cinematográfico, organismo encargado de regular la distribución, el cual estaba controlado por elementos reaccionarios, quienes acusaron a la película de entrometerse en asuntos internos del país[135].

*De América soy hijo... y a ella me debo* describe en más de tres horas de duración la extensa gira que realizó Fidel Castro por Chile, lo que lo convirtió en su momento en el filme más largo hecho por el ICAIC. A partir del tratamiento de la figura del líder cubano, se muestra a un país y a gran parte de su gente abocada en la revolución, al tiempo que se hace una crítica a los sectores que están en contra de Allende. El minucioso seguimiento a los veinticinco días que permaneció en Chile Fidel Castro, desde el desierto de Atacama hasta la Tierra del Fuego, sirve de pretexto para insertar la lucha del pueblo chileno en el contexto amplio de un "Tercer Mundo" en lucha contra el "imperialismo". El documental, considerado "una obra netamente política, un grito, un alegato" (Alfieri 1972, 46), se presenta como un "recuento cinematográfico de un viaje que trasciende los mares y las montañas y une la Sierra Maestra antillana con la sierra andina del sur". Un joven y vital Fidel Castro recorre el país y da varios discursos al pueblo chileno. En el documental no importa tanto el contenido de sus arengas, como la emocionalidad que trasmite. Santiago muestra a un experto en el arte de la comunicación política: un Fidel sonriente, un Fidel que pide "pizco" para aclararse la garganta, que interactúa libremente con el pueblo congregado en los mítines, que se enreda con la megafonía y despierta las risas y el entusiasmo de su público. El propio título del documental (*De América soy hijo...*), tomado de una frase de José Martí, le da una dimensión continental a la visita, y refuerza la tesis manejada por la Revolución Cubana en tanto "heredera" de las luchas decimonónicas por la independencia, primero de España y más tarde del "neocolonialismo yanqui". El documental cierra con palabras

---

[135] El 12 de abril de 1971, Beatriz Allende, hija del presidente chileno, le escribe personalmente a Alfredo Guevara y le habla del filme y de la estrategia de distribución "alternativa" que están implementando: "A todos, incluyendo al Presidente, nos gustó muchísimo la película de Santiago [...] De inmediato y antes que pasara a la censura, en forma 'ilegal' pero sabiendo lo que hacíamos, fue lanzada a algunos cines de barrio. Cuando le tocó pasar la censura cinematográfica (paso inevitable), fue rechazada por ésta, pretextando que se trataba de una película cubana que se entrometía en un candente argumento nacional, problema vigente que aún está en manos de la justicia que instruye el proceso" (en Guevara 2010, 231).

de Salvador Allende, quien afirma que habrá que matarlo para interrumpir el proceso de cambios en Chile.

Otro título importante a reseñar es *El tigre saltó y mató... pero morirá ¡morirá!*, representa la contraparte de un documental de grandes esperanzas en torno al futuro como es *De América soy hijo...* El homenaje al cantautor Víctor Jara, brutalmente asesinado a manos de los golpistas chilenos, y en general a las víctimas de la dictadura, sirve como pretexto para situar en un escenario histórico y político de larga duración, la represión imperialista y sus resistencias en el escenario del "Tercer Mundo". El documental es presentado como un "Relato en cuatro canciones como homenaje a las víctimas del sadismo fascista que las fuerzas armadas y la CIA vienen perpetrando en Chile desde el 11 de septiembre de 1973". La cinta plantea la tesis de que "el imperialismo es uno, y su estrategia de intimidación fascista es también una sola": el crimen contra Jara se repite en toda la región. Mientras se escucha a Víctor Jara, se ven imágenes de represión en varios lugares de América Latina. Abre con un titular "Fascismo en Chile"; después se ven a policías golpeando a manifestantes en Puerto Rico, Brasil, Colombia, Santo Domingo e incluso en los propios Estados Unidos.

En todas estas obras el tono es propio del panfleto político, lo cual, a juicio de Isaac León, "no opaca ni disminuye de ningún modo la riqueza creativa que ellas exhiben y que no es simplemente una cuestión de 'forma', sino de capacidad de transmitir emociones a través del virtuosismo del tratamiento" (León Frías 2013, 308). Sin embargo, desde el punto de vista del discurso fílmico, se produce una involución en lo que respecta a la riqueza del lenguaje. Sobre todo, en las cintas dedicadas a abordar la realidad chilena, Santiago sobreexplota la técnica del fotomontaje, y su revolucionario uso de la banda sonora, con apropiaciones del más diverso tipo, irá dando paso a fórmulas mucho menos arriesgadas.

Hablamos en general de un cine panfletario y apologético, dos conceptos que podrían resultar peyorativos a la luz del presente, pero desde los cuales el propio Santiago Álvarez definió su producción documental. De acuerdo con el director del *Noticiero ICAIC*, "para ser un artista revolucionario hay que llevar angustias muy definidas por dentro... Creo que uno debe meterse dentro de las cosas. Yo no creo en la objetividad de nadie ni de nada [...] Yo soy siempre muy subjetivo, muy parcial [...] Soy un agitador profesional. Me estimo un panfletario que, ante todo, tiene una concepción política de todo lo que hace" (en Aray 1983). Opinión que reafirma en una entrevista posterior, donde justifica el carácter apologético de sus documentales en la necesidad de difundir el mensaje de la Revolución Cubana en un contexto de "plaza sitiada":

> Como nos encontrábamos en una ubicación geográfica muy especial, y la influencia cultural y los ataques del "vecino" [se refiere a los Estados Unidos] no han cesado, eso nos obligó durante años a una postura: la apología, que respondía a la necesidad de divulgar la imagen de la Revolución, porque nadie lo iba a hacer por nosotros. No voy a revelarle secretos a nadie, pero esta necesidad a veces se prolongó demasiado,

llegando a convertirse, en algunos momentos, en triunfalismo (en Álvarez Díaz 2012, 74).

Pese a abordar temáticas diversas, el discurso en torno a Latinoamérica del *Noticiero ICAIC* se construye desde las mismas claves. En primer lugar, lo referente a las identidades sociales, donde la clase social y la raza son fundamentales para entender lo concerniente a la praxis política. En un documental como *El sueño de Pongo*, por ejemplo, se presentan por contraste las contradicciones clasistas entre un "proletario" de ascendencia indígena y un "explotador" de raza blanca. En el relato, se describe así a los dos protagonistas: "Esta es la historia de un hombrecito esmirriado, malvestido, temeroso como un perro apaleado, que entró a trabajar de Pongo, de sirviente, por la comida, en la casona de un gran señor del Perú". Por su parte, el señor "era grande, gordo, casi blanco, rico y poderoso. El Pongo era pequeñito, flaco, indio, pobre como un puñado de polvo". Santiago Álvarez expresa en estos documentales la visión que en ese entonces tenía un sector mayoritario de la izquierda marxista cubana en torno a las problemáticas estructurales de América Latina; donde la noción de clase social subsume otras identidades, como es el caso de la raza, la dicotomía campo/ciudad, el género, y la orientación sexual, por solo mencionar algunas de las más relevantes.

En estas obras destaca el uso del montaje y la música para orquestar en imágenes y sonidos de impacto los más diversos temas, recursos que, si bien en títulos como *Hasta la victoria siempre* resultan novedosos, con el tiempo se vuelven reiterativos. Por ejemplo, en el documental *El tigre...* vemos a los militares chilenos golpistas asistiendo a misa, al tiempo que se presentan escenas de brutalidad militar. Mientras se muestran estas imágenes se escucha la voz inconfundible de Violeta Parra entonando la canción "¿Qué dirá el Santo Padre?", cuya letra alude precisamente a esas contradicciones. En este filme la música es el narrador de la historia. La cinta está estructurada en cuatro canciones que ilustran la resistencia contra el fascismo instaurado en Chile. Aparte de la canción "¿Qué dirá el santo Padre?", hay tres temas del propio Víctor Jara: "El alma cubierta de banderas", "Amanda" y "Plegaria a un labrador" (Flores 2013). En *Hasta la victoria siempre*, por su parte, la "Suite exótica de las Américas", del músico cubano Dámaso Pérez Prado, marca el ritmo del documental, es el elemento que cohesiona una secuencia de fotografías e imágenes en movimiento, lográndose así un conmovedor elogio al valor, la inteligencia y la humanidad del Che (Díaz & Río 2010).

Desde el punto de vista ideológico, en todos los filmes analizados se establece una perspectiva regional sobre los tópicos de la pobreza, el dominio imperialista y la lucha revolucionaria (Flores 2013). Con ellos, el ICAIC contribuyó a difundir el ideario socialista, revolucionario, antiimperialista, contrario al predominio burgués, y devino sólido puente cultural con varios países de Latinoamérica (Díaz & Río 2010). Estilísticamente, y más allá del tema específico de cada filme, estas ideologías se expresan a través de estructuras similares.

Por ejemplo, Santiago Álvarez recurre frecuentemente a la alegoría, entendida como "la figura a partir de la cual cada elemento del plano de las ideas tiene su correspondencia con personas, objetos, lugares o sonidos de la realidad concreta (manifestados en el arte cinematográfico de forma audiovisual)" (Flores 2013, 285). El documental *Cómo, por qué y para qué se asesina a un general*, inicia y cierra con una figura de este tipo. Santiago muestra al principio de la cinta a una mujer desnuda, tomada de una foto de la revista *Playboy*, la cual representa la aparente inocencia de la CIA. Cerrando la película, aparece otra mujer también desnuda, pero en actitud lasciva, lo que a juicio del crítico cubano Mario Rodríguez Alemán, "quita la máscara que cubre las actividades de la Agencia Central de Inteligencia" (Rodríguez Alemán 1971, 174).

Por su parte, en *El tigre...* se traza un paralelismo entre este animal y las fuerzas reaccionarias chilenas, lo cual se anuncia a través de unos versos del cubano José Martí:

El tigre
espantado por el fogonazo
vuelve de noche al lugar de la presa...
no se le oye venir, sino que viene con zarpas de terciopelo
Cuando la prensa despierta
tiene el tigre encima...
El tigre espera detrás de cada árbol
acurrucado en cada esquina...
Morirá con las zarpas al aire echando llamas por los ojos...

Tanto en *De América soy hijo...* como en *El tigre...*, Santiago recurrirá a la imagen de una explosión, entendida como una metáfora[136] de la revolución chilena. Con este recurso, según nos hace ver Jorge Fraga, "la exhortación al combate es súbitamente llevada a la realización simbólica de la agresividad latente en el espectador, hay un salto cualitativo. La explosión carece de vínculos materiales con la sucesión de imágenes, es una relación típicamente surrealista" (Fraga 1971, 30).

*De América soy hijo...* está dedicado expresamente "a todos aquellos latinoamericanos que de una u otra forma tomaron parte en nuestra primera guerra de independencia", con lo cual el filme hace suya la tesis de José Martí acerca de que América Latina está esperando por una segunda independencia. Esta idea es retomada por Fidel Castro cuando habla de los cien años de lucha del pueblo cubano, a conmemorarse en 1968, es decir, la interconexión simbólica entre la Revolución de 1959 y las guerras de independencia, iniciadas en Cuba el 10 de octubre de 1968. Santiago Álvarez refuerza esta tesis a partir de amplios *flashbacks* a la historia del "imperialismo norteamericano", desde finales del

[136] La metáfora es definida habitualmente como recurso de sustitución de una imagen por otra basada en la existencia de una semejanza analógica (Flores 2013, 285).

siglo XIX hasta la fecha, imperialismo al que mediante infografía se presenta como un exponente de "omnipotencia, intervencionismo, barbarie y violencia". El filme va frecuentemente al pasado, a buscar las causas históricas de la explotación. Por ejemplo, un narrador cuenta la historia de la ciudad minera de Potosí, en Bolivia, y la explotación a la que fue sometida la población indígena por parte del colonialismo español. Lo que antes era la plata, ahora se trata del salitre, explica el documental.

Desde el punto de vista ideológico, es este el único filme de los que se han mencionado que hace referencia explícita a los nexos de La Habana con Moscú, reforzando así el vínculo entre el tercemundismo-latinoamericanismo y la adhesión al socialismo soviético. En uno de sus discursos, Fidel rememora los primeros años de la Revolución, hace referencia a la campaña alfabetizadora y a los sucesos de Playa Girón, donde afirma que la victoria fue posible gracias a la audacia de los cubanos... y a la audacia de la URSS. Las palabras de Fidel se ilustran con las imágenes de un carguero ruso entrando por el puerto de La Habana, mientras se escucha el himno de La Internacional.

En los documentales *Cómo, por qué y para qué se asesina a un general* y *De América soy hijo...* se celebra la reinserción de Cuba en el hemisferio latinoamericano, luego de más de diez años de ostracismo. La victoria de Allende significó un espaldarazo a La Habana y el inicio de un tímido deshielo a nivel diplomático. El primero de estos filmes termina con las imágenes de la toma de posesión de Salvador Allende, y se muestra a la amplísima delegación de cubanos que asistió a la misma. En *De América soy hijo...* se insiste en que el viaje de Fidel Castro marca fin del aislamiento latinoamericano a la isla. Santiago presenta, a modo de antecedente, imágenes de la reunión en Punta del Este en la cual fue expulsada Cuba de la OEA, y de la II Declaración de La Habana en respuesta a la condena internacional al gobierno cubano.

Si bien es posible que el espectador contemporáneo vea en estas obras de Santiago Álvarez un exceso de retórica y didactismo, al tiempo que una reiteración de las estructuras mediante las cuales se articula el relato, en especial del llamado montaje ideológico; los filmes analizados constituyen un testimonio invaluable de aquellos días en los que la Revolución Cubana, y el ICAIC como parte de ella, intentaron tomar el cielo de América Latina por asalto.

## *Cantata de Chile*: siete tesis de la Revolución Cubana sobre América Latina[137]

Dentro de un contexto de referencia marcado a lo interno por el "quinquenio gris" y a lo externo por la caída del gobierno chileno de la Unidad Popular, es

[137] Una versión resumida de este acápite se publicó en: Salazar Navarro, Salvador. 2016. "*Cantata de Chile*: Siete tesis de la Revolución Cubana sobre América Latina". *El ojo que*

que ve la luz el filme *Cantata de Chile* (1975), del realizador Humberto Solás (1941-2008). Para ese entonces Solás ya era considerado uno de los directores más importantes del ICAIC. En 1968, con apenas veintisiete años, había dirigido la cinta *Lucía*, la cual está catalogada como uno de los diez filmes latinoamericanos más importantes de todos los tiempos. A ellos se sumaban otros títulos relevantes dentro de la cinematografía cubana de finales de los sesenta e inicios de los setenta, como son *Manuela* (1966) y *Un día de noviembre* (1972)[138].

Pese a que se trata de una obra menor dentro de la filmografía de Solás, la importancia de *Cantata de Chile* radica en que es una de las producciones del ICAIC que aborda de lleno el tema latinoamericano, a través de un particular acercamiento a la historia chilena y una denuncia indirecta a la dictadura militar en ese país. Resulta por tanto un excelente registro documental para el estudio de la política del Instituto Cubano de Cine hacia la región, ya que, como se verá a continuación, refleja las principales posiciones ideológicas de La Habana respecto a un conjunto de temas vinculados con Latinoamérica.

Con *Cantata de Chile*, Solás reaccionaba al golpe militar del general Augusto Pinochet, del mismo modo en que lo hicieron varios intelectuales cubanos de entonces[139]. En declaraciones ofrecidas al diario español *El País*, a propósito de la exhibición del filme en Madrid en abril de 1979, el realizador cubano afirmaba:

---

*piensa. Revista de cine iberoamericano.* Año 7. Número 12. Enero-Junio. Departamento de Historia del Centro Universitario de Ciencias Sociales y Humanidades, Universidad de Guadalajara. ISSN: 2007-4999.

[138] El filme cuenta la historia de Esteban, un joven entregado por completo a la "construcción del socialismo" en Cuba, pero a quien le diagnostican una enfermedad terminal. La cercanía de la muerte lo lleva a hacer un balance de su vida, tanto familiar como en lo que respecta a sus relaciones con la propia Revolución. Definida por el propio Solás, como "su película más personal", *Un día de noviembre* tuvo que esperar para su estreno hasta el 28 de noviembre de 1978, ya una etapa en la que soplaban aires de mayor tolerancia dentro del campo cultural de la isla. No puede perderse de vista el hecho de que después de un filme que podría calificarse como "políticamente heterodoxo", el siguiente largometraje de Solás estuviese explícitamente apegado a la línea ideológica trazada por la dirección del país y el propio ICAIC.

[139] En 1974, minutos después de conocer del asesinato de Miguel Enríquez, líder el MIR, a manos de los militares chilenos, el cantautor Pablo Milanés (1943-), uno de los principales exponentes del movimiento cubano de la Nueva Trova, vinculado al Centro de Experimentación Sonora del ICAIC, componía uno de sus temas más emblemáticos, "Yo pisaré las calles nuevamente", dedicado a la lucha del pueblo chileno contra el golpe pinochetista. Dice así la canción: "Yo pisaré las calles nuevamente / de lo que fue Santiago ensangrentada, / y en una hermosa plaza liberada / me detendré a llorar por los ausentes. / Yo vendré del desierto calcinante / y saldré de los bosques y los lagos, / y evocaré en un cerro de Santiago / a mis hermanos que murieron antes. / Yo unido al que hizo mucho y poco / al que quiere la patria liberada / dispararé las primeras balas / más temprano que tarde, sin reposo. / Retornarán los libros, las canciones / que quemaron las manos asesinas. / Renacerá mi pueblo de su ruina / y pagarán su culpa los traidores.

> Por lo que se refiere a las intenciones personales del proyecto, éste surge a raíz de la caída del Gobierno de la Unidad Popular en Chile. En Cuba todos quisimos manifestar nuestra inquietud y nuestra solidaridad con el pueblo de aquel país, y yo decidí utilizar mi medio, el cine, y quise hacer una película de agitación, en la que, al mismo tiempo, trato de hacer una película movilizadora en el orden de lo formal (Solás 1979).

La idea original de Solás contó con el apoyo del ICAIC,[140] así como del resto de las instituciones culturales cubanas[141] que garantizaron una producción de alto coste, debido sobre todo a la gran cantidad de extras que exigía el relato, así como a la abundante filmación en exteriores, lo cual rompe con la tendencia de un cine nacional hasta el momento parco en el gasto de recursos. El propio Solás así lo confesaba: "Dado el tamaño de su elenco y la ambición de su puesta en escena, *Cantata de Chile* sin duda no es un ejemplo de la eficiencia de costes" (Burton & Alvear 1978). Pero se trataba, por su simbolismo, de una prioridad nacional: la creación de un material que denunciara la represión y la barbarie, y al mismo tiempo la contextualizara a través de una perspectiva analítica de larga duración.

El filme se inspira en la histórica masacre de Iquique, ocurrida en 1907, en la cual las fuerzas del gobierno asesinaron a 3.600 obreros (incluyendo a sus mujeres y niños), provenientes del norte de Chile, quienes se habían declarado en huelga. Inocentemente, los trabajadores se trasladaron hacia esa ciudad para pedir al gobierno que intermediara entre sus demandas y los intereses de las compañías extranjeras. La huelga de los salitreros y su triste final sirve de pretexto al filme para recrear episodios alegóricos a la histórica lucha de clases entre explotadores y explotados en Chile, y por generalización en toda América Latina. Tomado como argumento esta huelga de inicios del siglo XX, la cinta se introduce en el más cercano presente. Como afirmaba Solás (1979),

---

/ Un niño jugará en una alameda / y cantará con sus amigos nuevos, / y ese canto será el canto del suelo / a una vida segada en La Moneda. / Yo pisaré las calles nuevamente / de lo que fue Santiago ensangrentada, / y en una hermosa plaza liberada / me detendré a llorar por los ausentes".

[140] El 29 de agosto de 1974, el propio Alfredo Guevara le escribe al actor Nelson Villagra, quien había trabajado en *La tierra prometida*, y por sus vínculos con el gobierno de la Unidad Popular tuvo que huir del país, y terminó radicándose en Cuba: "El filme espero entre en cantera sin demora. Para entonces serán necesarias tu presencia y ayuda. No solo como actor sino porque todos los compañeros chilenos que participen se convertirán de hecho, en asesores. No habrá otro camino de reproducir los ambientes, la atmósfera, el modo de ser y hasta el paisaje de un mundo y una época que Humberto no conoce como experiencia personal, y que ningún filme ha recogido de modo testimonial (a lo que sé)" (Guevara 2008, 307).

[141] Según se consigna en los créditos, el filme contó además con la colaboración del llamado "Comité chileno de solidaridad con la resistencia antifascista". No se especifica, sin embargo, en qué consistió dicha colaboración.

> Este acontecimiento me pareció detonador de una experiencia histórica. Por una parte, se descubría la capacidad movilizadora del proletariado, y por otra, la inclinación fascista de la burguesía chilena. Esta experiencia podía vincularse a la del Gobierno de Salvador Allende, en la que al ejército chileno, nuevamente, se le otorga el papel de verdugo.

En un texto de 1971, titulado "El cine: herramienta fundamental", el cineasta chileno Miguel Littin, quien después del golpe militar terminaría asilándose en La Habana, afirmaba que el cine tenía entre sus objetivos la tarea de "extraer desde el pasado, reinterpretar la historia o sacar a la luz todos aquellos hechos olvidados que la reacción de la historia oficial ha instrumentado en su propio beneficio es una tarea impostergable" (Littin 1976). En el caso concreto de su país, planteaba lo que podrían ser los hitos de una genealogía de la resistencia del pueblo chileno, hitos que veremos reflejados posteriormente en el filme de Solás:

> La guerra comienza con el hombre: el pueblo no ha ganado sino una batalla el 4 de septiembre [se refería a la victoria en 1970 de Salvador Allende en las urnas]. La guerra comienza con la entrada del colonizador español y con la resistencia indígena, la guerra continúa con la lucha de los criollos por la independencia política, la guerra continúa con Balmaceda cuando pretende nacionalizar las riquezas básicas del país en 1891, la guerra continúa cuando el pueblo se levanta en las primeras huelgas del salitre en el Norte, la guerra continúa con los levantamientos campesinos, la guerra comienza con el hombre (Littin 1976).

Para acercarse a la historia de Chile, Humberto Solás adapta al cine la estructura de una cantata profana, es decir, una pieza musical escrita para una o más voces solistas con acompañamiento musical y en varios movimientos, lo que incluye además la existencia de un coro. La película se estructura precisamente a partir de este tipo de composición. El coro está representado por un personaje colectivo (a modo de conciencia colectiva) que son los mineros del salitre en huelga[142]. Por su parte, son tres los personajes-solistas, que cumplen por momentos la función de narradores diegéticos, interpretados por los actores Eric Heresmann, Leonardo Perucci, Shenda Román, quienes, desde tres posiciones diferentes, pero los tres insertos como clase social dentro del proletariado,[143] asumen la misión de conducir a la masa en su lucha por su libertad.

---

[142] El filme se hizo con más de un 90% de actores no profesionales, chilenos radicados en Cuba en su amplia mayoría, quienes se habían asilado en la isla para escapar de la represión pinochetista.

[143] En su construcción de la historia, Solás se apropia de la definición leninista de clase social, por demás hegemónica en aquellos años: "Cuando hablamos de clase social tenemos en cuenta los grandes grupos de hombres y mujeres que se diferencian entre sí por las siguientes condiciones: el lugar que ocupan en un sistema de producción social

Solás no se detiene a profundizar en la psicología de los personajes, los cuales destacan por su simplicidad: un líder sindical de mediana edad, un obrero ilustrado que es capaz de imponerse a la "enajenación" de su clase social e identificar las causas de la explotación, así como el modo de revertirla mediante la lucha social. Un joven obrero que decide anteponer su lucha a la institución familiar (corporeizada en una esposa que preconiza los valores "burgueses" de la familia, la religión y la vida citadina). Una obrera maltratada por la vida, quien perdió a su hijo enfermo por no tener dinero para pagar las medicinas, y a quien su marido golpea frecuentemente hasta que un día la abandonó. Los tres personajes tienen un rasgo común, su "conciencia de clase", y por tanto su voluntad férrea de llevar adelante una revolución social.

La cinta es un gran ensayo sobre la explotación colonial y neocolonial en Chile, y por extensión en América Latina. A nuestro juicio, son siete las principales tesis a partir de las cuales se estructura la visión del mundo que propone la película, y de paso podrían entenderse que lanza el núcleo ideológico de la Revolución Cubana a los movimientos de liberación del continente:

1. Las naciones latinoamericanas, y en general, los países "subdesarrollados" o dependientes, tienen una historia común, marcada por la posición periférica que han ocupado a lo largo de la historia de la modernidad-occidental-capitalista.
2. Bajo la fórmula política de los estados liberales, el neocolonialismo representa una continuidad de la dominación colonial en América Latina, llevada a cabo por las llamadas potencias centrales del Atlántico Norte.
3. El Estado liberal en América Latina es una institución represora que representa los intereses de la burguesía nacional, aliadas y a su vez dependientes del capital trasnacional y de los grandes círculos de poder neocolonial, primeramente Londres (en el caso de Chile) y ahora Washington.
4. De ahí que, la lucha tenga que ser necesariamente contra el Estado burgués, al que se opone un Estado proletario de obreros y campesinos. La lucha no es posible desde las propias instituciones del Estado, es decir, mediante el reformismo y la negociación, sino que ha de ser mediante el ejercicio de la violencia revolucionaria. De lo contrario está condenada al fracaso[144].

---

históricamente determinado; las relaciones en las cuales se hallan con respecto a los medios de producción; el papel que desempeñan en la organización social del trabajo; y el modo y cantidad en que reciben la parte de la riqueza social de que disponen" (Varona Domínguez & Pérez 2014, 123).

[144] En una escena de la película se hace hablar, desde el siglo XIX, al prócer de la independencia chilena José Miguel Carrera (1785-1821), cuyos argumentos permitirían explicar el fracaso del gobierno de la Unidad Popular, el cual no logró nunca radicalizarse. Dice Carrera: "Ha sido borrada del diccionario de Chile la nefasta palabra del moderantismo. Las obras cuando se empiezan es menester acabarlas. Ha sonado la hora de la independencia de los pueblos latinoamericanos".

5. Las luchas anteriores han fracasado porque no se ha concretado la unidad del proletariado, entre los obreros, los campesinos, los estudiantes y el resto de las fuerzas progresistas. De ahí la importancia de construir un frente amplio en contra de los capitalistas.
6. Del mismo modo que existe una continuidad en la dominación colonial a la neocolonial, podría hablarse de una continuidad en las luchas por la liberación social. De esta manera, los movimientos de rebeldía indígena contra el colonialismo ibérico (que en el caso de Chile se personifican en la figura de Lautaro y en la resistencia del pueblo araucano) son los antecedentes directos del movimiento del proletariado del siglo XX[145].
7. La historia de América Latina se interpreta en el marco de la lucha de clases entre un proletariado explotado contra una burguesía explotadora. Dentro de los primeros estarían no solo los obreros, sino también campesinos, indígenas y mujeres, es decir, la noción de clase subsume al género, a la raza y a la procedencia geográfica (lo urbano versus lo rural). Por otra parte, en el bando de los explotadores se ubica no solo la clásica burguesía comercial, sino también los latifundistas, el clero y todos los dominadores históricos del continente.

Estas tesis guardan estrecha relación con la propia ideología marxista y guevarista de la Revolución Cubana, y por extensión de una izquierda latinoamericana cercana a las posiciones de La Habana. En tal sentido, podría afirmarse que esta cinta del ICAIC constituyó un medio de divulgación de la propia concepción estratégica del gobierno cubano en torno al cambio social y la lucha de clases en Latinoamérica.

Como ya afirmábamos, las tensiones socioclasistas a partir de las cuales se estructura el argumento, subsumen otras identidades, como por ejemplo el género y la raza. La América Latina representada en *Cantata de Chile* se adscribe a la ideología marxista-leninista, en especial al criterio de la lucha de clases antagónicas como motor de la historia. Las identidades sociales se representan mediante los estereotipos. De este modo, los capitalistas ingleses son mostrados como los típicos burgueses con levita y sombreros de bombín, despiadados en el trato, racistas en su proceder. Los proletarios, por su parte, están revestidos de un candor propio del "buen salvaje" comunista, un régimen social de felicidad que la cinta ubica más allá del Estado burgués represor.

---

[145] Mediante símbolos y metáforas, modalidades básicas del mito, Solás reconstruye la historia de Chile, aludiendo "a un tiempo pasado pleno de acontecimientos y de personajes 'sabios' que justifican esa exploración del pasado o su intromisión en el presente. La región del 'antes', en suma, representa el lugar de las causas originarias, la fuente de todo lo que ha sucedido 'después'" (Amado 2009, 69).

A la hora de representarse a Latinoamérica, el filme pone en actividad tanto estrategias *movilizadoras* como *legitimadoras* de determinadas ideologías[146]. Por una parte, intenta construir ideologías alternativas al discurso articulado desde el poder. Ello se ve sobre todo en la crítica a la historia oficial. Una y otra vez la cinta denuncia cómo las oligarquías blancas latinoamericanas se robaron la independencia en el siglo XIX, e induce a pensar que la liberación del colonialismo se vio únicamente reducida a una élite occidentalizada. El filme intenta contar una historia desde la perspectiva de las clases subalternas, lo que implica inevitablemente legitimar (asentar) una contraideología, en este caso alternativa a la construcción que se hace desde el poder. Por oposición, la cinta apuesta por legitimar una representación contrahegemónica de América Latina, representación que recurre a los mismos modos de operación de la ideología oficial.

En primer lugar, la ideología que trasmite la película opera mediante procesos de *unificación*,[147] al exaltar acríticamente una alianza entre el proletariado latinoamericano, en el caso concreto de la cinta, entre obreros chilenos y bolivianos, y bajo este mismo discurso de clase se desdibuja la identidad racial, de género y territorial, ejes fundamentales a la hora de analizar la compleja trama social latinoamericana. Otro ejemplo de unificación, es el modo en que se presenta al "pueblo" chileno, un pueblo de hermanos iguales. Muestra de ello es cuando en el filme la mujer que perdió a su hijo dice que ahora siente frío, que está lejos de casa, pero que se siente bien porque "ya no está sola". En medio de la huelga se ha encontrado con sus hermanos de lucha y sacrificio. "La vida es grande", le responde un camarada, "Es mejor luchar por los demás. En eso consiste la felicidad, en dejar de lado intereses personales y dar la vida por la felicidad de los demás".

Desde la propia concepción épica del filme se explica el intento por legitimar una contraideología de la rebelión proletaria. La épica, como género, presenta hechos legendarios, elementos imaginarios que generalmente se hacen pasar por verdaderos o basados en la verdad o lo cierto, o ligados en todo caso a un elemento de la realidad, o ficticios desarrollados en un tiempo y espacio determinados. En este caso, a partir de un suceso histórico real (la huelga de

---

[146] El investigador argentino Ricardo Gómez, apunta que las ideologías pueden tener lo mismo un sentido *movilizador* que *legitimador* del orden existente, ya que el término hace referencia "a todo conjunto de creencias mediante las cuales los seres humanos proponen, explican y justifican medios y fines de la acción social organizada, independientemente de si tal acción intenta preservar o cambiar un orden social determinado" (Gómez 1995, 127). Por *sentidos legitimadores* del *statu quo* entendemos aquellos estereotipos y simplificaciones presentes en la visión del tema objeto de representación. Por su parte, los *sentidos movilizadores* hacen referencia a las principales contraideologías, en tanto formas de resistencia y denuncia al sistema de creencias dominante, sus instituciones y prácticas.

[147] En tanto modo de operación de las ideologías/contraideologías, la *unificación* establece en el plano simbólico, una forma de unidad que abarque a los individuos en una identidad colectiva, sin tomar en cuenta las diferencias que puedan separarlos.

Iquique) se construye una cantata sobre las luchas históricas del pueblo chileno contra la explotación. Como explica Amado (2009), el "mitologismo" como tema o antecedente de figuras populares inspiró a buena parte del nuevo cine latinoamericano de entonces, y se evidencia,

> en expresiones formales vanguardistas donde figuras de la tradición popular o regional folclórica, convivían paradójicamente con una problemática progresista de denuncia de los procesos de expoliación en el continente y de las contradicciones que subsistían (y subsisten), como capas oscuras de una modernidad fallida (Amado 2009, 69).

Refiriéndose a la película, Solás reivindica el carácter panfletario de la misma, aunque aclara que desde su punto de vista este tipo de cine lo mismo se puede realizar de una manera tradicional, que desde la "experimentación lingüística" (Solás 1979). En tal sentido, el estilo del filme obedece a las claves de un cine-panfleto, con claro objetivo de agitación y movilización, aunque al mismo tiempo intenta introducir elementos vanguardistas en la concepción de la puesta en escena. Por ejemplo, Solás integra en el filme varias expresiones de la cultura popular latinoamericana, especialmente la danza, el canto, el teatro, la poesía[148] y la iconografía, recurriendo así a una teatralidad tan característica de su cine, la cual se refuerza a través de una escenografía minimalista y de una iluminación de corte expresionista.

En general la puesta en escena es barroca, un adjetivo desde el cual se ha caracterizado toda la obra de Humberto Solás, no solo por el uso de fuertes contrastes entre tonos oscuros y claros (un rasgo característico de la fotografía de Jorge Herrera), sino también por la propia concepción del filme y su vinculación con la cantata, un tipo de pieza musical que surge en Europa a principios del siglo XVII, de forma simultánea a la ópera, el género musical barroco por excelencia. Pero es sobre todo la no linealidad con la que se cuenta la historia, los juegos con el tiempo y con el espacio, es lo que explicaría el carácter barroco del filme[149]. Esta continua intención de explicar el presente a través del pasado,

---

[148] A lo largo del filme se declaman poemas de Volodia Teitelboim (1916-2008), Pablo Neruda (1904-1973) y Violeta Parra (1917-1967), los cuales aluden a la historia de Chile desde sus orígenes hasta el siglo XX.

[149] Lezama Lima define el barroco colonial latinoamericano como un arte contestatario, el cual denomina "arte de la contraconquista". Por su parte, Severo Sarduy, ve en la excentricidad y artificialidad del lenguaje literario del siglo XX "un arte neobarroco" intrínsecamente revolucionario (ambas valoraciones están en sintonía con el *ethos* barroco de Bolívar Echeverría en tanto praxis de resistencia). Afirma el investigador Paul A. Schroeder que "el barroco y neobarroco en la metrópolis tienden a representar a los privilegiados y poderosos en el centro o en la cima de jerarquías sociales muy claramente demarcadas; mientras que el barroco y neobarroco en la periferia tienden a representar a los marginados en el centro de la narrativa o de la composición visual,

de "aprender a recordar" como se dice una de las canciones del filme, tiene que ver con la pretensión de Solás de hacer una obra que se apropiara del análisis marxista, concretamente que tuviese en cuenta la historicidad de los procesos políticos, económicos y sociales. Mediante sucesivos cambios de luz y de vestuario, el hilo de la narración retrocede a lo que Solás considera los orígenes de las luchas contra la explotación en Chile y América Latina, la resistencia indígena en contra del opresor español, pasando por las guerras de independencia y llegando a un presente de inicios del siglo XX, que va trazando también paralelos con la década del setenta.

Solás recurre al cantautor y escritor Patricio Manns (1937-), uno de los principales representantes de la llamada Nueva Canción Chilena, quien se encontraba en esos momentos exiliado en Cuba. Manns colabora en el guion de la película y escribe los versos para la música de Leo Brouwer que da nombre a la cinta. Una de estas composiciones, titulada "La Marcha", presentada en las primeras escenas del filme, adelanta el desarrollo futuro de la trama, y marca la visión del mundo que propone la película:

Por donde al árbol no anduvo nunca,
donde la piedra repta madura
y el horizonte represa arena,
donde el reposo es pirca de aluvia
y una leyenda vieja la lluvia
vienen estos zapatos.

Por donde el ave no comparece,
el sol verdugo prohíbe flores,
el río niega sus fiestas curvas,
el viento silba como ballesta
y el frío caza a los cazadores
resuenan estas voces.

Rostro de cuarzo, pierna de cacto,
ojo de escarcha, labio sonoro,
vibrante, dura, nutrida muerte,

---

de forma tal que las jerarquías sociales, en lugar de ser reforzadas simbólicamente, son invertidas, desestabilizadas, o simplemente borradas en un exceso de significantes" (Schroeder Rodríguez 2011, 19-20). Con esta contra-historia de las clases subalternas, Solás invierte los órdenes establecidos, dando voz a los de abajo. Estilísticamente, podría clasificarse a *Cantata de Chile* como una cinta barroca tomando en consideración, entre otros elementos, el uso que hace del claroscuro en la iluminación, la rica paleta cromática, y el desapego a una narratividad lineal a la hora de contar la historia. También la sobrecodificación de la puesta en escena invoca la concepción barroca del texto como un escenario aparentemente desordenado y artificioso.

mano caliente, pecho enlutado,
mujeres y hombres multiplicados
en el camino de la huelga.

¿Quién lavará esta sangre que desciende hasta Iquique
engalanada con su flor de sal?
¿Quién cuidará estos huesos cuando los abandonen
bajo la inmóvil fosa litoral?
¿Quién cerrará sus ojos
si son ajusticiados
y pondrá la memoria a recordar?
El que olvida prepara su futura derrota:
hay que aprender a recordar.

La cinta se inspira en toda una iconografía de la rebelión que se remonta cuanto menos a la Revolución Francesa y toca el cine revolucionario soviético de Serguei Eisenstein y Vsevolod Pudovkin. La imagen de la libertad conduciendo al pueblo, inmortalizada en el famoso lienzo de Delacroix, será reutilizada una y otra vez en la visualidad proletaria de los siglos XIX y XX, que el cine soviético contribuyó a desarrollar. La composición visual del proletariado que se muestra en *Cantata de Chile* no difiere de esta tradición, aunque incluye el rostro de los indígenas como un integrante esencial de la "subalternidad proletaria".

Como resulta evidente, la cinta está narrada desde la perspectiva de las clases subalternas. Una cámara expresionista, que por momentos cae en el naturalismo, se detiene a documentar la represión a la que se ve sometido el pueblo. Del mismo modo, los primeros planos de los representantes de la burguesía buscan resaltar el vicio y la animalidad de la clase explotadora. El modo en que la cámara se detiene en la recreación del tormento indígena, a lo que se contrapone en paralelo la orgía de los vencedores, parece inspirarse en la representación del catolicismo barroco, siempre preocupado en representar mártires atormentados frente a un paganismo entregado a la inmoralidad.

Mediante los diálogos se busca reforzar las tesis políticas del filme. Tanto explotados como explotadores hablan a través de consignas. "Vamos a luchar y vamos a vencer", le dice uno de los protagonistas a su mujer. "Somos el proletariado. Somos la vanguardia", grita una mujer en las escenas finales. Cerrando el filme se escucha una voz en off que da lectura a un largo panfleto-manifiesto, corroborando una vez más el propósito didáctico de la película:

> La unidad revolucionaria es la clave del éxito y la continuidad de la lucha. Ellos [los capitalistas] desataron esta guerra a muerte y el pueblo sabrá dar muerte a sus verdugos. ¡Viva la lucha unitaria de los revolucionarios del pueblo de Chile! ¡Viva la lucha del proletariado de los pueblos del mundo! ¡Viva la unidad de los pueblos latinoamericanos contra el imperialismo!

Los protagonistas, con las armas en la mano, corren felices hacia la cámara mientras corean: "¡El pueblo, unido, jamás será vencido!". Este final positivo, la visión de un pueblo tomando las armas para emprender una vez más la revolución, constituye en sí una práctica de resistencia característica de las culturas oprimidas. Pensemos en la frase atribuida al esclavo Espartaco en medio del suplicio, "volveré y seré millones"; o el propio Túpac Amaru, que también promete regresar cuando lo están descuartizando. El Mackandal haitiano no muere para su pueblo, aunque este lo vea arder en la pira del castigo, sino que se transforma en pájaro, y sigue trayendo esperanzas de rebelión. El personaje de Sofía, en la novela de Alejo Carpentier *El Siglo de las Luces*, después que ha vivido la pasión y ahora el desencanto de la revolución francesa, se vuelve a lanzar a la sublevación, en este caso contra la ocupación napoleónica en España. La resistencia que preconiza Solás en el final de *Cantata de Chile* es ante todo simbólica, el sueño de la rebelión como antítesis del derrotismo que cunde entre las fuerzas de la izquierda latinoamericana, a raíz del triunfo de los militares en Chile. Como afirman Varona y Rodríguez (2014):

> *Cantata de Chile* finaliza con la marcha de los huelguistas enardecidos que siguen incólumes a pesar de que han sido atacados duramente, y más que una alegoría a un optimismo invencible, es la muestra del camino que a lo largo de la historia ha tomado el pueblo decidido a cambiar su vida y la incitación ardiente a pelear contra todo aquello que sea limitación y avasallamiento, sin permitir que el cansancio venza (2014, 117).

La adscripción de la cinta dentro del Movimiento del Nuevo Cine resulta evidente, no solo desde el punto de vista político, sino también en lo que se refiere a la puesta en escena. Uso frecuente de la cámara en mano, actores no profesionales e improvisación ante la cámara son algunos de los rasgos que marcan la producción. Por otra parte, *Cantata* se apropia de elementos propios del falso documental, un género también recurrente en la producción del Nuevo Cine Latinoamericano de aquellos años. La modalidad del falso documental presenta, "un interés intrínseco por la no ficción, por recuperar sus posibilidades expresivas y por utilizarla para decir cosas que son habitualmente del dominio de la ficción, o a la inversa, por utilizar la ficción como vehículo del tipo de información que normalmente solo se expresa dentro del ámbito documental" (Weinrichter 2005, 73).

Pese a obtener algunos premios en certámenes internacionales, *Cantata de Chile* no tuvo una buena aceptación dentro del público cubano, como reconoció el propio Solás (en Burton & Alvear 1978).

> Los miembros del equipo de producción pensaban que estábamos trabajando en una película muy esclarecedora, una que aclaraba un montón de cuestiones complejas. Pero tal vez por el alto grado de desarrollo

> político de la audiencia cubana, debido a la cantidad de información a la que tenían acceso y la cantidad de debate que pasa en las escuelas y centros de trabajo, la película no fue ninguna sorpresa para el público cubano. La cinta, sin embargo, resultó ser más apropiada para otros sectores de América Latina, donde las cuestiones planteadas por la experiencia chilena siguen siendo confusas y distorsionadas[150].

*Cantata de Chile*, un film eminentemente experimental, intentó lograr una convergencia entre los elementos formales y las ideologías que se proponía trasmitir. El uso excesivo de la alegoría y la teatralidad en la puesta en escena, lo cual se aprecia en la sobreactuación de los personajes y en un didactismo político que reitera una y otra vez las ideas-fuerza que el autor considera esenciales para entender la tesis del filme, atentaron contra lo que podía resultar novedoso en materia de experimentación visual, e hizo que la película no contara con el favor del público, al punto de que a Solás esta obra le dejó una sensación de fracaso (Burton & Alvear 1978).

Más allá de las debilidades enunciadas, tanto a nivel del guión como de la puesta en escena, que hacen de este filme un reiterativo manual para la lucha de clases, destaca su importancia testimonial como producto marcado por una determinada época, expresión artística de un conjunto de ideas-fuerza en torno a la historia y al presente de América Latina.

---

[150] En inglés en el original. La traducción es mía.

CAPÍTULO 6

# América Latina en el ICAIC de los ochenta

Visto en perspectiva, la década del ochenta ha sido una de las más activas en la historia del Instituto Cubano de Cine. Coincide con lo que pudiera considerarse el mayor periodo de estabilidad y bonanza de la Cuba revolucionaria. Afianzados los nexos con la Unión Soviética y el Consejo de Ayuda Mutua Económica (CAME), el país comenzó a recibir un suministro regular de materias primas, y a concretar planes de desarrollo, al tiempo que el gobierno lograba estabilizarse después del impacto que significó el llamado "éxodo del Mariel"[151]. El nivel de vida de los cubanos aumentó considerablemente, se fortaleció una clase media de profesionales ya nacidos en la Revolución, al tiempo que se extendieron y perfeccionaron las conquistas sociales en materia de salud, educación y cultura. Coincidentemente, se entronizó un enorme aparato burocrático y aumentó la dependencia de la economía cubana con el llamado "campo socialista", lo cual en la década siguiente tuvo consecuencias desastrosas.

Entre 1980 y 1989, se realizaron alrededor de setenta largometrajes, cuarenta y cuatro de ellos coproducciones internacionales (Díaz & Río 2010; Guevara 2010), lo cual resultaba sintomático de la expansión de los nexos entre el ICAIC y otras cinematografías del orbe, muchas de ellas latinoamericanas. En lo que respecta al cine cubano, los ochenta estarán marcados por el cambio de mando en la presidencia del ICAIC. En 1982, después de veintitrés años dirigiendo

[151] Ocurrido entre el 15 de abril y el 31 de octubre de 1980, 125 mil cubanos abandonaron el país por el puerto del Mariel, rumbo a los Estados Unidos. Considerado uno de los grandes movimientos migratorios del siglo XX, estos sucesos tuvieron honda repercusión para los cubanos de la isla, que vieron cómo miles de sus compatriotas rompían públicamente con la Revolución y abandonaban el país.

**Cómo citar este capítulo:**
Salazar Navarro, S. 2020. *Cine, revolución y resistencia. La política cultural del Instituto Cubano del Arte e Industria Cinematográficos hacia América Latina.* Pp. 221-255. Pittsburgh, Estados Unidos: Latin America Research Commons. DOI: https://10.25154/book5. Licencia: CC BY-NC 4.0.

la industria fílmica, Alfredo Guevara es trasladado a la misión cubana de la Unesco en París, y el Instituto quedará en manos de otro de los fundadores del cine cubano revolucionario, Julio García Espinosa, quien asumirá la presidencia hasta 1991, año en que nuevamente regresa Guevara. Tanto en 1982 como en 1991, los cambios de presidencia tendrán como detonantes importantes crisis entre el ICAIC y la dirección política del país, debido a la realización de filmes considerados polémicos, un tema que ha sido documentado por diversos autores[152] y que escapa al presente objeto de estudio.

Si bien la llegada de Julio al frente del Instituto marcó importantes cambios en las dinámicas organizativas del mismo, ello no se evidenció, al menos desde el punto de vista estratégico, en lo que respecta a las relaciones con Latinoamérica. Todo lo contrario, en la década del ochenta se vivirá un fortalecimiento de estos nexos, y por primera vez la máxima dirección del país, concretamente Fidel Castro, intervendrá directamente en la implementación de la política latinoamericanista del ICAIC, un tema que abordaremos con mayor profundidad en las páginas que siguen.

Los setenta terminan con la realización del I Festival Internacional del Nuevo Cine Latinoamericano, el cual continuará convocándose cada mes de diciembre en La Habana, y durante la década siguiente vivirá su edad de oro. Al Festival se suma la Fundación del Nuevo Cine Latinoamericano (FNCL) y la Escuela Internacional de Cine y Televisión (EICTV) de San Antonio de los Baños, dos proyectos en los que Fidel Castro se involucrará personalmente.

Paradójicamente, se produce un repliegue en el discurso más combativo de los años setenta, aquel que enfocaba al cine latinoamericano como una suerte de brazo cultural de la lucha armada, de la insurgencia guerrillera. Ello fue producto, entre otros factores, de un desgaste en el discurso del cine político, lo que llevó a muchos realizadores del área —los cubanos entre ellos—, a explorar nuevos recursos y a intentar ganar la conexión con el público, uno de los grandes problemas históricos en la producción fílmica del NCLA.

---

[152] Los filmes *Cecilia* (1981), de Humberto Solás, y *Alicia en el pueblo de las maravillas* (1991), de Daniel Díaz Torres, cada uno en su momento, pondrán en crisis las relaciones entre el Partido-Estado y el ICAIC. En el caso del primero, se acusó a la dirección del ICAIC, concretamente a Alfredo Guevara, de autorizar ingentes recursos para la realización del mismo, aun a costa de paralizar otras producciones del Instituto. *Alicia…*, por su parte, presentaba una visión en extremo crítica de las deformaciones burocráticas del socialismo cubano, lo cual no fue del agrado de la máxima dirección del país, y acarreó importantes discusiones con el ICAIC. Estos temas han sido ampliamente abordados en múltiples espacios. Se recomienda: Villaça (2010); del Valle (2010) y Díaz y Del Río (2010). Asimismo, la tesis de licenciatura "Relaciones entre la crítica y los filmes polémicos cubanos (1959-2006)", de las periodistas Maylin Alonso y Jaisy Izquierdo, investigación defendida en el verano de 2006 en la Facultad de Comunicación de la Universidad de La Habana.

En esta misma línea, el ICAIC de los ochenta se planteó entre sus objetivos principales el rescate del público masivo, para lo cual recurrieron a géneros "tradicionales" tales como el drama y la comedia, e incorporaron a actores y actrices muy populares entre los cubanos, provenientes del medio televisivo. Esta tendencia se reforzó durante la presidencia de Julio García Espinosa, época durante la cual se producen filmes que en su mayoría intentan reflejar la cotidianidad de la isla, en contraste con la muy reciente y polémica Cecilia, y con el historicismo y los panfletos de los años setenta. Títulos como *Los pájaros tirándole a la escopeta* (1984, Rolando Díaz), *Una novia para David* (1985, Orlando Rojas) y *De tal Pedro tal astilla* (1985, Luis Felipe Bernaza) contaron con la aceptación del público, que se vio representado en claves de humor y drama. Tales filmes dejaron atrás cierta fama de elitistas y antipopulares que se ganaron algunos filmes cubanos de la década anterior.

En un texto de Alfredo Guevara, publicado en 1984 bajo el título "En nuestra cinematografía el público cubano reencuentra su propia imagen", se explicitan los principales objetivos que se trazará el ICAIC en relación con Latinoamérica durante toda la década del ochenta. El artículo sale a la luz cuando ya Alfredo se encontraba en París, y es a Julio García Espinosa a quien le corresponde implementar esta política, dotándola sin dudas con su sello personal. En el citado artículo, Alfredo Guevara plantea algunas de las líneas prioritarias del Instituto en relación con América Latina, las cuales se resumen a continuación:

1) Impulsar los nexos con la región. En relación con este tema, habla de "promover el espíritu internacionalista, latinoamericano y caribeño que permite al cine cubano desbordar combates, la disección de realidades y el apoyo a formas de expresión y autores, la unidad de Nuestra América, y el clima de su independencia y liberación social" (Guevara 2003, 441). Este objetivo propone asumirlo mediante un fortalecimiento de la colaboración artística, tecnológica y política con las cinematografías y cineastas ya más consagrados de América Latina y el Caribe.

2) Ofrecer asesoramiento por parte del ICAIC a cinematografías latinoamericanas "emergentes", como es el caso de Panamá, Puerto Rico, Nicaragua y El Salvador, lo cual podrá apreciarse, como se verá posteriormente, en las sucesivas ediciones del Festival de La Habana.

3) Contribuir a la renovación en el lenguaje del llamado "cine político". En tal sentido, el presidente del ICAIC demanda mayor reflexión teórica, que permita la necesaria actualización de un cine a quien le cuesta cada vez más conectarse con el público:

La obra revolucionaria no cumplirá sus objetivos si restringe inútilmente sus posibilidades de comunicación. El éxito popular, masivo, del cine cubano y su probado poder de comunicación con nuestro público y en el exterior, debe convertirse en ejemplo y modelo para las nuevas cinematografías y cineastas de América Latina y el Caribe (Guevara 2003, 442-443).

4) Promover la continuidad del *Noticiero ICAIC Latinoamericano*, el cual "debe igualmente conservar su originalidad formal y coherencia militante,

como instrumento de educación política, testimonio y denuncia, y hacerlo sin descuidar el humor, la modernidad, el desenfado y el ritmo que le son característicos o su tendencia a revelar lo insólito en lo cotidiano, y a subrayar lo esencial y más permanente de la información" (Guevara 2003, 442). Alfredo le pide explícitamente al *Noticiero* que se mantenga como proposición y ejemplo de un "cine militante" artística y técnicamente elaborado, el cual ejerza influencia en los jóvenes cineastas de América Latina y el Caribe.

5) Fomentar la realización de largometrajes de ficción mediante el esquema de la coproducción con cinematografías y cineastas de la región. Ello demuestra un cambio importante en la estrategia seguida por el Instituto en décadas anteriores, que había limitado esta fórmula a acciones muy puntuales. Como se verá en las páginas que siguen, durante la década del ochenta se produce un aumento exponencial de las coproducciones.

6) Fomentar la distribución del cine cubano y latinoamericano en mercados a donde tradicionalmente no llegan estas cinematografías. Para ello se propone

> la utilización de tecnologías que aseguren la circulación de los filmes cubanos; y de los latinoamericanos (y caribeños), especialmente cuando su carácter progresista o revolucionario o significación testimonial lo justifique; en áreas geográficas donde no resulte factible la internación y exhibición pública, o existan limitaciones o restricciones más o menos abiertas o enmascaradas (Guevara 2003, 443-444).

Alfredo señala como un mercado prioritario a la población latina residente en Estados Unidos, calculada en ese entonces en unos 20 millones de personas. De hecho, el Festival de La Habana será desde esos años uno de los interlocutores más importantes entre un sector de la intelectualidad latina asentada en la nación del norte —en especial los chicanos—, y sus pares de Latinoamérica, sobre todo a partir de la realización de los seminarios "Latinos en USA".

7) Consolidar al Festival del Nuevo Cine Latinoamericano como espacio por excelencia para el intercambio entre los cineastas de la región. En tal sentido, apunta:

> La presencia anual en nuestro país de cientos de cineastas latinoamericanos que consideran el Festival como excepcional ocasión para reunirse e intercambiar criterios, confrontar experiencias artísticas, buscar soluciones técnicas y promover, y vender sus obras a compradores de los países socialistas y de todo el mundo, refinanciando de este modo su propia participación en el Festival, el Mercado del Cine Latinoamericano (MECLA) y el sistema de Seminarios, y acumulando recursos para sus próximas obras, no sólo influye ideológica y políticamente en estos realizadores, intérpretes, técnicos y críticos o promotores cinematográficos sino que repercute internacionalmente dando lugar a artículos, ensayos, entrevistas, noticias que explícita o implícitamente reconocen

> en la Revolución Cubana una actividad cultural intensa, abierta, de gran riqueza, solidaria e internacionalista. Por todas estas razones, y atendiendo igualmente a la importancia de los premios como estímulo a la creación artística, y del sistema de Seminarios especializados y directamente político-culturales que organiza el Festival, este no solo debe continuar sino que parece conveniente adoptar las medidas que sean posibles para ampliar aún más su influencia (Guevara 2003, 445).

El ICAIC de los ochenta trazó su relación con América Latina a partir de estos objetivos, algunos de los cuales se reajustaron en función del contexto, y otros incluso se sobrecumplieron bajo la presidencia de Julio García Espinosa.

## Apoyo a Centroamérica

En los primeros años ochenta, el ICAIC concentra su actividad internacional latinoamericanista en Centroamérica. Para ese entonces, la cooperación institucional con los países del Cono Sur era inexistente, de modo que la mayor parte de los intercambios se producen ahora con los cineastas chilenos, argentinos y uruguayos en el exilio.

Nicaragua y El Salvador, dos países sin tradición fílmica, estarán en el foco del instituto. El pueblo nicaragüense, comandado por el Frente Sandinista de Liberación Nacional (FSLN), había derrocado al dictador Anastasio Somoza el 19 de julio de 1979. El nuevo gobierno propone una agenda de cambios tendientes a la instauración del socialismo, para lo cual cuenta con el apoyo de la Unión Soviética y de Cuba. En poco tiempo, Nicaragua entrará de lleno en los conflictos de la Guerra Fría, y se iniciará así una lucha armada entre el FSNL y grupos de "contras", financiados por el gobierno de Estados Unidos, una confrontación que se extenderá hasta 1990.

En El Salvador, por su parte, se vivió una guerra civil de doce años (1980-1992), entre las fuerzas guerrilleras del Frente Farabundo Martí para la Liberación Nacional (FMLN) y los gobiernos de derecha, que costó aproximadamente 75 mil personas entre muertos y desaparecidos.

En carta fechada el 11 de enero de 1981, Alfredo Guevara les trasmite a los cineastas Walter Achugar y José Sánchez su preocupación por El Salvador, y les pide sumarse a una ofensiva político-propagandística, tendiente "a evitar o vencer la campaña publicitaria y de desinformación organizada por el imperialismo" (Guevara 2010, 381), una ofensiva que acompañe la lucha guerrillera en ese país:

> Para mí la obsesión principal es ahora El Salvador. En esa frontera de la historia, en la necesidad de contener el desangramiento de un pequeño pueblo símbolo, "Pulgarcito" de Nuestra América, y se asegurar su derecho a la independencia, y a protagonizarla y a ejercerla, está la inspiración concreta de las tareas del momento [...] movilizar a todos los

> amigos, a toda la gente honesta y sensible a que se tenga acceso, y alertar la opinión pública europea de modo tal que condene *desde ahora*,[153] ya las amenazas intervencionistas del imperialismo norteamericano (Guevara 2010, 383).

Guevara recomienda se le dé la mayor difusión posible al documental *El Salvador: El pueblo vencerá* (1980), del puertorriqueño Diego de la Texera,[154] el cual había sido producido por el denominado Instituto Cinematográfico de El Salvador Revolucionario FMLN. En la cinta, de 77 minutos de duración, se hace un recorrido por la tradición revolucionaria de los salvadoreños, desde los tiempos de la conquista y colonización española, hasta el movimiento insurgente de los ochenta. Este documental fue presentado en La Habana en 1980, durante las jornadas del II Festival, evento en el que resultó premiado.

El ICAIC no solo promocionó los movimientos insurgentes de El Salvador y Nicaragua mediante la estructura de los Festivales de La Habana, sino que fue el principal referente a partir del cual se constituyeron las nuevas industrias fílmicas de estos países centroamericanos, inspiradas en los principios rectores del Instituto Cubano de Cine. Por ejemplo, en la "Declaración de principios y fines del Instituto Nicaragüense de Cine (INCINE)", se habla de producir obras cinematográficas,

> que se inserten en la mejor tradición del cine progresista y revolucionario que se ha producido y se produce en América Latina, y finalmente en la cultura universal, como parte de una lucha regional, continental y mundial por la liberación definitiva de todos los pueblos oprimidos ("Declaración de principios y fines del Instituto Nicaragüense de Cine (INCINE) (1979)", 1988).

En El Salvador, por su parte, el Instituto Cinematográfico El Salvador Revolucionario (ICSR) se declaraba un instrumento que respondiese, "a los intereses de los sectores explotados y oprimidos de nuestro país, dando a conocer al mundo el proceso histórico de la lucha del pueblo y su anhelo de libertad" ("Desmadre sinfónico en 17 páginas (1983)", 1988).

En su manifiesto fundacional, los cineastas nicaragüenses piden explícitamente apoyo internacional para la flamante industria fílmica:

---

[153] Subrayado en el original.

[154] Diego de la Texera se unió a finales de la década del setenta al FSLN, y fue uno de los fundadores del Instituto Nicaragüense de Cine (INCINE). Estuvo también entre los fundadores del Instituto Cinematográfico de El Salvador, y posteriormente fue uno los creadores en Cuba de la Escuela Internacional de Cine y Televisión de San Antonio de Los Baños, desde donde diseñó y dirigió hasta 1987 el plan de estudios del Departamento de Cinematografía.

> Al definir hoy los orígenes y fines del INC, hacemos un fraternal llamado a las cinematografías y a los cineastas de todo el mundo, para que unidos en el espíritu del General de Hombres Libres, Augusto César Sandino, respalden nuestra iniciativa y así tendamos estrechos vínculos de solidaridad que en este campo de la expresión auspicien el avance y desarrollo de nuestra Revolución Popular Sandinista ("Declaración de principios y fines del Instituto Nicaragüense de Cine (INCINE) (1979)", 1988).

El modo mediante el cual se estructuraron los nexos entre el ICAIC y el cine sandinista retoma en cierta medida la experiencia anterior con Chile Films, a raíz del triunfo de Salvador Allende. De la misma manera que hicieron casi una década atrás, el Instituto Cubano de Cine envía a Managua a algunos de sus más destacados realizadores, así como a personas vinculadas a tareas de dirección en el organismo. Por ejemplo, los cineastas Manuel Pérez y Manuel Pereira arriban a la nación centroamericana para establecer contactos y preparar una entrega especial de la revista *Cine Cubano*.

El primer número de 1980 (96) está dedicado íntegramente a Nicaragua. La revista abre con la siguiente nota aclaratoria: "Las entrevistas, textos y fotos que aparecen a continuación fueron realizados por Manuel Pereira, en Nicaragua, a quince días de la victoria sandinista". Raramente *Cine Cubano* presentaba un número monotemático, y el hecho de dedicarlo a la nación centroamericana evidencia la importancia que el ICAIC le concedió al triunfo de las fuerzas sandinistas. Manuel Pereira, por ese entonces Jefe de redacción de *Cine Cubano*, entrevista a los directores del flamante INCINE, en una especie de regreso a la épica combativa característica de años anteriores. Cada realizador, camarógrafo, directivo, etc. posa frente al cartel del Instituto con un rifle entre las manos. Resulta ilustrativo de los retos que habían de enfrentar estas acciones de integración cinematográfica, que todos los entrevistados confesaron desconocer la mayor parte del cine latinoamericano, entre ellos el cubano. Del mismo modo, el grupo encuestado por *Cine Cubano* no hace práctica mención a los vínculos con La Habana, lo que podría evidenciar que la colaboración (al menos pública) entre el ICAIC y los nicaragüenses se desarrolló a partir de la creación del INCINE, y no desde la época en que se estuvo haciendo cine desde el frente guerrillero.

El número 96 de *Cine Cubano* cierra con una entrevista al realizador y narrador cubano Jesús Díaz, quien había sido enviado por el ICAIC para filmar un largo reportaje fílmico sobre Nicaragua. El documental *En tierra de Sandino* (1980), merecedor del Premio Especial del Jurado en el II Festival de La Habana, está considerado por el investigador británico Michael Chanan como el más penetrante estudio sobre la revolución sandinista que se haya realizado en Nicaragua. La cinta se adentra en los avatares de este proceso político centroamericano a partir de tres episodios: la fiesta popular por la victoria, que deviene en manifestación religiosa y culmina con el entierro de los restos del comandante Carlos Fonseca Amador; la lucha de clases en el medio rural y la labor de una maestra internacionalista cubana.

El 17 de agosto de 1979, Alfredo Guevara recibe carta de la destacada productora mexicana Bertha Navarro, esposa del cineasta Paul Leduc. Navarro se encontraba en Nicaragua filmando el desarrollo de la lucha sandinista, según le explica a Guevara:

> Nosotros, es decir, cinco cineastas —tres mexicanos y dos argentinos— formamos tres unidades de rodaje para filmar en los diferentes frentes de batalla. Estamos en Nicaragua desde la ofensiva hasta ahora, recogiendo el testimonio o la memoria histórica de esta revolución. Esta afirmación es para el FSLN y desde su planificación está dentro de las estructuras del Frente y, por supuesto, bajo su orientación política. El material que hemos recogido es de un gran valor histórico. Hemos filmado más de 50.000 pies en 16 mm negativo color. El proyecto es realizar, en primera instancia, un largometraje que englobe el desarrollo de esta revolución. La dirección de este proyecto está bajo mi responsabilidad y el compromiso con el FSLN es de tenerlo listo en tres meses. Pronto partimos para México para iniciar el montaje (en Guevara 2010, 373).

Bertha Navarro solicita la colaboración del ICAIC para un posible *blow-up* a 35 mm del material filmado, además de hacer una copia de todo el metraje para conservarlo como archivo, ya que a su juicio estas son las únicas imágenes profesionales filmadas hasta el momento sobre la revolución sandinista.

La colaboración del ICAIC con el cine nicaragüense fue sumamente importante para la industria fílmica del sandinismo, como lo atestigua la carta que envía Ramiro Lacayo, en calidad de director general del INCINE, a su homólogo cubano. Con fecha 15 de noviembre de 1979, Lacayo inicia su misiva agradeciendo al ICAIC la colaboración solidaria, lo que en su criterio hizo posible que el pueblo de Nicaragua tuviese cine. Y continúa:

> Los compañeros que vinieron en calidad de asesores, nos han dado un gran aporte y gracias a ellos ahora podemos hablar de un equipo de mantenimiento de cámaras y de un primer noticiero INCINE [...] Fernando [Pérez] y Raúl [Rodríguez] todavía andan filmando en la zona de la Costa Atlántica, Fernando estará viajando a La Habana para producir allá el primer noticiero. Todos han despertado el cariño fraternal en el personal de INCINE (en Guevara 2010, 375).

El director de INCINE aprovecha además para solicitar otras colaboraciones puntuales:

> Para continuar el entrenamiento de encargados de cámara [es recomendable que] nosotros mandemos a uno de nuestros aprendices

> allá y ustedes envíen a uno de sus técnicos. De ser posible esto me parece sería provechoso, todo está en las limitaciones que ustedes puedan tener en este sentido [...] También quiero recordarte la necesidad que para estas fechas pueda venir un compañero técnico en sonido capaz de levantar un estudio para convertir nuestro estudio de sonido en estudio de transfer y mezcla de sonido de cine (en Guevara 2010, 375).

La colaboración entre el ICAIC y las nacientes industrias fílmicas centroamericanas no alcanzó las dimensiones que tuvieron los nexos con otras cinematografías del continente, como por ejemplo con los chilenos en tiempos del gobierno de la Unidad Popular. Ello se debió, entre otros factores, a que en el Cono Sur existía una actividad fílmica previamente consolidada, ya sea desde el punto de vista técnico-organizativo, como de realizadores muy bien formados. En Centroamérica, más allá de algunas colaboraciones puntuales, de filmaciones sobre el terreno y de algunos ejemplos de coproducción, la experiencia fue esporádica y se limitó a esos primeros años cercanos al triunfo del sandinismo. En conclusión, resultó más importante el apoyo del ICAIC en la movilización de la opinión pública internacional a favor del sandinismo y del frente guerrillero salvadoreño, que las acciones concretas que se realizaron en materia de producción fílmica.

## Cambio de época en *Cine Cubano*

La revisión documental de los números de *Cine Cubano* correspondientes a la década del ochenta, ilustran la centralidad que tiene América Latina para el ICAIC, así como las principales líneas de acción desde las cuales se asume esta política. Según pasan los años, va dejándose a un lado el discurso más combativo, con fuertes reminiscencias al marxismo soviético, la lucha de clases, las guerrillas, etc., al tiempo que ganan protagonismo textos más "cinematográficos". Es decir, el análisis fílmico sobre las producciones latinoamericanas se impone a las urgencias de un discurso explícitamente político, que en muchos casos rayaba en lo panfletario.

Al ya referido número con el que abre la década, centrado en la flamante industria fílmica nicaragüense, le sigue otro igualmente dedicado a América Latina, en este caso a reseñar las actividades del I Festival Internacional del Nuevo Cine de La Habana, realizado del 3 al 10 de diciembre de 1979.

En 1981, *Cine Cubano* publica su número 100, y en el editorial con el que abre esta edición se hace referencia a la impronta latinoamericana de la revista. En el referido editorial se presenta un recorrido por la actividad de la publicación en sus casi veinte años de existencia, y como puede apreciarse se le concede una centralidad a la temática latinoamericana, casi al mismo nivel que con la que se reseña la actividad fílmica nacional:

> *Cine Cubano* no ha creído, como "el aldeano vanidoso" del que hablara José Martí en Nuestra América, "que el mundo entero es su aldea". *Cine Cubano*, (al igual que el *Noticiero ICAIC Latinoamericano*, que no por azar lleva ese nombre) ha tratado de contribuir, a lo largo de su historia y en proporción a sus energías, al rescate de la identidad cultural latinoamericana. En sus páginas se han expresado no sólo los más destacados realizadores y teóricos cubanos, sino también aquellos cineastas subestimados, atropellados, perseguidos, encarcelados y, a veces, "desaparecidos", en esos pueblos que van desde las tierras usurpadas por Estados Unidos a México —asentamiento de los chicanos— hasta la Tierra del Fuego, y que no son otra cosa que los fragmentos hoy dispersos, mañana unidos, de la Gran Patria Americana [...] Si se nos preguntara cuál es el mayor orgullo de esta publicación, responderíamos que haber servido de tribuna y trinchera al Nuevo Cine Latinoamericano, sumado a la convicción de continuar cumpliendo ese programa editorial que ha sido su verdadera razón de ser. Porque sin ese otro cine, situado del otro lado del espejo, nuestra cinematografía no tendría jamás idea cabal de su imagen [...] Para esto ha servido *Cine Cubano*: para que unos pueblos y otros de Nuestra América, a través de ese diálogo de espejos que es la invención cinematográfica, se vayan diciendo cómo son... ("Editorial" 1981, 1-2).

En el número 103, de 1982, el último en el que figura Alfredo Guevara al frente de la revista, se publica un texto que resulta sintomático de los nuevos aires que soplan en torno al movimiento del NCLA y a la visión que tiene el ICAIC en torno al mismo. Bajo el título "¿Se repite el Nuevo Cine?", el crítico cubano Ambrosio Fornet defiende la vitalidad del Movimiento, pero reconoce que este es un tema puesto en duda por cineastas y críticos. Se trata de un cine que, para no quedarse estancado, debía apostar por una renovación lingüística sin traicionar sus objetivos. A su juicio, las dos ediciones del Festival de La Habana (1979 y 1980) realizadas hasta ese momento demostraban lo anterior. En conclusión, "el Nuevo Cine aún suscitaba reticencias artísticas, no [...] porque hubiera dejado de ser un universo, sino porque seguía siendo un universo inexplorado" (Fornet 1982, 42). Es decir, se trataba de acuerdo con Fornet, de un movimiento que tenía aun un inmenso potencial por descubrir.

El número 104, de 1983, será el primero que aparece bajo la dirección de Julio García Espinosa, aunque continua el cineasta Manuel Pereira como subdirector y el poeta Luis Rogelio Nogueras como jefe de redacción. Los cambios serán graduales, tanto en los contenidos como en el propio diseño de la publicación. Sin embargo, en lo que respecta a la temática latinoamericana, podría hablarse más de continuidad que de rupturas. *Cine Cubano* continúa reseñando las ediciones del Festival de La Habana, publica regularmente críticas a filmes de la región, así como textos de realizadores del continente cercanos a las posiciones de La Habana. Bajo la presidencia de Julio, tanto del ICAIC como del Festival de La Habana, el discurso hacia América Latina no muestra cambios significativos. Todo lo contrario, durante los ochenta se produce un fortalecimiento de los nexos con la región, en consonancia también con el relativo despegue de la economía cubana en ese entonces, que permitía asignar mayores recursos al tema; y, como se verá en las páginas que siguen, por el interés que mostró Fidel Castro por el cine y los cineastas de la región.

Ejemplo de esta continuidad en la visión del ICAIC hacia Latinoamérica es el discurso de apertura del V Festival, realizado en La Habana, del 9 al 18 de diciembre de 1983, en el que García-Espinosa repite la genealogía fundacional del NCLA más radical, y el papel del movimiento dentro de la tradición fílmica latinoamericana y mundial. Dice así:

> El Nuevo Cine Latinoamericano surgió [...] abriendo espacios, haciendo brotar la imagen que nos representa y dignifica, rescatando la historia que nos pertenece, cincelando golpe a golpe el multiforme rostro lleno de plenitud, fuerza y carácter de Nuestra América.
> El enemigo común, bien lo sabemos todos, es inmenso. Pero formidable es también nuestra fuerza que emana de la hermandad que nos profesamos, de la unidad que seamos capaces de practicar, frente a esos "Estados Unidos que parecen destinados por la providencia para plagar la América de miseria a nombre de la libertad" como precursoramente denunciara el Libertador Simón Bolívar en 1829.
> Son enormes las tareas que nos quedan por delante y estos diez días en que permaneceremos juntos servirán para afilar los instrumentos, rectificar los mecanismos y crear mejores y más abiertas condiciones al trabajo y a la lúcida expresión de nuestro cine (García-Espinosa 1983, 3).

Se han perdido gran parte de los testimonios de las múltiples complicidades entre realizadores cubanos y latinoamericanos, muchos de los cuales ya hoy fallecieron o tienen muy avanzada edad. En otros casos, se trata de historias que están aún pendientes por escribir. Sin embargo, en algunos números de *Cine Cubano* es posible rastrear los contactos entre realizadores cubanos y de otras naciones latinoamericanas. Ejemplo de esta confluencia se aprecia en las pequeñas remembranzas que publica Constante *Rapi* Diego en el número 107 de *Cine Cubano*, acerca de su relación con el argentino Jorge Cedrón, el autor de *Operación Masacre* (1973), una de las voces indiscutibles del Nuevo Cine, quien terminó asesinado en extrañas circunstancias en París, posiblemente a manos de un sicario de la dictadura argentina, cuando solo contaba con 38 años. *Rapi* Diego escribe así su testimonio:

> Sólo estuvo en Cuba unos quince días. Luego no nos vimos más: Jorge retornó al exilio que le costó la vida. Si bien fue un encuentro breve, a pocas personas he sentido tan cerca como a él. Compartíamos libros y discos, poetas y músicos, y nos escribíamos constantemente; entonces,

> nos contábamos guiones, ideas —y por supuesto, hablábamos de *Mascaró, el cazador americano*[155] (Diego 1983, 34).

El número 109, de 1984, estuvo dedicado a celebrar el XXV aniversario del ICAIC, el cual coincidió con el primer cuarto de siglo de la Revolución Cubana. Discursos de homenaje, declaraciones de diverso tipo… y entre ellas se publica un fragmento del mensaje de reconocimiento enviado por el comandante Manuel Piñeiro Losada, el mítico Barbarroja, una de las pocas ocasiones en las que una figura de la inteligencia cubana explicita la actividad del ICAIC como agente de la diplomacia alternativa de la isla en la región. Afirmaba Piñeiro:

> En este momento de recuento, en que ustedes han llegado a este 25.º aniversario, hubiera querido estar con ustedes en las actividades de celebración, pero razones de trabajo me lo impidieron. Sin embargo, quiero que sepan que he seguido de cerca esas actividades y ya he visto algunas de las películas que estrenaron. Los felicito sinceramente por el trabajo realizado. Como cubano me siento orgulloso de ustedes, como revolucionario veo las proyecciones que este trabajo ha tenido en toda nuestra América. Con el esfuerzo abnegado de todos ustedes y la modesta cooperación nuestra, se ha logrado formar en estos años, un vínculo cada vez más mayor de cineastas latinoamericanos, no sólo altamente calificados desde el punto de vista técnico, sino con una alta conciencia internacionalista (p. 16).

Bajo el título "Dialogando", el presidente del ICAIC publica en el número 126, de 1989, un texto programático de los ajustes y readecuaciones contextuales que sufre la política del Instituto Cubano de Cine hacia la región. Julio fija posiciones en torno a la realidad del cine latinoamericano, una producción que existe desde finales del siglo XIX, pero que en el caso particular del continente "no ha logrado ser el pan nuestro de cada día", es decir, "no ha logrado todavía un espacio en los corazones del mundo". Para García-Espinosa, parafraseando el *Manifiesto Comunista* de Carlos Marx, "el cine latinoamericano es como un fantasma que ni siquiera recorre el mundo" (García-Espinosa 1989, 2). Más adelante remarca los vínculos entre la producción del ICAIC y el continente:

> El destino del cine cubano está indisolublemente ligado al destino del cine en América Latina. Somos un continente invisible […] Somos países por descubrir. La independencia definitiva de Cuba hizo visible a

[155] Jorge Cedrón estaba también interesado en adaptar la obra literaria de su compatriota Haroldo Conti, lo cual finalmente terminó realizando *Rapi* Diego. El filme *Mascaró, el cazador americano* (1991) forma parte de la muestra de filmes a analizar en la presente investigación.

> Cuba y un poco más a los países de América Latina. La independencia definitiva de América Latina nos hará definitivamente visibles a todos (García-Espinosa 1989, 5).

Finalmente, defiende el papel que desempeña en la región el Festival de La Habana, el cual en su criterio se sostiene gracias a la labor de los cineastas del continente. Este encuentro regional tiene como propósito cimero "lograr un espacio en el mundo para el cine latinoamericano", por lo que "se trata de que todo cineasta latinoamericano pueda encontrar un espacio donde confrontar su obra con el público. Se trata de abrir múltiples opciones que permitan también los debates y el intercambio de experiencia" (García-Espinosa 1989, 6).

## El Estado cubano, patrocinador del Nuevo Cine

Durante la década del ochenta, y particularmente entre los años 1982 y 1986, la Revolución Cubana invertirá importantes recursos en el desarrollo del NCLA, convirtiéndose de facto La Habana en la sede formal del movimiento. Las causas de este interés del gobierno de la isla por erigirse en mecenas del cine regional fueron de diverso tipo, pero sin dudas la amistad entre Fidel Castro y el premio Nobel de Literatura Gabriel García Márquez tuvo un peso esencial. García Márquez, vinculado desde muy joven a la creación cinematográfica, sirvió de puente entre los realizadores latinoamericanos y el líder cubano. Por otra parte, durante esos años la isla vive una etapa de bonanza económica, resultado de los intercambios comerciales favorables con la Unión Soviética y el bloque del Este, lo que explica la existencia de recursos suficientes para incrementar las inversiones relacionadas con la diplomacia en el frente cultural.

A lo largo de esta investigación hemos insistido en la importancia que tiene en la Cuba revolucionaria el personalismo de la actividad institucional, un fenómeno que en la historia del ICAIC tuvo su expresión en la figura de Alfredo Guevara. A nivel macro, los derroteros de la Revolución Cubana no podrían explicarse sin tener en cuenta la personalidad y los intereses de Fidel Castro, cuyo influjo resultó esencial en el devenir de las más diversas actividades en las que se concentró el país, para las cuales movilizó importantes recursos económicos, así como capital humano. A lo largo de más de cuatro décadas al frente de la isla, Fidel se interesó, y con ello estableció prioridades en su equipo de gobierno, por los más diversos temas, como por ejemplo el desarrollo ganadero, la siembra de caña de azúcar, la producción de zeolita y más tarde de moringa, la siembra intensiva de café en las afueras de la ciudad de La Habana, la sustitución de equipos eléctricos de alto consumo, etcétera. Cada uno de estos planes implicó grandísimas movilizaciones, la atención directa de los mismos por parte del "máximo líder", y la asignación de fondos especiales para dar cumplimiento a los mismos. El desarrollo del NCLA durante mediados de la década del ochenta estuvo precisamente entre las grandes prioridades del "Comandante", lo que implicó un espaldarazo a la política latinoamericanista del ICAIC.

En diciembre de 1982, durante las jornadas del IV Festival Internacional del Nuevo Cine Latinoamericano, Fidel Castro dialoga largamente con los miembros del Comité de Cineastas de América Latina (C-CAL),[156] quienes desde 1979, fecha de su primera edición, tenían una participación importante en los Festivales de La Habana. De hecho, y hasta mediados de los noventa, la cita habanera sirvió de punto de encuentro para las reuniones anuales del C-CAL.

Al año siguiente, coincidiendo con el V Festival de La Habana, Fidel vuelve a reunirse con el C-CAL. Este encuentro se repite en 1984, cuando ya surge la idea de crear en Cuba dos instituciones dedicadas a la promoción del séptimo arte regional: la Fundación del Nuevo Cine Latinoamericano (FNCL) y la Escuela Internacional de Cine y Televisión (EICTV) de San Antonio de los Baños.

Es en abril de 1985 cuando finalmente el C-CAL, con apoyo del gobierno cubano, resuelve la creación de la FNCL[157]. El 4 de diciembre de ese mismo año, coincidiendo con las jornadas del VII Festival de La Habana, se firma en la Casa de las Américas el Acta constitutiva de la fundación. Gabriel García Márquez, quien fungirá como presidente de esta institución, definió el propósito de la FNCL en los siguientes términos:

> Es obvio que una fundación no puede inventar un movimiento cinematográfico como lo es el del Nuevo Cine Latinoamericano. Lo que sucede es que nosotros nos hemos dado cuenta de algo que es evidente. Y es que existe. Es una explosión de un cine nuevo en América Latina. Lo que estamos tratando es de crear condiciones para impulsarlo, de introducir ese movimiento en el mercado. El principal inconveniente de la Fundación es el principal inconveniente de todo en América Latina: es que nada está centralizado, que no hay unificación. Los brasileños, los venezolanos, los colombianos y los argentinos hacen cine. Pero son cines fragmentarios. Lo que tratamos es de unificar ese movimiento y

---

[156] Creado en 1974, durante un encuentro de cineastas realizado en Caracas, el C-CAL había contado desde sus inicios con el apoyo del ICAIC. Inicialmente estaba integrado por cinco miembros: Miguel Littin (Chile), Manuel Pérez Paredes (Cuba), Pastor Vega (Cuba) y Carlos Rebolledo (Venezuela). Tres años después, en el contexto del Festival de Cine de Mérida, se ratificó a Miguel Littin y Manuel Pérez Paredes, al tiempo que se incorporan Walter Achugar (Uruguay), Pedro Rivera (Panamá), Raymundo Gleyzer (Argentina) y Edmundo Aray (Venezuela).

[157] En esta reunión se acordó además nombrar como Miembros de Honor del C-CAL a Fernando Birri, Alfredo Guevara y Nelson Pereira dos Santos, teniendo en cuenta el papel que desempeñaron en el desarrollo del Movimiento del NCLA. Asimismo, el Comité aumentó a 29 miembros, y se nombra una Secretaría Ejecutiva integrada por Edgardo Pallero, Bertha Navarro, Jorge Sánchez, Edmundo Aray y Manuel Pérez Paredes.

> que haya una interrelación de todos los cines nacionales. No vamos a influir para nada en la estética del cine sino en la potencialidad de lo inédito (en Del Río 2013a, 142-143).

Integrada por algunas de las voces más destacadas del Movimiento, algunos de ellos presentes desde los días iniciales de Viña, a los que se unieron cineastas de generaciones posteriores;[158] la fundación tenía como objetivo "promover el desarrollo de los cineastas comprometidos con los postulados del Festival de Viña del Mar, y con el fin de convertirse en puente de solidaridad entre los cineastas perseguidos, una vez que se entronizaron gobiernos militares a todo lo largo de la década de los setenta en Chile, Argentina y otros países" (Del Río 2013a, 143-144). Se buscaba unidad en la diversidad; unidad que, sin decirlo explícitamente, estaba apelando al contenido político —un cine crítico—; un cine si se quiere llamar "revolucionario" pero que deja el campo abierto a los modos en que cada realizador y/o cinematografía latinoamericana decidiera construir su discurso audiovisual. En lo político, quizás la Fundación, y con ella las instituciones y proyectos que surgieron en torno a la misma, podrían verse como guardianes de la ortodoxia de ese "cine político" surgido décadas atrás en Viña del Mar[159]. Sin embargo, y haciendo justicia, la Fundación defendió una

---

[158] Se estableció un Consejo Superior integrado por los argentinos Fernando Birri y Edgardo Pallero, los bolivianos Beatriz Palacios y Jorge Sanjinés; por Brasil lo integraron Cosme Alves Neto, Nelson Pereira dos Santos, Gerardo Sarno y Silvio Tendler; y por Colombia, Carlos Álvarez y Lisandro Duque. La representación cubana ante la Fundación estuvo a cargo de Alfredo Guevara, Julio García-Espinosa, Daniel Díaz Torres y Manuel Pérez Paredes. Por Chile estuvieron Miguel Littin, Pedro Chaskel y Sergio Trabuco. En representación del pueblo chicano concurrió el cineasta Eduardo Díaz, mientras que Ulises Estrada lo hizo por Ecuador, y Paul Leduc y Jorge Sánchez por México. Nicaragua estuvo representada en la persona de Ramiro Lacayo y Panamá por Pedro Rivera. En el caso del Perú, Alberto Durant y Nora de Izcue; por Puerto Rico, José García y Ana María García; por Uruguay, Walter Achugar. Finalmente, la representación venezolana estuvo integrada por Edmundo Aray y Tarik Souki. Con el objetivo de ganar en operatividad en la toma de decisiones, se designó un Consejo directivo, compuesto por Edmundo Aray, Edgardo Pallero, Manuel Pérez Paredes, Jorge Sánchez y Gerardo Sarno, a los que se sumó Alquimia Peña en calidad de secretaria Ejecutiva.

[159] El cineasta chileno Miguel Littin, miembro del Consejo Superior de la Fundación, dejará claro el cine por el cual estará apostando la institución. Lo hace en la primera conferencia de prensa a la que convoca la FNCL, celebrada el 13 de diciembre de 1986: "Nosotros llamamos Nuevo Cine Latinoamericano a aquel cine que desde el nacimiento de su idea se compromete con la lucha de liberación de nuestros pueblos, con su cultura, con recuperar aquellos valores culturales que nos pertenecen como pueblo, como naciones; a aquel cine que intenta, a partir de lo específico nacional, llegar a ser representativo de los latinoamericanos. Y este cine, justamente, en los años sesenta, nace junto a las luchas de liberación del continente, se compromete desde su inicio con estas

política lo más aperturista posible, lo cual se apreciará sobre todo en muchas de las producciones de los estudiantes de la EICTV.

El 15 de diciembre de 1985, y por primera vez desde la creación del evento, Fidel Castro pronunciará el discurso de clausura del Festival de La Habana. Es de hecho la primera intervención pública dirigida a cineastas latinoamericanos por parte de un dirigente cubano de máximo nivel, no directamente vinculado al ICAIC o al Ministerio de Cultura. Ello será parte de la ofensiva que está llevando adelante el gobierno de la isla en el frente cultural, y demuestra, como referíamos anteriormente, la prioridad que le otorgó el "Comandante en Jefe" a la política latinoamericanista del Instituto Cubano de Cine. Así lo hizo ver el propio Fidel Castro en su discurso:

> Para mí esta lucha, este movimiento del Nuevo Cine, constituye una gran batalla, de una enorme trascendencia no solo para nuestra identidad, sino para nuestra liberación, para nuestra independencia, para nuestra supervivencia. Porque si no sobrevivimos culturalmente, tampoco sobreviviremos económica ni políticamente. Ese es uno de los factores que multiplicó mi interés por este tema y por este movimiento, en el cual veo que se desarrolla una gran lucha por nuestra supervivencia y por nuestra liberación (Castro Ruz 2005, 55).

En su discurso, Fidel aclara que desde luego no se trataba de un acto político, pero aprovecha la ocasión para fijar posiciones:

> Cuando hablamos de dominio imperial, aquí en el cine lo estamos viendo, lo están viendo nuestros pueblos todos los días. Me imagino cuánto sufren nuestros escritores, nuestros cineastas, nuestros intelectuales, nuestros pensadores cuando ven lo que ocurre en nuestros países, ese sistema enajenante se aplica todos los días, a toda hora del día, a través de pantallas [...] ¿y cómo podemos hablar de libertad, cómo podemos hablar en esas condiciones de liberación, cómo podemos hablar de independencia económica, social, política, técnica, cultural? ¿Si los medios masivos están en manos de los que nos dominan, de los que nos oprimen, de los que nos explotan, qué podemos esperar, si ellos trazan la forma de pensar y hasta, incluso, la forma de vivir de nuestros pueblos? (Castro Ruz 2005, 53-54).

El líder cubano se inspira en los postulados de la crítica al imperialismo cultural, muy en boga en la izquierda de esos años, para denunciar la inequidad en los flujos de producción de sentidos, siempre dirigidos de un norte-centro

---

luchas" (en *Un lugar en la Memoria: Fundación del Nuevo Cine Latinoamericano 1985-2005*, 2005, 84-85).

a un sur-periferia. Su accionar se orienta a fomentar la articulación de nuevas hegemonías, de construcciones simbólicas "alternativas" a los discursos visuales provenientes del norte cultural.

Fidel Castro anuncia además un conjunto de decisiones relacionadas con la logística del Festival de La Habana. En primer lugar, la ampliación del número de cines, de modo tal que pudiese asistir una mayor cantidad de público; a lo que se suman algunas inversiones en proyectores, con vistas a mejorar la calidad en la exhibición de los filmes. Acordó asimismo trasladar al teatro Carlos Marx, el más grande del país, los actos relacionados con el Festival, que hasta el momento se realizaban en el cine Charles Chaplin, adscrito al propio ICAIC y mucho más modesto en cuanto a dimensiones. Finalmente, propuso extender la duración del Festival a diez días, en vez de una semana, tal y como se venía haciendo.

Apenas dos meses más tarde, el 10 de enero de 1986, y con la presencia del propio Fidel Castro, se inician las sesiones de trabajo para conformar el proyecto de la EICTV. Las reuniones, con una frecuencia semanal, se extenderán durante varios meses. El 13 de marzo de ese año se reúne el Consejo Superior de la FNCL y acuerda nombrar a Fidel Castro como miembro de honor. Tanto en marzo como en diciembre, el "Comandante" se encontrará con los miembros del C-CAL, ahora integrantes-fundadores de la FNCL.

El número 116 de *Cine Cubano* (1986) cerrará con un importante anuncio: a un costo de un millón 500 mil pesos comenzó a construirse en el municipio San Antonio de los Baños, provincia de La Habana, lo que será la primera escuela latinoamericana de cine y televisión, proyecto anunciado por el presidente cubano Fidel Castro en su discurso de clausura del VII Festival Internacional del Nuevo Cine Latinoamericano. La instalación ocupará un área de cuatro mil metros cuadrados, y contará con edificios para docencia, dormitorios, cocina, comedor y servicios. El local docente tendrá seis talleres de filmación, laboratorios, aulas y cuartos de edición, y dispondrá de servicios médicos, correo, telégrafo, télex y cafetería. Los dormitorios estarán compuestos inicialmente por dos edificios de 32 apartamentos cada uno, en los cuales se podrán alojar hasta 234 estudiantes procedentes de América Latina, Asia y África.

El Estado cubano donó también a la Fundación un palacete ubicado en una de las zonas más exclusivas de la capital cubana, el cual fue totalmente restaurado. La emblemática finca Santa Bárbara había pertenecido a la poetisa Flor Loynaz, y fue la locación donde se filmó la cinta *Los sobrevivientes* (1979, Tomás Gutiérrez Alea), considerado un clásico de la cinematografía cubana. El 4 de diciembre de 1986, exactamente un año después de firmada en la Casa de las Américas el acta fundacional, se inaugura esta sede, un acto que contó con la presencia de Fidel y de gran parte de su equipo de gobierno. Días después el líder cubano se reunió en la sede de la fundación, por más de cuatro horas, con todos sus miembros.

Es precisamente en el acto de inauguración de la nueva sede, que el escritor Gabriel García Márquez pronuncia sus famosas palabras relacionadas con el cine regional, y el papel que habría de desempeñar la Fundación en el desarrollo del mismo:

> Nuestro objetivo final, que es nada menos que el de lograr la integración del cine latinoamericano. Así de simple, y así de desmesurado. Y nadie podría condenarnos por la simpleza sino más bien por la desmesura de nuestros pasos iniciales en este primer año de vida, que por casualidad se cumple hoy, día de Santa Bárbara, que también por artes de santidad o de santería es el nombre original de esta casa[160] (García-Márquez 2005, 63-64).

García Márquez aprovecha para agradecer lo que califica como "una donación" del Estado cubano: la Escuela Internacional de Cine y Televisión de San Antonio de los Baños. Agradece asimismo el empeño personal y la generosidad que había puesto en el tema Fidel Castro, a quien califica como "el cineasta menos conocido del mundo".

El 13 de diciembre de 1986, dos días antes de inaugurarse oficialmente la EICTV, el Premio Nobel ofreció una conferencia de prensa en la finca Santa Bárbara, flamante sede de la Fundación, donde informa que la donación del Estado cubano incluyó el edificio de la Escuela, el equipamiento de la misma, y los gastos en moneda local que generase la institución. Por su parte, la Fundación correría con los gastos en divisas, los cuales serían sobre todo para pagar los sueldos de los profesores extranjeros que impartieran materias en San Antonio de los Baños, así como los boletos de avión de los mismos. Explica también algunos de los planes trazados para conseguir los primeros fondos en divisas internacionales:

> Nosotros hemos arrancado, efectivamente, con los derechos de autor del libro *La aventura de Miguel Littin clandestino en Chile*,[161] que son derechos compartidos entre Miguel Littin y yo, y nos pusimos de acuerdo para donarlos a la Fundación. Hemos partido también de la donación que hice de los derechos de autor de la película que va a filmar Fernando Birri aquí [...] que es basada en un cuento mío que se llama *Un señor muy viejo con unas alas enormes*[162]. Los derechos de eso en pesos cubanos, pues es una

[160] Santa Bárbara fue una virgen y mártir cristiana del siglo III, que forma parte de la lista oficial del martirologio de la Iglesia Católica. Su fiesta se celebra el 4 de diciembre. En la isla la santa se sincretiza con Shangó, uno de los principales *orishas* del panteón afrocubano, y es una de las divinidades más veneradas popularmente.

[161] Se trata de un extenso reportaje devenido en *bestseller*, escrito por García Márquez, en el que se detallan los pormenores de la visita clandestina que realiza Miguel Littín a su país después de doce años en el exilio. Littin comanda tres equipos de filmación para la realización de un documental sobre la vida en Chile bajo la dictadura de Augusto Pinochet. Filma entrevistas con el pueblo e integrantes de movimientos de resistencia clandestina. Ello se tradujo en el documental *Acta general de Chile* (1986), el cual se divide en tres partes e incluye testimonios de García Márquez, Fidel Castro y Hortensia Bussi.

[162] Basado en el cuento homónimo de García Márquez, este largometraje de Fernando Birri se estrenó en 1988. Coproducción entre Cuba, España e Italia, los cubanos tuvieron

> producción que se hace en Cuba, también pasan a la Fundación, porque la Fundación tiene gastos en pesos cubanos también, y hasta ahora me parece que no tenemos nada más (en *Un lugar en la Memoria: Fundación del Nuevo Cine Latinoamericano 1985-2005*, 2005, 78-79).

En una entrevista concedida para la revista cubana *Bohemia*, García Márquez retomará el tema del financiamiento de la EICTV:

> La situación financiera de la Escuela es muy clara. La Escuela es una donación de Cuba que la da instalada, funcionando y con su presupuesto anual en dinero cubano. La escuela necesariamente tiene un alto costo en divisas, pero todo eso lo paga la Fundación, que fue para quien yo pedí las donaciones (en *Un lugar en la Memoria: Fundación del Nuevo Cine Latinoamericano 1985-2005*, 2005, 100).

La EICTV fue finalmente inaugurada el 15 de diciembre de 1986; allí también Fidel, presente en el acto, recibió palabras de agradecimiento como mecenas del Nuevo Cine. El cineasta argentino Edgardo Pallero, encargado de realizar el elogio a nombre de la Fundación, se expresó en los siguientes términos:

> Comandante Fidel Castro: El Comité de Cineastas de América Latina, que le tiene por compañero, como lo es usted de las grandes y mejores causas de todos los pueblos del mundo, manifiesta a usted, al pueblo y gobierno de Cuba su más alto y emocionado reconocimiento a vuestra generosidad sin fronteras, expresada hoy en esta hermosa entrega de la Escuela Internacional de Cine y Televisión a la Fundación del Nuevo Cine Latinoamericano y a las cinematografías de tres continentes. El Comité de Cineastas de América Latina encontró en usted, Comandante, al primer constructor de la Escuela. Este tránsito del cine latinoamericano y del Comité de Cineastas de América Latina a usted, Comandante, y de usted a la Fundación, y de la Fundación a la Escuela Internacional de Cine y Televisión, ha sido una manera de aprender una forma de conocer la victoria, lección inolvidable que los cineastas y los estudiantes

---

un peso importante en la cinta, como lo demuestra la fotografía a cargo de Raúl Pérez Ureta, la edición de Jorge Abello, la música de José María Vitier, y actuación protagónica de Daisy Granados. La participación de un actor venezolano, Asdrúbal Meléndez, del director argentino Fernando Birri, y de la actriz brasileña Marcia Barreto, nos dan idea de la intención panamericanista del cine cubano en los años ochenta. En opinión de Marta Díaz y Joel del Río, "el filme quedó como incomprendida metáfora sobre la capacidad de soñar, de trazar utopías y, en fin, de levantar el vuelo por encima de las contingencias y la inmediatez del intelectual en esta parte del mundo, puesto que la acción ocurría en un país no especificado de Latinoamérica" (Díaz & Río 2010, 69).

> de hoy y de mañana harán imperecedera (en *Un lugar en la Memoria: Fundación del Nuevo Cine Latinoamericano 1985-2005*, 2005, 113).

El cineasta argentino Fernando Birri, director de la nueva escuela,[163] tuvo también palabras de elogio para el "Comandante en Jefe", el gobierno de la isla, y el propio ICAIC, pero también aprovechó para poner en claro los límites entre el Estado cubano y la EICTV, considerada esta última el principal proyecto pedagógico de la FNCL[164]. Afirmaba Birri:

> Cuba da las instalaciones de esta Escuela, con una capacidad de unos 300 alumnos y el equipamiento inicial. Lo demás lo aporta la Fundación. Ni la Fundación ni la Escuela son del Estado Cubano. Pero sólo la voluntad político-cultural de Cuba y su hospitalidad fraterna, han permitido su concreción en Cuba (en *Un lugar en la Memoria: Fundación del Nuevo Cine Latinoamericano 1985-2005*, 2005, 120).

En este discurso, que ha pasado a la historia con el título de "Trabajadores de la luz", Fernando Birri ajusta cuentas con un cine latinoamericano, y una política cultural, que califica de sectaria. Los ochenta estarán marcados por un repliegue crítico de esa visión instrumental del cine en tanto "herramienta" de propaganda revolucionaria, muy vinculado al propio discurso del realismo socialista soviético, y a ese cine histórico-panfletario-combativo que signó a gran parte de la producción del ICAIC durante la década anterior. Afirma Birri:

> Que esta Escuela no sea una escuela "irresponsable" no quiere decir que no esté sumamente atenta a no caer en los estereotipos de un arte "responsable", en los viejos errores del sectarismo, de los contenidos de la burocratitis, de los estilos, de la "ideologización" retórica (que es todo lo contrario de una ideología vital, operante).
> Esta Escuela se construye con bloques de cemento prefabricados, pero no con ideas prefabricadas.
> Esta Escuela es una escuela de formación artística: y "en Arte, la libertad ante todo" (en *Un lugar en la Memoria: Fundación del Nuevo Cine Latinoamericano 1985-2005*, 2005, 121).

---

[163] Birri permaneció en Cuba entre 1986 y 1991, año en que cesó como su director.

[164] El propio Fidel Castro señaló en el acto inaugural de la EICTV que la escuela no pertenecía al Estado cubano, o estaba adscrita a los ministerios de Educación o Cultura, sino que era la Fundación del Nuevo Cine Latinoamericano su responsable, la que acogía a los alumnos y elaboraba los programas. El líder cubano afirmó que la existencia de la escuela era posible por las mutuas relaciones de confianza existentes entre el gobierno y el Comité de Cineastas Latinoamericanos.

Más adelante, Birri hace una interesante reapropiación de las famosas palabras de Fidel Castro a los intelectuales, las cuales marcan la política cultural de la Revolución Cubana (Dentro de la Revolución todo; contra la Revolución, nada). El cineasta argentino juega con este precepto y dice:

> Para definirnos, para autorreconocernos en esta libre búsqueda de utilidad, verdad y belleza ("Dentro de la revolución de la belleza todo, fuera de la revolución de la belleza nada"), y como anulación de seudo-contradicciones político-poéticas, no encuentro expresión más justa para todos nosotros, los presentes y los futuros, que "militantes de la imagen" (en *Un lugar en la Memoria: Fundación del Nuevo Cine Latinoamericano 1985-2005*, 2005, 121).

Birri valora los empeños actuales como parte de una trayectoria de vida del Movimiento del NCLA, es decir, continuidad más que ruptura, pero al mismo tiempo demanda cambios, actualizaciones, tanto a nivel temático como discursivo, en aras de lograr un "nuevo" cine latinoamericano para los "nuevos" tiempos:

> Ayer, fue el documentalismo crítico nuestro primer paso (y estos primeros pasos los seguiremos dando mientras sea necesario). Pero hoy, después de treinta años de nuestro movimiento, la exigencia de un argumentalismo, de una expresión narrativa argumental madura, se hace impostergable: expresión narrativa crítica. Ficción crítica. Y mañana, pero mañana ya es hoy, proyecto crítico, delirio crítico, cine y TV visionarios, visión crítica, anticipatorio de la realidad de Tres Mundos. Realismo crítico-mágico. Realismo mágico-crítico (en *Un lugar en la Memoria: Fundación del Nuevo Cine Latinoamericano 1985-2005*, 2005, 121).

La EICTV ganó rápidamente prestigio internacional, con estudiantes y profesores del área latinoamericana, pero también procedentes de Estados Unidos, Europa, Asia y África, lo que le valió el sobrenombre de escuela de Tres Mundos (América Latina, África y Asia). Desde entonces, y hasta el presente, la Escuela sigue aportando talentos, principalmente al cine cubano y de América Latina, en las más diversas especialidades, como es el caso de la realización, la producción, el guión, el montaje, el sonido y la fotografía. Las influencias entre el ICAIC y la EICTV han sido recíprocas y sumamente ventajosas a lo que a producción cultural se refiere. Profesores y estudiantes internacionales se han acercado a la realidad cubana, mientras que la cinematografía nacional se ha enriquecido con graduados formados en un ambiente sumamente competitivo y multicultural.

En lo que se refiere a la política exterior del ICAIC hacia América Latina, tanto la Fundación como la EICTV ayudaron no solo a reforzar los lazos entre Cuba y el continente, sino a actualizar la naturaleza de los mismos en función de los cambios que vivía la región en su conjunto. Desde el punto de vista organizacional, la

Fundación contribuyó a introducir en la producción fílmica cubana relaciones de tipo mercantil, un enfoque en base a costos-beneficios, así como búsquedas del financiamiento más allá del proteccionismo estatal, a lo cual el ICAIC estaba muy poco habituado. En tal sentido, y como veremos a continuación, estas instituciones contribuyeron a que el ICAIC venciera durante esos años sus históricas reticencias al sistema de coproducciones. Por otra parte, la presencia en Cuba de jóvenes latinoamericanos aspirantes a cineastas, su relación con artistas cubanos de la misma generación, fue decisiva en la construcción de un cine cada vez más crítico hacia esa realidad no solo continental sino también de la propia isla, un cine que ganó en aperturismo al tiempo que perdía en retórica.

## Auge de las coproducciones

De acuerdo con el investigador cubano Joel del Río, la producción fílmica del ICAIC durante la década del ochenta estuvo marcada por "la instauración del mecanismo 'internacionalizador' de las coproducciones" (Del Río 2013a, 230). Esta fórmula colaborativa es uno de los rasgos ilustrativos del cine cubano de las décadas del ochenta, el noventa y los dos mil. En lo que se refiere a América Latina, las coproducciones fueron un importante mecanismo de integración, donde la variable económica, los beneficios posibles de la obra, irán ganándole el terreno al "interés político-ideológico" que pudiese tener el ICAIC en la financiación de la misma, como puede apreciarse en las contadas producciones que financió el Instituto en las décadas anteriores, como es el caso de las obras de cineastas chilenos en el exilio o de autores noveles centroamericanos. Tal y como afirmaba el realizador cubano Tomás Gutiérrez Alea, en un texto de finales de la década del ochenta,

> La posibilidad de concertar coproducciones entre distintos países facilita la difusión de los filmes en los mercados de los países participantes. Son bien conocidos los riesgos que implica esta práctica de las coproducciones, pues frecuentemente la necesidad comercial de hacer coincidir en un mismo filme elementos de dos o tres países puede tener como consecuencia una falta absoluta de autenticidad. Sin embargo, esta práctica de las coproducciones tiene muchas ventajas entre los países de Latinoamérica, pues, a pesar de la diversidad cultural que existe entre ellos, hay muchas cosas que podemos compartir. Tenemos rasgos culturales comunes, una historia común, un lenguaje común y una problemática social semejante. De hecho somos una gran nación fragmentada y el cine puede ser un factor de acercamiento (Gutiérrez-Alea 1989, 21).

El propio presidente del ICAIC, Julio García Espinosa, refrendaba esta línea, lo cual se evidencia en una entrevista publicada en las páginas de *Cine Cubano*, en 1989. Afirmaba entonces Julio:

> Soy de los convencidos de que nosotros no tenemos más salida que la de conciliar la economía con lo mejor de nuestra cultura. Aplicar la fórmula de ellos [se refiere a Hollywood] sin disponer de las inversiones que ellos utilizan, es una pelea demasiado desigual. El promedio de una película de las transnacionales es de diez millones de dólares, el de nosotros apenas llega al millón. Con nuestras posibilidades financieras, haciendo un producto con personalidad artística propia, es posible lograr un espacio que seguramente no lograríamos utilizando las mismas armas de ellos (en Conte 1989, 4).

El nuevo ICAIC irradia pragmatismo, y en el escenario actual América Latina ya no es solo el espacio a donde llevar la revolución continental, sino un mercado potencialmente integrado por una lengua y una cultura única. Continua así Julio García-Espinosa:

> Pero, aun siendo nuestras inversiones tan modestas, para recuperarlas necesitaríamos de ese mercado único que para nosotros debe ser América Latina. El desarrollo de las coproducciones y la articulación de un mercado común del cine y las televisoras públicas, deben ser los principales sostenes de nuestras producciones cinematográficas (en Conte 1989, 4).

A lo largo de los ochenta, el ICAIC produjo filmes de varios directores latinoamericanos, una experiencia inédita por parte del y que no se repetirá en las décadas siguientes, ya marcadas por la crisis económica. Destacan los largometrajes *Ojos de perro* (1981), del peruano Alberto Durant; *Melgar, poeta insurgente* (1983) y *Túpac Amaru* (1984), ambas del también peruano Francisco García. El colombiano Jorge Alí Triana realizará con fondos del ICAIC su cinta *Tiempo de morir* (1985),[165] y su compatriota Lisandro Duque, el filme *Visa USA* (1986). A ellos se suma el mexicano Paul Leduc, con *Barroco* (1989), y el largometraje anteriormente mencionado del argentino Fernando Birri, *Un señor muy viejo con unas alas enormes* (1988).

Durante estos años el ICAIC producirá algunas adaptaciones fílmicas de grandes novelas latinoamericanas. Junto a la ya referida *Barroco* (1989), de Paul Leduc, versión muy libre de la novela *Concierto Barroco*, de Alejo Carpentier; se encuentran *El señor presidente* (1983, Manuel Octavio Gómez), coproducción franco-cubana inspirada en la novela homónima de Miguel Ángel Asturias; y

---

[165] El guión de este filme corrió a cargo de Gabriel García Márquez, y en la producción del mismo intervinieron varios cubanos. Destaca la fotografía de Mario García Joya, y la música de Leo Brower, interpretada por la Orquesta Sinfónica Nacional. La edición corrió a cargo de Nelson Rodríguez, al tiempo que varios de los actores eran cubanos, como es el caso de Reinaldo Miravalles y Enrique Almirante.

*Mascaró, el cazador americano* (1991, Constante Diego), basado en la novela de Haroldo Conti, un filme que analizaremos en el siguiente capítulo.

Otro ejemplo ilustrativo de la internacionalización del ICAIC es la participación del en la serie *Amores difíciles* (1988), seis largometrajes realizados a partir de guiones de Gabriel García Márquez en los que intervinieron autores iberoamericanos. El proyecto garciamarquiano se proponía explorar la relación entre el amor, la infelicidad y la muerte, a partir de historias ambientadas en Brasil, Colombia, Venezuela, México, España y Cuba. Para Joel del Río, *Amores difíciles* representó "la puesta en práctica del proyecto integrador de las cinematografías latinoamericanas mediante la Fundación del Nuevo Cine Latinoamericano" (Del Río 2013a, 167),[166] ya que fue precisamente esta institución quien coordinó la realización de los largometrajes en régimen de coproducción entre importantes productores de cine en esos países, Televisión Española e International Netwok Group S. A. El propio García Márquez era un activo defensor de las coproducciones, como una solución a la histórica desintegración que han padecido las cinematografías latinoamericanas. Así lo hacía ver el Premio Nobel de Literatura:

> Cuando hablo de la unificación del cine latinoamericano no lo hago en el sentido de que el cine latinoamericano sea uno y que todas las películas se parezcan. Cada país quiere expresar su propia identidad. Pero para comprobar si la coproducción es una solución nos remitimos a un ejemplo concreto. El año pasado Cuba y Colombia produjeron dos películas que están haciendo muy buena carrera. Dos países que no tienen relaciones. Es decir, que el cine pasa por encima de esos problemas. Es mucho más fácil que los países latinoamericanos coproduzcan a que cada uno esté haciendo su propio y solidario esfuerzo. De eso se trata. Ese es el primero de los ingredientes básicos de lo que yo llamo la unificación del cine latinoamericano (en Valenzuela 1989).

Varios cubanos intervinieron en otros filmes de esta serie. Por ejemplo, en *El verano de la señora Forbes*, del mexicano Jaime Humberto Hermosillo, la isla se vio representada a través de la música de Sergio Vitier, la edición de Nelson Rodríguez y la escenografía de Derubín Jácome. Pero la participación cubana se produjo sobre todo a través de la cinta *Cartas del parque*, del realizador

---

[166] Continua Joel del Río: "Pocas veces se ha escrito con el peso propio de tal afirmación, que la serie *Amores difíciles* carece de antecedentes en la historia del cine o de la televisión mundiales. Tampoco se ha dicho con frecuencia que representa la internacionalización de una estética, de un modo singular de entender la historia y contemporaneidad en América Latina a través del realismo mágico. Esta serie fue el primer intento de integración cinematográfica continental cuyos rendimientos estéticos y trascendencia cultural nunca han sido suficientemente estudiados" (Del Río 2013a, 167).

Tomás Gutiérrez Alea,[167] una historia romántica ambientada en la ciudad de Matanzas, durante los inicios del siglo XX.

Si bien desde la práctica fundación del ICAIC algunos creadores del habían colaborado con producciones del cine regional, es durante los ochenta cuando se consolida la participación de técnicos cubanos en filmes latinoamericanos. García Márquez, y en general la Fundación y la EICTV contribuyeron a estrechar estos lazos, logrando en algunos casos equipos integrados por artistas y técnicos de varios países del continente. Ejemplo de ello es la producción colombiano, cubana, española, *Milagro en Roma* (1988), del colombiano Lisandro Duque, cuya fotografía corrió a cargo del cubano Mario García Joya. Otro ejemplo es la cinta *Confesión a Laura* (1990), del también colombiano Jaime Osorio, que contó con la fotografía de Adriano Moreno, la música de Gonzalo Rubalcaba, el sonido de Germinal Hernández, y la edición de Nelson Rodríguez.

## La década de oro del Festival de La Habana

Cuando el 3 de diciembre de 1979, Alfredo Guevara da la señal de arranque al I Festival Internacional de La Habana, ya el ICAIC había logrado consolidarse en el escenario regional como un importante referente del llamado cine político. Concebido como un heredero de las citas de Viña del Mar (1967 y 1969), Mérida (1968 y 1977) y Caracas (1974), La Habana se convirtió en el principal espacio de encuentro para las cinematografías del continente y sus creadores. Tal y como se estableció en su primera convocatoria, el festival tenía entre sus objetivos

> promover el encuentro regular de los cineastas de América Latina que con su obra enriquecen la cultura artística de nuestros países [...] asegurar la presentación conjunta de los filmes de ficción, documentales, dibujos animados y actualidades [...] y contribuir a la difusión y circulación internacional de las principales y más significativas realizaciones de nuestras cinematografías (en Galiano 2013, 54).

Para ello, se estableció una estructura de trabajo integrada por las siguientes áreas:

> 1) La sección competitiva, en la que jurados internacionales otorgarían los premios Coral a las películas de mayor relevancia artística en cada género.

[167] Alea había estudiado durante la década del cincuenta en el Centro Experimental de Cinematografía en Roma, junto con García Márquez, a quienes unían intereses generacionales, la preferencia por el neorrealismo y la voluntad ecuménica de integrar al cine latinoamericano.

> 2) Los encuentros y seminarios destinados a la discusión teóricas sobre los problemas y el desarrollo perspectivo del cine latinoamericano.
> 3) Las muestras y retrospectivas de cinematografías y cineastas de la región.
> 4) El Mercado del Nuevo Cine Latinoamericano (en Galiano 2013, 54).

El Festival desde su fundación se concibió como un espacio "alternativo" a otros eventos fílmicos de la región y el orbe, no solo en lo que se refiere a la organización (rehúye de las alfombras rojas y las estrellas), sino a la programación de los filmes. En La Habana comenzaron a mostrarse obras que muy rara vez eran tomadas en cuenta por los grandes festivales del mundo, tales como Cannes o Berlín. El evento se estructura así a través de tres grandes espacios de acción: el concurso, los debates y el mercado, los cuales se irán readecuando y enriqueciendo a lo largo de los años.

El cambio de presidencia en el ICAIC no afectó las dinámicas del Festival, que más allá de las diferencias en los estilos de dirección de Alfredo Guevara y Julio García Espinosa, coincidieron en potenciar este evento entre las líneas de acción prioritarias del ICAIC. El propio García Espinosa así lo hacía ver, al tiempo que insistía en el importante rol que desempeñaba el Festival como agente de la diplomacia alternativa cubana en el frente cultural:

> El Festival es el brazo más generoso que tienen las relaciones internacionales del ICAIC y, por lo tanto, el medio más importante de esta Dirección para ejercer su trabajo. Este evento, que se ha ganado un merecido prestigio nacional e internacional, es el espacio más abierto que ofrece el ICAIC para todos aquellos que, sin una posición política determinada, manifiestan su solidaridad con Cuba (García-Espinosa 2009, 44).

El investigador Isaac León hace una interesante reflexión en torno a la impronta del Festival de La Habana en el devenir del cine regional. Para este autor, el evento estrella del ICAIC hizo del Nuevo Cine una suerte de *work in progress*. Es decir, lo que podría entenderse por cine nuevo, la producción que va surgiendo de año en año, se vuelve ahora "permanente" en el tiempo. El festival "estabilizó" la categoría del Nuevo Cine, aun cuando, en rigor, finalizados los años setenta, no correspondía mantenerla, ya que eludía a expresiones fílmicas que habían surgido en el contexto de los años sesenta y comienzos de los setenta. Así lo afirma Isaac León:

> La noción que instala el festival termina por flexibilizar en exceso lo que, en rigor, cubre un lapso más o menos acotado, asumiendo en definitiva lo nuevo como un contínuum, como lo que va surgiendo año a año en los espacios más diferenciados de la producción de cada país y ni siquiera siempre, porque se incluyen propuestas muy conservadoras desde el punto de vista del estilo o del abordaje del material, sea en el campo de la ficción o en el de la no ficción (León Frías 2013, 21).

Por otra parte, el término "Nuevo Cine" podría resultar impreciso a la hora de referirse a cinematografías sumamente diversas, incluso en su interior, y cuyas afinidades más marcadas se produjeron entre 1965 y 1975, no así ya en el presente:

> Si por nuevo cine se quiere aludir a lo actual o reciente, y a la vez lo original o distinto, mal se usa el término, pues lo mismo podrían hacer todos los festivales del mundo con el material que exhiben en las secciones competitivas, cosa que resulta absolutamente prescindible, pues eso está implícito en la plataforma de cualquier festival que como primer objetivo muestra lo más relevante del cine de la actualidad. Entonces estamos ante un asunto de marketing político más que otra cosa (León Frías 2013, 21).

Un último señalamiento realiza este autor al Festival de La Habana: haber contribuido a la creación de una "historia oficial" del nuevo cine latinoamericano, una suerte de genealogía impermeable a cualquier acercamiento crítico:

> Se fue instalando una versión no ya afirmativa, sino triunfalista, apologética, indiscutible, de la absoluta validez de las teorías y de las prácticas. Los problemas y las dificultades que el movimiento confrontó provenían de la represión política, del imperialismo estadounidense, de la exclusión que hacían los canales de la exhibición comercial, etcétera. Es decir, la autocrítica casi brilló por su ausencia, y no se discutieron y siguen sin discutirse suficientemente, sobre todo por los iniciadores y principales representantes de esos nuevos cines, las limitaciones que podían tener sus formulaciones, la validez o pertinencia de ellas, los problemas de comunicación con el público, etcétera (León Frías 2013, 32).

Un rápido recorrido por la historia de los festivales permite visualizar algunos de los focos de interés del ICAIC (y del gobierno cubano en general) hacia América Latina. El I Festival, por ejemplo, dedicó espacio a promocionar las emergentes cinematografías centroamericanas, al tiempo que establecía entre sus prioridades el acercamiento con intelectuales y artistas latinos residentes en Estados Unidos, especialmente chicanos[168]. El INCINE, constituido apenas

---

[168] Afirmaba Alfredo Guevara en el discurso de inauguración del I Festival: "El Festival es una realidad. Parecía un sueño y es una realidad. Y al declararlo inaugurado damos una calurosa bienvenida a los hermanos de Nicaragua que llegan por vez primera portados en andas por su pueblo, protagonista de una gesta impar, forjada y dirigida por esa admirable cantera de héroes que ha sido el Frente Sandinista de Liberación Nacional. Y con, junto a los hermanos nicaragüenses, .damos también calurosa bienvenida a los hermanos chicanos que, como ellos, llegan por vez primera proclamando la irrenunciable lucha de su pueblo por conservar, reconquistar, afirmar y desarrollar la propia identidad" (Guevara 1998a, 471-472).

unos meses antes de realizarse la cita habanera, hizo su debut internacional en el festival cubano con los primeros testimonios audiovisuales de la revolución sandinista. Como explica el investigador Carlos Galiano,

> La cerrada ovación que recibió el primer Noticiero INCINE en la sala de la Cinemateca de Cuba, sede central del evento, fue el preludio de una acción solidaria que en el transcurso del certamen se materializó con la donación de películas y equipos, así como acuerdos de asistencia técnica y adiestramiento de personal con lo que los cineastas latinoamericanos patentizaron su respaldo al nuevo cine nacido en Nicaragua (Galiano 2013, 54-55).

El II Festival, celebrado en diciembre de 1980, se dedicó al nuevo cine salvadoreño, que llegaba con tres cortos y un largometraje en cuya terminación colaboró el propio ICAIC. Alfredo Guevara dedicó gran parte del discurso inaugural del festival a esta nación salvadoreña, que en ese momento sufría los efectos de una guerra civil:

> Hace dos días nuestra prensa publicó una noticia reveladora, yo diría también que aterradora. Las madres salvadoreñas ya no preguntan por el paradero de sus hijos cuando caen prisioneros; reclaman sus cadáveres. Ser joven es un delito en esa frontera ensangrentada que separa dos momentos de la historia: el fascismo y la liberación, la muerte y la vida, la inmundicia y la poesía.
> Que este Festival sirva a la vida, sirva a la historia, sirva a la poesía, y que la sirva en su expresión más alta, que sirva a la liberación. Por pequeño que sea nuestro aporte importancia tendrá; porque en época de crisis una mano tendida (y decidida) multiplica su valor hasta el infinito.
> No terminaré mis palabras sin rendir homenaje a los combatientes salvadoreños, nuestros hermanos, cuya imagen y sufrimientos sirve en la pantalla a inaugurar el II Festival Internacional del Nuevo Cine Latinoamericano; esa imagen como en un símbolo nos llega acompañada por la de otro pueblo también combatiente pero ya victorioso en su primer film de gesta. Salvador que lucha, Nicaragua que se afirma en el triunfo, abren el Festival (Guevara 1998a, 481-482).

En su discurso inaugural del III Festival, pronunciado el 4 de diciembre de 1981, Alfredo Guevara realiza un recorrido por la situación política latinoamericana[169] y afirma que en semejante coyuntura histórica el festival es "prueba y

---

[169] Afirma Alfredo Guevara: "Con la imagen querida de Che en la retina se inicia el Festival, y se inicia en días en que se multiplican los riesgos, y cuando los amigos se prueban; cuando las conciencias se aceran. Cuando Panamá ve amenazadas sus conquistas y

ejemplo de la comunión artística e ideológica de la intelectualidad latinoamericana y caribeña, y en particular de sus cineastas" (Guevara 2003, 421). Por todo ello decide dedicar el evento a los pueblos de El Salvador y Puerto Rico, y en especial a sus cineastas, al tiempo que hace un llamado a

> hacer aún más fuerte, más firme, más insistente, más poderosa, la denuncia de esos dos grandes crímenes que el imperialismo comete con la complicidad de buena parte de los medios masivos de comunicación del mundo capitalista: la guerra fascista de exterminio en El Salvador, y el genocidio cultural en Puerto Rico (Guevara 2003, 421).

Fundado en pleno auge de las dictaduras militares del Cono Sur, el festival se proclamará como un espacio de resistencia en el campo cultural a ellas. En sus palabras de inauguración del I Festival, Alfredo Guevara afirmaba:

> Basta que la represión fascista se empeñe en aplastar a una cinematografía para que la solidaridad latinoamericana se encargue de proteger a los perseguidos y ofrecerles apoyo y tribuna, quiero decir cámara y película, posibilidad de expresión. Cineastas uruguayos y chilenos, bolivianos, argentinos y haitianos, han continuado su obra junto a los cineastas de Venezuela, México, Ecuador y Cuba. Y aun los menos perseguidos ofrecen resquicios de expresión a los que nada tienen. Esa actitud es resultado de muchos factores y en primer término de nuestra historia común, de nuestras tradiciones culturales y de las luchas por la liberación nacional. Pero el Nuevo Cine Latinoamericano, que es parte de unas y otras, instrumenta y estimula este espíritu. De ahí que el cine chileno, primera víctima del fascismo realice hoy, y en el exterior, más films que antes de la temporal derrota de las fuerzas democráticas y socialistas, o que el cineasta argentino Raymundo Gleyzer, secuestrado y desaparecido hace años, sea para todos nosotros símbolo de martirologio y ejemplaridad revolucionaria (Guevara 1998a, 474).

---

Haití despedazados a sus hijos, cuando el imperio más poderoso que conoció la historia cerca Granada, uno de los más pequeños países de la tierra; cuando Nicaragua y Cuba son directamente amenazadas y deben movilizar ingentes recursos para la defensa, y los combatientes de Guatemala y El Salvador ribereño del Pacífico pero caribeño en la solidaridad y el peligro son sometidas a una guerra de exterminio, organizada, asesorada y financiada por los Estados Unidos de Norteamérica, por sus dirigentes políticos y generales fascistas; cuando esos riesgos no excluyen el petróleo de México y la política exterior ejemplar de ese hermano mayor levanta ciclones y hace temblar de rabia a los tiranos y a sus cómplices, y al amo de unos, y de otros; cuando el genocidio cultural tiene su más directa y al mismo tiempo sofisticada muestra en el intento de destruir la identidad nacional puertorriqueña" (Guevara 2003, 420-421).

En La Habana se darán cita entonces los cineastas del exilio, intercambiarán impresiones y expondrán sus obras. Ya iniciados los noventa, en el encuentro anual habanero se presentarán los primeros testimonios de estos años de horror, como por ejemplo los documentales chilenos *La flaca Alejandra* (1994, Carmen Castillo), *Fernando ha vuelto* (1998, Silvio Caiozi), *11 de septiembre de 1973: el último combate de Salvador Allende* (1998, Patricio Henríquez), y *Patio 29: historias de silencio* (1998, Esteban Larraín). El cine de ficción también saldará cuentas con las dictaduras militares, como lo demuestran varios de los títulos exhibidos y premiados en La Habana, por ejemplo, los argentinos *Tangos, el exilio de Gardel* (1985, Fernando Solanas); *La historia oficial* (1985, Luis Puenzo), *La noche de los lápices* (1986, Héctor Olivera), *Garaje Olimpo* (1999, Marco Bechis) y *El secreto de sus ojos* (2009, Juan J. Campanella), entre tantísimos otros filmes de diversas nacionalidades. El evento conocerá sus años dorados luego de que Fidel Castro en persona se interesara por el desarrollo del mismo. Será en el IV Festival, celebrado en 1982, cuando el "Comandante en Jefe" ofrezca la primera de muchas recepciones a los cineastas latinoamericanos, desde las cuales comienzan a pensarse acciones para potenciar este encuentro anual, al tiempo que La Habana se convertiría en sede de la Fundación del Nuevo Cine y de la Escuela Internacional del Cine, hechos a los que ya hemos hecho referencia en páginas anteriores. En 1987, el IX Festival rendirá homenaje a los veinte años de la cita fundacional de Viña del Mar, cuyo continuador se considera. Para ese entonces se siguen asignando recursos al evento, pero ya a Fidel Castro no se le ve entre los asiduos del evento.

La llegada de la década del noventa, a la cual dedicaremos el próximo capítulo, marcó el inicio de una crisis económica sin precedentes en la historia cubana, la cual repercutió negativamente en el desarrollo del Festival de La Habana. Así lo hacía ver el investigador y crítico Luciano Castillo:

> Cada edición en esos tiempos aciagos estuvo rodeada de incertidumbre; incluso llegó a valorarse la posibilidad de una periodicidad bienal, pero la necesidad de no perder la interrelación conseguida con el cine del continente y la significación de esos intensos días de diciembre para la población cubana -en especial en La Habana, una parte significativa planifica sus vacaciones para esos días- terminó por imponerse (Castillo 2013, 65).

Julio García Espinosa ocupará la presidencia del Festival entre 1982 y 1990, año en que es nuevamente sustituido por Alfredo Guevara,[170] quien se ocupará hasta su muerte de la organización de este evento, aun cuando desde el año

[170] En su discurso de inauguración del XIII Festival, pronunciado el 3 de diciembre de 1991, Alfredo Guevara reconocía el difícil contexto por el que se comenzaba a transitar: "Me toca inaugurar el XIII Festival Internacional del Nuevo Cine Latinoamericano y Caribeño, y hacerlo en circunstancias excepcionales para el país sede. Cuando, cercado

2000 abandonara sus responsabilidades al frente del ICAIC. Ese año marca un punto de viraje en la política exterior del instituto, ya que, a partir de entonces, y hasta el fallecimiento de Alfredo en 2013, las relaciones con América Latina se establecerán desde dos lugares: la presidencia del propio ICAIC, en esos años bajo la dirección de Omar González; y la Casa del Festival, una mansión que entregó Fidel Castro a Alfredo Guevara para desde allí organizar el evento. Desde este lugar Guevara comenzó a editar la revista *Nuevo Cine Latinoamericano*, la cual dará continuidad a la línea editorial latinoamericanista mantenida por *Cine Cubano*.

Joel del Río, quien se ha desempeñado como jurado del Festival, se refiere a las tendencias que han seguido los Corales, el premio que cada año entrega el evento a los filmes ganadores del concurso. Aunque por supuesto en ello influyen las preferencias estéticas de los jurados, tan diversas como diverso es el cine latinoamericano, en La Habana "se percibe la obligatoriedad casi moral de privilegiar un cine anti-*mainstream*, alternativo y de oposición en contenido y forma" (Del Río 2013c, 82). Al mismo tiempo, existe una tendencia opuesta, la cual opta por "recompensar películas populares, o no necesariamente marginales y *underground*, atentas a registros más genéricos y acaso conformistas" (Del Río 2013c, 82). Refiriéndose a los nuevos tiempos, marcados por los últimos años de la presidencia de Alfredo Guevara, y desde 2013 por la dirección de Iván Giroud, señala el investigador Joel del Río:

> Al igual que el cine latinoamericano en su conjunto, el Festival se ha visto abocado a un reajuste que amplíe el carácter ecuménico de sus estrategias comunicacionales y, por supuesto, se ha visto precisado a trascender la oposición virulenta o el elitismo extremado. Todo ello tampoco significa que los organizadores del evento arriaran el estandarte de la selectividad, ni mucho menos renunciaran a construir cada diciembre ese espacio de resistencia que supuso el Festival desde sus primeros años. Simplemente se aprestaron a marchar al ritmo de los tiempos, y sin traicionar la plataforma original se mantuvieron atentos a todo lo novedoso, transformador y progresivo que ocurriera en las cinematografías del área (Del Río 2013c, 82).

## *Amor en campo minado*: ajuste de cuentas con el intelectual latinoamericano de izquierda

Marta Díaz y Joel del Río (2010) ponderan las interrelaciones existentes entre el cine cubano y el latinoamericano durante los años ochenta, un elemento a tener

y calumniado sin tregua, debe encontrar y busca la solidaridad de los mejores, la ayuda de los más ricos, y el camino que permita seguir adelante" (Guevara 1998a, 483).

en cuenta a la hora de analizar los avatares de la producción nacional, marcada por el contexto interno, pero también por dinámicas continentales. Bajo la aparente estabilidad que vivió la Cuba de los años ochenta, se produce el dramático éxodo del Mariel y llegan los primeros ecos de la crisis del socialismo real europeo, que terminará, junto con la década, entre los escombros del Muro de Berlín. En los ochenta tienen lugar los primeros cuestionamientos a aquellos discursos desde los cuales la izquierda marxista había explicado su papel en el mundo, relatos totalizadores en tanto insistían en el análisis de la historia desde el macro-discurso de la lucha de clases, pero débiles a la hora de adentrarse en las microhistorias, en los problemas y visiones del individuo, del sujeto en tanto antítesis del hombre-masa. En los noventa se profundizará este camino, pero desde ya el cine cubano y el latinoamericano adelantarán algunos relatos en los que las marcas autorales median el análisis de los procesos políticos, históricos y sociales.

Los ochenta están signados en Cuba por el polémico filme *Cecilia* (1981, Humberto Solás), particular apropiación del clásico de la literatura cubana, *Cecilia Valdés*, de Cirilo Villaverde. Solás toma como pretexto el texto decimonónico para presentarnos una visión muy personal de la historia cubana. Otro ejemplo importante de este cine histórico con tintes literarios es la coproducción cubano-española, *Gallego* (1988), de Manuel Octavio Gómez, en el cual se reconstruye el fenómeno de la emigración ibérica en la isla. En el cine latinoamericano vemos otro tanto, con cintas como *El recurso del método* (1978, Miguel Littin), *La rosa de los vientos* (1983, Patricio Guzmán), *Antonieta* (1982, Carlos Saura), *Inocencia* (1983, Walter Lima Jr.), *Quilombo* (1983, Brasil, Carlos Diegues), *Camila* (1983, María Luisa Bemberg), *Miss Mary* (1986, María Luisa Bemberg), *Eréndira* (1983, Ruy Guerra), *Gabriela* (1983, Bruno Barreto), *Oriana* (1985, Fina Torres), *Cóndores no entierran todos los días* (1984, Francisco Norden), *El beso de la mujer araña* (Héctor Babenco), entre otras.

El ICAIC de esos años vivirá una explosión de largometrajes, en su mayoría dedicados a presentar desde un discurso genérico la realidad cotidiana de la isla. Sin embargo, la mayor parte de las producciones de esos años, en buena medida respondiendo a la crisis que desencadenó la personalísima (y costosa) *Cecilia*, optarán por relatos "integradores". Como afirman los investigadores Rufo Caballero y Joel del Río,

> Se entroniza el preconcepto, caro al realismo socialista, de que el arte forzosamente ha de concebirse con un sentido abarcador, más efectivo en tanto generalizador, cual paneo discriminado a todos los sectores sociales. Dicha voluntad de plano general impidió visualizar el detalle medular, sintomático, en favor de la condescendiente amalgama referencial, que derivó en filmes cuya única y dudosa conquista estribaba en su comunicación ocasional, somera, con el gran público (Caballero & Río 1995, 106).

Estos autores realizan un paneo por algunos de los filmes de esta década, representantes de los más diversos temas. Por ejemplo, el cine "obrero", con títulos como *Hasta cierto punto* (1983, Tomás Gutiérrez Alea) y *Bajo presión* (1989, Víctor Casaus); cine "estudiantil", con *Una novia para David* (1987, Orlando Rojas) y *Como la vida misma* (1987, Víctor Casaus); comedias costumbristas urbanas, entre las que destacan *Se permuta* (1983, Juan Carlos Tabío), *Los pájaros tirándole a la escopeta* (1985, Rolando Díaz), *Vals de La Habana Vieja* (1988, Luis Felipe Bernaza); filmes "campesinos", como es el caso de la cinta *De tal Pedro tal astilla* (1987, Luis Felipe Bernaza); y finalmente lo que Rufo Caballero y Joel del Río denominan "dramas sobre profesionales", categoría en la cual incluyen al filme *Amor en campo minado* (1987, Pastor Vega).

Basada en la obra teatral del dramaturgo brasileño Alfredo de Freitas Dias Gomes, *Amor en campo minado*, el "drama profesional" de un intelectual latinoamericano, está ambientada en el Brasil de 1964, horas después de producirse el golpe militar contra el presidente João Goulart[171]. Sergio, un periodista de izquierda cercano al gobierno destituido, se refugia en el apartamento de un amigo, y en lo que espera su inminente detención vive difíciles momentos de definición política y existencial.

En opinión de Marta Díaz y Joel del Río (2010), *Amor en campo minado* se realiza en un contexto marcado por el abundante cine latinoamericano que se estaba viendo en la isla en esos años, así como por la realización de numerosas coproducciones entre cubanos y realizadores del continente. Se trata de una obra menor del cineasta Pastor Vega (1940-2006), considerado entre los grandes directores del cine cubano, y uno de los realizadores del Cubano de Cine más vinculado a Latinoamérica. Vega fue director de Relaciones Internacionales del ICAIC entre 1978 y 1987, y del Festival de La Habana durante sus primeras doce ediciones. Sus lazos con la región no se limitaron a labores de gestión institucional, sino que dirigió varios audiovisuales con temáticas latinoamericanas. Tal es el caso del mediometraje de ficción *De la guerra americana* (1969),[172] así como los documentales *Panamá, un reportaje esencial sobre*

[171] Dias Gomes escribió esta pieza de teatro seis años después del golpe militar. En el prólogo a la segunda edición del libro, el autor afirma que esta obra reflejaba "un estado de perplejidad y un ansia de comprender lo que había sucedido. [...] A mi entender, no compete al teatro dar respuestas a las preguntas si no apenas darle al espectador elementos para que pueda llegar a ellas" (Dias Gomes 1984). De acuerdo con su autor, se trataba además de un acto de resistencia a la dictadura militar: "La primera versión de *Amor en campo minado* es de 1970. Se llamaba entonces *Vamos a soltar los demonios*, título con el que fue publicada dos años más tarde. Estábamos en pleno gobierno de Médici, aquel general que no se perdía un partido de Flamengo en Maracaná; mientras el DOICODI realizaba experiencias sobre la capacidad de resistencia de la criatura humana a los métodos más sofisticados de la tortura. El país, todavía ignorante de lo que pasaba en los subterráneos de la represión, vivía el espejismo del 'milagro brasileño' y vibraba con el tricampeonato del mundo" (Dias Gomes 1984).

[172] La sinopsis de este filme se presenta en los siguientes términos: Tres alternativas del campesinado latinoamericano: continuar en la miseria, convertirse en soldado de la

*la reunión del Consejo de Seguridad* (1973), *No somos turistas* (1974) y *La quinta frontera* (1974).

Pastor Vega recurre a dos de sus actores fetiches: Adolfo Llauradó, quien interpreta a Sergio, y la actriz Daysi Granados, que encarna el papel de Nara, la pragmática esposa del intelectual, quien funcionará como su contraparte, una especie de conciencia crítica que hace relucir los demonios más ocultos del periodista. A diferencia de otros filmes del ICAIC con temáticas latinoamericanas, que buscaron actores provenientes de países del continente, en el caso de *Amor en campo minado* se recurrió a intérpretes nacionales, además de los ya mencionados, Omar Valdés y Ana Liliam Rentería. Es esta una de las razones que explican la incapacidad de la película para recrear el ambiente carioca de esos años, de modo tal que el espectador nunca pierde de vista el hecho de ver a cubanos intentando pasar sin éxito como brasileños.

Las actuaciones, en exceso apegadas al discurso teatral, no logran resolver las limitaciones de una producción rodada en interiores, con muy bajo presupuesto, un elemento que lacera también el desarrollo de la historia. Daisy Granados y Adolfo Llauradó habían compartido protagónicos bajo las órdenes de Pastor Vega en el filme *Retrato de Teresa* (1979), uno de los títulos emblemáticos del cine cubano. En esa oportunidad Vega basó el trabajo actoral en técnicas de improvisación ligadas al método de Stanislavsky y al neorrealismo, las cuales no tuvieron el mismo éxito en el caso de *Amor en campo minado*.

En los primeros minutos del filme, una radio encendida nos pone en contexto: "Saldremos a cazar comunistas. Alertamos a toda la población. Hay que desatar una operación limpieza contra la agitación callejera y el movimiento huelguístico, pues así puede agravarse la crisis. Hemos conquistado el terreno, ahora se impone inmediatamente encuadrar en la Ley de Seguridad Nacional a todos los elementos civiles y militares [...] que apoyaron al presidente João Goulart".

Sergio, el protagonista de esta historia, se esconde en el apartamento de un amigo, un espacio concebido como casa de citas, decorado al mejor estilo de la siempre "decadente" burguesía. Un bar, una cama redonda, espejos y cuadros eróticos por todas partes, el ambiente es el de un *garçonnière*, un piso de soltero, como se encargan de repetir una y otra vez a lo largo de la cinta. Sergio, el intelectual progresista que escribió polémicos editoriales a favor de la revolución, se esconde ahora vestido de sacerdote, uno de los uniformes que adopta la reacción. Es ahora un paria que espera a que lo vengan a capturar los militares. Es la antítesis del héroe latinoamericano con el puño el alto que nos había presentado el ICAIC en entregas anteriores. Sergio teme. Sergio duda. Sergio dice en varias ocasiones que no soportará la tortura. No hay grandeza ni posturas épicas, al contrario, el protagonista es un hombre que no ha sabido llevar a casa los valores libertarios con los cuales comulgaba. Se casó con su mujer

---

represión o sumarse a las guerrillas. Dos campesinos deben escoger su destino. Cada uno se integra a bandos contrarios.

para guardar las formas cuando esta quedó embarazada; sus hijos ya adolescentes, son parte de una generación despolitizada, lo desconocen por completo, al mismo tiempo que mantiene una relación machista con su pareja, a quien subvalora por no estar a su "altura" intelectual. Nara, la esposa, le recrimina constantemente su doble moral: "Sólo vine a demostrarte que tus palabras frecuentemente están en contradicción con tus actos", le dice ella. Y será este todo el sentido del filme: poner a Sergio ante el espejo de su propia vergüenza, tomar como pretexto la crisis marital para hacer constantes referencias a la política, a su labor intelectual y en general a su papel en el mundo.

Si bien en un filme como *Cantata de Chile*, la posición institucional del ICAIC hacia América Latina se muestra de una manera "evidente"; en el caso de *Amor...*, la situación resulta un tanto similar a la de *Cumbite*, el filme de Tomás Gutiérrez Alea con el que iniciamos esta investigación. Es decir, más que el "reflejo" de una política oficial, la cinta de Pastor Vega recoge "el sentir" de una época. La película nos muestra el repliegue ideológico, el cuestionamiento de las grandes ideas-fuerza sobre las cuales se había asentado la revolución continental, relativizando así la efectividad de las consignas, el extremismo discursivo, y muy especialmente la ambivalencia ideológica de los intelectuales en medio de revoluciones y golpes militares.

CAPÍTULO 7

# El ICAIC y Latinoamérica durante la larga década del noventa. Notas para un epílogo

Los noventa en Cuba fueron los años del desastre. A la más profunda crisis económica de su historia reciente, se sumó el trauma ideológico del fin del "socialismo real". Para la inmensa mayoría de los habitantes de la isla, cuya única fuente informativa eran los "medios de difusión" controlados por el Departamento Ideológico del Partido Comunista, la Unión Soviética no se relacionaba con los horrores estalinistas, la metástasis del burocratismo y los tanques en Praga, sino que veían a la URSS como el principal suministrador de materias primas, el aliado estratégico, la posibilidad en la tierra de hacer realidad en un futuro próximo la sociedad utópica que habían avizorado los padres fundadores del marxismo-leninismo.

Del llamado "período especial", el eufemismo con el que Fidel Castro denominó aquellos años traumáticos, se ha escrito profusamente,[173] por lo que en

[173] De Fernando Martínez Heredia, uno de los autores que con más lucidez ha estudiado esta etapa, recomiendo el libro *En el horno de los 90*, una compilación de ensayos donde, entre otros temas, se abordan los nexos entre Cuba y Latinoamérica en el nuevo escenario que se presentó tras la desintegración de la Unión Soviética. La investigadora cubana Yinett Polanco, quien se ha especializado en la década cubana del noventa, es autora del artículo "El periodismo cubano entre 1990 y 1996, ¿rupturas o continuidades", así como de la investigación de maestría "La ensayística cubana contemporánea y su contribución a un pensamiento de integración nuestramericana: la obra de Fernando Martínez Heredia en los años 90". En ambos trabajos, Yinett profundiza en sus objetos de estudio a partir de un amplio recorrido por los rasgos políticos, económicos y sociales de la Cuba de finales del pasado siglo. El ensayista Rafael Rojas también aborda la crisis cubana de los noventa en dos de los libros que hemos citado a lo largo de estas páginas:

**Cómo citar este capítulo:**
Salazar Navarro, S. 2020. *Cine, revolución y resistencia. La política cultural del Cubano del Arte e Industria Cinematográficos hacia América Latina*. Pp. 256-276. Pittsburgh, Estados Unidos: Latin America Research Commons. DOI: https://10.25154/book5.

estas líneas me limitaré a realizar algunas observaciones puntuales, siempre en primera persona, ya que a partir de esos años el contexto histórico de este libro se corresponde con mi tiempo biológico, con mis vivencias de adolescente en una Habana sin luz eléctrica, transporte público y alimentos cada vez más escasos y racionados, donde a la hora de explicarse el mundo, y luego de décadas de oficial ateísmo, el "materialismo dialéctico" cedió terreno a las religiones afrocubanas y los cultos cristianos; donde nos tocó presenciar el éxodo de los "balseros"[174] en 1994, que marca los días más oscuros de la desesperanza; donde va surgiendo una sociedad cada vez más compleja y estratificada; donde afloran fenómenos prácticamente inexistentes hasta ese entonces, como es el caso de la prostitución (que en Cuba llamaremos *jineterismo*), el mercado negro, la insolidaridad y el raterismo en una urbe con más de dos millones de habitantes, que en menos de cinco años se medievaliza como producto de la crisis, en la que para sobrevivir muchos de sus habitantes criaron gallinas y cerdos en los patios y baños de sus casas y apartamentos, y se hizo común que médicos e ingenieros abandonaran su actividad profesional para terminar como porteros en los flamantes hoteles.

Sin embargo, y pese a tanta carencia espiritual y material, el "socialismo cubano" siguió existiendo, en una época en la que "ser simplemente ser es en este tiempo y este paralelo una amplísima victoria", como escribió en su momento el poeta Víctor Casaus. Nadie pensó que la Revolución sobreviviría más allá de la caída del Muro de Berlín, la ruptura de los nexos con la Unión Soviética, y el recrudecimiento del bloqueo/embargo estadounidense. Pero las grandes conquistas de la Revolución Cubana en materia de acceso a la educación y a la salud se mantuvieron más o menos incólumes, lo cual no es poco mérito; y el consenso en torno a Fidel Castro y a la Revolución permaneció intacto, no sin grandes traumas, como lo pusieron de manifiesto los juicios contra militares de primera línea, acusados de narcotráfico, un hecho con el que abre prácticamente la década del noventa; o el llamado "maleconazo"[175] de agosto de 1994.

---

*Tumbas sin sosiego. Revolución, disidencia y exilio del intelectual cubano* e *Historia mínima de la Revolución Cubana*. Finalmente, recomiendo con especial énfasis el mediometraje *Madagascar* (1994), del realizador cubano Fernando Pérez, en mi opinión el acercamiento más desgarrador que se ha hecho a la fractura cubana de los noventa.

[174] Este término se emplea para referirse a los cubanos que tratan de alcanzar las costas de los Estados Unidos, cruzando en precarias embarcaciones el Estrecho de la Florida. A raíz del fin de la llamada política de "pies secos / pies mojados" en enero de 2016, una de las últimas decisiones de la administración estadounidense de Barack Obama, el fenómeno prácticamente desapareció. Dicha política otorgaba un estatus legal a todo cubano que arribara a las fronteras de Estados Unidos, ya sea por tierra (pies secos) o por mar (pies mojados).

[175] "Maleconazo" es el nombre que recibió una serie de manifestaciones antigubernamentales ocurridas en Cuba el 5 de agosto de 1994. Los incidentes se produjeron tras la intercepción

Al mismo tiempo, ahí quedó, desde entonces, la gran pregunta de adónde iríamos como nación, después de la supervivencia y de lo contingente, del escenario cada vez más opresivo de plaza sitiada, en un momento en el que ya había quedado claro que el camino no era el socialismo a la soviética. Hasta el momento de escribir estas líneas el país no ha saldado cuentas con su pasado reciente, y más allá de algunos intentos puntuales y limitados al campo intelectual, la refundación de lo que podría ser el socialismo cubano, o mejor, el proyecto de una república martiana "con todos y para bien de todos", resultante del consenso nacional, aún no se ha producido.

Pero volvamos al análisis del "período especial", sin lugar a dudas el rasgo más distintivo de la Cuba de los años noventa. Fue un duro cambio de época en lo que respecta a la inmensa mayoría de los cubanos, para quienes, por primera vez en treinta años de Revolución, la solución de la crisis se fue haciendo individual y no colectiva. Es decir, el Estado socialista de las décadas del setenta y el ochenta, omnipresente y uniformador, fue cediendo terreno a una sociedad cada vez más diversa desde el punto de vista político, religioso, cultural, en lo que se refiere a gustos, preferencias, prácticas de consumo, color de la piel, lugar de procedencia, y un larguísimo etcétera que resulta imposible de abarcar en estas líneas. Para algunos el "período especial" terminó hace ya más de una década, para otros la crisis es una realidad presente. Para los primeros la década del noventa comenzó a cerrarse con los primeros aires de la recuperación, coincidente con las postrimerías del viejo siglo; para otros se vive aún en una "larga década" del noventa, cuyo desenlace aún no se avizora.

La crisis, como toda etapa de profunda restructuración de las instituciones y prácticas asentadas, modificó los referentes desde los cuales decisores gubernamentales y el campo intelectual habían dirigido su mirada. Se pasó de un discurso que potenciaba los nexos entre el "campo socialista" y un "tercer mundo" con fronteras imprecisas en Asia, África y América Latina, y a quienes integraba su condición de naciones periféricas, antagonistas naturales de los "imperialismos" yanquis y europeo, y espacio por antonomasia de las "clases subalternas" (obreros y campesinos). Ahora La Habana volvía su mirada a Latinoamérica, sin preterir los nexos con el resto del "tercer mundo", pero sin apenas posibilidades económicas reales para fomentarlos, luego del fin de los subsidios soviéticos. Ante el aislamiento y la pérdida de los referentes ideológicos del "socialismo real", la Cuba de los noventa regresará a José Martí y al Che

---

por parte de las autoridades cubanas de cuatro embarcaciones que navegaban hacia la costa de Estados Unidos sin autorización. Cientos de personas se congregaron en el Malecón de La Habana, y se enfrentaron con palos y piedras a la policía, saquearon comercios y rompieron vidrieras. Los disturbios se prolongaron durante varias horas y se extendieron hacia los barrios céntricos de la capital, como La Habana Vieja. No se registraron víctimas mortales aunque sí varios heridos, la mayoría con contusiones leves. Fidel Castro se personó ese día en el lugar de los hechos.

Guevara, pero también a Antonio Gramsci, Rosa Luxemburgo y José Carlos Mariátegui, y a un Simón Bolívar que, ya terminando la década, el chavismo venezolano llevará a los altares de la política con el apoyo incondicional de la Plaza de la Revolución.

La Habana, con una capacidad de adaptación admirable, logró contemporizar la estructura de organización política del viejo Partido Comunista cubano —con un organigrama similar al fracasado PCUS soviético—, con los nuevos movimientos sociales de tipo y estructura diversa, expresiones de las múltiples resistencias que comienzan a surgir en contra de los efectos negativos de la globalización neoliberal. El tiempo estaba demostrando que la *Pax americana* resultante del fin de la Guerra Fría no traería los mil años de estabilidad global que había augurado Fukuyama en su tan criticado ensayo, sino un aumento de la ya por sí ingente brecha entre ricos y pobres, un deterioro del medio ambiente incompatible a mediano plazo con la existencia de la vida en el planeta, y un resquebrajamiento de los derechos humanos en todos los órdenes posibles.

El cómo La Habana logró adaptarse a estos cambios geopolíticos y continuar, pese a las tremendas carencias económicas, monopolizando algunos de los principales focos de resistencia "antiimperialista" en Latinoamérica, sin que la crisis del "socialismo real" la afectara de muerte, es uno de los mejores ejemplos de genialidad política del siglo XX. Entre las múltiples causas que así lo explican se encuentra el accionar del ICAIC en América Latina durante esos años de adaptación o muerte.

## El ICAIC en sus horas más bajas

En lo que respecta al ICAIC, el cambio de época lo marca el retorno de Alfredo Guevara a la presidencia en 1992, luego de diez años en París, como delegado permanente de Cuba ante la Unesco. Detrás de esta decisión se encuentra el cisma que había desencadenado en el Instituto el estreno del largometraje *Alicia en el pueblo de las maravillas* (1991, Daniel Díaz Torres), una cinta que, como mencionamos en páginas anteriores, atacaba frontalmente la burocratización del socialismo cubano. Realizada durante los años finales de los ochenta, una época de mayor apertura ideológica,[176] su estreno demoró más de lo previsto,

[176] Refiriéndose a los años finales de la década del ochenta, la investigadora cubana Claudia González, habla de una época en la que "[...] habían caído las máscaras de la función didáctica e ideológica, y se había fortalecido la idea de una cinematografía plural, en la cual se trataran todos los temas relacionados con la sociedad cubana y con los grandes procesos de cambios que esta había atravesado durante más de treinta años" (González Machado 2013, 199). Sin contradecir la posición anterior, fundamentada en filmes como *Alicia...*, también es cierto que durante estos años el ICAIC tiene entre sus prioridades conectar con el público, lo que condicionará un auge de géneros tradicionales, como es el caso de la comedia, que a veces desembocará en la repetición

en coincidencia con los primeros años del "período especial". Para ese entonces el discurso oficial ordenó "cerrar filas" en defensa de una Revolución asediada en todos los frentes, en un contexto cada vez más marcado por el "repliegue ideológico, [el] cuestionamiento intensivo de las políticas aplicadas hasta ese momento, o [el] profundo desencanto, colindante con la desmovilización y el agobio" (Díaz & Río 2010, 83).

Alfredo regresa al ICAIC en plena crisis de confianza entre el de Cine y el Partido-gobierno, cuando incluso se hablaba de la desaparición del organismo, mediante su fusión con el Cubano de Radio y Televisión (ICRT), ente controlado directamente por el Departamento Ideológico del Comité Central del Partido Comunista, y con menor autonomía que el ICAIC, este último bajo la égida del mucho más flexible Ministerio de Cultura. Así las cosas, toca a Alfredo asumir la restructuración de un organismo que, ante la fortísima reducción de su presupuesto, debe recurrir a las coproducciones como fuente alternativa de ingresos. Marta Díaz y Joel del Río resumen así la situación del durante esos años:

> Disminuye [...] la producción del ICAIC a sus niveles históricos más bajos, el personal altamente calificado del se dispersa en servicios a filmes extranjeros, contratos de trabajo fuera de Cuba o labores pedagógicas en la EICTV de San Antonio de los Baños. Casi desaparece la producción de documentales y colapsa la red exhibidora nacional por la imposibilidad de reconstrucción y remozamiento. Las pocas salas de cine sobrevivientes al derrumbe y al abandono exhiben filmes en video con equipamiento que no era idóneo. A la situación difícil de la industria audiovisual (reflejo de los problemas que atravesaba al país) se añade el normal cansancio creativo de los iniciadores, e incluso el fallecimiento de algunos baluartes en el cine nacional: Tomás Gutiérrez Alea, Santiago Álvarez, Oscar Valdés. Debe señalarse la larga pausa productiva que tuvieron en este periodo algunos eminentes realizadores, como Humberto Solás (de *El siglo de las luces*, en 1992, a *Miel para Oshún*, ochos años después) y Orlando Rojas (de *Papeles secundarios*, en 1989, a *Las noches de Constantinopla*, en 2001) (83).

A ello se suma la desaparición del *Noticiero ICAIC Latinoamericano*, en 1990. Para ese entonces habían fallecido algunos de sus realizadores más destacados, como el propio Santiago Álvarez, y también Sara Gómez y Oscar Valdés, mientras que Nicolás Guillén Landrián y Jesús Díaz habían partido al exilio. El fin del *Noticiero ICAIC* se atribuyó a las carencias materiales y al auge del medio televisivo, una fuerte competencia para el formato fílmico, aunque también su

---

excesiva de fórmulas que alejaron al cine cubano de aquellos poemas indagadores de la realidad nacional y la condición humana que lo habían caracterizado en su edad de oro.

cierre obedeció a las directrices de una época signada por el "recogimiento" ideológico. En sus últimos años, el *Noticiero* se había vuelto cada vez más crítico con los problemas de la realidad cubana, una práctica que como hemos ya visto no fue estimulada, todo lo contrario, en los duros años noventa.

En lo que concerniente a las relaciones entre el ICAIC y América Latina, el intenta preservar los nexos con los creadores del área, en un contexto en el cual ya no cuenta con el presupuesto de los años anteriores, pero sí con canales e instituciones ya establecidas, con toda una tradición en el manejo de las relaciones internacionales. Una isla cada vez más asediada intenta fomentar la solidaridad de los cineastas y para ello se vale del Festival de La Habana, evento que mantuvo su realización anual pese a las grandes carencias por las que atravesaba el país.

Precisamente, en el discurso inaugural del XIII Festival, celebrado en diciembre de 1991, Alfredo Guevara hace públicos algunos elementos de la estrategia del Instituto hacia Latinoamérica durante esos años. Se trataba de una política con más puntos de continuidad que de ruptura con respecto a la década anterior. El presidente del ICAIC reafirmará el carácter multicultural del cine cubano, el cual pasará a instrumentarse, cada vez más, mediante el sistema de coproducciones:

> El cine cubano contemporáneo se entrelaza y complementa ejemplarmente en tanto que movimiento artístico, con el proyecto más amplio y exigente que es el Nuevo Cine Latinoamericano (ya también caribeño). Y lo hace de tal modo que su historia es la misma, y también su destino. Sus instantes de gloria y sus derrotas y desasosiegos [...] No es que el cine cubano sea, y es, cine latinoamericano de esta tierra. O que no resulte difícil encontrar aquí o allá el tema, la poética, o elementos que nos hagan pensar el cine en términos de dimensión poética. Es ante todo que el internacionalismo cubano se expresa en latinoamericanismo global. De ahí el carácter de la producción cinematográfica; la disponibilidad de la infraestructura tecnológica; la apertura a las coproducciones [...] la voluntad de cultivar esa unidad (Guevara "Palabras en la inauguración del XIII Festival del Nuevo Cine Latinoamericano", 40).

Precisamente durante ese festival el ICAIC presentó dos largometrajes con temática latinoamericana, los cuales resultaron paradigmáticos de esta época. *El siglo de las luces*, de Humberto Solás, y *Mascaró, el cazador americano*, de Constante *Rapi* Diego. Solás, uno de los directores más emblemáticos del ICAIC, llevó a las pantallas la famosa novela homónima de Alejo Carpentier sobre la difusión de las ideas de la Revolución Francesa en tierras americanas. Por su parte, *Rapi* Diego adaptó un relato del escritor argentino Haroldo Conti, desaparecido durante la dictadura en su país. En ambos casos el ICAIC siguió un régimen de coproducción: en el largometraje de Solás intervinieron capitales franceses, rusos, españoles y ucranianos, y en la cinta de *Rapi* Diego aportaron fondos productores españoles y venezolanos.

La coproducción, en tanto "estrategia de supervivencia" del Instituto Cubano de Cine a partir de los noventa, marcó un giro en su enfoque hacia América Latina. Lo que en años anteriores era una práctica puntual, y más bien una "colaboración" del ICAIC con creadores del área, ahora se convirtió en la fuente principal de financiamiento del Instituto. A diferencia del pasado, en el que el ICAIC detentaba el control de la producción, ahora debió negociar con productoras foráneas de diverso tipo, con ideologías y prácticas profesionales en ocasiones diametralmente opuestas. Como es evidente, ninguna productora internacional financió obras de carácter explícitamente político-propagandístico, que tuviesen poca acogida por parte del público y por tanto no generaran ganancias. El ICAIC debió entonces negociar con el mercado, lo cual ya se había hecho anteriormente en situaciones específicas pero nunca a gran escala. Esta situación, sin embargo, no abortó con la tradición latinoamericanista del ICAIC sino que reorientó las producciones a espacios de fácil convergencia, como por ejemplo las temáticas históricas, la (re)construcción de la identidad continental, entre otros. Resultado de estas condicionantes, el discurso cinematográfico de los noventa

> no es un cine que se complace con una visión ideológica de lo real; más bien es un cine que destruye las falsedades, las reiteraciones y aun los fetiches que se han acumulado durante la larga construcción de un nuevo modelo social [...] [un cine que] ya no estará dispuesto a mostrar de un modo triunfalista los grandes fenómenos colectivos, sino de un modo subliminal y muchas veces crítico (González Machado 2013, 211).

Se insiste en la búsqueda de una poética latinoamericana, real-maravillosa y barroca, que en muchos sentidos había quedado preterida en los años de exaltación de un cine político, siempre racional, exponente de una visión materialista-dialéctica de la realidad, donde no había cabida para el poderoso mundo onírico latinoamericano, y las contradicciones interclasistas, como enseñaba el marxismo, eran el único motor explicativo de la historia.

De manera general, la estrategia del ICAIC hacia América Latina durante los años noventa puede rastrearse también en una carta que envió Alfredo a Fidel Castro, en la que le anunció la hoja de ruta del XIV Festival, en ese momento en fase organizativa. Fechada el 13 de noviembre de 1992, en esa misiva Alfredo le pide al "Comandante" no olvidar su reunión anual con los cineastas de la región, una práctica habitual durante los años ochenta. A Alfredo le preocupaba sobremanera que Fidel rompiera con esta cita, decisión que en su carta Guevara achaca a las múltiples preocupaciones que tendría ahora el jefe del Estado en medio de la gestión de una crisis sin precedentes, pero que al leer el final de la misiva también puede atribuirse a que Fidel en ese momento no se sentía a gusto con el Instituto de Cine. Evidenciando los resquemores aún existentes en ese entonces, Alfredo cierra su carta manifestándole a Fidel "[...] la esperanza de que vuelvas a confiar en este ICAIC que es tan tuyo" (Guevara *¿Y Si Fuera Una Huella? (Epistolario)* 503).

En la citada carta, el presidente del Instituto hace un balance sumamente pragmático del Festival en el nuevo contexto de los años noventa, para lo cual introduce una racionalidad económica que habría resultado impensable apenas cinco años antes. En tal sentido, habla de la "[...] contribución de los cineastas a atraer turistas en una temporada del año (los primeros quince días de diciembre) que el INTUR[177] ve casi siempre perdidos" (Guevara 2010, 501).

Pero el ICAIC continúa también haciendo política en la región, y en esta etapa en la que Fidel está decidiendo la autonomía de la industria fílmica, Alfredo quiere hacerle ver al líder de la Revolución el carácter estratégico del instituto que preside:[178]

> Viene también al XIV Festival Fernando (Pino) Solanas, destacadísimo realizador, que con Glauber Rocha y conmigo, y con otros muchos, es uno de los fundadores del Nuevo Cine. Seguramente recuerdas aquel su filme inicial *La hora de los hornos*, que hizo época en su estilo ficción-documental. Se trata del cineasta baleado en Argentina por órdenes de [Carlos] Menem; y que se está convirtiendo en figura política de primer orden, acaso en un candidato presidencial. Muy temprano para afirmarlo; aún más temprano para calcular su "chance"; pero muy a tiempo para continuar, porque de continuar se trata, nuestra muy estrecha relación con él. Acaso deba tenerse algún gesto político [...] Y tu atención personal cuando te encuentres, confío que así será, con los cineastas de América Latina y el Caribe (Guevara 20120, 501).

El presidente del ICAIC aprovecha para hacerle a Fidel una relatoría de los participantes ya confirmados a ese festival; amplia lista que demuestra que, en pleno 1992, cuando el futuro de la Revolución estaba aún en vilo, el Instituto de Cine mantenía una amplísima red de contactos en el continente:

> No te mencionaré a todos pero sí que tendremos entre nosotros a Silvia Pinal, Felipe Cazals y Carlos García Agraz (de México); a Mario Benedetti y Eduardo Galeano (de Uruguay); a Eliseo Subiela y Aída Bortnik (de Argentina); a los intérpretes de telenovelas brasileñas Maité Proenza (*Doña Bella*); y Cassia Kiss, Adriano Reys y Sergio Mamberti (*Vale todo*); y también de Brasil a Ney Sroulevich y Claudia Furiati (que

---

[177] Instituto Nacional de Turismo, actual Ministerio [cubano] de Turismo.

[178] El ICAIC finalmente sobrevivió a esta crisis, pero Fidel al parecer no volvió a confiar totalmente en la "lealtad revolucionaria" de sus cineastas. Otra carta de Alfredo Guevara, con fecha 1ro de marzo de 1998, así lo atestigua: "Intento estas líneas desde hace varios días pero la turbación no cesa y sigo sin comprender por más que indago y me pregunto qué te hizo llegar a tanta amargura como para calificar de contrarrevolucionaria la producción cinematográfica cubana y de hecho, a mi gestión de estos seis años" (Guevara 2010, 542).

por años dirigieron el Festival de Río de Janeiro, y a quienes conoces); de Chile tendremos al realizador Raúl Ruiz y a Sergio Trabucco que dirige el Festival Cinematográfico de Viña del Mar; de Colombia a Carlos Álvarez y espero que, ante todo, a Gabriel García Márquez que el año pasado nos abandonó (Guevara 2010, 502).

A propósito, ese año García Márquez estuvo muy activo en La Habana durante las jornadas del festival. El 8 de diciembre de 1992 inauguró en calidad de Presidente de la Fundación del Nuevo Cine Latinoamericano, una sala de cine nombrada "Glauber Rocha". Las palabras que pronunció ese día el Premio Nobel de Literatura reflejan el clima de desconcierto y "fin de época" que reinaba en La Habana de aquellos años:

> Esta mañana, en un periódico europeo, leí la noticia de que no estoy aquí. No me sorprendió, porque antes oí decir que ya me había llevado los muebles, los libros, los discos y los cuadros del palacio que me regaló Fidel, y que estaba sacando a través de una Embajada los originales de una novela terrible contra la Revolución Cubana [...] Si ustedes no lo sabían ya lo saben. Esta es quizás la razón por la cual ni puedo estar aquí esta tarde para inaugurar esta sala de cine que, como el cine, y como todo los que tiene que ver con el cine, tal vez no sea más que una ilusión óptica. Pues nos ha costado tantos sustos e incertidumbres esta sala, que hoy —quinientos años, un mes y veintiséis días después de la llegada de Colón— no podemos creer que en realidad sea cierta [...] Como ustedes ven, para ni estar aquí, no es poco lo que he podido decirles. Ojalá que esto me anime a traer de nuevo mis muebles, mis libros, mis cuentos, y que la Ley Torricelli[179] nos hiciera el favor de permitirnos traer de alguna parte otras primeras piedras para muchas obras como esta.

[179] La Ley Torricelli, también conocida como Ley de la Democracia Cubana, fue un proyecto presentado en el primer período de sesiones del 102 Congreso de los Estados Unidos, por Robert Torricelli, representante demócrata y posteriormente senador por Nueva Jersey, y por el senador por el estado de la Florida, Bob Graham. Sancionada en el Congreso norteamericano, fue promulgada por el ex presidente George Bush (padre) el 23 de octubre de 1992. Adoptada en el contexto de desaparición de la Unión Soviética, tiene como objetivo aislar a la Revolución Cubana del entorno económico internacional y hacer colapsar su economía. En la esfera comercial la Ley Torricelli estableció dos sanciones fundamentales: 1) prohibir el comercio de las subsidiarias de compañías de Estados Unidos establecidas en terceros países con Cuba; y 2) prohibir a los barcos que entren a puertos cubanos, con propósitos comerciales, tocar puertos de Estados Unidos o en sus posesiones durante los 180 días siguientes a la fecha de haber abandonado el puerto cubano.

La relativa autonomía que gozaba el instituto, así como la amistad entre algunos miembros del ICAIC —especialmente Alfredo— y Fidel Castro, había logrado casi siempre mantener a raya a las voces más ortodoxas de la política cubana. En los noventa no fue una excepción, y el instituto asumió como suyas algunas de las "concesiones al mercado" que tuvo que hacer la Revolución Cubana en la compleja década del noventa. Un ejemplo importante de ello, y para quien conoció la Cuba de esos años, todo un escándalo, fue la inclusión de publicidad comercial como un medio de financiar la revista *Cine Cubano* y el Festival de La Habana. Sin embargo, fueron tantos los resquemores que levantó esta práctica que el propio Alfredo debe dirigirse a José R. Balaguer, uno de los funcionarios del selecto Buró Político del Partido Comunista, para justificar la decisión, y de paso reiterar la importancia de la actividad política del ICAIC en América Latina. En la carta, fechada el 13 de diciembre de 1999, se justifica Alfredo:

> Si hemos debido acudir a la publicidad como fuente de financiación del Festival es que no había otra [...] ¿Por qué en el marco de esa elección a la que nos vimos obligados y que puede resumirse en la alternativa de prescindir del Festival o buscar un financiamiento publicitario, decidimos esta segunda opción:
> - Porque el Festival Internacional del Nuevo Cine Latinoamericano es un evento de todos los cineastas de América Latina que se encuentran cada año en La Habana, y han demostrado ser una capa de la intelectualidad de sus países, mayoritariamente progresista y amiga de la Revolución Cubana. Me atrevería a decir que militarmente. Son muy pocas las excepciones a esta regla, y no pasan de tibieza o indiferencia.
> - Tenemos la convicción de que arrebatar a los cineastas de América Latina esta ocasión y oportunidad sería un crimen, contra ellos y contra nuestra Revolución (Guevara 2010, 576).

La consulta de la colección de *Cine Cubano* durante los años noventa, así como el resto de las fuentes documentales que hemos seguido a lo largo de este libro, demuestra en estos años una fuerte disminución de la actividad del ICAIC hacia América Latina. Si bien durante las décadas del sesenta, setenta y ochenta el instituto actuó como uno de los grandes aglutinadores del séptimo arte regional, y en especial del cine político latinoamericano, a partir de los noventa no se produjeron importantes rupturas pero sí una readecuación de estos vínculos. Ejemplo de ello es esta carta que el realizador brasileño Sergio Muñiz, uno de los padres fundadores del nuevo cine continental, le envió al ICAIC a propósito de su 40.° aniversario de fundado. Fechada en San Pablo el 20 de diciembre de 1998, Muñiz le escribió a Guevara: "Tú bien sabes lo mucho que debo a ti y al ICAIC y de mis compromisos históricos con esa isla y esa Revolución, pero creo que *llegó el momento de no solo valorar bien las conquistas del pasado como también encontrar la forma de combatir en esos nuevos tiempos que no son más de trinchera*"[180] (en Guevara 2010, 554).

Como había ocurrido desde su creación en 1979, el Festival de La Habana fue el ente articulador de la política latinoamericanista del ICAIC. Sin embargo, a partir de los noventa, en un escenario cada vez más globalizado, y en tiempos en los que, como decía Muñiz, "no eran más de trinchera", el latinoamericanismo que preconizará la institución se vio cada vez más influenciado por un discurso en defensa de la multiculturalidad, visión de la cual se impregnó Guevara durante los diez años que pasó en la Unesco, y que era también uno de los ejes de lucha de los foros antisistémicos de finales del siglo XX e inicios del nuevo milenio. Por otra parte, el festival potenció los nexos con las comunidades latinoamericanas residentes en Estados Unidos, en especial con la población chicana. Ejemplo de ello es, como mencionamos en páginas anteriores, el seminario "Latinos en USA".

Sin embargo, en los años noventa se profundizó lo que ya venía avizorándose como una tendencia. Las nuevas generaciones de cineastas, formadas en su mayoría en escuelas de cine, vinculadas al mundo de la televisión y la publicidad, nacidas ya en el contexto del fin de las dictaduras latinoamericanas, no sentían por La Habana ni por el ICAIC la misma fascinación que el grupo fundador del Nuevo Cine Latinoamericano, aunque continuaron reconociendo al festival como uno de los encuentros tradicionales del cine regional, y de los pocos con una masiva asistencia de público, esencial para retroalimentar sus obras. Las revistas *Cine Cubano* y *Nuevo Cine Latinoamericano* intentaron incluir las visiones más jóvenes del cine continental, aunque siguió teniendo un papel preponderante el culto a la memoria de los días fundacionales.

El siglo XXI se inauguró con un cambio en el ICAIC. Alfredo Guevara cesó en sus funciones como presidente y retuvo la conducción del Festival de La Habana. Su sucesor, Omar González, apostó por una doble estrategia:

> favorecer el acceso a la dirección de largometrajes de un grupo de realizadores sobradamente probados en el documental, y apoyar también la continuidad de filmografías interrumpidas por la parálisis que significó el Período Especial. Además, se preocupó por engrosar las filas de realizadores con jóvenes talentos procedentes de las escuelas de cine, la televisión, o el cine independiente. Aparte de que la nueva dirección del ICAIC consiguió incrementar la producción —en comparación con el decenio precedente— también hubo una discreta recuperación de las salas de cine alrededor del llamado Proyecto 23 (la mayor parte de la red exhibidora fue desapareciendo aceleradamente en los años 90) y se emprendió la restauración y digitalización del patrimonio cinematográfico (Díaz & Río 2010, 91).

[180] Las cursivas son mías.

El Festival de La Habana, bajo la conducción de Alfredo, asumió la mayor parte de la política latinoamericanista del Instituto, mientras que Omar González y su equipo concentraron el resto del accionar del ICAIC, sobre todo las actividades de producción. Cuando Alfredo negoció con Fidel su salida al frente del ICAIC le solicitó trasladar al festival los valiosos archivos de la Cinemateca, transformándola en una Cinemateca Latinoamericana y del Caribe, pero el líder de la Revolución no aceptó.

Decidimos concluir el rango temporal de este libro en los años finales de la década del noventa, es decir, al momento en el cual el Festival de La Habana se convirtió en un ente relativamente autónomo del ICAIC. Desde 2001 y hasta la fecha, el festival, en colaboración con el propio ICAIC, la Fundación del Nuevo Cine y la EICTV, continuó gestionando las relaciones entre Cuba y Latinoamérica en lo que respecta al campo de la creación audiovisual. Si bien no ha perdido su carácter político —¿qué área de la realidad cubana no tiene una connotación explícitamente política?—, también es cierto que el festival se ha "profesionalizado" como uno de los eventos con más tradición en el continente. Durante diez días al año logra reunir a importantes cineastas de la región y del mundo, y proyecta en las pantallas habaneras una muestra muy variada de largometrajes, documentales, dibujos animados, entre otros, de diversa factura. También sigue siendo un lugar para preservar y construir las memorias del Nuevo Cine, y de sus protagonistas, una generación que combatió a sangre y fuego *con una cámara en la mano y una idea en la cabeza*. La transición al frente del festival, entre Alfredo Guevara, claro exponente de esa generación fundacional, e Iván Giroud, un intelectual con vasta experiencia en la gestión del festival (había sido su director durante varios años), aunque por supuesto sin el mismo protagonismo que su antecesor, marca por supuesto un cambio en la conducción del mismo, sin que hasta ahora pueda hablarse de traumas o rupturas.

Preguntarse por el futuro del Instituto Cubano de Cine, preguntar por el futuro de sus nexos, a corto, mediano y largo plazo con América Latina, pasa, en mi opinión, por dos líneas de análisis. Una primera, eminentemente cinematográfica-cultural: ¿el audiovisual cubano, en estos tiempos de convergencia tecnológica y cambios en los patrones de consumo, de *crowdfunding* y de internet, recorrerá con buena salud los años complejos que vienen por delante? ¿No terminará el ICAIC rentando al personal técnico y la sugerente "decadencia" habanera a futuras producciones hollywoodenses al estilo de *Rápido y furioso*? ¿El Partido-gobierno cubano terminará entendiendo que el arte es la creación de belleza en libertad, y no la difusión mecanicista de propaganda revolucionaria?

La segunda consideración es de tipo sistémica, y rebasa por tanto las dinámicas propias del ICAIC, en tanto institución cubana, y pasa por ponernos a pensar, con total sinceridad, en el país que será Cuba dentro de veinte años, cuando la inercia actual, los tanteos y la espera ante este prolongado "fin de época", den paso a otro momento histórico. Allí entonces, en este futuro históricamente inmediato, se hará el verdadero balance de todos estos años.

## *Mascaró, el cazador americano*: del cine político al cine de resistencia[181]

Visto en perspectiva, *Mascaró, el cazador americano* (1991) simboliza el "cambio de época" que se produce a inicios de los años noventa en los vínculos entre el ICAIC y América Latina. La nueva etapa estará signada, ante todo, por la crisis económica, política, y en general simbólica, por la que atraviesa Cuba, y al menos en lo ideológico, la izquierda continental, a raíz de la caída del Muro de Berlín.

El discurso fílmico cubano de los noventa, expresión de esta realidad, ajustará cuentas con la épica revolucionaria más tradicional, y con muchos de los valores que la sustentan. Pensemos en cintas como *Fresa y chocolate* (Tomás Gutiérrez Alea y Juan Carlos Tabío, 1993), *Reina y Rey* (Julio García Espinosa, 1994) y *Madagascar* (Fernando Pérez, 1994), por tan solo mencionar algunos de los títulos emblemáticos de inicios de los noventa. En todos ellos salen a la luz sujetos, situaciones y posiciones ideológicas anteriormente preteridas, como lo son la homosexualidad, el exilio, y el desencanto en tanto valor contrapuesto a la fe revolucionaria en un futuro luminoso siempre en manos del "pueblo". Al mismo tiempo, el estilo realista-documental, tan caro a la cinematografía cubana de las décadas precedentes, irá cediendo terreno a textos fílmicos cada vez más personalistas, ya sea porque desmarcan al individuo de la colectividad, como por la presencia explícita del realizador en las obras. Se producen así filmes cada vez más subjetivos, en los que los sueños, la magia y la poesía, juegan un papel tan o más importante que los "factores objetivos" a la hora de explicar(se) el mundo.

*Mascaró, al cazador americano*, filme basado en la novela homónima del escritor argentino Haroldo Conti, desaparecido y finalmente asesinado a manos de la dictadura militar de su país, se inserta dentro de esta tendencia. El cineasta cubano Constante *Rapi* Diego (1949-2006) "recompuso en imágenes eminentemente plásticas la narrativa voluptuosa de Haroldo Conti" (Caballero & Río 1995), logrando así uno de los filmes más interesantes de esta época. El poeta y ensayista cubano Cintio Vitier se refería a esta cinta en los siguientes términos:

> Ninguna película cubana me ha gustado más que *Mascaró, el cazador americano.* La poesía entró en ella como en su casa y, para suerte suya, con la música necesaria. No es película para cinéfilos sino para poetas. Lo que ese Circo lleva por el espacio americano es el mensaje de la Revolución. Haroldo Conti lo escribió, *Rapi* lo filmó, como antes había filmado *El corazón sobre la tierra,* pero ahora con la poesía todo el tiempo en el pescante. Cada uno de los actores hace lo suyo con

[181] Una versión resumida de este acápite fue publicada en: Salazar, Salvador. 2018. "Mascaró, el cazador americano. América Latina en el cine cubano de los noventa". *YZUR Revista Literaria*, N.º 1.2 (October). Department of Spanish and Portuguese of the University of Rutgers, New Brunswick.

> maestría y con inspiración. Esta última no hubiera estado en cada minuto de la filmación si *Rapi* no hubiera explicado, o más bien comunicado, en pláticas desprovistas de todo magisterio, lo que cada uno significaba, sin sombra de realismo ni extravagancia. Pura poesía, por primera vez presente en toda una película cubana. La imagen mejor de un nacimiento social, de una patria futura. Una joya total, es decir, un poema sin ningún perfeccionismo y con toda la gracia de una profecía que no se puede cumplir. Cumplida, no obstante, de principio a fin (en Díaz & Río 2010, 352-353).

En la película se cuenta la historia de Oreste, un joven que decide recorrer mundo y se topa con el mítico Príncipe Patagón, cuando ambos viajan a bordo del vapor *El Mañana*. Juntos armarán un circo y cruzarán varias veces su destino con el enigmático Mascaró, un hombre vestido todo de negro, a quien persigue el capitán Alvarenga. Contada en primera persona, es Oreste, el joven aprendiz de Príncipe, quien nos sumerge en un universo latinoamericano donde la realidad se entremezcla con lo maravilloso. El circo recorrerá una sucesión de pueblos desgraciados y perdidos que, a partir de entonces, ya nunca volverán a ser los mismos.

Esta cinta era un viejo sueño de *Rapi* Diego, como lo demuestra un texto de 1983, publicado en *Cine Cubano*. El él, *Rapi* ya pone de manifiesto su interés por llevar adelante la adaptación de la novela de Conti. Rememorando su relación con el cineasta argentino Jorge Cedrón,[182] asesinado en París con tan solo treinta y ocho años de edad, lugar donde se encontraba huyendo de la dictadura argentina, *Rapi* asegura que tanto a él como a Cedrón los unía la obsesión por llevar al cine la novela *Mascaró*. De hecho, la adaptación fílmica de esta novela puede interpretarse como un homenaje personal de *Rapi* Diego a su amigo Cedrón, como lo demuestra una pequeña carta que envió Diego a Lucía, la hija de Cedrón, quien devino en realizadora años más tarde y se encargó además de rescatar la filmografía de su padre. Escribió Diego a Lucía:

> Aquí te mando un retrato del Príncipe Patagón; debería parecerse a tu papá, pero creo que la boca no me quedó muy bien. El Príncipe está parado en una nube de tergoporo o plástico semejante y recita unos versos ("para que sobreviva la esperanza..."). En el papel que tiene en la mano izquierda se debe leer Mascaró, pero como está tan chiquito a lo mejor no se entiende. A la diestra porta un gramófono muy de ocasión, para poner música y acompañar el texto. Toda esta carta debe leerse

---

182 Jorge Cedrón (Argentina, 1942 – Francia, 1980). Cineasta argentino. Su largometraje, rodado clandestinamente, *Operación masacre* (1972), es considerado una de las obras emblemáticas del Nuevo Cine Latinoamericano. Tras el golpe militar se exilia en París y muere en esta ciudad. Su muerte sigue siendo un tema no esclarecido.

> oyendo un bandoneón: así fue escrita. El dibujo lo tuve que hacer en blanco y negro pues lo van a publicar en una revista y no lo pueden sacar en color, que se vería más bonito. El cielo estaría pintado de muchos colores, como un gran arcoíris; el fondo de la capa lo pondríamos en rojo y la nube y el rostro de El Tigre reflejarían en rojo y la nube y el rostro de El Tigre reflejarían los tonos del cielo. En el pie izquierdo lleva una flor; de un tiempo a esta parte ha adquirido una singular costumbre, porque cuando las guardaba en el bolsillo siempre se le estropeaban. Los ojos son como son porque me está mirando con esa cara que ponía para decirme: "Portáte bien, flaco" (Diego 1983, 34).

En el filme se evidencia un cambio radical en el enfoque mediante el cual el ICAIC había abordado la temática latinoamericana. Ello se expresa a mi juicio en tres elementos: 1) los personajes protagónicos; 2) la apropiación de elementos de lo real-maravilloso en detrimento de explicaciones materialistas-documentales de la realidad social; y 3) finalmente, la apelación de una utopía que dista de la promesa de la revolución socialista.

Los personajes protagónicos están en las antípodas del "revolucionario esclarecido", o de los sectores tradicionalmente vinculados a las nociones de "pueblo", "obreros", "campesinos", etc. Ello marca una ruptura importante, si lo comparamos con las obras de ficción analizadas a lo largo de este libro. En *Cumbite*, por ejemplo, Manuel es un campesino haitiano que, tras pasar varios años en Cuba, adquiere "conciencia de clase" y se decide a transformar la compleja realidad de sus paisanos. En *Cantata de Chile*, los protagónicos responden de una manera tan directa a los "valores del proletariado", que la caracterización de los mismos raya en lo caricaturesco. Por su parte, el rol principal de *Amor en campo minado*, si bien es un intelectual, se trata de un "intelectual de izquierda", que interpreta la realidad desde una lógica absolutamente materialista. Sin embargo, en el caso de *Mascaró…* ocurre algo muy diferente, quienes hacen avanzar la historia son personajes de una moral dudosa, artistas de circo, vagabundos, seres alejados de cualquier propósito de realización colectiva, a quienes mueve algo tan individualista como perseguir sus propios sueños.

En su adaptación fílmica, Diego *Rapi* sigue la descripción que hace Conti de los protagonistas. Ejemplo de ello es Oreste, quien actuará como narrador explícito del filme, como puede apreciarse en los soliloquios con los que abre y cierra la película. Así es descrito Oreste en el libro:

> Este es Oreste Antonelli, o más bien Oreste a secas. Un vagabundo, casi un objeto. El pelo le ha crecido detrás de la nuca hasta los hombros. Tiene la cara chupada y oscura, los ojos deslumbrados, una barba escasa y revuelta. Hace meses que viste el mismo capote marinero con un capucho en el que suele echar cuanta cosa encuentra en el camino. También los pantalones de brin, estrechos y descoloridos, son los mismos con los que se largó al camino. Los botines están resquebrajados y rotos, el agua

> le entra por las suelas, pero les ha tomado cariño porque ellos lo transportan a todas partes y hasta escogen el camino (Conti 2006).

Oreste, en tanto personaje-símbolo, está a medio camino entre el Sancho Panza, escudero y conciencia de Alonso Quijano; y el Juan de Amberes, tamborilero de *El camino de Santiago*, la genial novela de Alejo Carpentier. Se trata de un diletante, de un aventurero sin más aspiración que recorrer los caminos del mundo, y a quien, como siempre sucede, el recorrido y el contacto con la gente transforma.

Desbordado en todos los sentidos es el Príncipe Patagón, quien se presenta tanto en la novela como en la película como un "legítimo" príncipe, "versista, recitador, escribiente, mago adivino certificado, algebrista y, en otro tiempo, ministro". "¿Ministro de qué?", pregunta Oreste el día en que lo ve por vez primera. "Ministro de todo. Casi emperador", le dicen.

Patagón, interpretado en la cinta por el genial actor Jorge Miravalles, es el típico truhan de circo. Acomodado en una curiosa tina donde se da baños de asiento, Patagón diserta sobre lo humano y lo divino, mientras aconseja a su discípulo Oreste. Del mismo modo que el muchacho representa a un Sancho Panza de los tantos que pueblan el mundo de la literatura y el cine, Patagón lo será del Quijote. Y como en la novela cervantina, ni Patagón estará tan loco, ni Oreste será tan cuerdo: los dos toman del otro algunas dosis de realismo y maravilla.

"Ni tú eres príncipe ni yo lo seré nunca", dirá el muchacho, "somos dos vagabundos". "Pero ¿cuál es la diferencia?", le replicará Patagón.

Merece la pena detenerse en Mascaró, que si bien la da título a la obra, interviene como un personaje secundario. A medio camino entre el bandido justiciero y el revolucionario, en el filme su accionar se subordina al de los artistas del circo, todo un cambio en la retórica desde la cual se habían enfocado las luchas por el cambio social en Latinoamérica, y en el marxismo-leninismo en general. Los clásicos del marxismo soviético, y como expresión de este muchos de los relatos fílmicos explicativos de la realidad latinoamericana, asignaban al artista una función subordinada en la reproducción y/o ruptura de un determinado sistema social. En tanto "reflejo" de las condiciones materiales, el arte vendría a ser una expresión simbólica de las relaciones entre fuerzas productivas y medios de producción. De modo que, a la hora de transformar la realidad habría que comenzar por cambiar las condiciones materiales. De acuerdo con esta visión, el artista sería un "cantor de gesta", un bardo que acompaña al revolucionario profesional en su actividad arrolladora, pero no el protagonista del cambio social, no el motor transformador de la historia. Sin embargo, *Rapi* Diego manejará la tesis de que artista y guerrillero, cada quien desde su campo, tienen el mismo poder para cambiar la historia. Ejemplo de ello es una escena construida en paralelo, en la que vemos episodios de la actuación del circo, al mismo tiempo que Mascaró libera a un campesino apresado por la guardia rural.

"Hay muchas formas de ir de un lado para otro", le dirá el Príncipe a su álter ego Oreste. "Mascaró lo hace de una manera y nosotros de otra."

De acuerdo con la retórica a partir de la cual el ICAIC había abordado hasta ese momento la revolución en América Latina, al forajido Mascaró le correspondería ser el antagonista principal de las fuerzas locales de seguridad, representadas en su tenaz perseguidor, el despiadado Capitán Alvarenga. Pero en la cinta se produce un desplazamiento sumamente interesante. Al terror se enfrentará el circo, el arte como expresión de la libertad.

"Quiere decir que en cierta forma hemos estado conspirando todo este tiempo", dirá Oreste casi cerrando el libro de Conti, un texto que se repetirá en la cinta. "En cierta forma no. En todas. El arte es una entera conspiración", la responderá el Príncipe Patagón.

En *Mascaró...* los artistas representan lo más popular de la cultura, el circo muchas veces infravalorado como espectáculo de feria, un arte menor, estará en el centro de la trama. En tal sentido, la cinta ajusta cuentas con el discurso revolucionario de las décadas anteriores, a través de dos reivindicaciones: el protagonismo del artista en el cambio social, cuestión a la que ya nos referimos; y el valor del espectáculo popular, considerado a veces como una "expresión decadente", producto de la situación de ignorancia a la que el capitalismo había condenado a las clases subalternas.

La decadencia se asume en *Mascaró...* como un valor positivo. Lo decadente, aquello que nunca fue del todo glorioso, se recuerda como una etapa previa a la llegada del materialismo tecnológico, en la que la gente era quizás mucho más feliz. Al menos eso dirá en la novela de Conti, el personaje de José Scarpa, quien terminará cediéndole a Patagón su vieja carpa de circo:

> El señor José Scarpa apura el contenido del jarro y con voz atribulada memora aquella época de esplendores, cuando el circo competía con el teatro y las demás bellas expresiones y todos ellos eran tenidos como artistas y no poco menos que por unos vagabundos, tal cual sucede ahora, esta otra época de oscuridades en la cual el materialismo más desenfrenado ha corrompido las buenas costumbres y, *per oblicua*, envenenado el arte, promoviendo descaradas deformaciones del espectáculo, como el biógrafo y otros engendros mecanicistas que usurpan el lugar del talento (Conti 2006).

La cinta, una gran coartada poética con elementos de lo real-maravilloso, toma distancia del realismo, tan cercano al cine político latinoamericano, y se apropia de elementos de los géneros cinematográficos tradicionales, en este caso del *western* y de las *road movies*, lo cual es un cambio importante si se la compara con el resto de los filmes analizados en la presente investigación. El realismo mágico, en tanto modo de percibir y expresar la realidad, es una dimensión que atraviesa la totalidad del filme. Ejemplo de ello son los espacios en los cuales se desarrolla la trama, los pueblos por donde transita el circo, pueblitos donde "el sol y el polvo matan la memoria" y "uno transcurre pura cosa".

Como en el paradigmático Macondo, de *Cien años de soledad*, estas aldeas se encuentran desconectadas de la temporalidad mundana. Una de ellos es Arenales, el terruño natal de Oreste, el cual se describe en el libro como un pueblo al cual "se llega [...] pero no se vuelve, no se desanda". Su única conexión con el exterior es el vapor Mañana (una de las tantas alegorías que componen el relato). El capitán del barco, Alfonso Martínez, es la puerta entre este universo perdido y la temporalidad occidental, del mismo modo que los gitanos, y en especial Melquíades, trastocaban la vida de Macondo y del coronel Aureliano Buendía.

En *Mascaró...* no produce extrañeza que se le dé al mar "una medicina" para que se detenga el temporal; o que cuando Maruca y Patagón tienen sexo la cama se mueva por los aires, y los amantes den giros en un espacio sin gravedad; o que Basilio Argimón, cansado de andar en dos pies como hacen comúnmente los hombres sobre la tierra, se haya inventado una máquina para volar por los cielos, apropiación latinoamericana del mito de Ícaro. Basilio "trastorna" a la gente, la invita a soñar con tomar los cielos, y es por eso uno de los grandes enemigos del Capitán Alvarenga.

En *Mascaró...* la utopía se expresa en una invitación poética a transformar el mundo, la promesa de inaugurar un nuevo ciclo de resistencias, todo un mensaje teniendo en cuenta el contexto de desesperanza generalizada con el que abre la década del noventa. Como afirman Rufo Caballero y Joel del Río,

> el filme comprende y asume como propia la eternidad de las utopías subversivas que glorificaran los años sesenta, a la vez que, plano por plano, revela la experiencia ineludible de un mundo que está como de vuelta, un mundo conocedor de los descalabros que acarrearon aquellas utopías, pero que, al cabo no acierta a concebir la vida sin sueños y cambios, ni la existencia vacía de guiñoles, circos y grandilocuencias virulentas (Caballero & Río 1995, 112).

Para Marta Díaz y Joel del Río, este filme "devela en una dimensión poética delirios y utopías referentes al pasado y el presente latinoamericano" (Díaz & Río, 2010, 145). Desde el punto de vista ideológico, en la cinta concurren dos tipos de discursos: por una parte, hay una continuidad en los mensajes asociados a un cine que denuncia la injusta realidad latinoamericana, aunque el modo en que se presenta toma distancia de los postulados del cine político de las décadas anteriores, en especial el apego de este por el testimonio documental. El filme, ambientado en un desierto costero, tiene el acierto de presentar una locación lo suficientemente ambigua como para ser cualquier rincón de América Latina o el Caribe. El circo recorre poblaciones hambrientas y olvidadas por todos, ansiosas de justicia, donde la guardia rural, expresión simbólica de los explotadores, comete los mayores atropellos. El propio Oreste será torturado ante las cámaras, sin otro delito que trabajar para un circo, que ser artista, el mismo "pecado" de tantos intelectuales latinoamericanos durante los años duros de las dictaduras militares.

*Mascaró...* explica el mundo desde el arte y nos trasmite una idea que podría haber sido herética apenas unos años antes: los artistas pueden transformar por sí solos la realidad. En este caso es un circo, una agrupación de poetas menores, cercanos a la tradición popular, a las prácticas de feria ambulante, que van de pueblo en pueblo, y sin darse apenas cuenta, los lugares por donde pasan nunca más serán los mismos. Algo cambia en la gente, pero no es la "toma de conciencia de clase" que podíamos apreciar en filmes anteriores sino algo diferente, más sutil quizás, el volverte sujeto y no objeto de la historia, el adquirir la capacidad de soñar. En una escena de la película, el circo se está despidiendo de Tapado, uno de los tantos pueblos por donde pasan. "Boca Torcida", el conductor de uno de los carromatos del circo, se despedirá de la aldea de una forma particular: "Adiós Tapado, frío y desolado". A lo que replicará el príncipe Patagón: "Te equivocas, mi Boca Torcida. Adiós Tapado, pueblo cambiado".

La cinta no solo toma distancia de algunos postulados tradicionales de la izquierda latinoamericana, sino que critica implícitamente la profesionalización de la lucha revolucionaria, tan confiada de su accionar que había olvidado sus objetivos primigenios, hacer feliz a la gente, *encantar.* Se trata de un guiño a unos años ochenta en los que el acercamiento a la Unión Soviética, y el mismo devenir del tiempo, había burocratizado considerablemente a la propia Revolución Cubana. El circo ha llegado a un pueblo llamado Rocha, "... por la luz que derrocha", el cual destaca por tener condiciones de vida significativamente mejores al de otras aldeas de la región. Allí los artistas han recibido homenajes y realizado funciones por tres semanas consecutivas. El príncipe Patagón, desde su tina de reflexionar, se muestra contrariado con esta situación. "Por lo menos tienes que reconocer que el circo funciona", le dirá su amante, la bailarina y cartomántica Maruca. "Funciona, he ahí el asunto", se lamentará el Príncipe. "Un circo es las mil maravillas, ahí está la alegría. Cuando *funciona* ya no lo es lo mismo. Ese fue el error de Vicente Scarpa." Se refiere al anterior dueño del circo. "¡Funcionario!", dirá de él con desprecio, mientras la cámara pasa del plano medio al primer plano, encuadrando una meca de odio y desprecio.

*Rapi* Diego establece conexiones entre el cine y otras manifestaciones artísticas. Cercano él mismo al mundo de la gráfica, ya que ejercía como ilustrador de textos, revistas y discos, en este filme introduce viñetas animadas e intertítulos, estos últimos inspirados en las narraciones del cine silente. Del mismo modo, la película rendirá homenaje al circo en tanto manifestación artística. El filme abre con una voz extradiegética que, como se hace en las carpas, invita al siempre "respetable público" a conocer la historia de Mascaró, "versión para el séptimo arte" de la novela del "inolvidable amigo" Haroldo Conti. En este mismo tono grandilocuente se introducirán a los actores que intervienen en la cinta, así como al resto del equipo de producción.

En una entrevista concedida para el número 137 (1992) de *Cine Cubano*, Constante *Rapi* Diego reflexionaba a propósito de su filme:

> Es una película que resume todo lo que soy como creador. Toda esa mezcolanza delirante que es uno. Dentro de mi cine de ficción es una película más madura. Yo le tengo un gran cariño a *El corazón sobre la tierra*, en la cual hay elementos que tienen que ver con *Mascaró...*, no en lo anecdótico, sino en el tratamiento de lo fantástico, que está como elemento en el arpero ciego, la historia que se cuenta como un poema, la coincidencia de los motivos personales como hecho histórico. Pero *Mascaró...* es también una línea de continuidad con mi cine documental. Ahí está toda la búsqueda que hice de los valores esenciales de la cultura popular. Cultura popular que yo considero esencial [...] La película se plantea un homenaje al cine latinoamericano. Hay un homenaje marcado a Glauber Rocha [...] hay homenaje al Fernando Birri de *Los inundados*, en la concepción escenográfica, del interior de los carromatos. Un homenaje a Julio y a su [*Aventuras de*] *Juan Quin Quin*.

Aunque en *Mascaró...* se denuncian las duras condiciones de vida de las periferias latinoamericanas, en mi opinión no se trata de un cine explícitamente político, al menos en un sentido clásico. En *Mascaró...* no se hace política de una manera didáctica a través de la creación cinematográfica, no se ataca frontalmente al orden establecido, ni se ponderan alternativas revolucionarias, sino que el accionar de los personajes va más allá del ejercicio de la cosa pública, incluyendo prácticas culturales y asociativas que caen dentro del terreno de la *infrapolítica*. La política tradicional, expresada en un cine propagandístico-documental, cede el terreno a una praxis poética, tras lo cual se disimulaba la crisis de la política tradicional y consiguiente despolitización del cine latinoamericano (y entre ellos el cubano) de los noventa. Es por eso que hablamos más bien de un *cine de resistencia*, una obra que, parafraseando a Fernando Birri, también nos desarrolla, nos da conciencia, nos esclarece, nos inquieta, y nos preocupa. Sin lugar a dudas, *Mascaró...* logra expresar la compleja realidad de nuestro continente y sus islas, y quizás lo hace con mayor efectividad que algunas películas-panfletos desde las cuales el ICAIC había alentado la revolución latinoamericana.

# Conclusiones. El ICAIC, la Revolución Cubana, el cine latinoamericano y el fin de una época

A lo largo de estas páginas se ha presentado un acercamiento, en muchos sentidos personal, al devenir histórico de una de las instituciones culturales más relevantes de Cuba, el Instituto de Cine. En él trabajé durante casi diez años, primero como aprendiz de periodista en algunas de las publicaciones del Festival de Cine de La Habana, más tarde junto con Alfredo Guevara, el histórico fundador del ICAIC, en la revista *Nuevo Cine*. A él le dedico este libro, es mi homenaje a una persona que creo fue fiel en su modo de entender el mundo. Alfredo, como toda la llamada "generación histórica" de la Revolución, fue un hijo del siglo XX, le tocó vivir en un mundo donde las ideas se situaban siempre en los extremos, y desde los extremos se defendían a muerte. Al final de su vida, y posiblemente haciendo un balance de aciertos y errores, Alfredo decía luchar por las ideas y no por las ideologías, esas falsas conciencias en las que se enclaustran los sueños. Ya solo por eso merece un lugar en el parnaso cubano de los hombres libres.

Hemos intentado trascender una visión esquemática acerca del ICAIC como institución dedicada únicamente al proselitismo político de la Revolución en América Latina. Si bien el Instituto fungió como una extensión del gobierno cubano en la región, su interacción con importantes sectores del campo cultural y/o cinematográfico latinoamericano excedió con creces el de un aparato de diplomacia cultural. Decir lo contrario sería negar la relativa autonomía que ha gozado la institución a lo largo de su historia. El ICAIC contribuyó a estrechar los nexos entre Cuba y América Latina en ambas direcciones: viendo su cine, la

**Cómo citar las conclusiones:**
Salazar Navarro, S. 2020. *Cine, revolución y resistencia. La política cultural del Instituto Cubano del Arte e Industria Cinematográficos hacia América Latina*. Pp. 277-281. Pittsburgh, Estados Unidos: Latin America Research Commons. DOI: https://10.25154/book5. Licencia: CC BY-NC 4.0.

región en cierto modo descubrió a una Cuba aislada; y los cubanos nos reconocimos parte de un continente situado a escasos kilómetros de nuestras costas. Al mismo tiempo, muchos de los intelectuales latinoamericanos que gravitaron en torno al ICAIC ayudaron a flexibilizar la política cultural del Instituto, posibilitando así una mayor apertura en tiempos de arremetidas estalinistas.

El ICAIC, primera institución cultural fundada por la Revolución Cubana, ha sido a lo largo de su historia uno de los principales instrumentos para el ejercicio de la "diplomacia alternativa" del gobierno cubano en el terreno de la cultura. Latinoamérica ha estado entre los objetivos prioritarios de la política exterior del Instituto, debido a razones de índole diversa, entre las que podría señalarse el pragmatismo político, es decir, la necesidad de construir un consenso favorable en torno a la isla y vencer así el aislamiento internacional a la que se ha visto sometida durante largos períodos de su historia reciente por parte de los Estados Unidos. Asimismo, el interés del ICAIC por la región se explica teniendo en cuenta una concepción estratégica, amparada en el pensamiento latinoamericanista e integrador de sus cineastas y directivos, y en las propias relaciones que estos han mantenido con la intelectualidad latinoamericana, en especial con el sector cinematográfico. América Latina será entonces una de las preocupaciones fundamentales del ICAIC desde su creación en 1959, pensando no solo en la región como el público "natural" del cine cubano, sino también en la integración de sus realizadores, bajo la óptica de un cine alternativo al canon hegemónico hollywoodense, lo que con los años constituirá el germen del NCL.

Un factor a tener en cuenta en el diseño de estas políticas es el extremo personalismo en la actividad del Instituto, lo cual ha mediado históricamente su ejercicio internacional. La figura de Alfredo Guevara, junto a la de un núcleo fundador dentro del cual destacan los nombres de Julio García-Espinosa, Santiago Álvarez y Tomás Gutiérrez Alea, y al cual se incorporarán Saúl Yelín, Pastor Vega y Miguel Torres, entre otros, marcará las relaciones entre el ICAIC y el continente. Estos directivos y cineastas, y en especial Alfredo Guevara, les imprimieron un sello personal a las relaciones internacionales, y sin desconocer los nexos profundos entre los objetivos y prácticas de la política exterior del ICAIC con respecto a la del gobierno cubano en su conjunto, la dotaron de una relativa autonomía.

Desde los primeros años de vida del Instituto, se van a establecer algunos principios generales de la política hacia América Latina, los cuales se mantienen en mayor o menor grado hasta el presente. En primer lugar, el apoyo del ICAIC a las actividades de propaganda del gobierno revolucionario dirigidas hacia Latinoamérica, entendiéndola como una práctica compleja que hará uso no solo del medio cinematográfico, de la producción fílmica en sí, sino también de otras acciones de movilización que se avienen al terreno de la comunicación interpersonal. En este punto se incluyen las relaciones entre cineastas, intelectuales y artistas en general vinculados al Instituto, la participación en eventos donde se da cita el cine regional y el patrocinio a cineastas latinoamericanos por parte del ICAIC, entre otras acciones. En cuanto al financiamiento de la actividad latinoamericanista del ICAIC, durante la mayor parte de su historia se produce con un presupuesto asignado directamente por el Estado cubano, aunque desde la década del ochenta se complementará con otros fondos, en especial, las coproducciones.

Durante más de medio siglo de historia, las relaciones entre el Instituto Cubano de Cine y Latinoamérica van a transitar por diversas fases, en interrelación con el contexto político, económico, social y cultural, tanto a nivel nacional, regional como global. Con el propósito de sistematizar el devenir histórico de estas relaciones, a lo largo de estas páginas se identificaron cuatro grandes etapas, las cuales se enmarcan en décadas históricas. El propósito de esta segmentación fue meramente didáctico, y tuvo como objetivo ilustrar los principales temas que han marcado la agenda latinoamericana del ICAIC, aunque muchos de los procesos que se ilustran exceden estos marcos temporales.

Coincidiendo con el auge de las guerrillas y los movimientos de liberación nacional, época que abarca desde la segunda mitad de los años sesenta hasta los primeros años de la década siguiente, la Revolución Cubana, y como parte de ella su cine, asumen una actitud mesiánica. Es decir, hasta al menos la llegada de Salvador Allende a la presidencia chilena por vías democráticas, la mayor parte de la izquierda continental entiende que el camino para la "liberación" pasa por la teoría guevarista del foco guerrillero. La Habana, "primer territorio libre de América", es faro y paradigma de una revolución del alcance regional. El cine cubano como parte de una cultura revolucionaria y en Revolución, es el principal exponente de un arte "liberado de la decadencia burguesa", de ahí que se le reconozca el derecho histórico de sentar cátedra, y por tanto de asesorar, a los cineastas de la región en torno a cuál ha de ser el camino de una industria, que "es arte" pero "arte revolucionario". El ICAIC a lo largo de toda la década del sesenta intentará tender puentes con otras cinematografías latinoamericanas, a quienes une la voluntad por realizar un cine alternativo a las industrias culturales tradicionales, un proceso de reconocimiento mutuo que concluirá en la conformación del Movimiento del NCL en las citas fundacionales de Viña del Mar. El discurso fílmico de la época dirigido hacia América Latina se caracteriza por las búsquedas expresivas y la necesidad de documentar gráficamente a los sujetos subalternos latinoamericanos, históricamente preteridos de los relatos cinematográficos del continente y sus islas.

Más que un destinatario de esta política, México contribuyó a la latinoamericanización del ICAIC. Figuras como los hermanos Barbachano Ponce y el propio Luis Buñuel, además de la propia vivencia de las tensiones entre un cine comercial y una renovación artística al interior de la industria azteca, dotaron al Instituto de experiencias prácticas sobre las cuales diseñar una política. Es preciso señalar que la política del ICAIC hacia México, del mismo modo que la de la Revolución Cubana con este país, cumplía objetivos diferentes a los del resto de América Latina. Al ser México el único país del continente en no romper relaciones diplomáticas con La Habana, la Revolución no aplicaría allí su actividad de "diplomacia alternativa", de apoyo a los movimientos revolucionarios guerrilleros. El ICAIC también encauzaría sus relaciones desde un plano mucho más institucional, un nexo que tuvo su punto de mayor auge durante el sexenio de Luis Echeverría Álvarez.

A partir de la década del sesenta, y según se fue radicalizando el proceso revolucionario cubano, el ICAIC intensificó su accionar con actores y grupos relacionados con la llamada "diplomacia alternativa" de la isla, es decir, la actividad diplomática paralela que hizo el gobierno revolucionario cubano cuando se rompieron las relaciones diplomáticas con la práctica totalidad del continente. Al mismo tiempo, intensificó la propaganda, la cual se distribuyó mediante circuitos alternativos como cineclubes, grupos de solidaridad con Cuba y universidades.

En la década del setenta, las nuevas condiciones tanto internas como externas marcaron un cambio en la política exterior del instituto hacia la región, pero más en el orden táctico, ya que la estrategia de acercamiento al continente y sus islas se mantuvo incólume. A las acciones emprendidas hasta el momento se sumaron otras, como el apoyo a la flamante industria fílmica chilena o el envío de cineastas cubanos al continente para "filmar la revolución" y apoyar a los realizadores locales. La frontera latinoamericana del ICAIC se amplió y complejizó con la inclusión en su radio de interés de cinematografías emergentes, Panamá por ejemplo, y sobre todo por el renovado interés por acercarse a los realizadores chicanos y puertorriqueños, dos pueblos a los que el ICAIC consideraba bajo la dominación directa del "imperialismo yanqui". El discurso cinematográfico dirigido a la región asumió una concepción cada vez más didáctica, doctrinaria, explícitamente política. La década del setenta fue también la etapa en la que mejor se evidenció el accionar del ICAIC en materia de resistencia cultural a las dictaduras que asolaron la región. Esta resistencia tuvo dos líneas de expresión. En el terreno del discurso cinematográfico, mediante la construcción de contraideologías desde las cuales legitimar históricamente las rebeliones de los pueblos latinoamericanos y desmontar los mecanismos existentes de dominación socioeconómica en el campo de lo simbólico. A ello se sumó un conjunto de acciones de solidaridad que el ICAIC emprendió, desde encuentros, festivales y campañas públicas, hasta el resguardo de los filmes en las bóvedas del Instituto, el recibimiento en las instalaciones del ICAIC a los cineastas perseguidos, entre otras.

La década del ochenta estuvo marcada por el fortalecimiento de La Habana como sede del Nuevo Cine Latinoamericano, con la creación del Primer Festival Internacional del Nuevo Cine, en diciembre de 1979, la Fundación y la Escuela Internacional de San Antonio de los Baños. El fortalecimiento de los lazos entre el ICAIC y la región era, sin embargo, menos "político-ideológico" que en la década anterior, y se expresaba en el terreno de las coproducciones, especialmente en la adaptación de obras literarias. El discurso del ICAIC hacia la región se volvió más introspectivo e indagador, en cierto modo marcó un repliegue del lenguaje combativo de los años anteriores, y visualizó las contradicciones al interior de los procesos de cambios. Del mismo modo que la década del setenta estuvo marcada por el acercamiento entre el ICAIC y la industria fílmica chilena del gobierno de la Unidad Popular, así como el apoyo a los realizadores chilenos en el exilio luego de la caída de Salvador Allende; en los ochenta un aspecto esencial fue el asesoramiento ideológico y el soporte material al surgimiento y desarrollo del cine nicaragüense sandinista.

La última etapa de esta periodización corresponde a la década de los noventa e incluye también a los tempranos dos mil. Se trata de una etapa signada por una creciente despolitización en el cine regional, y por un acomodo de las relaciones entre la cinematografía cubana y sus homólogas regionales, que sin dejar de promover la solidaridad del medio fílmico con una isla cada vez más asediada, al mismo tiempo vivencia un importante repliegue de los discursos combativos de los años previos. El discurso cinematográfico apelará a la poesía y al realismo mágico, como un modo de disimular la creciente despolitización.

Con este acercamiento a las relaciones entre Latinoamérica y el ICAIC, una institución de la cultura cubana que ha estado históricamente entre los principales impulsores del Movimiento del Nuevo Cine, no se desconoce el papel, en muchos casos protagónico, de otras instituciones y actores del continente y sus islas. Se focaliza en el rol particular del ICAIC, tomando como premisa que la estructura del Nuevo Cine funcionó de manera reticular, es decir, más que un centro claramente definido, a lo largo de la historia, y siempre en dependencia del cambiante contexto regional, podría hablarse de nodos desde los que irradiarán influencias. Del mismo modo que La Habana, también están Buenos Aires, Río de Janeiro, Santiago de Chile, y no menos importante la Ciudad de México, pasando por las sedes de festivales regionales de singular trascendencia para el movimiento, como Viña del Mar, Mérida, Cartagena, y también desde Europa Sestri-Levante, Karlovy Vary y el propio Cannes.

El presente acercamiento a la historia latinoamericana del ICAIC nos ha servido de pretexto para estudiar el devenir de la propia Revolución Cubana, un proceso en cuya interpretación se solapa el análisis histórico con la política cotidiana, lo que implica que se trate de uno de esos temas en los que siempre prevalecen posiciones encontradas. Se trata de intentar la superación de dos relatos canónicos construidos desde la política: por una parte, la historia de un régimen que intentó mediante el activismo cinematográfico extender el comunismo por América Latina; por otra, el relato de una pequeña y bloqueada isla, paradigma de mundo mejor y posible, que construyó una "verdadera" cultura revolucionaria latinoamericana, en oposición a las enajenantes industrias culturales del imperio y sus lacayos, las oligarquías latinoamericanas. Tomando como premisa que la historia nunca es una construcción objetiva sino un relato mediado por condicionantes individuales y por el contexto en el cual se produce (las circunstancias personales y sociales del que la escribe), reconocemos la imposibilidad de construir un relato objetivo. Pero al menos manifestamos la intención de escribir un texto que, desde el ejercicio crítico haga justicia, entendida esta como un acto de tomar distancia del fenómeno revolucionario y la historia de las instituciones que surgieron, con sus luces y sombras, en su interior.

# Sobre el autor

**Salvador Salazar Navarro** (La Habana, 1982) es Assistant Professor en el Bronx Community College de la City University of New York. Estudió un doctorado en Estudios Latinoamericanos en la Universidad Nacional Autónoma de México, un máster en Comunicación en la Universidad de La Habana y un máster en Estudios Orientales en la Universidad de Salamanca. En 2006, se graduó de la carrera de Periodismo en la Facultad de Comunicación de la Universidad de La Habana. Continuó trabajando como profesor en dicha institución por casi diez años. Entre 2003 y 2012 colaboró en la organización del Festival de Cine de La Habana. Investiga temas relacionados con la historia del periodismo y la comunicación social, así como el discurso audiovisual latinoamericano. Participó en la antología *Periodistas cubanos de la República (1902-1959)*, y es coautor de los libros *Historia y comunicación social. Lecturas complementarias* y *Temas de historia de la prensa y la comunicación social en Cuba. Siglo* XX.

# Sobre Latin America Research Commons

Latin America Research Commons (LARC) es el sello editorial de Latin American Studies Association (LASA), fundado con el fin de contribuir a la difusión del conocimiento a través de la publicación de libros académicos relacionados a los Estudios Latinoamericanos.

Sus principales lenguas de publicación son el español y el portugués, y su objetivo es garantizar que los investigadores alrededor del mundo puedan encontrar y acceder a la información que necesiten, sin barreras económicas o geográficas.

# Bibliografía

"III Exposición de Cine Latinoamericano" (1962). *Cine Cubano*, 7.

Acosta de Arriba, Rafael. 2014. "Juan Valdés Paz. Una aventura intelectual dentro de la herejía cubana de los 60". *La Gaceta de Cuba* (1, enero-febrero), 8-12.

Aguirre-Rojas, Carlos Antonio. 2014. *Antimanual del mal historiador* (18.ª ed.). México: Contrahistorias.

Aisemberg, Alicia. 2014. "La productividad de los intercambios entre ficción y documental en el cine cubano y en otros exponentes latinoamericanos". En A. L. Lusnich, P. Piedras & S. Flores (Eds.), *Cine y revolución en América Latina. Una perspectiva comparada de las cinematografías de la región* (pp. 205-222). Buenos Aires: Imago Mundi.

Alfieri, Carlos. 1972. Películas y panfletos. *Cine Cubano, 76-77* (12), 46-47.

Álvarez Díaz, Mayra. 2012. *El Noticiero ICAIC y sus voces*. La Habana: Ediciones La Memoria.

Álvarez, Santiago. 1978. *El periodismo cinematográfico* (paper). Festival de Cine Joven, La Habana.

Álvarez, Sonia E., Evelina Dagnino & Arturo Escobar. 1998. "Introduction: The Cultural and the Political in Latin American Social Movements". En S. E. Álvarez, E. Dagnino & A. Escobar (Eds.), *Cultures of Politics/Politics of Cultures: Re-visioning Latin American Social Movements* (pp. 1-29). Boulder: Westview Press.

Amado, Ana. 2009. *La imagen justa: cine argentino y política (1980-2007)*. Buenos Aires: Colihue Imagen.

Amaya-Trujillo, Janny. 2008. *Historia y comunicación social: apuntes para un diálogo inconcluso. Un acercamiento al campo de estudios históricos en comunicación* (tesis de maestría). Facultad de Comunicación, Universidad de La Habana, La Habana.

Aray, Edmundo. 1983. *Santiago Álvarez, cronista del Tercer Mundo*. Caracas: Cinemateca Nacional.

Bernini, Emilio. 2012. "Los 80. El repliegue". En E. S. Torchia (ed.), *Los cines de América Latina y el Caribe. Segunda parte 1970-2010* (pp. 95-177). La Habana: EICTV.

Birri, Fernando. 2007. "Cine y subdesarrollo". En S. Velleggia (Ed.), *La máquina de la mirada. Los movimientos cinematográficos de ruptura y el cine político latinoamericano en las encrucijadas de la historia* (pp. 266-270). República Dominicana: Fundación del Nuevo Cine Latinoamericano.

Bordwell, David. 1996. *La narración en el cine de ficción*. Barcelona: Paidós.

Bordwell, David & Kristin Thompson. 2003. *Arte cinematográfico* (6.ª ed.). México DF: McGraw-Hill/Interamericana.

Bourdieu, Pierre. 1993. *Cosas dichas*. Barcelona: Gedisa.

Burke, Peter. 1997. *Varieties of Cultural History*. New York: Cornell University Press.

Burton, Julianne & Marta Alvear. 1978. "Interview with Humberto Solás: Every point of arrival is a point of departure". *Jump Cut: A Review of Contemporary Media*, 19, 32-33.

Caballero, Rufo & Joel del Río. 1995. "No hay cine adulto sin herejía sistemática". *Temas*, 3 (julio-septiembre), 102-115.

Castillo, Luciano. 2010. "Cumbite". *Cubaliteraria. Portal de Literatura Cubana*, 22 de octubre.

Castillo, Luciano. 2012. "Los airados años 60". En E. S. Torchia (ed.), *Los cines de América Latina y el Caribe. Primera parte 1890-1969* (pp. 219-306). La Habana: EICTV.

Castillo, Luciano. 2013. "De Principio y fin a Suite Habana. Apuntes para una crónica (1994-2003)". *Nuevo Cine Latinoamericano*, 15, 62-73.

Castro-Gómez, Santiago (s. f.). "Althusser, los estudios culturales y el concepto de ideología" [http://www.oei.es/salactsi/castro3.htm].

Castro Ruz, Fidel. 1972. "Discurso pronunciado por Fidel Castro Ruz, presidente de la república de Cuba, en la concentración popular de solidaridad con el pueblo de Chile y con el presidente Allende" [https://bit.ly/2TCxcQL].

Castro Ruz, Fidel. 2005. "Discurso de Fidel Castro en la clausura del VII Festival del Nuevo Cine Latinoamericano". *Un lugar en la Memoria: Fundación del Nuevo Cine Latinoamericano 1985-2005* (pp. 51-60). La Habana-Córdoba: Fundación del Nuevo Cine Latinoamericano.

Colina, Enrique I. 1968. "El espejo de impaciencia. Noticiero ICAIC Latinoamericano". *Cine Cubano*, 47 (8), 41-44.

Conte, Antonio. 1989. "El cine cubano se ha insertado en la cultura de nuestro país. Entrevista a Julio García Espinosa". *Cine Cubano*, 128, 2-7.

Conti, Haroldo. 2006. *Mascaró, el cazador americano*. Tercera edición. Buenos Aires: Emecé.

Costa, Paola. 1988. *La "apertura" cinematográfica: México 1970-1976*. México: Universidad Autónoma de Puebla.

Cueva, Agustín. 2008. *Entre la ira y la esperanza y otros ensayos de crítica latinoamericana*. Bogotá: CLACSO y Siglo del Hombre Editores.

Chanan, Michael. 1985. *The Cuban Image*. Londres: British Film Institute.

Chanan, Michael. 2001. "Titón y lo intertextual". *Temas*, 27 (octubre-diciembre).

Chávez, Rebeca. 1978. "La quinta frontera. Entrevista con Pastor Vega". *Cine Cubano*, 91-92, 85-86.

Chijona, Gerardo. 1978. "Puerto Rico". *Cine Cubano*, 91-92, 98-99.

"Colombia y la democracia". 1973. *Cine Cubano*, 86-87-88 (13), 78-94.
"Convenio Chile Films - ICAIC". 1971. *Cine Cubano*, 69-70 (11), 36-41.
Declaración de principios y fines del Instituto Nicaragüense de Cine (INCINE). 1979 (1988). *Hojas de cine* (vol. I). México: SEP-UAM-FMC.
"Declaración del cine latinoamericano independiente". 1962. *Cine Cubano, 7.*
"Declaración del Comité de Cineastas de América Latina en el XX aniversario del cine cubano". 1979. *Cine Cubano*, 95, 14-15.
del Río, Joel. 2012. "El Comité de Cineastas, la FNCL y la integración continental". En E. S. Torchia (ed.), *Los cines de América Latina y el Caribe. Segunda parte 1870-2010* (pp. 61-62). La Habana: EICTV.
del Río, Joel. 2013a. *El cine según García Márquez*. La Habana: Ediciones ICAIC, EICTV y Cinemateca de Cuba.
del Río, Joel. 2013b. "Huellas cada vez más nítidas: predecesores y paradigmas del Festival de La Habana". *Nuevo Cine Latinoamericano*, 15, 10-23.
del Río, Joel. 2013c. "Veteranía y primacías del siglo XXI". *Nuevo Cine Latinoamericano*, 15, 74-83.
del Río, Joel & María Caridad Cumaná. 2008. *Latitudes del margen. El cine latinoamericano ante el tercer milenio*. La Habana: Ediciones ICAIC.
del Valle Casals, Sandra. 2010. *Conquistando la utopía. El ICAIC y la Revolución 50 años después*. La Habana: Ediciones ICAIC.
"Desmadre sinfónico en 17 páginas". 1983 (1988). *Hojas de cine* (vol. III). México: SEP-UAM-FMC.
Dias Gomes, Alfredo. 1984. *Amor Em Campo Minado*. Brasil: Civilização Brasileira.
Díaz, Marta & Joel del Río. 2010. *Los cien caminos del cine cubano*. La Habana: Ediciones ICAIC.
Díaz Torres, Daniel. 1971. "El cine cubano en América Latina". *Cine Cubano*, 68 (11), 67-77.
Diego, Rapi. 1983. "La esperanza no me deja descansar". *Cine Cubano*, 107, 33-34.
Diegues, Carlos. 1967. "Cine: arte del presente". *Cine Cubano*, 42-43-44.
Domenach, Jean-Marie. 1968. *La propaganda política*. Buenos Aires: Eudeba.
Domínguez Guadarrama, Ricardo. 2013. *Revolución cubana: política exterior hacia América Latina y el Caribe*. México Universidad Nacional Autónoma de México. Centro de Investigaciones sobre América Latina y el Caribe.
Echeverría, Bolívar. 2010. *Definición de la cultura* (2.ª ed.). México: FCE, Editorial Ítaca.
Echeverría, Bolívar. 2011. *Antología. Crítica a la modernidad capitalista*. La Paz: Vicepresidencia del Estado Plurinacional de Bolivia.
"Editorial". 1981. *Cine Cubano*, 100, 1-2.
Fanon, Frantz. 2010. *Piel Negra, Máscara Blancas*. Madrid: Akal.
Fazio Vengoa, Hugo. 2014. *Los setenta convulsionaron el mundo. Irrumpe el presente histórico*. Bogotá: Universidad de los Andes, Facultad de Ciencias Sociales, Departamento de Historia, Ediciones Uniandes.

Fernández, Carlos. 1962. "Unas palabras sobre el cine mexicano". *Cine Cubano*, 17, 56-58.

Fernández Labayen, Miguel. 2011. "Pensar el cine. Un repaso histórico a las teorías cinematográficas" [https://bit.ly/2XqRsG3].

Flores, Silvana. 2013. *El Nuevo Cine Latinoamericano y su dimensión continental. Regionalismo e integración cinematográfica*. Buenos Aires: Imago Mundi.

Flores, Silvana. 2014. "Arte vanguardista en América Latina y nuevo cine latinoamericano". *La Colmena*, 82 (abril-julio), 17-29.

Fornet, Ambrosio. 1982. "¿Se repite el Nuevo Cine?". *Cine Cubano*, 103, 38-42.

Fowler Calzada, Víctor. 2004. *Conversaciones con un cineasta incómodo: Julio García Espinosa*. La Habana: Centro de Investigación y Desarrollo de la Cultura Juan Marinello-Ediciones ICAIC.

Fraga, Jorge. 1971. "El Noticiero ICAIC Latinoamericano: función política y lenguaje cinematográfico". *Cine Cubano*, 71-72 (11), 24-31.

Galiano, Carlos. 2013. "Festival Internacional del Nuevo Cine Latinoamericano (1979-1993. Los primeros quince". *Nuevo Cine Latinoamericano*, 15, 52-61.

García-Espinosa, Julio. 1971. "Por un cine imperfecto". *Cine Cubano*, 66-67 (11), 46-53.

García-Espinosa, Julio. 1983. "Somos un acto irreversible". *Cine Cubano*, 105, 1-3.

García-Espinosa, Julio. 1989. "Dialogando". *Cine Cubano*, 126, 2-6.

García-Espinosa, Julio. 2009. *Algo de mí*. La Habana: Ediciones ICAIC.

García-Márquez, Gabriel. 2005. "Esta es la Casa de ustedes, la Casa de todos. Palabras del presidente de la FNCL en la inauguración de la sede". *Un lugar en la Memoria: Fundación del Nuevo Cine Latinoamericano 1985-2005* (pp. 63-68). La Habana-Córdoba: Fundación del Nuevo Cine Latinoamericano.

García Borrero, Juan Antonio. 2015. *Intrusos en el paraíso. Los cineastas extranjeros en el cine cubano de los sesenta*. Santiago de Cuba: Editorial Oriente.

García Canclini, Néstor. 1995. "Aesthetic Moments of Latinamericanism". *Radical History Review*, 89, 13-24.

Getino, Octavio. 1984. *Notas sobre cine argentino y latinoamericano*. México DF: Edimedios.

Getino, Octavio & Fernando E. Solanas. 1969. "Hacia un Tercer Cine (Apuntes y experiencias para el desarrollo de un cine de liberación)". *Tricontinental*, 13, 272-294.

Getino, Octavio & Susana Velleggia. 2002. *El cine de las historias de la revolución. Aproximación a las teorías y prácticas del cine político en América Latina (1967-1977)*. Buenos Aires: Grupo Editor Altamira.

Gil Olivo, Ramón. 1993. "El Nuevo Cine Latinoamericano (1955-1973). Fuentes para un lenguaje". *Comunicación y Sociedad, Universidad de Guadalajara*, 16-17, 105-126.

Gómez, Ricardo J. 1995. *Neoliberalismo y seudociencia*. Buenos Aires: Lugar Editorial.

Gomezjara, Francisco A. & Delia Selene de Dios. 1973. *Sociología del cine*. México DF: Ed. Sep/Setentas.

González Breijo, Nelson. 2013. *Santiago Álvarez, apasionado por la realidad* (tesis de licenciatura). Universidad de La Habana, La Habana.

González Machado, Claudia. 2013. *El riesgo de la herejía. Cartografía de la crítica y el discurso fílmico en la revista Cine Cubano (1960-2010)*. La Habana: Ediciones ICAIC.

Graziano, Valencia. 2005. "Intersecciones del arte la cultura y el poder". En J. L. Brea (ed.), *Estudios Visuales, la epistemología de la visualidad en la era de la globalización* (pp. 173-186). Madrid: Akal.

Grosfoguel, Ramón. 2008. "Hacia un pluri-versalismo transmoderno decolonial". *Tabula Rasa*, 9, julio-diciembre, 199-215.

Grosfoguel, Ramón. 2011. "La descolonización del conocimiento: diálogo crítico entre la visión descolonial de Frantz Fanon y la sociología descolonial de Boaventura de Sousa Santos". En AA. VV., *Formas-Otras. Saber, Nombrar, Narrar, Hacer. IV Training Seminar de Jóvenes Investigadores en Dinámicas Interculturales* (pp. 97-108). Barcelona: CIDOB.

Guerra-Vilaboy, Sergio. 2001. *Historia mínima de América*. La Habana: Editorial Félix Varela.

Guevara, Alfredo. 1960. "Realidades y perspectivas de un nuevo cine". *Cine Cubano*, 1.

Guevara, Alfredo. 1963. "Cine cubano 1963". *Cine Cubano*, 14-15.

Guevara, Alfredo. 1988. "Reflexiones en torno a una experiencia cinematográfica II". *Hojas de Cine* (vol. 1). México: SEP-UAM-FMC.

Guevara, Alfredo. 1998a. *Revolución es lucidez*. La Habana: Ediciones ICAIC.

Guevara, Alfredo. 1998b. "Santiago Álvarez: poeta irreverente. Palabras de elogio a Santiago Álvarez al otorgársele el título Doctor Honoris Causa en Arte, en el Instituto Superior de Arte, La Habana, diciembre de 1990". *Revolución es lucidez* (pp. 315-317). La Habana: Ediciones ICAIC.

Guevara, Alfredo. 2003. *Tiempo de fundación*. Madrid: Iberautor.

Guevara, Alfredo. 2007a. "Prólogo". En A. Guevara & R. Garcés (eds.), *Los años de la ira. Viña del Mar 67*. La Habana: Ediciones Nuevo Cine Latinoamericano.

Guevara, Alfredo. 2007b. "Sobre el cine cubano". En R. G. Alfredo Guevara (ed.), *Los años de la ira. Viña del Mar 67* (pp. 51-55). La Habana: Ediciones Nuevo Cine Latinoamericano.

Guevara, Alfredo. 2010. *¿Y si fuera una huella? (epistolario)*. Madrid: Autor.

Guevara, Alfredo. 2013. *Dialogar, dialogar (escuchar, enseñar, afirmar, aprender)*. La Habana: Ediciones Nuevo Cine Latinoamericano.

Guevara, Alfredo & Raúl Garcés. 2007. *Los años de la ira. Viña del Mar 67* (R. G. Alfredo Guevara Ed.). La Habana: Ediciones Nuevo Cine Latinoamericano.

Guevara, Alfredo & Glauber Rocha. 2002. *Un sueño compartido. Entrevistas, correspondencia cruzada entre Alfredo Guevara y Glauber Rocha, artículos y ensayos*. Madrid: Iberautor.

Guevara, Alfredo & Cesare Zavattini. 2002. *Ese diamantino corazón de la verdad.* Madrid: Iberautor.

Gutiérrez-Alea, Tomás. 1989. "El verdadero rostro de Calibán". *Cine Cubano*, 126, 21.

Gutiérrez-Alea, Tomás & Mirtha Ibarra. 2008. *Titón: volver sobre mis pasos*. La Habana: Unión.

Guzmán, Patricio. 1981. "Cine latinoamericano: exilio, crisis y futuro". *Cine Cubano*, 99, 122-127.

Haidar, Julieta. 1998. "Análisis del discurso". En J. G. Cáceres (ed.), *Técnicas de investigación en sociedad, cultura y comunicación* (pp. 117-163). México DF: Addison Wesley Longman.

Hobsbawm, Eric. 2003a. *Años interesantes. Una vida en el siglo* XX. Barcelona: Crítica.

Hobsbawm, Eric. 2003b. *Historia del siglo* XX. La Habana: Editorial Félix Varela.

Jablonska, Aleksandra. 2005. "Las perspectivas de los narradores en El lobo, el bosque y el hombre nuevo de Senel Paz y su adaptación fílmica". *El Cuento en Red. Revista electrónica de teoría de la ficción breve*, 12, 122-130.

Jablonska, Aleksandra. 2009. *Cristales del tiempo: pasado e identidad de las películas mexicanas contemporáneas*. México: Universidad Pedagógica Nacional.

Jelin, Elizabeth. 2002. *Los trabajos de la memoria*. Buenos Aires: Siglo XXI.

Jensen, Klaus Bruhn. 1993. "Erudición humanística como ciencia cualitativa: contribuciones a la investigación sobre la comunicación de masas". En K. B. Jensen & N. W. Jankowski (eds.), *Metodologías cualitativas de investigación en comunicaciones de masas* (pp. 27-56). Barcelona: Bosch Comunicación.

Jowett, Garth S. & Victoria O'Donnell. 2012. *Propaganda and Persuasion* (5.ª ed.). Los Ángeles: SAGE.

Juan-Navarro, Santiago. 2014. "Cine y globalización en Iberoamérica: el papel de las coproducciones". *Pasavento. Revista de Estudios Hispánicos*, II (2), 297-318.

Labaki, Amir. 1994. *El ojo de la revolución. El cine urgente de Santiago Álvarez.* São Paulo: Ediciones Iluminarias.

Leduc, Paul. 2007. "Caminar por el continente". En A. Guevara & R. Garcés (eds.), *Los años de la ira. Viña del Mar 67* (pp. 135-141). La Habana: Ediciones Nuevo Cine Latinoamericano.

León Frías, Isaac. 2012. "Los años 70: Tiempos duros". En E. S. Torchia (ed.), *Los cines de América Latina y el Caribe. Segunda parte 1970-2010*, pp. 11-92). La Habana: EICTV.

León Frías, Isaac. 2013. *El nuevo cine latinoamericano de los años sesenta: Entre el mito político y la modernidad fílmica*. Lima: Universidad de Lima, Fondo Editorial.

Leonov, Nikolai S. 2015. *Raúl Castro. Un hombre en revolución*. La Habana: Capitán San Luis.

Littin, Miguel. 1976. El cine: herramienta fundamental (1971). En R. Palacios & D. P. Mateus (eds.), *El cine latinoamericano*. Madrid: Sedmay Ediciones.

Littin, Miguel. 2007. "El Nuevo Cine Latinoamericano. A la búsqueda de la identidad perdida". En A. Guevara & R. Garcés (eds.), *Los años de la ira. Viña del Mar 67* (pp. 15-30). La Habana: Ediciones Nuevo Cine Latinoamericano.

López, Ana. 2012. *Hollywood, Nuestra América y los latinos*. La Habana: Ediciones Unión.

López Nájera, Verónica Renata. 2006. *¿Será posible el Sur? Crisis de paradigmas en el pensamiento crítico latinoamericano* (tesis de maestría), UNAM, México.

Manet, Eduardo. 1960. "Pantallas de La Habana". *Cine Cubano*, 2.

"Manifiesto del Frente Nacional de Cinematografistas". 1975. *Otrocine*, 1 (3).

Marini, Ruy Mauro. 2008. *América Latina, dependencia y globalización*. Bogotá: CLACSO y Siglo del Hombre Editores.

Martin, Marcel. 2002. *El lenguaje del cine*. Barcelona: Gedisa.

Martínez-Heredia, Fernando. 2010. *El ejercicio de pensar* (2.ª ed.). La Habana: Ciencias Sociales.

Mattelart, Armand. 1971. "El medio de comunicación de masas en la lucha de clases". *Pensamiento Crítico*, 53, 4-44.

Mestman, Mariano. 2016. *Las rupturas del 68 en el cine de América Latina*. Buenos Aires: Akal.

Morales-Garza, Martagloria. 2008. "Los debates de la década de los 60 en Cuba". *Temas*, 55 (Nueva época), 91-101.

Neira Piñeiro, María del Rosario. 2003. *Introducción al discurso narrativo fílmico*. Madrid: Arco/Libros.

Neüman, María Isabel. 2010. "Apropiación, tecnología y movimientos sociales en América Latina". En C. Bolaño, S. M. d. Jesús & V. Aragão (eds.), *Comunicación, Educación y Movimientos Sociales en América Latina* (pp. 31-40). Brasilia: Casa das Musas.

Oroz, Silvia. 1989. *Tomás Gutiérrez Alea, los filmes que no filmé*. La Habana: Ediciones Unión.

Orozco, Guillermo & Rodrigo González. 2011. *Una coartada metodológica. Abordajes cualitativos en la investigación en comunicación, medios y audiencias*. México: Productora de Contenidos Culturales.

Padrón, Frank. 2011. *El cóndor pasa. Hacia una teoría del cine "nuestramericano"*. La Habana: Unión.

Padura, Leonardo. 2011. *La memoria y el olvido*. La Habana: Caminos.

Paranaguá, Paulo Antonio. 1996. "Tomás Gutiérrez Alea (1928-1996). Tensión y reconciliación". *Cubaencuentro*, 1, 77-88.

Paranaguá, Paulo Antonio. 2003. *Tradición y modernidad en el cine de América Latina*. Madrid: Fondo de Cultura Económica de España.

Pellicer, Olga. 2004. "México y Cuba: un drama en tres actos". *Letras Libres*, julio, 43-46.

Peredo Castro, Francisco. 2011. *Cine y propaganda para Latinoamérica: México y Estados Unidos en la encrucijada de los años cuarenta* (2.ª ed.). México: UNAM, Centro de Investigaciones sobre América Latina y el Caribe.

Pereira, Manuel. 1983. "Adivinando la noticia". *Cine Cubano*, 104, 9-14.

Pereyra, Carlos. 1984. "Dos aproximaciones al problema de la dialéctica". *Cuadernos políticos*, 41 (julio-diciembre), 47-62.

Pérez Cruz, Felipe de J. 2013. "*Los fundamentos del socialismo en Cuba*. El pequeño gran libro de la Revolución Cubana", *Granma*.

Pérez, Manuel. 2010. "El ICAIC y su contexto entre 1959 y 1963: Nacimiento, primeros pasos, primeros contratiempos…". En S. d. Valle (ed.), *Conquistando la utopía. El ICAIC y la Revolución 50 años después* (pp. 43-61). La Habana: Ediciones ICAIC.

Pick, Zuzana. 1996. *The New Latin American Cinema. A Continental Project.* Texas: University of Texas Press.

Pogolotti, Graziella. 2006. *Polémicas culturales de los 60*. La Habana: Editorial Letras Cubanas.

Ramonet, Ignacio. 2002. El cine militante: crisis de un discurso de poder *Propagandas silenciosas. Masas, televisión, cine* (pp. 151-166). La Habana: Instituto Cubano del Libro.

Restrepo, Eduardo. 2008. "Multiculturalismo, gubernamentalidad, resistencia". En O. Almario & M. Ruiz (eds.), *El giro hermenéutico de las ciencias sociales y humanas* (pp. 35-48). Medellín: Universidad Nacional.

Reyes, Giovanni E. 2001. Principales teorías sobre el desarrollo económico y social. *Nómadas*, 4.

Ricoeur, Paul. 2002. *Del texto a la acción. Ensayos de hermenéutica II*. México: Fondo de Cultura Económica.

Rocha, Glauber. 1970. Manifiesto del Cinema Novo. *Hablemos de cine, 53, mayo-junio.*

Rocha, Glauber. 1988. "Estética de la violencia". *Hojas de cine* (vol. 1). México: SEP-UAM-FMC.

Rodríguez Alemán, Mario. 1971. "¿Cómo, por qué y para qué se asesina un general?". *Cine Cubano*, 69-70 (11), 172-176.

Rodríguez, Pedro Pablo. 2014. "A cincuenta años del departamento de filosofía". *La Gaceta de Cuba*, 1, enero-febrero, 2-4.

Rodríguez Rodríguez, Israel. 2015. *El Taller de Cine Octubre. Teoría y práctica del cine militante en el México de los años setenta* (tesis de maestría), Posgrado en Historia, México.

Rojas, Rafael. 2006. *Tumbas sin sosiego. Revolución, disidencia y exilio del intelectual cubano*. Barcelona: Anagrama.

Rojas, Rafael. 2015. *Historia mínima de la Revolución cubana*. México DF: El Colegio de México.

Roumain, Jacques. 2004. *Gobernadores del rocío y otros textos*. Caracas: Biblioteca Ayacucho.

Rubio, María José & Jesús Varas. 1999. *El análisis de la realidad en la intervención social. Métodos y técnicas de investigación*. Madrid: Editorial CCS.

Ruiz-Acosta, María José. 1998. *Historia de la comunicación: escritura y prensa*. Madrid: Mad SL.

Sanjinés, Jorge. 2002. *Neorrealismo y Nuevo Cine Latinoamericano: la herencia, las coincidencias y las diferencias* (paper). Seminario "La influencia del Neorrealismo Italiano en el cine latinoamericano, organizado por la revista CINEMAIS como parte del programa del Festival Cinesur de cine latinoamericano", Río de Janeiro.

Santana Fernández, Astrid. 2010. *Literatura y cine. Lecturas cruzadas sobre las Memorias del subdesarrollo*. La Habana: Editorial UH / Ediciones ICAIC.

Scott, James C. 2004. *Los dominados y el arte de la resistencia. Discursos ocultos*. México: Ediciones Era.

Schroeder Rodríguez, Paul A. 2011. "La fase neobarroca del Nuevo Cine Latinoamericano". *Revista de Crítica Literaria Latinoamericana*, 73, 15-35.

Schudson, Michael. 1993. "Enfoques históricos en los estudios sobre comunicación". En E. Fernández & S. Salazar (eds.), *Historia y Comunicación Social. Lecturas complementarias* (vol. 1).

*Segunda Declaración de La Habana*. 1962 [https://bit.ly/2TDj89P].

Sierra Bravo, R. 1994. *Tesis doctorales y trabajos de investigación científica* (3.ª ed.). Madrid: Paraninfo.

Solanas, Fernando E. & Octavio Getino. 1973. *Cine, cultura y descolonización*. Buenos Aires: Siglo XXI.

Solás, Humberto. 1979. "*Cantata de Chile* es una película de agitación". *El País*, 26 abril [https://bit.ly/3eese4t].

Thompson, John B. 1990. *Ideología y cultura moderna. Teoría crítica social en la era de la comunicación de masas*. México DF: Universidad Autónoma Metropolitana.

Toirac, Yanet. 2009. *Política cultural. Una propuesta de enfoque comunicológico para su estudio*, tesis presentada en opción al Grado Científico de Doctor en Ciencias de la Comunicación. Facultad de Comunicación, Universidad de La Habana.

*Un lugar en la Memoria: Fundación del Nuevo Cine Latinoamericano 1985-2005*. 2005. La Habana-Córdoba: Fundación del Nuevo Cine Latinoamericano.

Valenzuela, Lidice. 1989. *Realidad y nostalgia de García Márquez*. La Habana: Ediciones Pablo de la Torriente.

Van Dijk, Teun. 1996. "Análisis del discurso ideológico". *Versión* (6, octubre), 15-43.

Varas, Patricia & Robert C. Dash. 2007. "(Re)imaginando la nación argentina: Lucrecia Martel y *La ciénaga*". En V. Rangil (ed.), *El cine argentino hoy, entre el arte y la política* (pp. 191-207). Buenos Aires: Biblos.

Varona Domínguez, Freddy & Mireya V. Rodríguez Pérez. 2014. *Cultura, cine y ser humano: una mirada a Humberto Solás*. La Habana: Ciencias Sociales.

Vasilachis de Gialdino, Irene. 2007. "La investigación cualitativa". En I. V. d. Gialdino (ed.), *Estrategias de investigación cualitativa* (pp. 23-64). Barcelona: Gedisa.

Vázquez-Montalbán, Manuel. 2003. *Historia y Comunicación Social*. La Habana: Ed. Pablo de la Torriente.

Vázquez Liñán, Miguel & Salvador Leetoy. 2016. "Memoria histórica y propaganda. Una aproximación teórica al estudio comunicacional de la memoria". *Comunicación y Sociedad, Nueva época* (26), 71-94.

Vega, Sara, María Eulalia Douglas, Alina García *et al.* 2007. *Historia de un gran amor. Relaciones cinematográficas entre Cuba y México 1897-2005*. México: Universidad de Guadalajara.

Velleggia, Susana. 2007. *La máquina de la mirada. Los movimientos cinematográficos de ruptura y el cine político latinoamericano en las encrucijadas de la historia*. República Dominicana: Fundación del Nuevo Cine Latinoamericano.

Vezzetti, Hugo. 2009. *Sobre la violencia revolucionaria: memorias y olvidos*. Buenos Aires: Siglo Veintiuno Editores.

Viany, Alex. 2007. "Cine brasileño. El viejo y el nuevo". En R. G. Alfredo Guevara (ed.), *Los años de la ira. Viña del Mar 67* (pp. 37-51). La Habana: Ediciones Nuevo Cine Latinoamericano.

Villaça, Mariana. 2010. *Cinema cubano. Revolução e Política Cultural*. São Paulo: Universidade de São Paulo, Ed. Alameda.

"Viña del Mar y el nuevo cine latinoamericano". 1967. *Cine Cubano*, 42-43-44 (7), 1-3.

Weinrichter, Antonio. 2005. *El cine de no ficción. Desvíos de lo real*. Madrid: T&B.

Wolf, Mauro. 2005. *La investigación de la comunicación de masas*. La Habana: Pablo de la Torriente.

Zavala, Lauro. 2010. "El análisis cinematográfico y su diversidad metodológica". *Casa del Tiempo*, 3 (abril), 65-68.

Zavaleta Mercado, René. 1982. "Problemas de la determinación dependiente y la forma primordial". *América Latina: desarrollo y perspectivas democráticas* (pp. 55-83). San José de Costa Rica: FLACSO.

Zerán, Faride & Sergio Trabucco. 2013. "Los diciembres sin Alfredo". *Nuevo Cine Latinoamericano*, 15, 26.

# Filmografía

Películas realizadas por autores y directores cubanos, producidas o coproducidas por el ICAIC, que abordan temáticas latinoamericanas.[183]

## A. Década del sesenta

*Ficción*

*1. Cumbite*. 1965. Drama. 35 mm. B-N. 82 min. Pdtor. Margarita Alexandre. Dir. Tomás Gutiérrez Alea. Arg. Inspirado en la novela Gobernadores del rocío del escritor haitiano Jacques Roumain. Guion. Onelio Jorge Cardoso, Tomás Gutiérrez Alena. Fot. Ramón F. Suárez. Ed. Mario González, Amparo Laucirica. Son. Eugenio Vesa, Carlos Fernández. Int. Teté Vergara, Lorenzo Louiz, Marta Evans, Luis Valera, Rafael Sosa, Ambroise Macombe. T. Cuando Manuel, joven haitiano, regresa a su país, encuentra su comunidad sumida en una gran sequía y dividida por la enemistas de dos familias. Manuel descubre una vertiente de agua e intenta unir a las familias rivales, pero es asesinado por celos. La unión entre su novia y su madre evita la venganza y logra la unidad para construir el canal.

*2. Desarraigo*. 1965. Drama. 35 mm. B-N. 77 min. Productor: Humberto Hernández. Director: Fausto Canel. Guión: Mario Trejo, Fausto Canel. Fotografía: Jorge Haydú. Edición: Carlos Menéndez. Sonido: Eugenio Vesa, Adalberto Jiménes, Germinal Hernández. Un ingeniero argentino llega a Cuba con intenciones de incorporarse a la construcción de la nueva sociedad. Las dificultades cotidianas agudizan sus contradicciones, y frustran la relación amorosa que había iniciado con Marta, compañera de trabajo que trató de creer en su capacidad para integrarse al proceso revolucionario. Int. Sergio Corrieri, Yolanda Farr, Reinaldo Miravalles, Julito Martínez, Helmo Hernández, Fernando Bermúdez.

[183] Fichas tomadas de Douglas, María Eulalia, Sara Vega e Ivo Sarría. 2004. *Producciones del Instituto Cubano del Arte e Industria Cinematográficos (1959-2004)*. La Habana: Cinemateca de Cuba. ICAIC.

3. *De la guerra americana*. 1969. Drama. 35 mm. B-N. 48 min. Productor: Humberto Hernández. Director: Pastor Vega. Fotografía: Livio Delgado. Edición: Justo Vega. Sonido: Ricardo Istueta, Juan Demósthene. Int. Vicente Revuelta, Silvano Rey, Daisy Granados, Teté Vergara, Gerardo Fernández, Luis Alberto García. Tres alternativas del campesinado latinoamericano: continuar en la miseria, convertirse en soldados de la represión o sumarse a las guerrillas. Dos campesinos deben escoger su destino.

## *Documental*

1. *Carta del Presidente Dorticós a los estudiantes chilenos*. 1960. 35 mm. B-N. 27 min. Pdtor. Santiago Álvarez. Dir. Roberto Fandiño. G. Roberto Fandiño. Fot. Jorge Herrera. Ed. Roberto Fandiño. Son. Eugenio Vesa. Carta aclaratoria sobre Cuba al documento que le entregaron los estudiantes chilenos al presidente de los Estados Unidos, Dwight Eisenhower, en defensa de la Revolución Cubana y de condena al imperialismo.
2. *Congreso de juventudes*. 1960. 35 mm. B-N. 11 min. Dir. Fernando Villaverde. G. Fernando Villaverde. Fot. Jorge Haydú, Ramón F. Suárez, Harry Tanner / Ed. Ángel López, Julio Chávez / Son. Departamento de Sonido ICAIC / Reportaje sobre el Primer Congreso de Juventudes Latinoamericanas, celebrado en La Habana durante julio y agosto de 1960.
3. *Segunda Declaración de La Habana*. 1966. 35 mm. C. 16 min. Pdtor. Roberto León Henríquez, Juan Urra, Rubén Vitón, Leonardo Zayas. Dir. Santiago Álvarez. Fot. Jorge Haydú, Gustavo Maynulet, José Tabío, Julio Simoneau, Pablo Martínez, Arturo Agramonte / Ed. José A. Sarol / Son. Carlos Fernández. Reportaje sobre la concentración en que el pueblo aprobó la Segunda Declaración de La Habana.
4. *Golpeando en la selva*. 1967. 35 mm. B-N. 14 min. Dir. Santiago Álvarez. Fot. Armando Salgado. Ed. Norma Torrado. Son. Departamento de Sonido ICAIC. Relato de la lucha guerrillera en Colombia, mediante entrevistas y fotos realizadas por el periodista mexicano Mario Menéndez.
5. *Hasta la victoria siempre*. 1967. 35 mm. B-N. 19 min. Dir. Santiago Álvarez. G. Santiago Álvarez. Fot. Enrique Cárdenas y material de los archivos ICAIC e ICR / Ed. Norma Torrado, Idalberto Gálvez / Son. Arturo Valdés / T. Pasajes de la actividad revolucionaria del heroico guerrillero Ernesto Che Guevara.
6. *El llamado de la hora*. 1969. 35 mm. B-N. 35 min. Pdtor. Camilo Vives. Dir. Manuel Herrera. G. Manuel Herrera. Fot. Pablo Martínez. Ed. Mirita Lores. Son. Ricardo Istueta, Leonado Sorrell. Int. Omar Valdés y actores no profesionales. T. Paralelo entre las trayectorias revolucionarias de Antonio Maceo y Ernesto Che Guevara, que muestra la continuidad de la lucha por la liberación americana.

## B. Década del setenta

### *Ficción*

1. *El sueño de Pongo.* 1970. Drama. 35 mm. B-N. 11 min. Director: Santiago Álvarez. Argumento: Roberto Fernández Retamar, basado en el cuento homónimo peruano perteneciente a la literatura oral, recogido por el escritor José María Arguedas. Guión: Santiago Álvarez. Fotografía: Iván Nápoles. Edición: Norma Torrado, Idalberto Gálvez. Sonido: Leonardo Sorrell. Int: Arturo Agramonte. Un sirviente indio sueña el castigo que recibirá su patrón después de que ambos hayan muerto.
2. *Cantata de Chile.* 1975. Histórico. 35 mm. C. 119 min. Pdtor. Orlando de la Huerta, Camilo Vives. Dir. Humberto Solás. G. Humberto Solás, con la colaboración de Patricio Manns, Alberto Santana, Manuel Payán, Orlando Rojas, Jorge Herrera. Fot. Jorge Herrera. Ed. Nelson Rodríguez. Son. Ricardo Istueta. Int. Nelson Villagrra, Shenda Román, Eric Heresmann, Alfredo Tornquist, Leonardo Perucci, Peggi Cordero, con la colaboración del Comité Chileno de Solidaridad con la Resistencia Antifascista. T. Los obreros calicheros del norte de Chile organizaron una huelga en 1907 para pedir mejores condiciones de vida, fueron masacrados por la oligarquía gobernante. A partir de esos sucesos se muestra el proceso de lucha del pueblo chileno, desde la resistencia araucana al colonizador español, hasta el enfrentamiento a la junta fascista, presidida por Pinochet.

### *Documental*

1. *Crear dos, tres...* 1970. 35 mm. B-N. 14 min. Pdtor. Ángel Cuzán. Dir. Humberto Solás. G. Humberto Solás. Fot. José Taabío. Ed. Nelson Rodríguez. Son. Ricardo Istueta. T. Representación escenificada de la participación de la juventud mundial en las luchas de liberación.
2. *Yanapanawacuna.* 1970. 35 mm. B-N. 9 min. Dir. Santiago Álvarez. G. Santiago Álvarez. Fot. Iván Nápoles, Roberto Fernández. Ed. Norma Torrado, Idalberto Gálvez. Son. Ricardo Istueta, Leonardo Sorrell. T. El sismo del Perú en 1970 y la ayuda solitaria recibida por ese país.
3. *Cómo, por qué y para qué se asesina a un general.* 1971. 35 mm. B-N. 36 min. Dir. Santiago Álvarez. G. Santiago Álvarez. Fot. Iván Nápoles, Dervis Pastor Espinosa. Ed. Norma Torrado, Idalberto Gálvez. Son. Raúl Pérez Ureta, Raúl García / T. Los grupos ultraderechistas de Chile, apoyados por la CIA, tratan de impedir, con el asesinato del general Schneider, el ascenso a la presidencia del Dr. Salvador Allende.
4. *De América soy hijo... y a ella me debo.* 1972. 35 mm. B-N. 195 min. Dir. Santiago Álvarez. Dir. 2da. Unidad. Miguel Torres. G. Santiago Álvarez. Fot. Iván Nápoles, Dervis Pastor Espinosa, Raúl Rodríguez. Ed. Norma Torrado,

Idalberto Gálvez. Son. Daniel Díaz. T. Recuento del viaje del Comandante Fidel Castro a Chile en noviembre de 1971. Visión histórica de la explotación imperialista en América Latina.

5. *Desde Habana, 1969*. 1972. 35 mm. B-N. 18 min. Dir. Nicolás Guillén Landrián, Juan Carlos Tabío, Harry Tanner, Luis Felipe Bernaza, Santiago Villafuerte, Pedro Ortega / G. Nicolás Guillén Landrián / Fot. Raúl Rodríguez, José M. Riera, Lupercio López / Ed. Iván Arocha / T. Cuba y la Revolución en el contexto de la lucha emancipatoria internacional.

6. *Introducción a Chile. 1972*. 35 mm. B-N. 55 min. Prod. ICAIC (Cuba) - Chile Films (Chile) / Pdtor. Leuten Rojas / Dir. Miguel Torres / G. Julio García Espinosa, Miguel Torres / Fot. Raúl Rodríguez / Ed. Gloria Argüelles / Son. Leonardo Sorrell / T. Panorama geográfico, histórico, económico y político de Chile hasta el advenimiento del gobierno de la Unidad Popular.

7. *Solidaridad*. 1972. 16 mm / C / 22 min. Pdtor. Orlando de la Huerta. Dir. Octavio Cortázar. Nar. Octavio Cortázar. Fot. Pablo Martínez. Ed. Miriam Talavera. Son. José Borrás. T. Cuba dona a Perú seis hospitales materno-infantiles que son construidos por técnicos cubanos en la zona devastada por el terromoto de mayo de 1971.

8. *El tigre saltó y mató... pero morirá ¡morirá!*. 1973. 35 mm. B-N. 16 min. Pdtor. Sergio San Peedro. Dir. Santiago Álvarez. G. Santiago Álvarez. Fot. Camarógrafos del Noticiero ICAIC Latinoamericano. Ed. Gloria Argüelles. Son. Juan Demósthene. T. Testimonio de la lucha del pueblo chileno mediante la imagen del cantante chileno Víctor Jara, asesinado brutalmente por la Junta Fascista.

9. *La hora de los cerdos*. 1973. 35 mm / B-N / 30 min. Dir. Santiago Álvarez. Fot. Camarógrafos del Noticiero ICAIC Latinoamericano. Ed. Rolando Baute. Son Daniel Diez. T. Acto conmemorativo del XIII Aniversario de los CDR, dedicado al presidente de Chile, Salvador Allende. Discursos de Beatriz Allende y del Comandante Fidel Castro, a propósito del golpe militar ocurrido en ese país el 11 de septiembre de 1973.

10. *Panamá... un reportaje especial sobre la reunión del Consejo de Seguridad*. 1973. 35 mm. B-N. 37 min. Dir. Pastor Vega / Fot. Iván Nápoles, Roberto Fernández / Ed. Justo Vefa / Son. Daniel Diez, Raúl Pérez Ureta / T. Reunión del Consejo de Seguridad de las Naciones Unidas, en Panamá, 1973. Permanencia de los conflictos entre el imperialismo nortamericano y el pueblo panameño.

11. *La quinta frontera*. 1974. 35 mm. C. 61 min. Dir. Pastor Vega. Productora. ICAIC. T. Análisis de la ocupación norteamericana en territorio de Panamá, para el manejo y control militar del canal interoceánico y de las acciones del pueblo panameño por reconquistar su soberanía e independencia.

12. *Mercedes Sosa*. 1974. 35 mm. B-N. 19 min. Pdtor. Oscar Asensio. Dir. Rogelio París. Fot. Pablo Martínez, Julio Valdés / Ed. Gladys Cambre / Son. Héctor Cabrera / T. Encuentro de la cantante argentina Mercedes Sosa con escritores y artistas cubanos en la Casa de las Américas en La Habana.

*13. Cantos de nuestra América*. 1975. 35 mm. C. 28 min. Pdtor. Guillermo García / Dir. Octavio Cortázar / G. Octavio Cortázar / Fot. Pablo Martínez / Ed. Justo Vega / Son. Juan Demósthene / T. Representantes de la música y de la canción latinoamericana reunidos en la Casa de las Américas, en La Habana, discuten acerca de las raíces musicales y líneas comunes de nuestro continente.
*14. Puerto Rico*. 1975. 35 mm / B-N / 85 min. Pdtor. Camilo Vives, Jorge Aguirre. Dir. Jesús Díaz, Fernando Pérez. G. Jesús Díaz, Fernando Pérez. Fot. Julio Simoneau, Guillermo Centeno, Rubén Rodríguez. Ed. Gloria Argüelles. Son. José Borrás, Roberto Power, Antonio Segarra. T. Análisis socioeconómico de la situación de Puerto Rico y de su significado en la estrategia de dominación del imperialismo yanqui. Testimonio de la lucha de ese pueblo por su liberación.
*15. Canción de Puerto Rico*. 1976. 35 mm. C. 30 min. Pdtor. Guillermo García. Dir. Jesús Díaz. Fot. José M. Riera, Adriano Moreno. Ed. Gladys Cambre. Son. Héctor Cabrera. T. Actuaciones de artistas boricuas en ocasión de celebrarse en La Habana la Conferencia Internacional de Solidaridad con Puerto Rico.
*16. Gracias a la vida*. 1976. 35 mm. C. 18 min. Pdtor. Santiago Llapur. Dir. Victor Casaus. Fot. José M. Riera, Julio Valdés, Luis García. Ed. Gladys Cumbre. Son. Raúl Garcia, Carlos Fernández. T. Momentos significativos de la vida y el trabajo artístico de la folclorista chilena Violeta Parra.
*17. Che comandante, amigo*. 1977. 35 mm. C. 17 min. Pdtor. Orlando de la Huerta. Dir. Bernabé Hernández. G. Bernabé Hernández, José Padrón. Fot. Jorge Haydú. Ed. Rolando Baute. Son. Carlos Fernández. T. Siguiendo la línea estructural del poema se muestra su relación con la realidad y se esboza una breve biografía del Che.
*18. Libertad para los uruguayos*. 1977. 35 mm. B-N. 10 min. Pdtor. Orlando de la Huerta. Dir. Bernabé Hernández. G. Bernabé Hernández, Alina Rey / Fot. Material de archivo / Ed. Rolando Baute / Son. Juan Demósthene / T. Análisis de las causas de la violencia fascista y denuncia de los crímines del régimen fascista uruguayo.
*19. Un silbido en la niebla*. 1977. 35 mm. C. 21 min. Pdtor. Santiago Llapur. Dir. Victor Casaus. G. Victor Casaus. Son. Raúl García, Ricardo Istueta, Carlos Fernández. Int. Ángel Parra, Isabel Parra, Grupo Moncada. T. Fragmentos de una entrevista al cantante chileno Ángel Parra y canciones de un recital ofrecido por él, su hermana Isabel y el Grupo Moncada, en La Habana, en 1976.
*20. Al final de tan corto camino*. 1978. 35 mm. C. 19 min. Dir. Bernabé Hernández. G. Alina Rey. Fot. Livio Delgado. Ed. Iván Arocha. Son. Emilio Ramos, Carlos Fernández. T. El poeta argentino Juan Gelman evoca su niñez, su formación poética y su trayectoria revolucionaria.
*21. Daniel Viglietti*. 1978. 35 mm. C. 14 min. Pdtor. Orlando de la Huerta. Dir. José Padrón. G. José Padrón. Fot. Julio Valdés, Adriano Moreno, Guillermo

Centeno. Ed. Mirita Lores. Son. Ricardo Istueta, Raúl García. Int. Daniel Viglietti. T. Presentación de la obra de Daniel Viglietti, compositor y cantante uruguayo, uno de los fundadores de la Nueva Canción Latinoamericana. Referencia a la función de la canción política uruguaya en cada una de sus etapas claves.

*22. Patria Libre o Morir*. 1978. 35 mm. B-N. 18 min. Pdtor. Jesús Díaz. Dir. Bernabé Hernández. G. Alina Rey, Bernabé Hernández. Fot. Material de archivo. Ed. Miriam Talavera. Son. Carlos Fernández. T. La lucha del pueblo nicaragüense contra los opresores desde 1927 hasta 1978.

*23. Douglas y Jorge*. 1979. 35 mm. C. 14 min. Pdtor. Lourdes de los Santos. Dir. Bernabé Hernández. G. Bernabé Hernández, Guillermo Torres. Fot. Raúl Rodríguez. Ed. Rolando Baute. Son. Leonardo Sorrell. T. Testimonio de dos niños nicaragüenses, de distinto origen de clase, que incorporados a la lucha contra la dictadura del General Anastasio Somosa, tienen experiencias que los maduran prematuramente.

*24. Encuentro en Cozumel*. 1979. 35 mm. C. 10 min. Dir. Rolando Díaz. Fot. Luis Costales. Ed. Jorge Abello. Son. José León. T. Visita a México del Comandante Fidel Castro en 1979. Entrevistas sostenidas con el presidente de México, José López Portillo, y recorrido por lugares de interés histórico y turístico de la isla Cozumel y la Península de Yucatán.

*25. La infancia de Marisol*. 1979. 35 mm. C. 14 min. Pdtor. Lourdes de los Santos. Dir. Bernabé Hernández. G. Bernabé Hernández, Guillermo Torres. Fot. Raúl Rodríguez. Ed. Rolando Baute. Son. Leonardo Sorrell, Carlos Fernández. T. Testimonio de Marisol, una niña nicaragüense de catorce años. Su participación desde los once en la lucha contra la tiranía del General Anastasio Somoza, su captura por la guardia nacional y la bestial forma en que fue torturada en prisión.

*26. Panamá quererte*. 1979. 35 mm. C. 19 min. Pdtor. Jorge Rodríguez Loeches. Dir. Rolando Díaz. Fot. Roberto Fernández, Rodolfo García y material de archivo. Ed. Jorge Abello. Son. Daniel Diez. T. Mediante entrevustas, material de archivo y filmación directa se muestra la entrada de los panameños en el Canal de Panamá el 1ro de octubre de 1979, y se refleja la importancia política que tiene este hecho para América Latina.

## C. Década del ochenta

### *Ficción*

*1. El señor Presidente* (1983). Drama. 35 mm. C. 100 min. Prod. ICAIC (Cuba) - SFP (Francia). Con la participación de TF1 y el Ministerio de Cultura de Francia. Productor: Evelio Delgado, Camilo Vives. Director: Manuel Octavio Gómez. Arg. Basado en la novela homónima del escritor guatemalteco Miguel Ángel Asturias. Guion: André Camp, Manuel Octavio Góez.

Fotografía: Bernard Giraud, Rodoldo López. Edición: Justo Vega. Sonido: Ricardo Istueta. Int. Michel Auclair, Reinaldo Miravalles, Bruno García, Florence Jaugey, Idalia Anreus, René de la Cruz. El coronel Parrales, amigo cercano del dictador, muere a manos de un idiota. El señor Presidente y sus más cercanos colaboradores deciden convertir este hecho fortuito en un suceso político, e imputarles el crimen a sus adversarios.
2. *Amor en campo minado*. 1987. Drama. 35 mm. C. 100 min. Pdtor. Darío Larramendi. Dir. Pastor Vega. Arg. Basaado en la pieza teatral homónima del dramaturgo brasileño Alfredo Dias Gomes. G. Pastor Vega. Fot. Livio Delgado. Ed. Mirita Lores. Son. Germinal Hernández. Int. Daisy Granados, Adolfo Llauradó, Omar Valdés, Ana Lillian Rentería. T. Brasil, 1964. Un intelectual de izquierda ante la inminencia de su detención durante el golpe de estado al presidente Joao Goulart, vive angustiosos momentos de definición. Al colapso de su pequeño universo se suma un enfrentamiento conyugal que lo desenmascara sin piedad.
3. *Hoy como ayer*. 1987. Musical. 35 mm. C. 90 min. Prod. ICAIC (Cuba) - IMCINE (México). Pdtor. Humberto Hernández. Dir. Constante *Rapi* Diego, Sergio Véjar / G. Eliseo Alberto Diego, Xavier Robles / Fot. Luis García, Daniel López / Ed. Roberto Bravo, Carlos Savage / Son. Jesús Carrasco / Int. Jorge Montes de Oca, Beatriz Valdés, Kenia Gascón, Javier Ruán, Tito Junco, Julio Martínez / Cineastas cubanos y mexicanos se proponen un musical sobre Benny Moré, el bárbaro del ritmo. ¿Quién interpretará al Benny? A más de veinte años de su muerte, la imagen del inimitable músico cubano acaba por imponerse. El joven bailarín seleccionado para el musical, al descubrir las claves de la vida del Benny se descubre a sí mismo.

### *Documental*

1. *En tierra de Sandino*. 1980. 35 mm. C. 81 min. Dir. Jesús Díaz. G. Jesús Díaz. Fot. Adriano Moreno, Guillermo Centeno. Ed. Justo Vega. Son. José León. T. Reportaje en tres historias sobre la Revolución Sandinista, filmado en Nicaragua entre agosto y octubre de 1979.
2. *Este cine nuestro*. 1980. 35 mm. C. 26 min. Pdtor. Orlando de la Huerta. Dir. Rigoberto López. G. Rigoberto López. Fot. Adriano Moreno, Ángel Ramírez, Ed. Caíta Villalón. Son. Germinal Hernández. T. A partir del I Festival Internacional del Nuevo Cine Latinoamericano, celebrado en la Habana en 1979, se ofrecen testimonios de algunos de sus participantes. Origen, desarrollo y significación del movimiento del Nuevo Cine Latinoamericano como instrumento de rescate, afirmación y defensa de la identidad cultural de nuestros pueblos.
3. *Granada: pequeño país, gran revolución*. 1980. 35 mm. C. 29 min. Dir. Victor Casaus. G. Victor Casaus. Fot. Adriano Moreno, Armando Achong. Ed.

Gloria Argüelles. Son. Jerónimo Labrada. T. Síntesis del proceso históorrico de Granada a propósito de las celebraciones del I Aniversario de la Revolución.
4. *Junto al Golfo.* 1980. 35 mm. C. 20 min. Pdtor. Evelio Delgado, Jesús de la Cerda. Dir. Rigoberto López. Fot. Raúl Rodríguez. Ed. Nelson Rodríguez. Son. Germinal Hernández, Juan Demósthene. T. Con la participación de grupos danzarios, poetas y escritores del Caribe, presentes en La Habana durante la celebración del evento CARIFESTA'79, se aborda el tema de la identidad cultural de los pueblos del área.
5. *Maritza y Suazo.* 1980. 35 mm. C. 67 min. Pdtor. Julio Gómez. Dir. Bernabé Hernández. G. Bernabé Hernández. Fot. Guillermo Centeno. Ed. Iván Arocha. Son. Leonardo Sorrell, Ricardo Istueta. T. Mediante entrevistas a dos brigadistas, uno rural y otro urbano, se muestra la campaña de alfabetización realizada en Nicaragua en 1980 y los motivos que impulsan a la juventud nicaragüense a contribuir a la transformación de su país, después del triunfo revolucionario.
6. *Quincho Barrilete.* 1980. 35 mm. C. 14 min. Pdtor Isolda Machín, Lilia Alfaro. Dir. Rolando Díaz. G. Rolando Díaz. Fot. Julio Valdés. Ed. Gloria Argüelles. Son. José León, Daniel Diez. T. La Revolución Sandinista organizó el operativo Quincho Barrilete, con el fin de que los niños trabajadores de Managua tuvieran por primera vez un contacto con el mundo infantil.
7. *Belice.* 1981. C. 16 min. Dir. Idelfonso Ramos. G. Idelfonso Ramos. Fot. Iván Nápoles, Rodolfo García. Ed. Jorge Abello. Son. Daniel Diez, Raúl García. T. Belice, el más pequeño país de la cuenca del Caribe, obtiene tras muchos años de lucha, la independencia política.
8. *El camino del exilio.* 1981. 35 mm. C. 22 min. Pdtor. Gregorio Cabrera, Víctor González. Dir. Bernabé Hernández. G. Bernabé Hernández. Fot. Guillermo Centeno, José López. Ed. Rolando Baute. Son. José Borrás, Emilio Ramos. T. Análisis de las causas y consecuencias de la emigración del pueblo haitiano durante los últimos años, debido a la tiranía de Francois Duvalier.
9. *Canción de Estelí.* 1981. 35 mm. C. 19 min. Pdtor. Guillermo Centeno, Víctor González, Brenda Martínez, Dir. Víctor Casaus. G. Víctor Casaus. Fot. Guillermo Centeno, Adriano Moreno. Ed. Mirita Lores. Son. Marcos Madrigal. T. Testimonio del trabajo de una brigada médica cubana que llegó a Nicaragua quince días después del triunfo sandinista. Mediante su relación con los pobladores se revela la huella dejada por la guerra y la barbarie somocista en este país.
10. *Comenzó a retumbar el Momotombo.* 1981. 35 mm. C. 25 min. Dir. Santiago Álvarez. G. Santiago Álvarez. Fot. Iván Nápoles, Raúl Pérez Ureta. Ed. Julia Yip. Son. Daniel Diez. T. Desarrolla la tesis que el Comandante Fidel Castro pronunciara el 26 de julio de 1980 en la ciudad de Ciego de Ávila, Cuba, sobre la explosiva fórmula que significaría la alianza entre cristianos y marxistas, a partir de la realidad política que viven Nicaragua y otros países de América Latina, en la lucha por su liberación nacional.

*11. Concierto Latinoamericano.* 1981. 35 mm. C. 16 min. Pdtor. Magaly González. Dir. Manuel Herrera. Fot. Julio Simoneau. Ed. Lina Baniela. Son. Germinal Hernández. Int. Mikis Theodorakis, Orquesta Sinfónica Nacional, Orquesta ICRT, agrupaciones musicales de la Ciudad de La Habana. Coros: Nacional de Cuba, de Matanzas, de Holguín, del Instituto Superior de Arte y del ICRT. T. Ilustrado con obras de la plástica latinoamericana, se ofrecen fragmentos del concierto Oratorio Canto General del compositor griego Mikis Theodorakis y el poeta chileno Pablo Neruda, dirigido por este compositor en Managua, Nicaragua. Imágenes de la estancia del músico en ese país y de la participación cubana en dicho concierto.

*12. Islas sonantes.* 1981. 35 mm. C. 10 min. Dir. Miguel Torres. Fot. Roberto Fernández. Ed. Jorge Abello. Son. Juan Demósthene, Raúl García. T. Reportaje sobre el encuentro CARIFESTA'81 celebrado en la Isla de Barbados, en que se muestra la identidad cultural de los pueblos del Caribe.

*13. Un reportaje sobre el asesinato de los campesinos nicaragüenses Florentino y Jesús Castellón y los maestros internacionalistas cubanos Pedro Pablo Rivera y Bárbaro Rodríguez.* 1981. 35 mm. C. 10 min. Dir. Manuel Pérez. Fot. Raúl Pérez Ureta, Roberto Fernández. Ed. Mirita Lores. Son. Carlos Domíngues, Jerónimo Labrada. T. Testimonio de los campesinos que fueron testigos de los asesinatos de sus compañeros y de los maestros cubanos, perpetrados por una banda somocista, en el Departamento de Zelaya Norte, Nicaragua.

*14. 26 es también 19.* 1981. 35 mm. C. 41 min. Pdtor. Lilia Alfaro. Dir. Santiago Álvarez. G. Santiago Álvarez. Fot. Iván Nápoles, Raúl Pérez Ureta. Ed. Julia Yip. Son. Daniel Diez. T. Basado en el significado de las fechas revolucionarias 19 de julio en Nicaragua y 26 de julio en Cuba, se relata en síntesis dramática y satírica lo que significó el General Anastasio Somoza para el pueblo nicaragüense. Se muestra por primera vez en detalle a Puerto Cabezas, en la costa Atlántica de Nicaragua, lugar donde se entrenaron, con el apoyo somocista y estadounidense, los mercenarios que agredieron a Cuba en Playa Girón, en 1961.

*15. Volverán a reír.* 1981. 35 mm. C. 14 min. Pdtor. Jesús Díaz de la Cerda. Dir. Miguel Fleitas. Fot. Luis Marzoa, Roberto Fernández. Ed. Rolando Baute. Son. Juan Demósthene. T. Miles de jóvenes de diversos países de África y América Latina que estudian en Cuba, en la Isla de la Juventud, han sido testigos de momentos dramáticos en las luchas de liberación de sus pueblos. Nos hablan sobre sus experiencias y sus planes futuros.

*16. América Latina en dos tiempos.* 1982. 35 mm. B-N. 35 min. Dir. Bernabé Hernández. G. Bernabé Hernández, Jesús Díaz. Fot. Material de archivo. Ed. Rolando Baute. Son. Leonardo Sorrell, Carlos Fernández. T. Analiza dos momentos específicos de la lucha contra la intervención norteamericana en Centroamérica: la etapa de comienzos del siglo xx y el período de la guerra fría en la posguerra de la II Guerra Mundial.

*17. Miguel Mármol.* 1982. 35 mm. C. 18 min. Pdtor. Jesús Díaz de la Cerda. Dir. Bernabé Hernández. G. Bernabé Hernández. Fot. Luis Marzoa. Ed.

Gladys Cambre. Son. Leonardo Sorrell. T. Mediante los testimonios de Miguel Mármol, compañero de lucha de Farabundo Martí, se hace un análisis crítico sobre la insurrección popular en El Salvador, en 1932.
*18. Operación Abril del Caribe.* 1982. 35 mm. C. 22 min. Pdtor. Guillermo García. Dir. Santiago Álvarez, Lázaro Buría. G. Santiago Álvarez, Lázaro Buría. Fot. Iván Nápoles, Dervis Pastor Espinosa. Ed. Jorge Abello. Son. Juan Demósthene, Héctor Cabrera, Ricardo Istueta. Int. Grupos folclóricos de Cuba y el Caribe. T. Testimonio sobre la unidad histórico-cultural del Caribe como elemento de resistencia a la prepotencia política de los Estados Unidos.
*19. Roque Dalton.* 1982. 35 mm. C. 31 min. Pdtor. Orlando de la Huerta. Dir. Bernabé Hernández. G. Bernabé Hernández. Fot. José López. Ed. Iván Arocha. Son. Emilio Ramos. T. Vida y obra del poeta revolucionario salvadoreño Roque Dalton. Entrevistas con su viuda, su hijo e intelectuales que lo conocieron.
*20. Granada, el despegue de un sueño.* 1983. 35 mm. C. 32 min. Dir. Rigoberto López. G. Rigoberto López. Fot. Luis García. Ed. Roberto Bravo. Son. Carlos Fernández. T. Realizado en Granada, a pocas semanas de producirse la invasión norteamericana el 25 de octubre de 1983. La verdad en relación con la construcción del nuevo aeropuerto de Granada frente a la campaña de mentiras articuladas por el imperialismo para justificar su hostilidad hacia la pequeña isla caribeña y su criminal invasión.
*21. Simón Bolívar.* 1983. 35 mm. C. 17 min. Pdtor. Orlando de la Huerta. Dir. Bernabé Hernández. G. Bernabé Hernández. Fot. Roberto Fernández. Ed. Caíta Villalón. Son. Jerónimo Labrada, Carlos Fernández. T. En forma sucinta se muestran las tres facetas más importantes de Simón Bolívar: libertador, reformador social y precursor del pensamiento antiimperialista.
*22. Crónica de la dignidad.* 1984. 35 mm. C. 18 min. Dir. Lázaro Buría. G. Lázaro Buría. Fot. Iván Nápoles, Dervis Pastor Espinosa, Rodolfo García. Ed. Julia Yip. Son. Marcos Madrigal, José León, José Borrás. T. Denuncia de la invasión yanqui a la isla de Granada en octubre de 1983. Testimonio de los colaboradores cubanos en la isla agredidos por las tropas yanquis.
*23. Fiesta de la imagen.* 1984. 35 mm. C. 22 min. Pdtor. Evelio Delgado. Dir. Rogelio París. G. Rogelio París. Fot. José M. Riera. Ed. Mirita Lores. Son. Marcos Madrigal, Carlos Fernández. T. Momentos significativos de la I Bienal de Artes Plásticas celebrada en La Habana en 1984. Testimonios de creadores sobre la problemática de las artes plásticas en América Latina.
*24. Por primera vez elecciones libres.* 1984. 35 mm. C. 20 min. Pdtor. Isolda Machín. Dir. Santiago Álvarez. G. Santiago Álvarez. Fot. Iván Nápoles, Iván Argüelles. Ed. Julia Yip. Son. Leonardo Sorrell. T. Reportaje sobre las elecciones celebradas en Nicaragua en noviembre de 1984.
*25. Qué se hizo de tu infancia.* 1984. 35 mm. C. 14 min. Pdtor. Orlando de la Huerta. Dir. Sergio Núñez. G. Sergio Núñez. Fot. José López. Ed. Caíta Villalón. Son. Héctor Cabrera, Raúl García. T. Niños salvadoreños, que estudian

en Cuba, muestran su capacidad para participar en una lucha donde el coraje, el ingenio y el espíritu de rebeldía son parte de la vida cotidiana.

26. *Elisa*. 1985. 35 mm. C. 14 min. Pdtor. Victor González. Dir. Sergio Núñez. G. Sergio Núñez. Fot. José López. Ed. Caíta Villalón. Son. José Borrás, José León. T. Elisa, adolescente centroamericana de quince años de edad, narra sus experiencias como exiliada y sus recuerdos de la infancia.

27. *Entre líneas*. 1985. 35 mm. C. 9 min. Pdtor. Orlando de la Huerta, Lourdes de los Santos, Víctor González. Dir. Melchor Casals. G. Melchor Casals. Fot. José López. Ed. Mirita Lores. Son. Héctor Cabrera, Carlos Fernández. T. En ocasión de la Primera Feria Internacional del Libro celebrada en La Habana, se denuncia la situación por la que atraviesan los países de América Latina en la esfera editorial.

*Reencuentro*. 1985. 35 mm. C. 21 min. Dir. Santiago Álvarez. G. Santiago Álvarez. Fot. Iván Nápoles, Álvaro Tuzman. Ed. Julia Yip. Son. José León. T. Los momentos más significativos de la toma de posesión del presidente de Uruguat, José María Sanguinetti, en febrero de 1985, y la presencia, después de 23 años de la ruptura de relaciones, de una delegación cubana.

29. *Rigoberta*. 1985. 35 mm. C. 15 min. Pdtor. Gregorio Cabrera. Dir. Rebeca Chávez. G. Rebeca Chávez. For. Pablo Martínez. Ed. Gladus Cambre. Son. José León. T. Fresco de la realidad de Guatemala y su lucha de liberación a partir de la historia personal de Rigoberta Menchú, joven india guatemalteca y militante revolucionaria.

30. *La soledad de los dioses*. 1985. 35 mm. C. 37 min. Pdtor. Isolda Machín, Guillermo García. Dir. Santiago Álvarez. G. Santiago Álvarez. Fot. Iván Nápoles, Dervis Pastor Espinosa, Raúl Pérez Ureta, Arturo Agramonte, Rodolfo García, Ángel Ramírez. Ed. Julia Yip. Son. José León. T. Encuentro de los países de América Latina y el Caribe, realizado en el Palacio de las Convenciones de Cuba, en 1985, sobre la deuda externa.

31. *Esa invencible esperanza*. 1986. 35 mm. C. 30 min. Pdtor. Guillermo García. Dir. Rebeca Chávez. G. Rebeca Chávez. Fot. Julio Valdés. Ed. Gladys Cambre. Son. Leonardo Sorrell. T. Reflexión sobre la repercusión, alcance y complejidad de la Teología de la Liberación en América Latina. Refleja el compromiso de Frei Betto con la lucha del pueblo brasileño.

32. *Brascuba*. 1987. 35 mm. C. 104 min. Prod. ICAIC (Cuba)-Embrafilme (Brasil). Pdtor. Guillermo Garcíaa, Jorge Rouco, Celia Maracáj, Raymundo Chagas, Petty Marciano, Rina Angulo. Dir. Orlando Senna, Santiago Álvarez. G. Orlando Senna, Santiago Álvarez. Fot. Dervis Pastor Espinosa, Iván Nápoles. Ed. Gloria Argüelles, Julia Yip. Son. Cristiano Masiel, Roberto Díez, Ricardo Istueta. T. Promueve el rescate de la cultura yoruba, heredada de los esclavos africanos que los colonizadores españoles y portugueses trajeron a los países del Caribe y Brasil, y demuestra la similitud de las raíces culturales de Brasil y Cuba.

33. *Nace una escuela*. 1987. 35 mm. C. 10 min. Pdtor. Orlando de la Huerta. Dir. Melchor Casals. G. Melchor Casals. Fot. Ángel Ramírez, Roberto

Fernández, Luis Costales, Dervis Pastor Espinosa, Arturo Agramonte. Ed. Carlos Miranda. Son. Leonardo Sorrell, Héctor Cabrera, José Leín, Jorge Luis Chijona. T. Historia del nacimiento de la Escuela Internacional de Cine y Televisión de San Antonio de los Baños, Cuba.

*34. Desafío al imperio.* 1988. 35 mm. C. 9 min. Pdtor. Magaly González, Javier Medina. Dir. Santiago Álvarez. G. Santiago Álvarez. Fot. Iván Nápoles. Ed. Carlos Miranda. Son. Juan R. Rodrígyez. T. Reunión del TANA, para juzgar a Estados Unidos por la violación de los principios de soberanía, independencia, autodeterminación y no-intervención en la República de Panamá.

*35. Entre leyendas.* 1988. 35 mm. C. 28 min. Pdtor. Paco Prats, Olga María Fernández. Dir. Rebeca Chávez. G. Rebeca Chávez. Fot. Adriano Moreno, Carlos Félix Martínez. Ed. Gladys Cambre. Son. Carlos Domínguez, Héctor Cabrera, Carlos Fernández. T. Tres sobrevivientes de la guerrilla del Che, en Bolivia, testimonian sobre sus vivencias junto a él durante la lucha en la Sierra Maestra; su estancia en el Congo y la gesta en Bolivia.

*36. ¿...1999...?* 1988. 35 mm. C. 22 min. Pdtor. Javier Medina, Magaly González. Dir. Santiago Álvarez. G. Santiago Álvarez. Fot. Iván Nápolees. Ed. Julia Yip. Son. Juan Rafael Rodríguez. T. Síntesis de los hechos ocurridos en Panamá durante la crisis provocada por los Estados Unidos en 1988.

*37. Octubre del '67.* 1988. 35 mm. C. 34 min. Pdtor. Paco Prats. Dir. Rebeca Chávez. Fot. Adriano Moreno. Ed. Gladys Cambre. Son. Carlos Domínguez, Ricardo Istueta, Héctor Cabrera. T. Pombo, Urbano y Benigno, únicos sobrevivientes de la guerrilla del Che en Bolivia, narran la llegada del grupo a La Higuera; el combate del Yuro, escenario de la caída del Che y su periplo desde la zona guerrillera hasta el regreso a Cuba.

*38. Signos de los nuevos tiempos.* 1988. 35 mm. C. 31 min. Pdtor. Magaly González. Dir. Santiago Álvarez. G. Santiago Álvarez. Fot. Iván Nápoles. Ed. Carlos Miranda. Son. Juan R. Rodríguez. T. Visita a Ecuador del Comandante Fidel Castro, con motivo de la toma de posesión del presidente Rodrigo Borja. Conferencia con la prensa internacional y nacional acreditada.

*39. Una más entre ellos.* 1988. 35 mm. C. 27 min. Pdtor. Paco Prats, Olga María Fernández. Dir. Rebeca Chávez. Arg. Basado en el libro Tania, de Marta Rojas y Mirta Rodríguez Calderón. G. Rebeca Chávez. Fot. Adriano Moreno, Carlos Félix Martínez. Ed. Gladys Cambre. Son. Carlos Domínguez, Héctor Cabrera. Int. Katia Caso. T. Recreación de la vida de Tamara Bunke, Tania la Guerrillera, de 1961 a 1967, período en que conoció a Ernesto Che Guevara. Desarrollo de su labor revolucionaria en Cuba y su caída en Bolivia.

*40. Como una sola voz.* 1989. 35 mm. C. 19 min. Pdtor. Gregorio Cabrera, Gloriosa Massana. Dir. Miriam Talavera. G. Miriam Talavera. Fot. Roberto Fernández, Rafael Solís. Ed. Ricardo Acosta. Son. Germinal Hernández, Ricardo Pérez, José Borrás. Int. Sara González, Sonia Silvestre, Lucrecia Benítez. T. Tres cantantes caribeñas: Sonia Silvesttre, de República Dominicana; Lucrecia Benítez, de Puerto Rico; y Sara González, de Cuba, se reúnen en el Festival del Caribe 1989 y ponen de manifiesto la identidad cultural que las une.

*41. Crónica informal desde Caracas.* 1989. 35 mm. C. 19 min. Dir. Daniel Díaz Torres. G. Daniel Díaz Torres. Fot. Iván Nápoles. Ed. Julia Yip. Son. Juan Rafael Rodríguez. T. Visita del Comandante Fidel Castro a Venezuela, en febrero de 1989, para asistir a la toma de posesión del presidente Carlos Andrés Pérez.
*42. El sol que no descansa ni olvida.* 1989. 35 mm. C. 16 min. Pdtor. Isolda Machín. Dir. Santiago Álvarez. G. Santiago Álvarez. Fot. Iván Nápoles. Ed. Gloria Argüelles. Son. Juan Rafael Rodríguez. T. Viaje a México del Comandante Fidel Castro con motivo de la toma de posesión del presidente Carlos Salinas de Gortari, en 1988. Breve resumen de la historia de la Revolución Mexicana. Mediante un dibujo animado se ilustra el momento de la salida del yate Granma hacua Cuba, en 1956.

## D. Década del noventa

### *Ficción*

*1. Mascaró, el cazador americano.* 1991. Drama. 35 mm. C. 102 min. Dir. Constante *Rapi* Diego. G. Jorge Cedrón, Constante Diego y Eliseo Alberto Diego. Música original. José María Vitier. Son. Germinal Hernández. Fot. Luis García. Montaje o Edición. Roberto Bravo. Int. Reynaldo Miravalles, Mimí Laso, Víctor Laplace, Omar Moynello, Carlos Cruz, René de la Cruz, Luis A. García, Raúl Pomares, Enrique Almirante y Alejandro Lugo. Prod. Humberto Fernández. Productora. ICAIC (Cuba) / Televisión Española, S.A. / Universidad de los Andes, Mérida/ Fondo Cinematográfico de Venezuela (FONCINE). T. Oreste parte sin rumbo cierto a bordo del vapor *El Mañana*. Junto a él viajan: el extraño príncipe Patagón, quien le confiesa su idea de unirse a una compañía circense, y un hombre vestido todo de negro llamado Mascaró, perseguido del Capitán Alvarenga. La "troupe" ofrece funciones por pueblecitos perdidos que, a partir de entonces, ya no serán los mismos.
*2. Derecho de asilo.* 1994. Drama. C. 35 mm. 145 min. Prod. ICAIC (Cuba) - Estudios Churubusco S. A. (México) / Pdtor. Santiago Llampur / Dir. Octavio Cortázar / Arg. Basado en el relato homónimo del escritor cubano Alejo Carpentier / G. Walter Rojas / Fot. Raúl Rodríguez / Ed. Justo Vega / Son. Juan Demósthene / Int. Jorge Perugorría, Luisa Pérez Nieto, Carlos Padrón, Manuel Porto, Enrique Molina, Jorge Cao / Felipe, hombre de confianza del presidente de un país latinoamericano, ansía el lugar de su jefe. Después de un golpe militar pide asilo político en la embajada de un país fronterizo. Seduce a la esposa del embajador y con ayuda del cónsul obtiene la ciudadanía del país que lo asila. Poco a poco deviene indispensable y ocupa el cargo de embajador.
*3. Che.* 1997. Histórico. 35 mm. C. 80 min. Pdtor. Rafael Rey. Dir. Miguel Torres. Fot. Adriano Moreno. Ed. Gladys Cambre. Son. Germinal Hernández. Int. Julio A. Quesada, Roberto Cavada, Patricio Wood, Paula Alí, Tamara

Morales, Antonio Reyes / La vida de Ernesto Che Guevara. La evolución del hombre, médico, comandante guerrillero, estratega, hombre de letras, humanista, hasta devenir en legendario comandante.

## *Documental*

1. *Brevario de una visita.* 1991. 35 mm. C. 22 min. Pdtor. Isolda Machín. Dir. Santiago Álvarez. Fot. Iván Nápoles, Dervis Pastor Espinosa. Ed. Julia Yip. Son. Roberto Díaz. T. Visita del Comandante Fidel Castro a Brasilia, con motivo de la toma de posesión del presidente electo Fernando Collor de Mello.
2. *En blanco y negro.* 1991. 35 mm. B-N. 12 min. Pdtor. Isolda Machín, Gregorio Cabrera. Dir. José Padrón. G. José Padrón. Fot. Rodolfo García, Dervis Pastor Espinosa. Int. Carlos Varela, Silvio Rodríguez, Grupo Síntesis, Pablo Milanés, Paris. Ed. Julia Yip. Son. Juan Rafael Rodríuez, Ricardo Pérez. T. Refleja el XII Festival Internacional del Nuevo Cine Latinoamericano y algunos sucesos ocurridos en su entorno como la inauguración del parque John Lennon de La Habana, la presentación en Cuba del rapero norteamericano Paris y la visita de los delegados del Festival al estudio del pintor cubano Manuel Mendive.
3. *Identidad.* 1992. 35 mm. C. 13 min. Pdtor. Olga María Fernández. Dir. José Padrón. G. José Padrón. Fot. Rodolfo García. Ed. Carlos Miranda. Son. José Borrás, Juan Rodríguez. Int. Silvio Rodríguez, Grupo Diácra, Grupo Síntesis, Grupo Folclórico de Santeros de la Habana. T. Significado de la identidad cultural Latinoamericana y Caribeña, y dimensión cultural de la integración Latinoamericana en las actividades del XIII Festival Internacional del Nuevo Cine Latinoamericano, en La Habana, Cuba, 1991.
4. *Del Caribe colombiano.* 1994. Video. C. 10 min. Pdtor. Lázara Herrera. Dir. Santiago Álvarez, Claudio Izquierdo. G. Santiago Álvarez. Ed. Carlos Quiñoa. Son. Ismael Garrido. T. Encuentro entre Santiago Álvarez y Simón Gonzáles Restrepo, poeta y gobernador de San Andrés Isla, Providencia y Santa Catalina, en el Caribe colombiano.
5. *Motivaciones.* 1994. Video. C. 17 min. Pdtor. Lázara Herrera. Dir. Santiago Álvarez, Claudio Izquiero. G. Santiago Álvarez. Ed. Ernesto Barrios. T. San Andrés Isla, situado en el Caribe colombiano, es un hermoso lugar de inspiración de poetas y pintores. Cada uno de ellos explica qué es lo que motiva su trabajo. Recorrido por instalaciones turísticas de ese lugar paradisíaco.
6. *100 años de cine latinoamericano.* 1995. 35 mm. C. 25 min. Pdtor. Guillermo García, Luis Gómez. Dir. José Padrón. G. José Padrón. Fot. Rodolfo García, Dervis Pastor Espinosa, Julio Simoneau (hijo). Ed. Pilar López. Son. Héctor Cabrera, Alexei Oms, José León. Int. Fito Páez y su Grupo, Silvio Rodríguez, Luis Eduardo Aute, Hanna Schgulla. T. Encrucijada del cine Latinoamericano y sus cineastas a cien años de su aparición. Collage sobre el

XVI Festival Internacional del Nuevo Cine Latinoamericano celebrado en La Habana en diciembre de 1994.

7. *Imágenes y palabras que cuentan lo que somos.* 1995. 35 mm. B-N y C. 25 min. Pdtor. Jorge Delvaty. Dir. José Padrón. G. José Padrón. Fot. Rodolfo García, Dervis Pastor Espinosa, Luis A. Gómez. Ed. Pilar López. Son. Héctor Cabrera, Javier Figueroa. Int. José María Vitier, Orquesta Sinfónica Nacional de Cuba, Coro Nacional de Cuba, Alina Sánchez, Hugo Marcos, Sergio Vitier con el Grupo Oru, Mercedita Valdés con el grupo Yoruba Andabo. T. La condición del artista y cineata en un país subdesarrollado y sus disyuntivas: identidad nacional, cine de arte, cine hollywoodense. Un gran fresco sobre el XIV Festival Internacional del Nuevo Cine Latinoamericano de La Habana en 1992.

8. *La Habana del Festival.* 1996. 35 mm. C. 27 min. Pdtor. Luis Martínez, Ana Molinet. Dir. José Padrón. G. José Padrón. Fot. Dervis Pastor Espinosa, Rodolfo García, Raúl Rodríguez. Ed. Pilar López. Son. Héctor Cabrera, Marcos Madrigal. Int. Jorge Luis Prats, Ulises Hernández, Antonio Carboell, Betsy Pecanis, Orsvaldo Montes y su grupo, Xiomara Laugart, Santiago Feliú, Coro Exaudi. T. La identidad cultural y el cine en el umbral del milenio, abordados por importantes personalidades del cine de todo el mundo durante el XVII Festival Internacioan del Nuevo Cine Latinoamericano, celebrado en La Habana, en diciembre de 1995.

9. *Misioneros de la salud.* 1999. Video. C. 15 min. Pdtor. Guillermo García. Dir. Miguel Torres. G. Miguel Torres. Fot. Dervis Pastor Espinosa. Ed. Gabriel Daniel. Son. Héctor Cabrera. T. Testimonios y escenas de la vida en Cuba de los jóvenes que estudian en la Escuela Latinoamericana de Medicina.

# Índice de contenidos

## Q



## R



## S



## T



## U

## V



## Y



## Z

# Índice de películas

www.ingramcontent.com/pod-product-compliance
Lightning Source LLC
LaVergne TN
LVHW041111080826
845145LV00007B/1766

* 9 7 8 1 9 5 1 6 3 4 0 8 7 *